THE PROMISED NEVERLAND

4

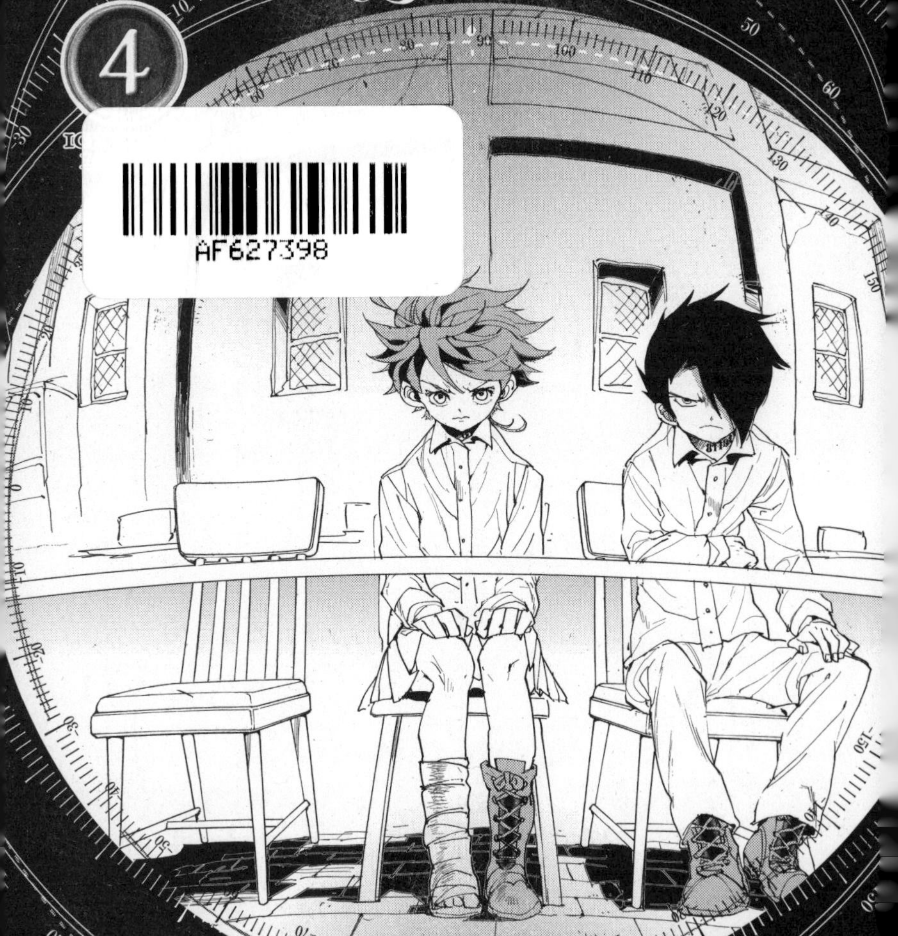

STORY:	KAIU SHIRAI
ZEICHNUNGEN:	POSUKA DEMIZU

CHARAKTERE

EMMA

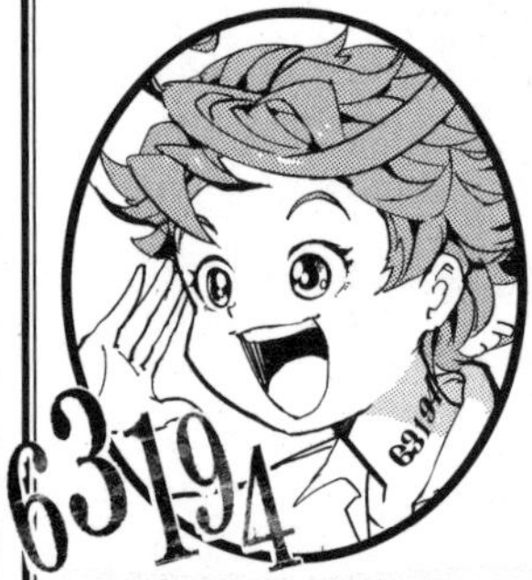

UNHEIMLICH SPORTLICH, MIT
SCHNELLER AUFFASSUNGSGABE.
EINE STIMMUNGSMACHERIN.

RAY

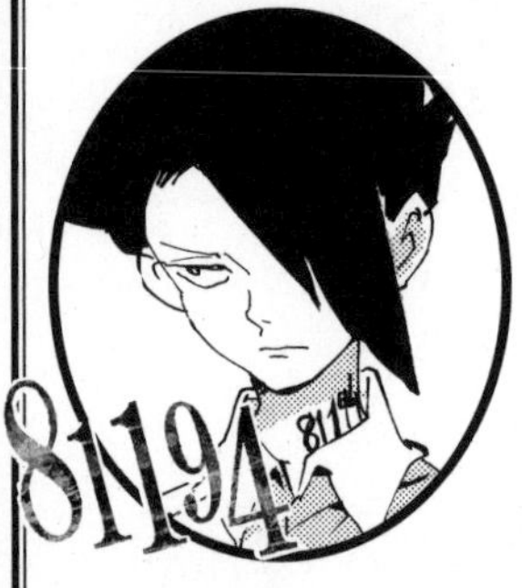

NUR DER KLUGE
UND BELESENE RAY KANN ES MIT
NORMANS INTELLEKT AUFNEHMEN.

NORMAN

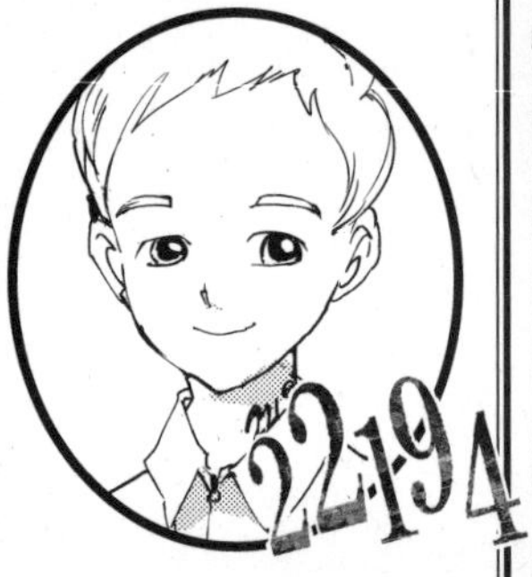

AUSGEZEICHNETER ANALYTIKER
MIT KÜHLEM VERSTAND. DAS
GENIE VON GRACE FIELD HOUSE.

KRONE

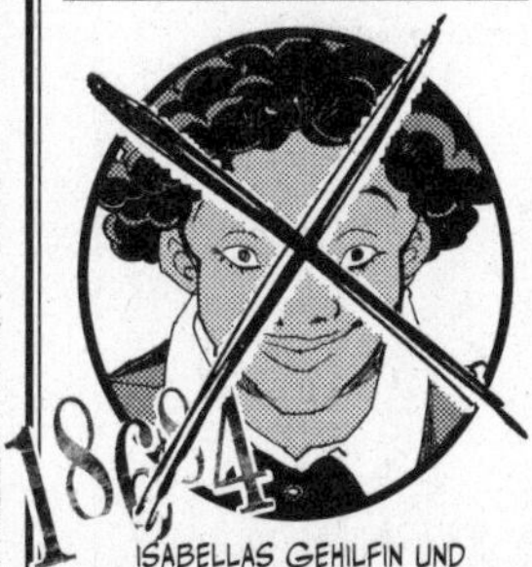

ISABELLAS GEHILFIN UND HANDLANGERIN DER MONSTER

ISABELLA

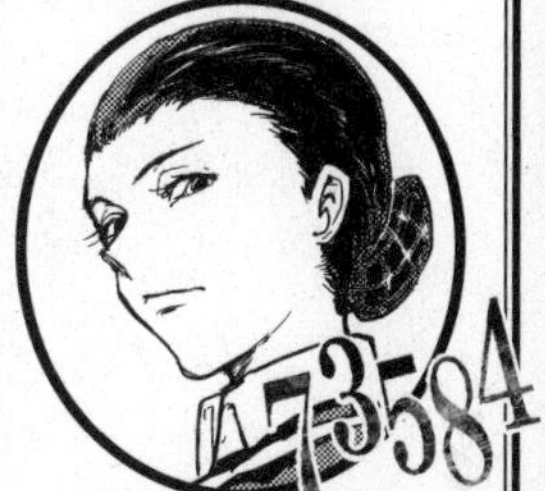

»MAMA« DER WAISENKINDER DES GRACE FIELD HOUSE

DON

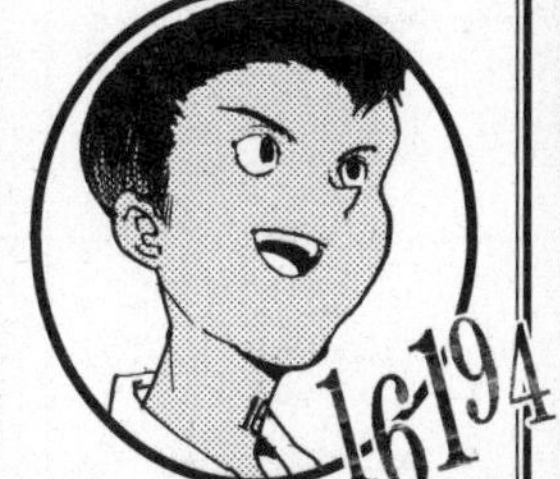

FRÖHLICHER, ÜBERMÜTIGER JUNGE, DER NICHT GUT VERLIEREN KANN

GILDA

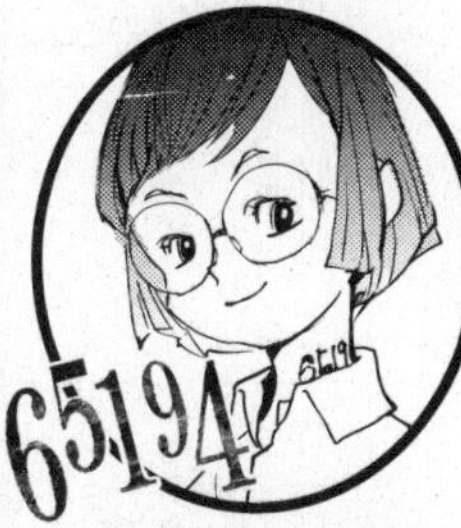

EIN MÄDCHEN, DAS SICH GERN HÜBSCH MACHT

WAS BISHER GESCHAH

IN »GRACE FIELD HOUSE« FÜHREN 38 WAISENKINDER MIT IHRER BETREUERIN ISABELLA, DIE SIE WIE EINE WIRKLICHE MUTTER LIEBEN, EIN GLÜCKLICHES LEBEN. EINES TAGES GEHEN DIE KINDER EMMA UND NORMAN ZUM TOR AM RANDE DER EINRICHTUNG, UM IHRER FREUNDIN CONNY ETWAS HINTERHERZUTRAGEN. ZU IHREM ENTSETZEN FINDEN SIE CONNY TOT VOR UND MÜSSEN DABEI ZUSEHEN, WIE IHR LEBLOSER KÖRPER VON RIESIGEN, MENSCHENÄHNLICHEN MONSTERN FORTGESCHAFFT WIRD. DOCH DAS IST NOCH NICHT ALLES: SIE ERFAHREN, DASS IHRE »MAMA« DIE KINDER ALS NAHRUNG FÜR DIE MONSTER »ZÜCHTET«, DIE ES AUF DEREN MÖGLICHST WEIT ENTWICKELTE GEHIRNE ABGESEHEN HABEN. UM NICHT NOCH MEHR BRÜDER UND SCHWESTERN ZU VERLIEREN, SCHMIEDEN EMMA UND NORMAN EINEN FLUCHTPLAN, WEIHEN RAY EIN UND BEREITEN GEMEINSAM DEN AUSBRUCH VOR.

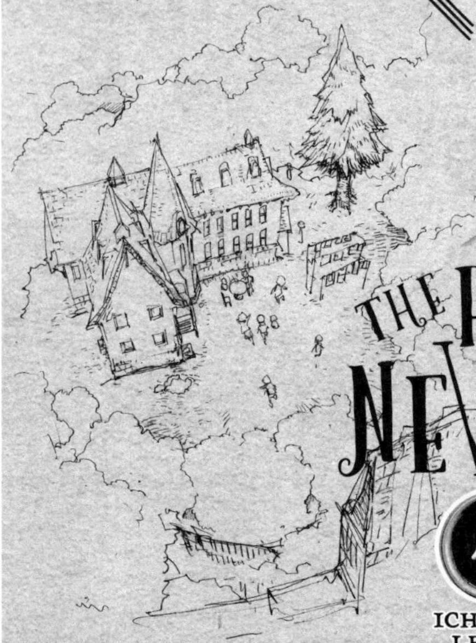

THE PROMISED NEVERLAND

4

ICH WILL LEBEN

Inhalt

Kapitel 26: Ich will leben

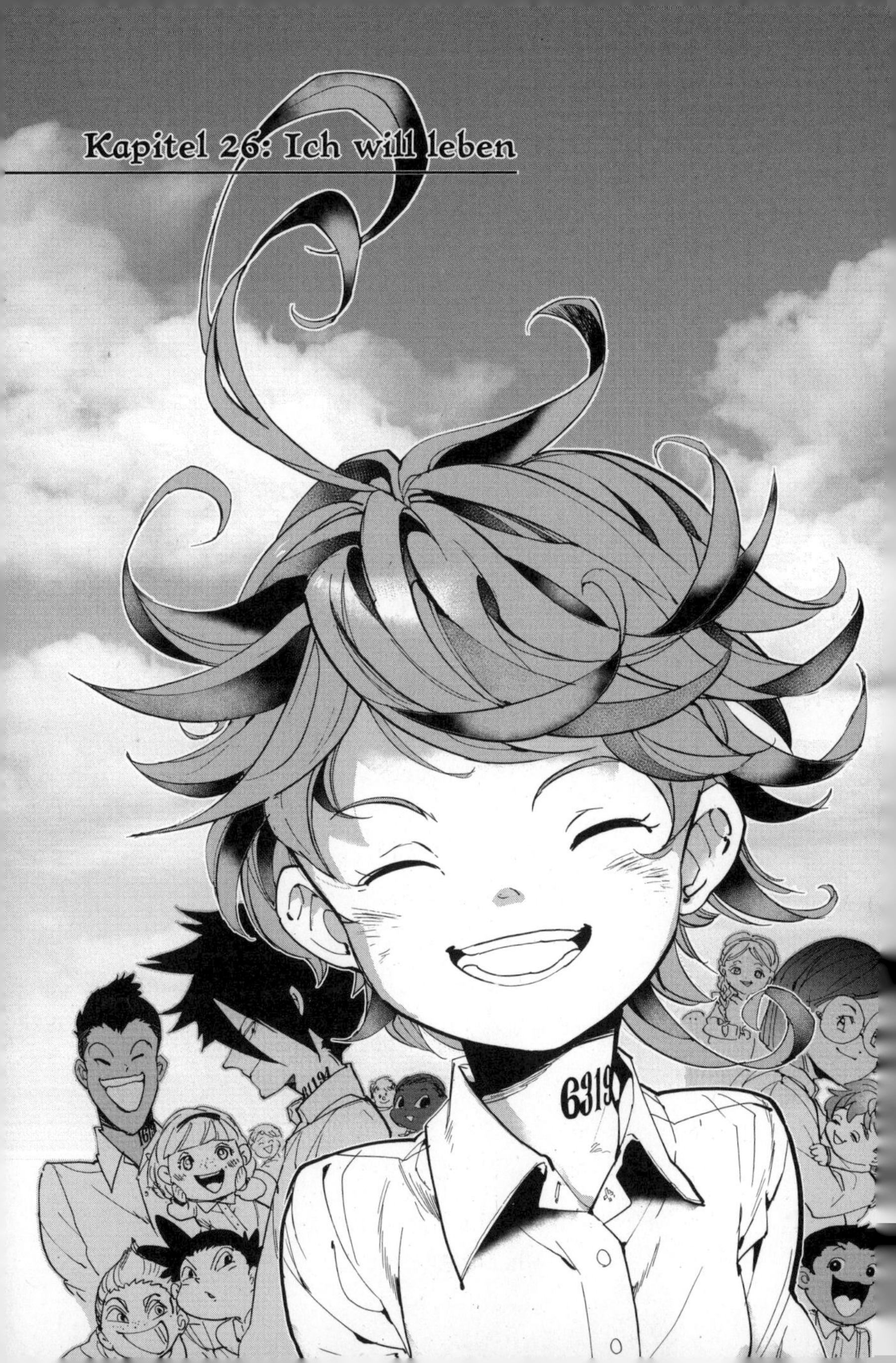

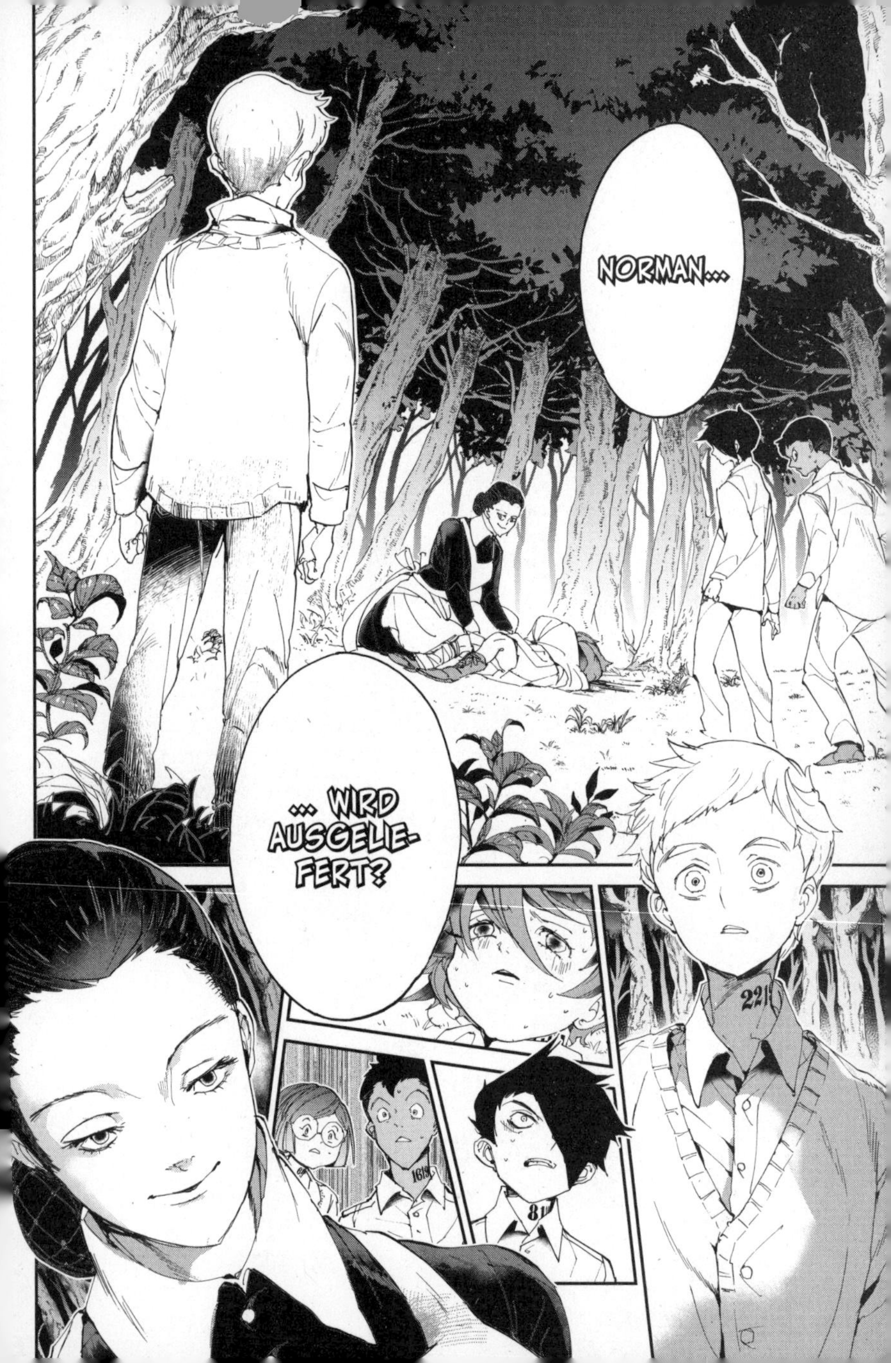
NORMAN...
... WIRD AUSGELIE-FERT?

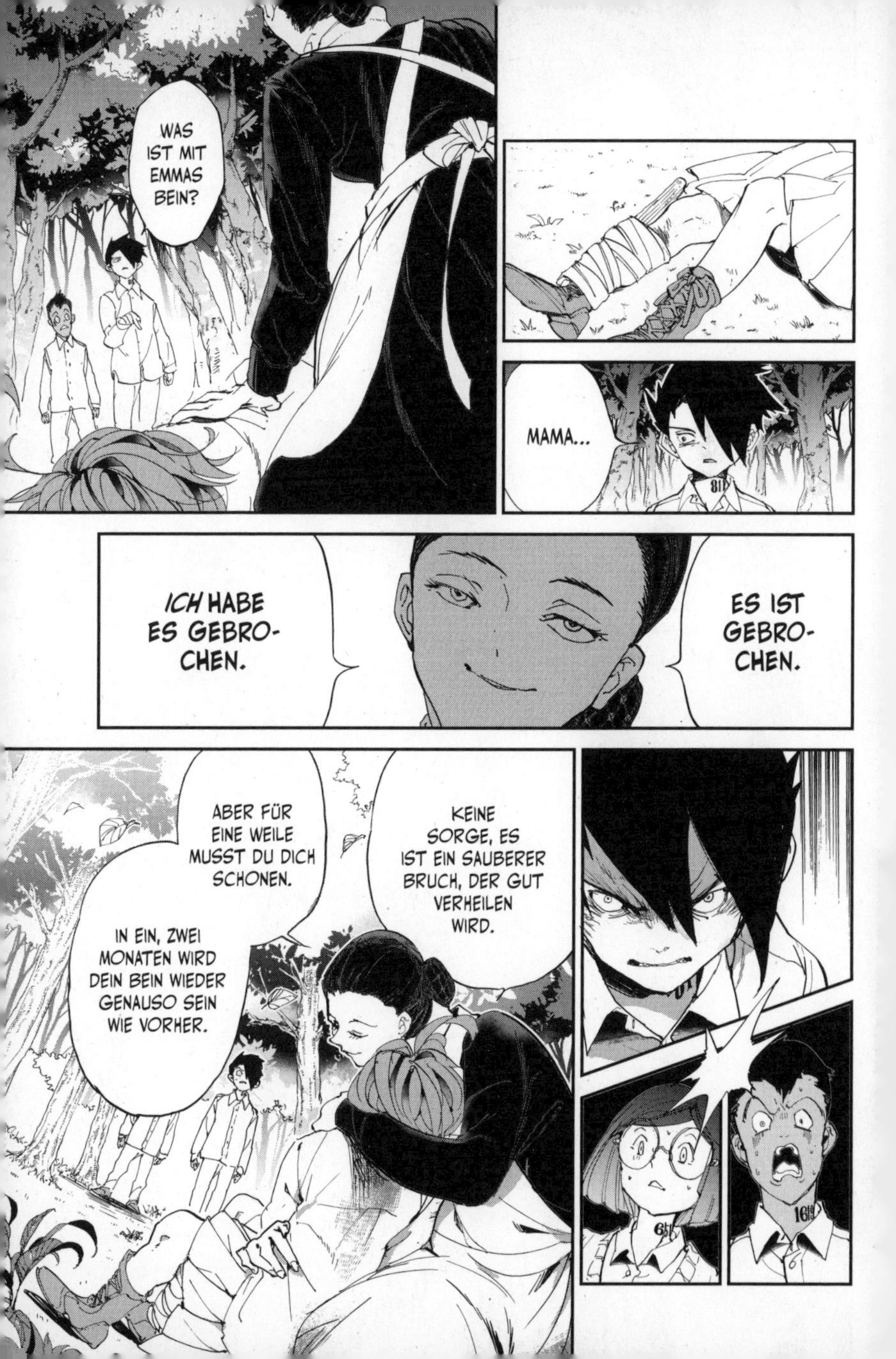

WAS IST MIT EMMAS BEIN?
MAMA...
ES IST GEBROCHEN.
ICH HABE ES GEBROCHEN.
KEINE SORGE, ES IST EIN SAUBERER BRUCH, DER GUT VERHEILEN WIRD.
ABER FÜR EINE WEILE MUSST DU DICH SCHONEN.
IN EIN, ZWEI MONATEN WIRD DEIN BEIN WIEDER GENAUSO SEIN WIE VORHER.

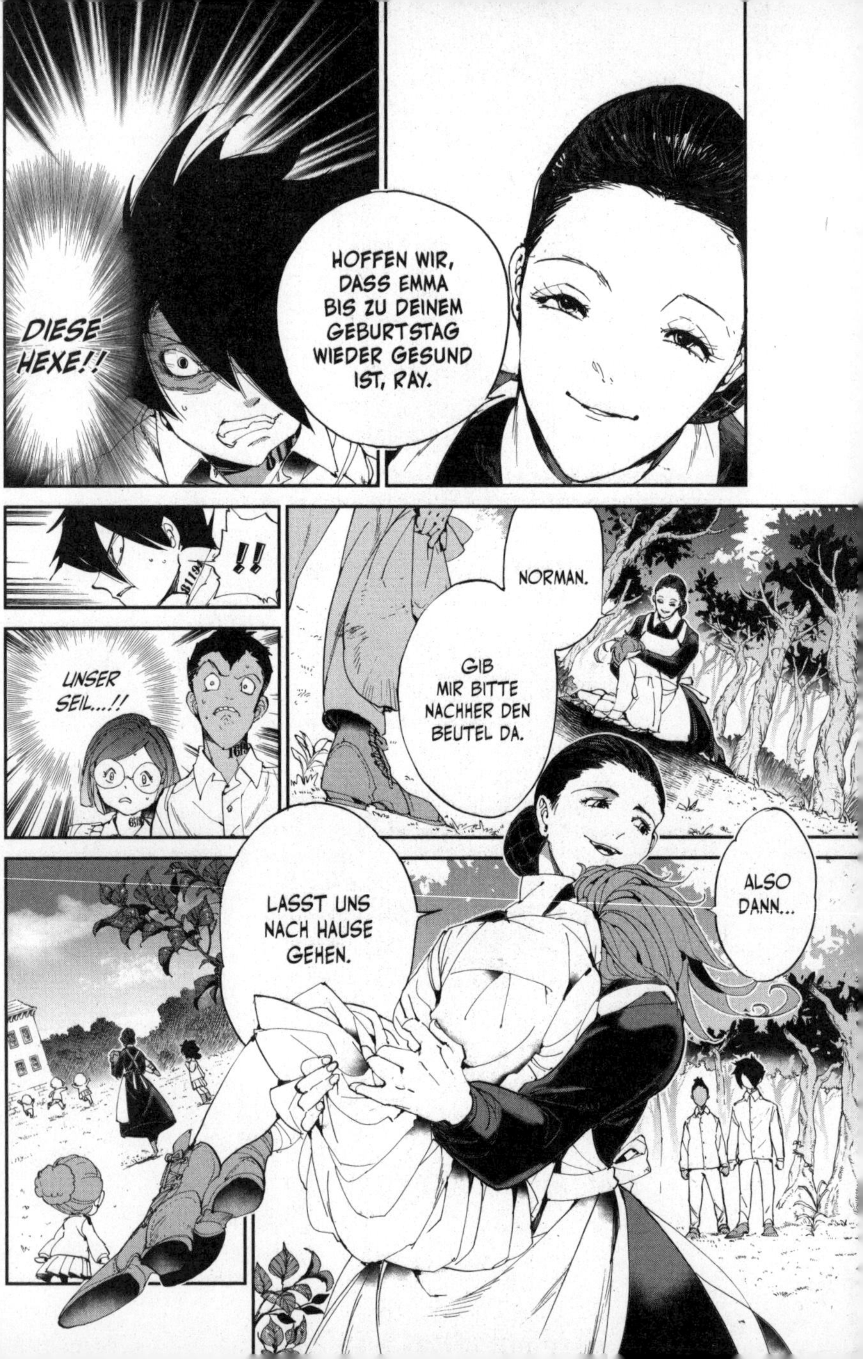
HOFFEN WIR, DASS EMMA BIS ZU DEINEM GEBURTSTAG WIEDER GESUND IST, RAY.
DIESE HEXE!!
NORMAN.
GIB MIR BITTE NACHHER DEN BEUTEL DA.
!!
UNSER SEIL...!!
ALSO DANN...
LASST UNS NACH HAUSE GEHEN.

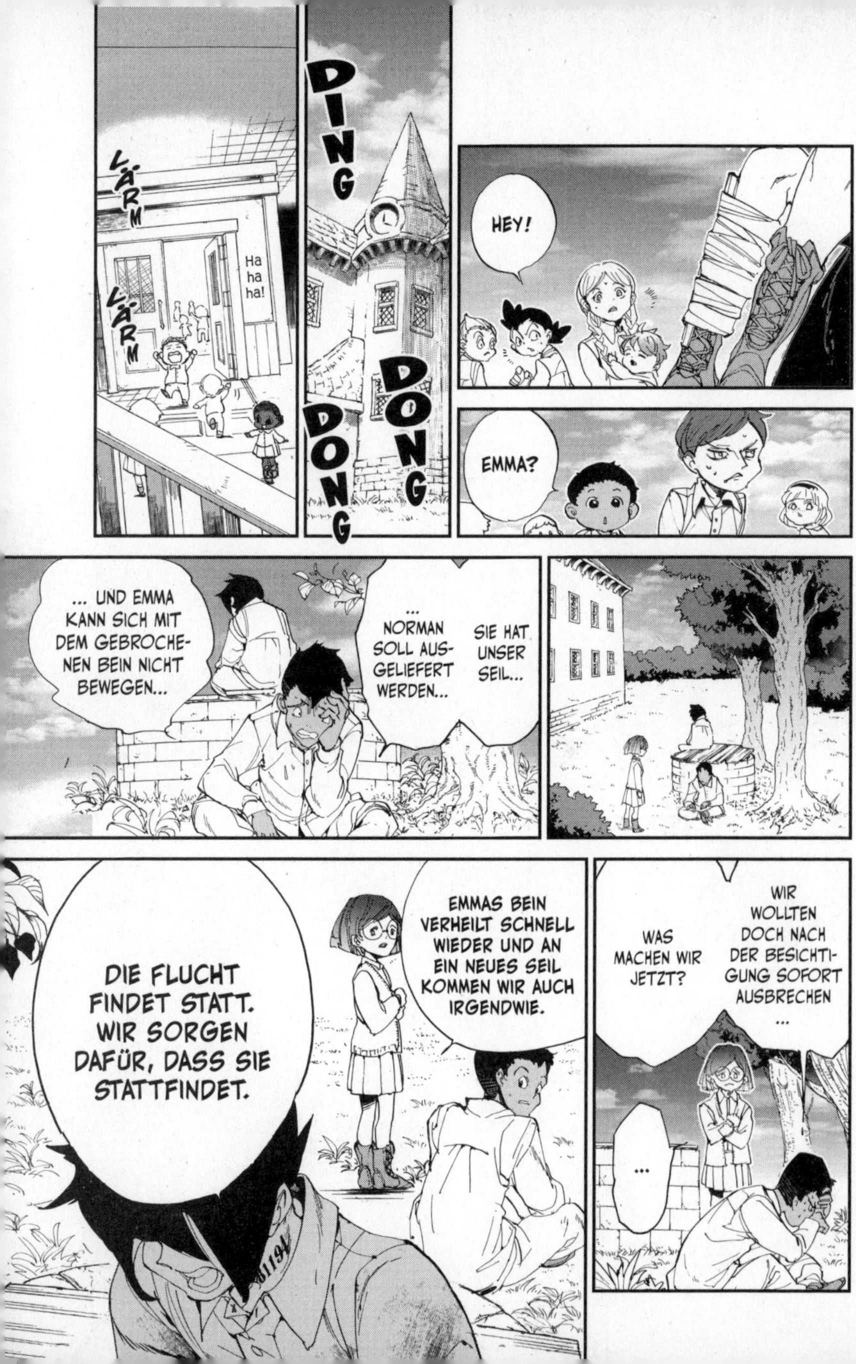
HEY!
EMMA?
DING DONG DING DONG
LÄRM LÄRM
Ha ha ha!
SIE HAT UNSER SEIL...
... NORMAN SOLL AUSGELIEFERT WERDEN...
... UND EMMA KANN SICH MIT DEM GEBROCHENEN BEIN NICHT BEWEGEN...
WIR WOLLTEN DOCH NACH DER BESICHTIGUNG SOFORT AUSBRECHEN ...
WAS MACHEN WIR JETZT?
...
EMMAS BEIN VERHEILT SCHNELL WIEDER UND AN EIN NEUES SEIL KOMMEN WIR AUCH IRGENDWIE.
DIE FLUCHT FINDET STATT. WIR SORGEN DAFÜR, DASS SIE STATTFINDET.

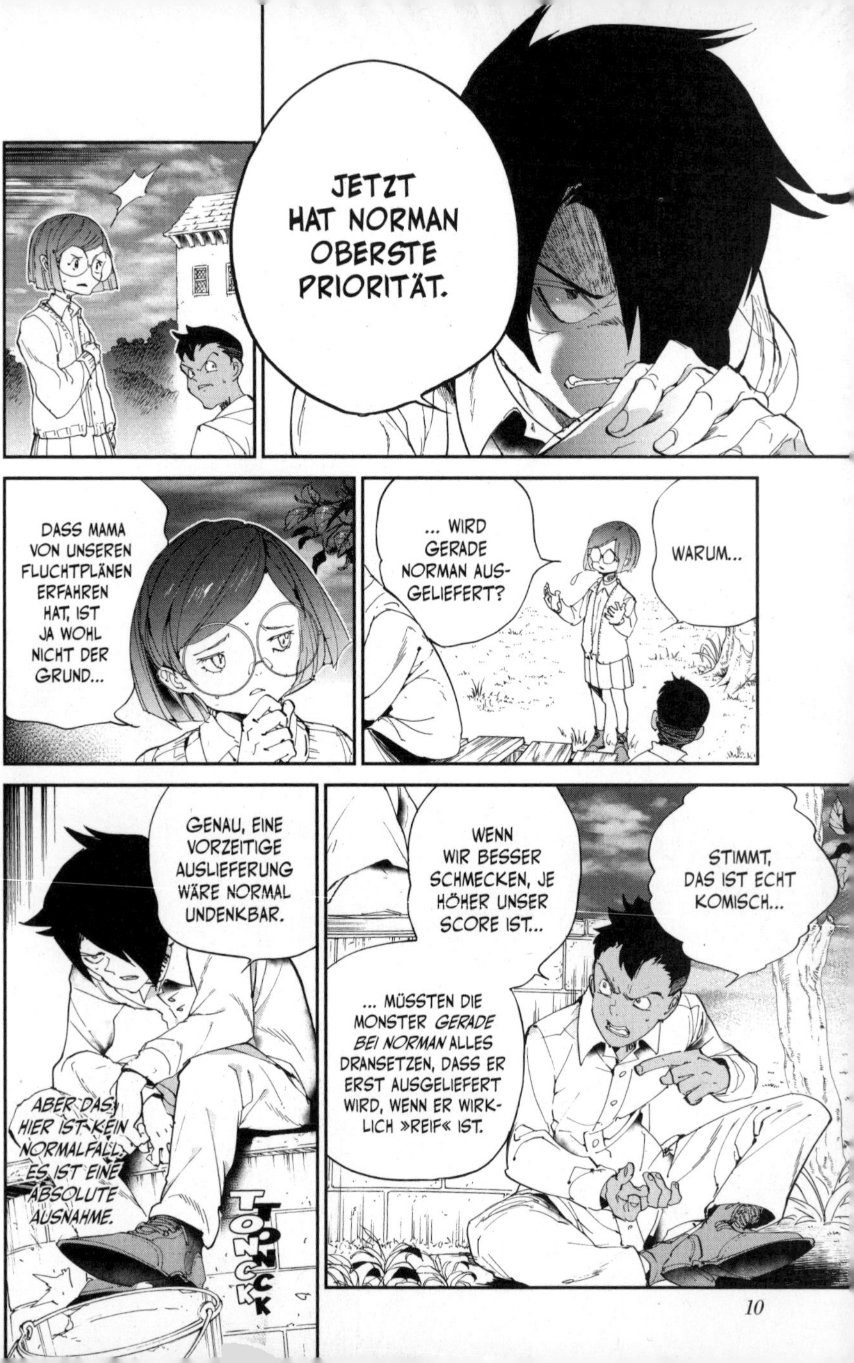
JETZT HAT NORMAN OBERSTE PRIORITÄT.
WARUM...
... WIRD GERADE NORMAN AUSGELIEFERT?
DASS MAMA VON UNSEREN FLUCHTPLÄNEN ERFAHREN HAT, IST JA WOHL NICHT DER GRUND...
STIMMT, DAS IST ECHT KOMISCH...
WENN WIR BESSER SCHMECKEN, JE HÖHER UNSER SCORE IST...
... MÜSSTEN DIE MONSTER *GERADE BEI NORMAN* ALLES DRANSETZEN, DASS ER ERST AUSGELIEFERT WIRD, WENN ER WIRKLICH »REIF« IST.
GENAU, EINE VORZEITIGE AUSLIEFERUNG WÄRE NORMAL UNDENKBAR.
ABER DAS HIER IST KEIN NORMALFALL. ES IST EINE ABSOLUTE AUSNAHME.
TONCK
TONCK

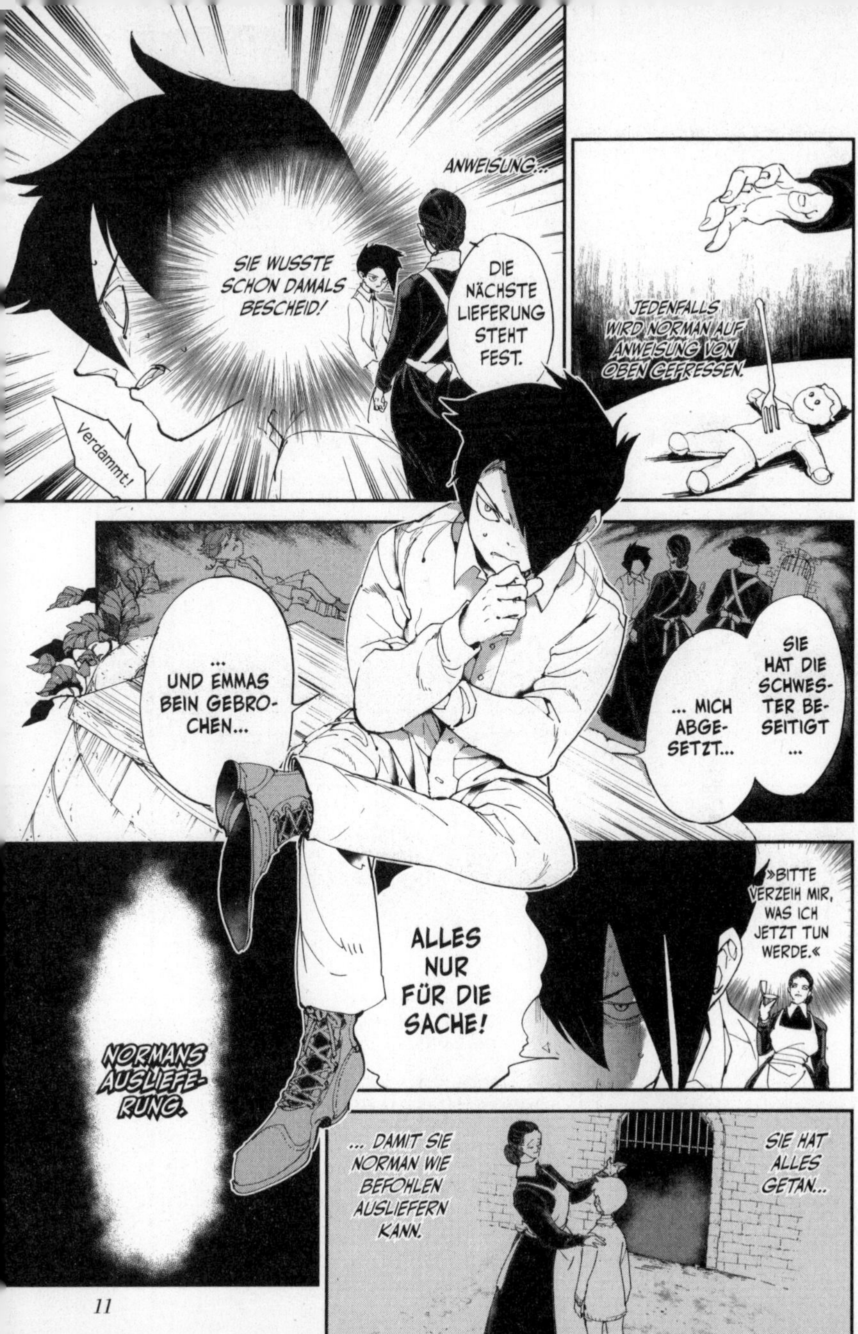
JEDENFALLS WIRD NORMAN AUF ANWEISUNG VON OBEN GEFRESSEN.
ANWEISUNG...
DIE NÄCHSTE LIEFERUNG STEHT FEST.
SIE WUSSTE SCHON DAMALS BESCHEID!
Verdammt!
SIE HAT DIE SCHWESTER BESEITIGT ...
... MICH ABGESETZT...
... UND EMMAS BEIN GEBROCHEN...
»BITTE VERZEIH MIR, WAS ICH JETZT TUN WERDE.«
ALLES NUR FÜR DIE SACHE!
NORMANS AUSLIEFERUNG.
SIE HAT ALLES GETAN...
... DAMIT SIE NORMAN WIE BEFOHLEN AUSLIEFERN KANN.

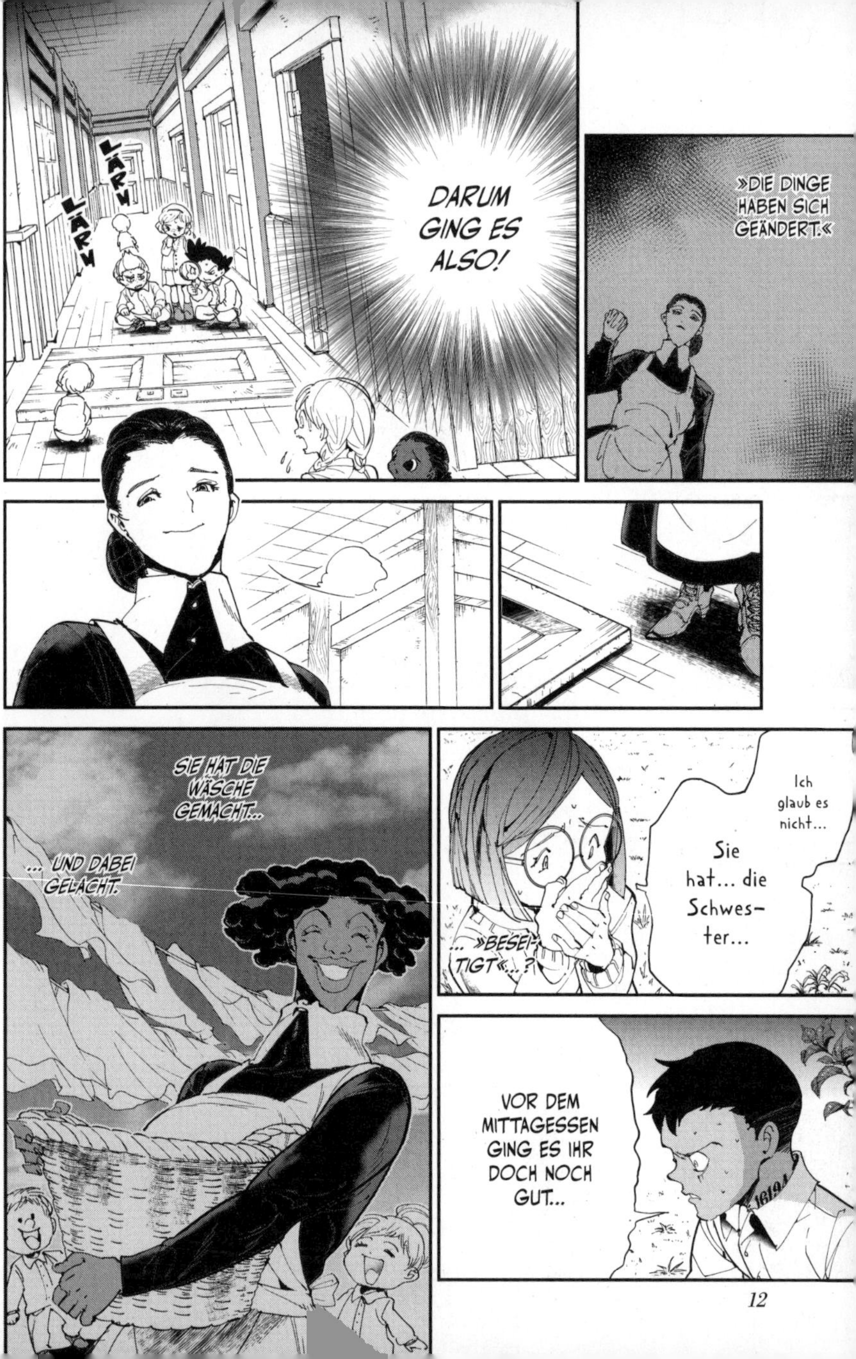
»DIE DINGE HABEN SICH GEÄNDERT.«
DARUM GING ES ALSO!
LÄRM
LÄRM
Ich glaub es nicht...
Sie hat... die Schwester...
... »BESEITIGT«...?
SIE HAT DIE WÄSCHE GEMACHT...
... UND DABEI GELACHT.
VOR DEM MITTAGESSEN GING ES IHR DOCH NOCH GUT...

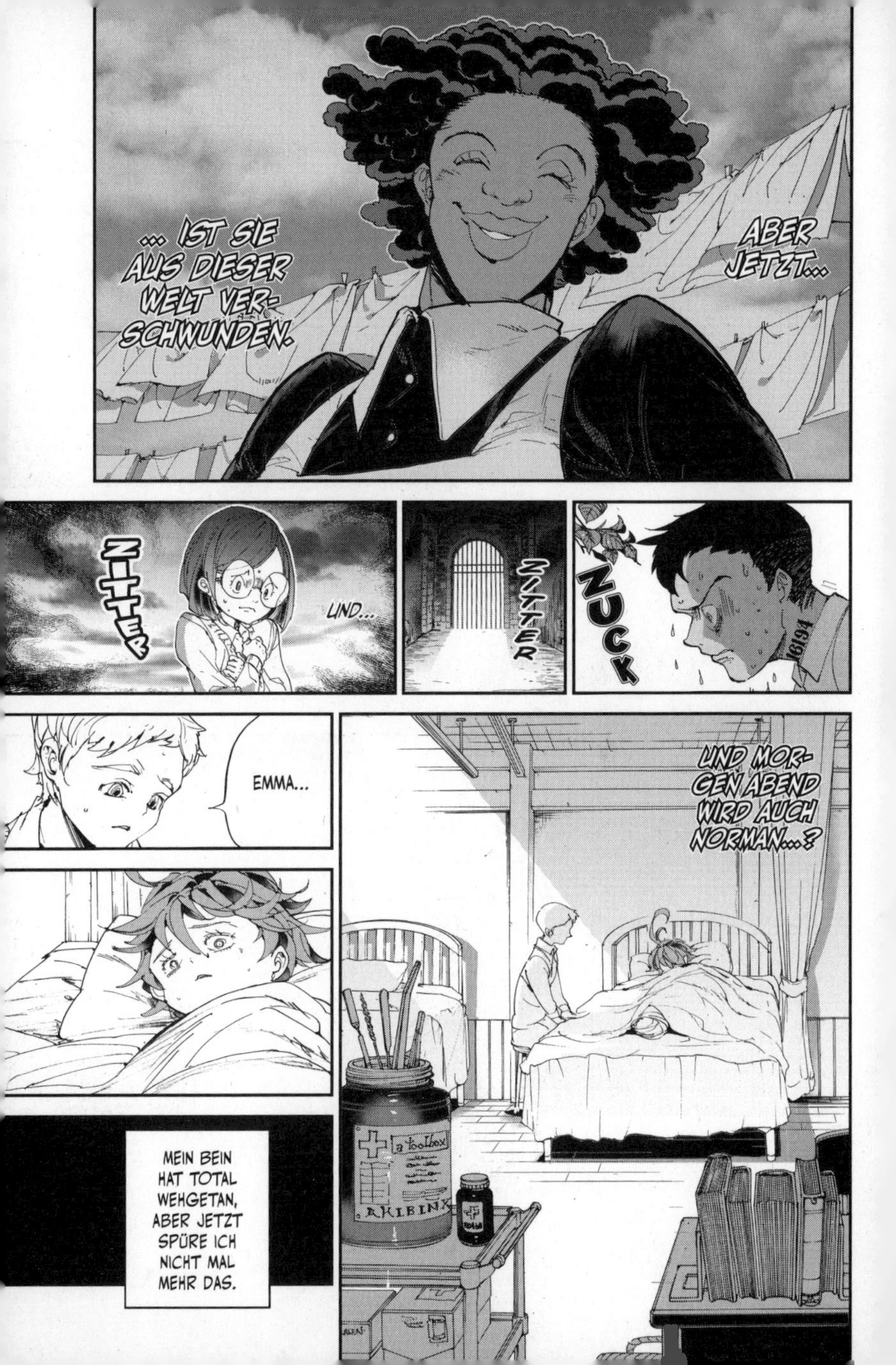

ABER JETZT...
... IST SIE AUS DIESER WELT VER-SCHWUNDEN.
ZUCK
ZITTER
UND...
ZITTER
UND MOR-GEN ABEND WIRD AUCH NORMAN...?
EMMA...
MEIN BEIN HAT TOTAL WEHGETAN, ABER JETZT SPÜRE ICH NICHT MAL MEHR DAS.

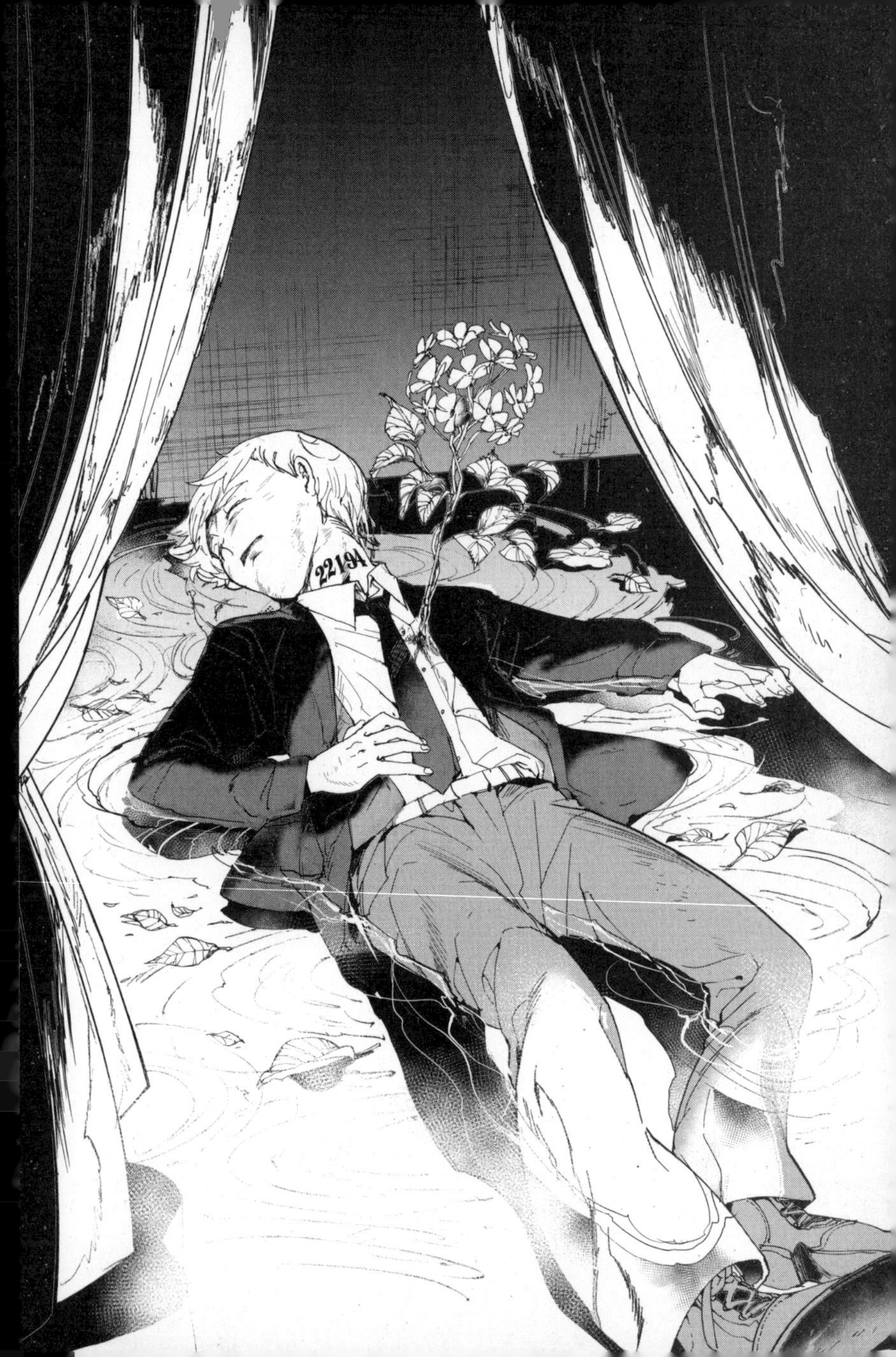
22194

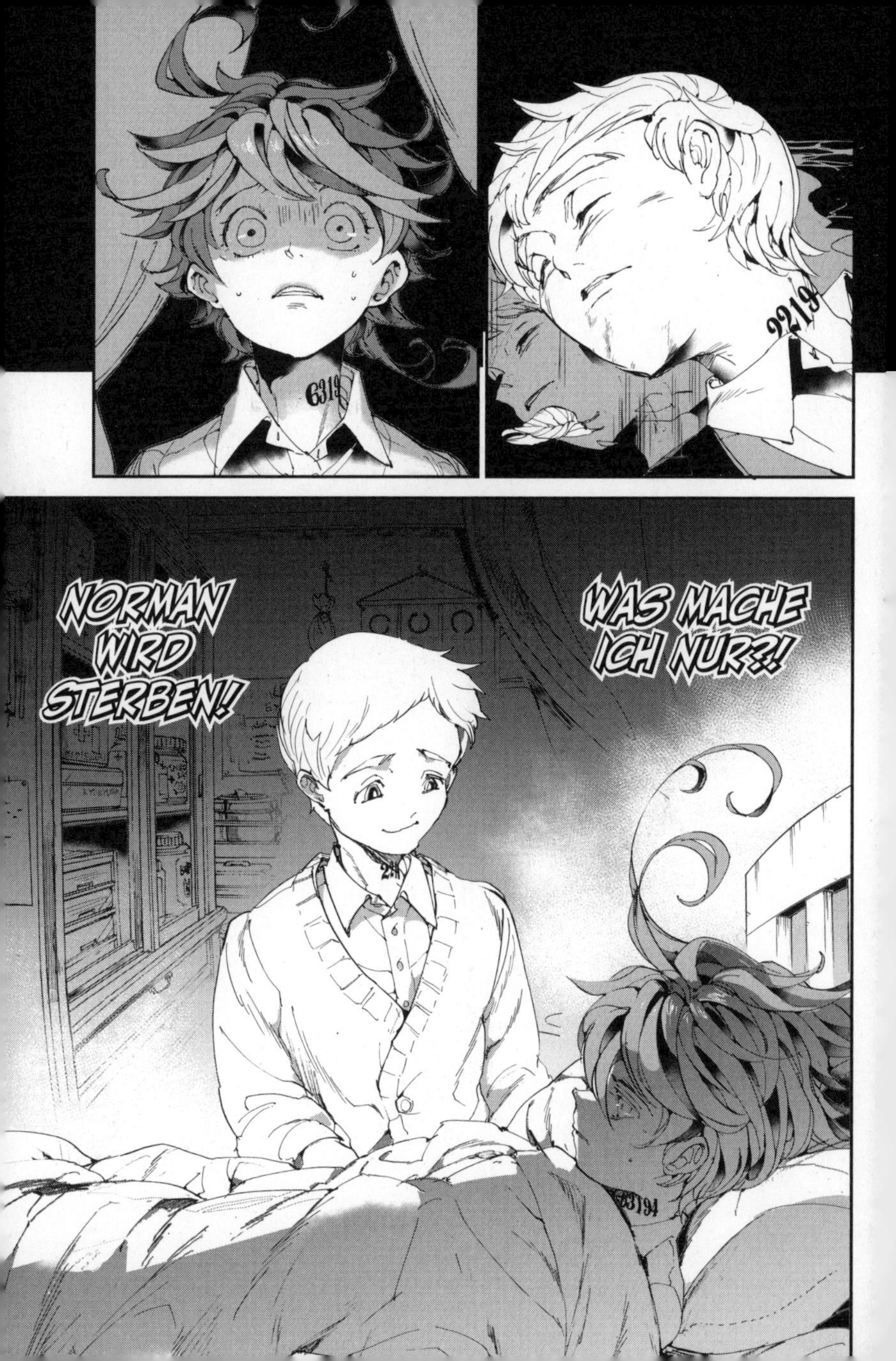
WAS MACHE ICH NUR?!
NORMAN WIRD STERBEN!!

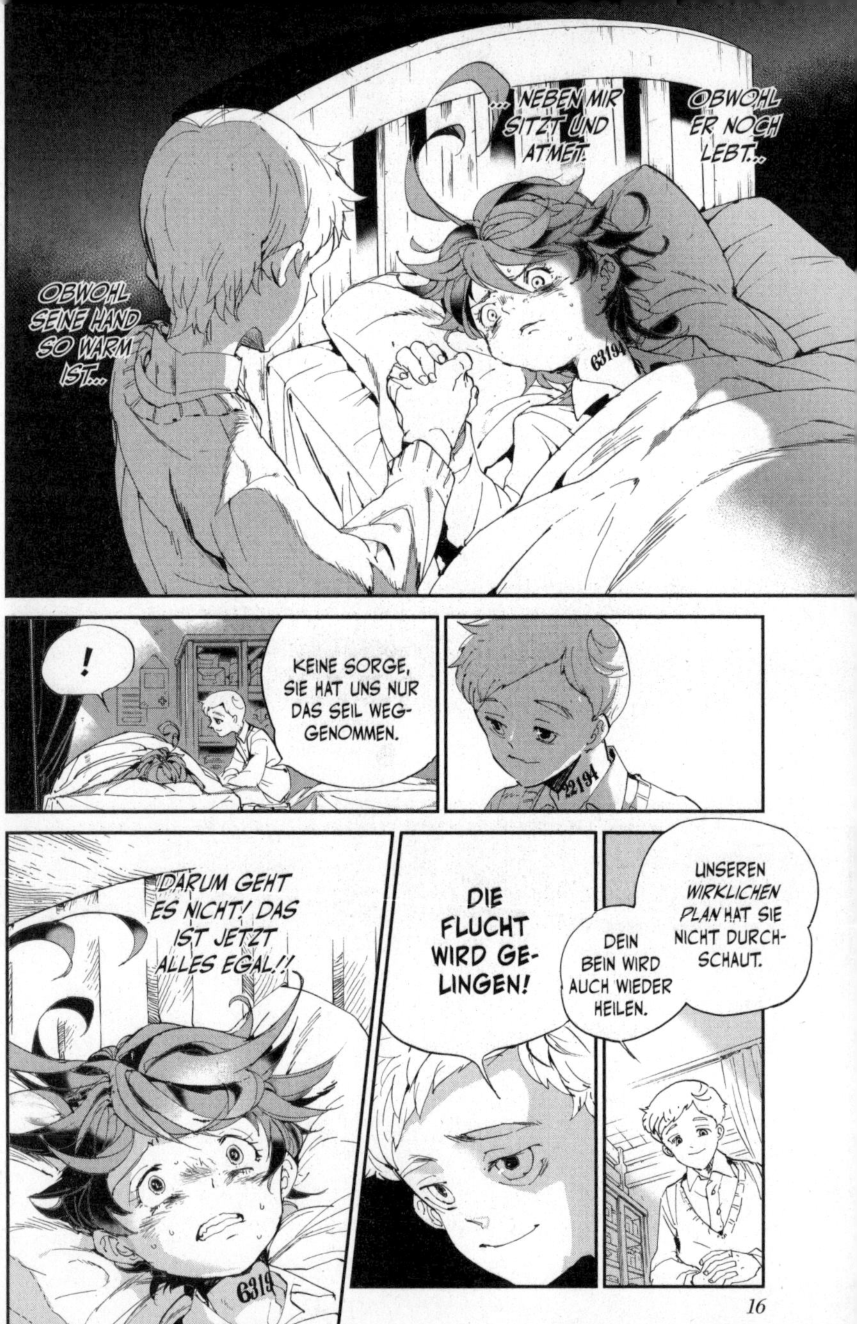

OBWOHL ER NOCH LEBT...
... NEBEN MIR SITZT UND ATMET.
OBWOHL SEINE HAND SO WARM IST...
KEINE SORGE, SIE HAT UNS NUR DAS SEIL WEG-GENOMMEN.
!
UNSEREN *WIRKLICHEN PLAN* HAT SIE NICHT DURCH-SCHAUT.
DEIN BEIN WIRD AUCH WIEDER HEILEN.
DIE FLUCHT WIRD GE-LINGEN!
DARUM GEHT ES NICHT! DAS IST JETZT ALLES EGAL!!

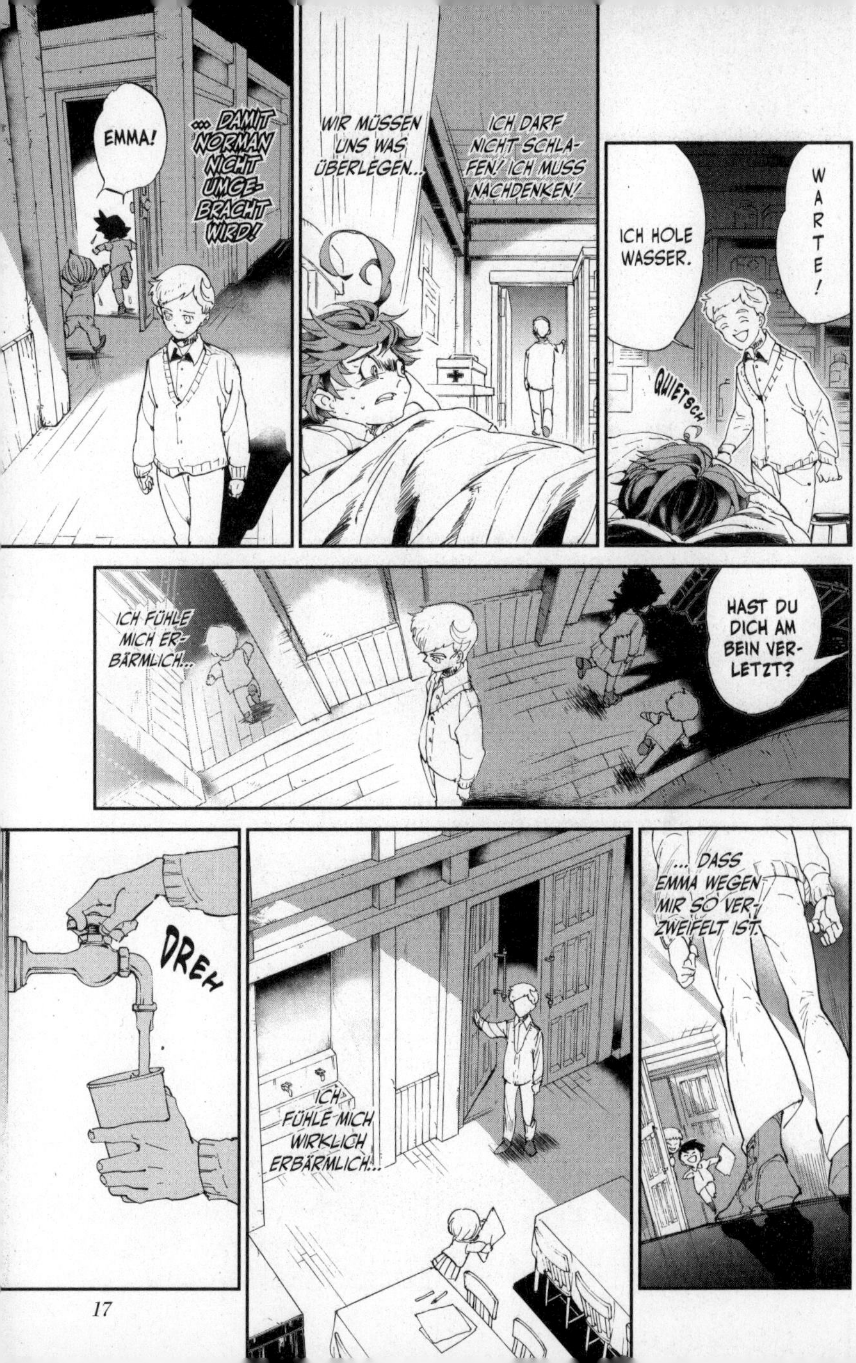
WARTE!
ICH HOLE WASSER.
QUIETSCH
ICH DARF NICHT SCHLAFEN! ICH MUSS NACHDENKEN!
WIR MÜSSEN UNS WAS ÜBERLEGEN...
... DAMIT NORMAN NICHT UMGEBRACHT WIRD!
EMMA!
HAST DU DICH AM BEIN VERLETZT?
ICH FÜHLE MICH ERBÄRMLICH...
... DASS EMMA WEGEN MIR SO VERZWEIFELT IST.
ICH FÜHLE MICH WIRKLICH ERBÄRMLICH...
DREH

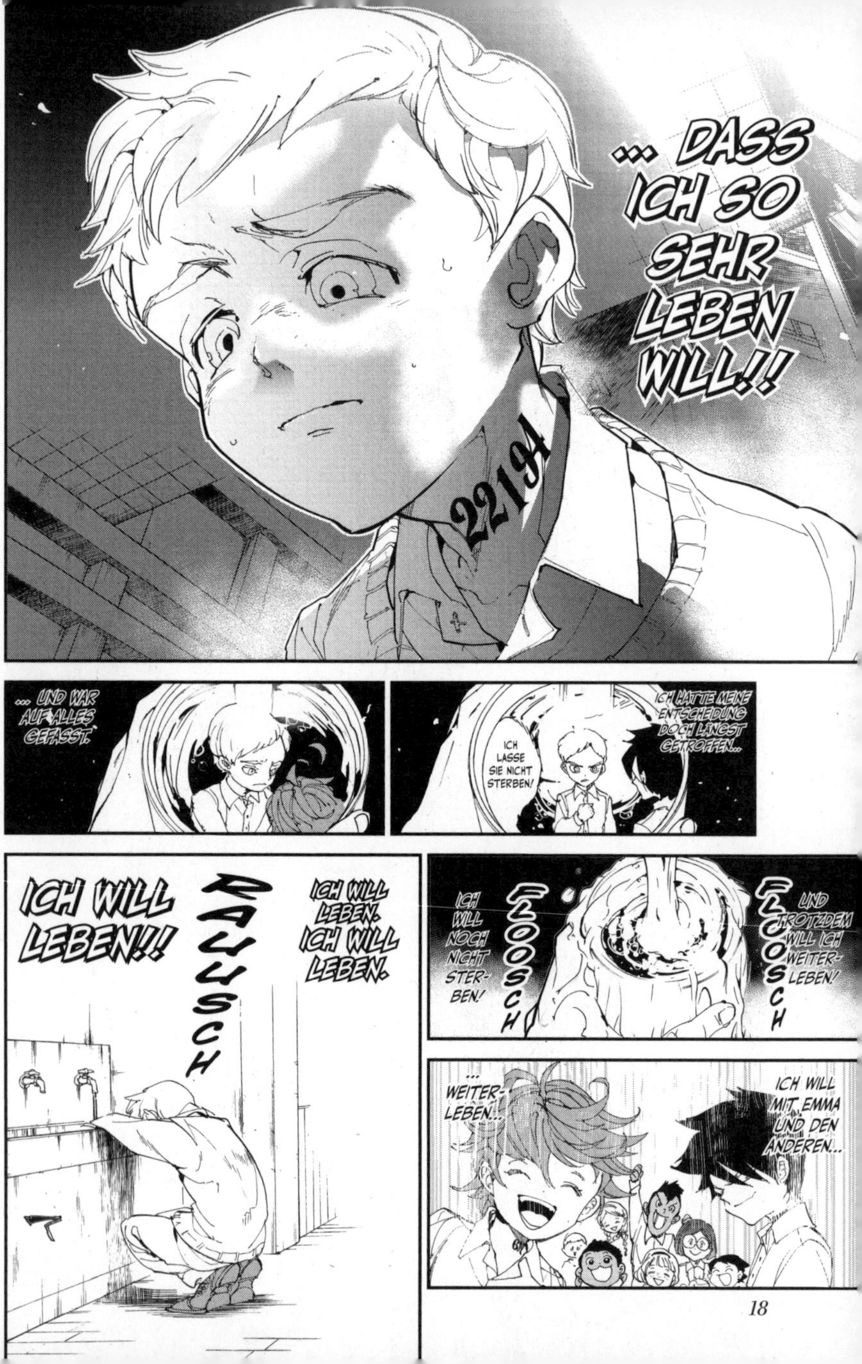
... DASS ICH SO SEHR LEBEN WILL!!
ICH HATTE MEINE ENTSCHEIDUNG DOCH LÄNGST GETROFFEN...
ICH LASSE SIE NICHT STERBEN!
... UND WAR AUF ALLES GEFASST.
UND TROTZDEM WILL ICH WEITER-LEBEN!
FLOOSCH
ICH WILL NOCH NICHT STERBEN!
FLOOSCH
ICH WILL MIT EMMA UND DEN ANDEREN...
... WEITER-LEBEN...
ICH WILL LEBEN. ICH WILL LEBEN.
RAUUSCH
ICH WILL LEBEN!!

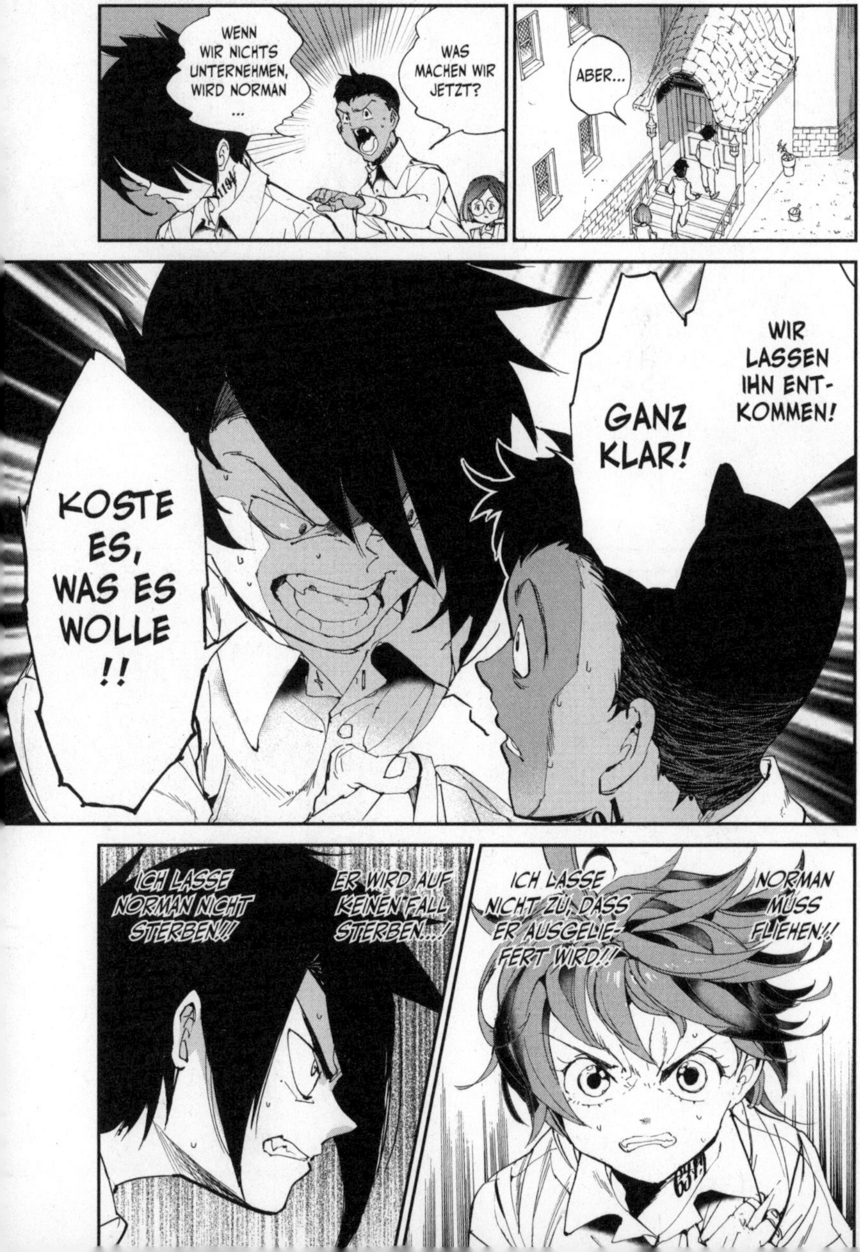
ABER...
WAS MACHEN WIR JETZT?
WENN WIR NICHTS UNTERNEHMEN, WIRD NORMAN ...
WIR LASSEN IHN ENT-KOMMEN!
GANZ KLAR!
KOSTE ES, WAS ES WOLLE !!
NORMAN MUSS FLIEHEN!!
ICH LASSE NICHT ZU, DASS ER AUSGELIE-FERT WIRD!!
ER WIRD AUF KEINEN FALL STERBEN...!
ICH LASSE NORMAN NICHT STERBEN!!

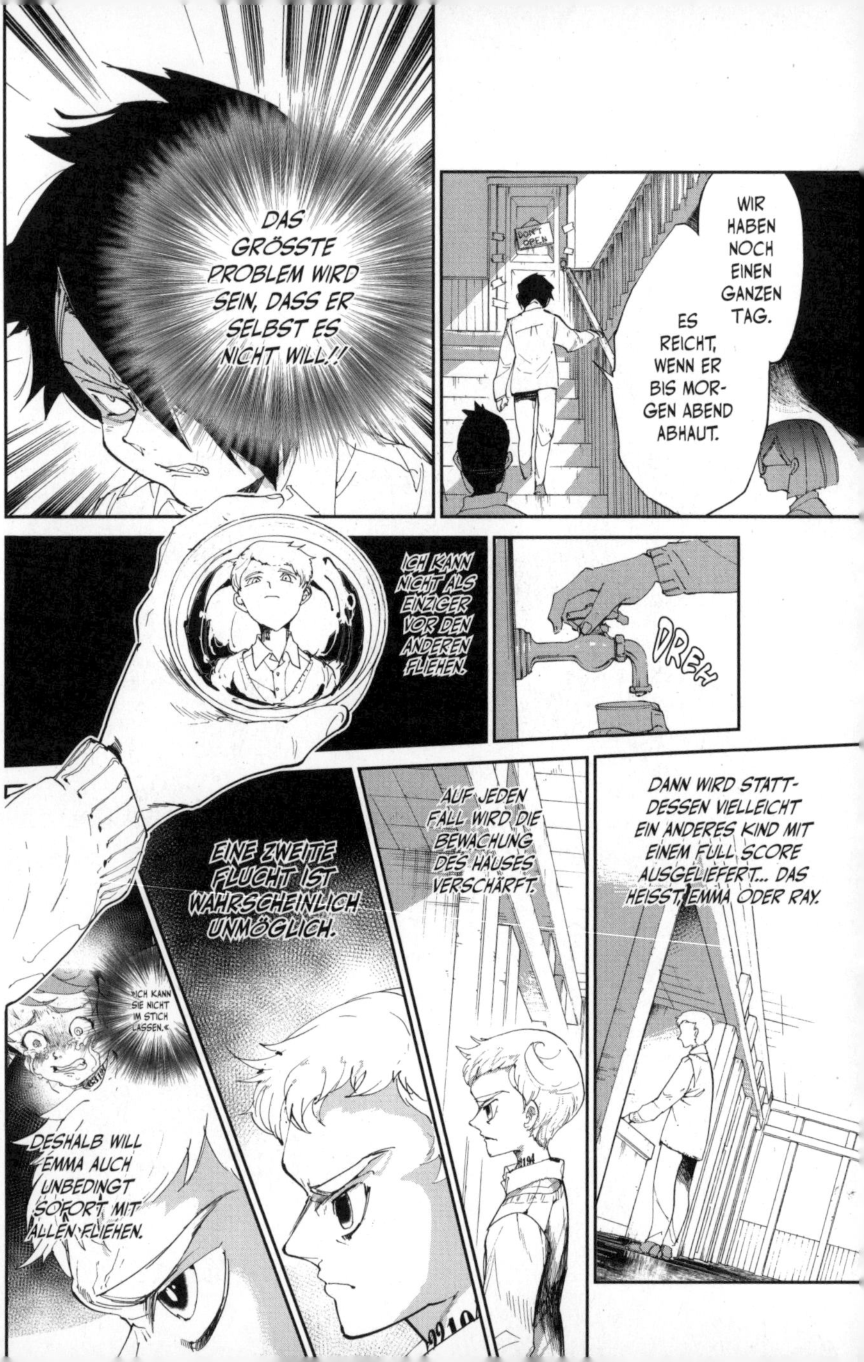
DON'T OPEN
WIR HABEN NOCH EINEN GANZEN TAG.
ES REICHT, WENN ER BIS MOR-GEN ABEND ABHAUT.
DAS GRÖSSTE PROBLEM WIRD SEIN, DASS ER SELBST ES NICHT WILL!!
DREH
ICH KANN NICHT ALS EINZIGER VOR DEN ANDEREN FLIEHEN.
DANN WIRD STATT-DESSEN VIELLEICHT EIN ANDERES KIND MIT EINEM FULL SCORE AUSGELIEFERT... DAS HEISST, EMMA ODER RAY.
AUF JEDEN FALL WIRD DIE BEWACHUNG DES HAUSES VERSCHÄRFT.
EINE ZWEITE FLUCHT IST WAHRSCHEINLICH UNMÖGLICH.
»ICH KANN SIE NICHT IM STICH LASSEN.«
DESHALB WILL EMMA AUCH UNBEDINGT SOFORT MIT ALLEN FLIEHEN.

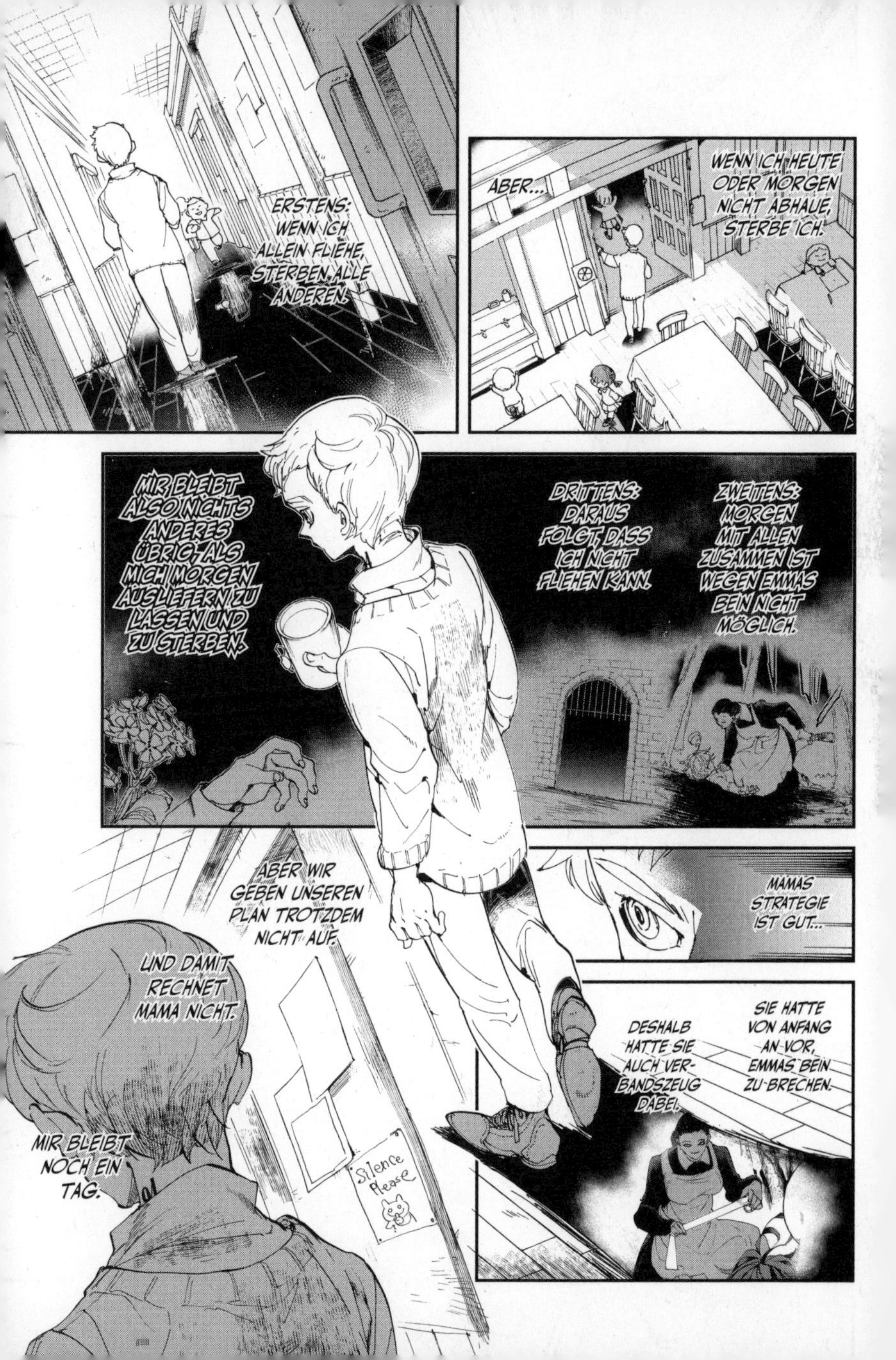
WENN ICH HEUTE ODER MORGEN NICHT ABHAUE, STERBE ICH.
ABER...
ERSTENS: WENN ICH ALLEIN FLIEHE, STERBEN ALLE ANDEREN.
ZWEITENS: MORGEN MIT ALLEN ZUSAMMEN IST WEGEN EMMAS BEIN NICHT MÖGLICH.
DRITTENS: DARAUS FOLGT, DASS ICH NICHT FLIEHEN KANN.
MIR BLEIBT ALSO NICHTS ANDERES ÜBRIG, ALS MICH MORGEN AUSLIEFERN ZU LASSEN UND ZU STERBEN.
MAMAS STRATEGIE IST GUT...
SIE HATTE VON ANFANG AN VOR, EMMAS BEIN ZU BRECHEN.
DESHALB HATTE SIE AUCH VERBANDSZEUG DABEI.
ABER WIR GEBEN UNSEREN PLAN TROTZDEM NICHT AUF.
UND DAMIT RECHNET MAMA NICHT.
MIR BLEIBT NOCH EIN TAG.
Silence Please

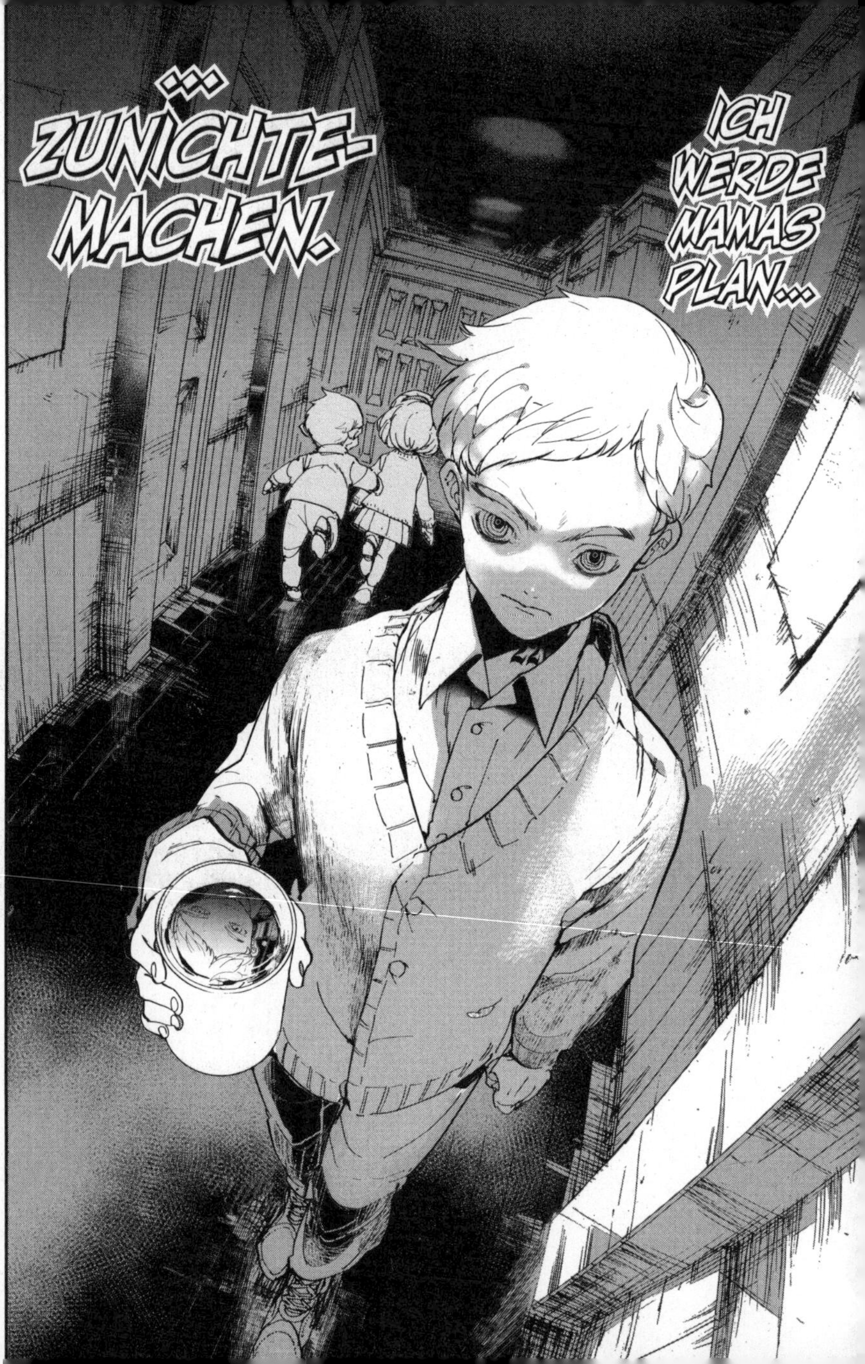
ICH WERDE MAMAS PLAN...
...ZUNICHTEMACHEN.

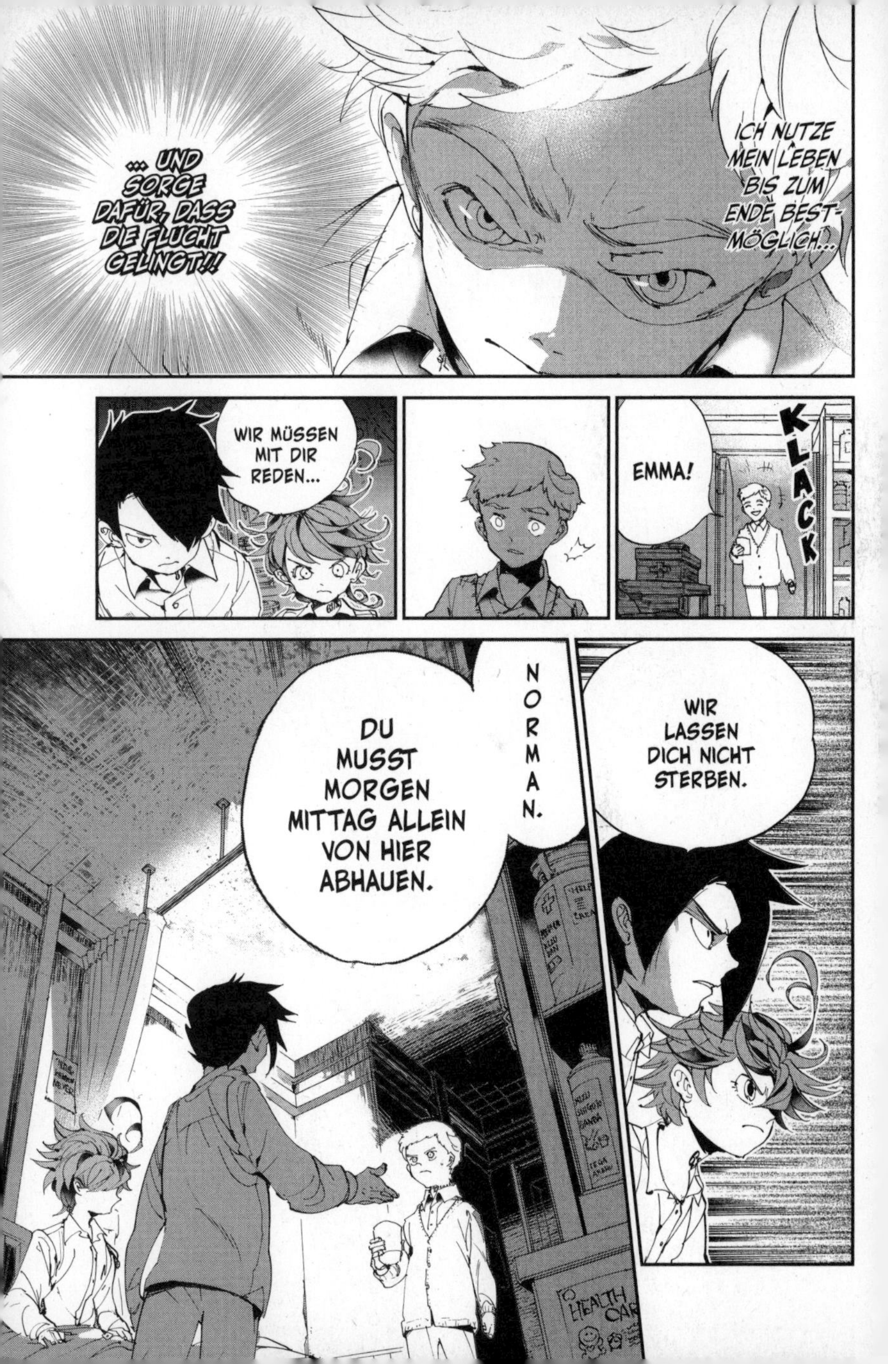
ICH NUTZE MEIN LEBEN BIS ZUM ENDE BEST-MÖGLICH...
... UND SORGE DAFÜR, DASS DIE FLUCHT GELINGT!!
KLACK
EMMA!
WIR MÜSSEN MIT DIR REDEN...
WIR LASSEN DICH NICHT STERBEN.
NORMAN.
DU MUSST MORGEN MITTAG ALLEIN VON HIER ABHAUEN.

Kleine Gegenstände im Grace Field House

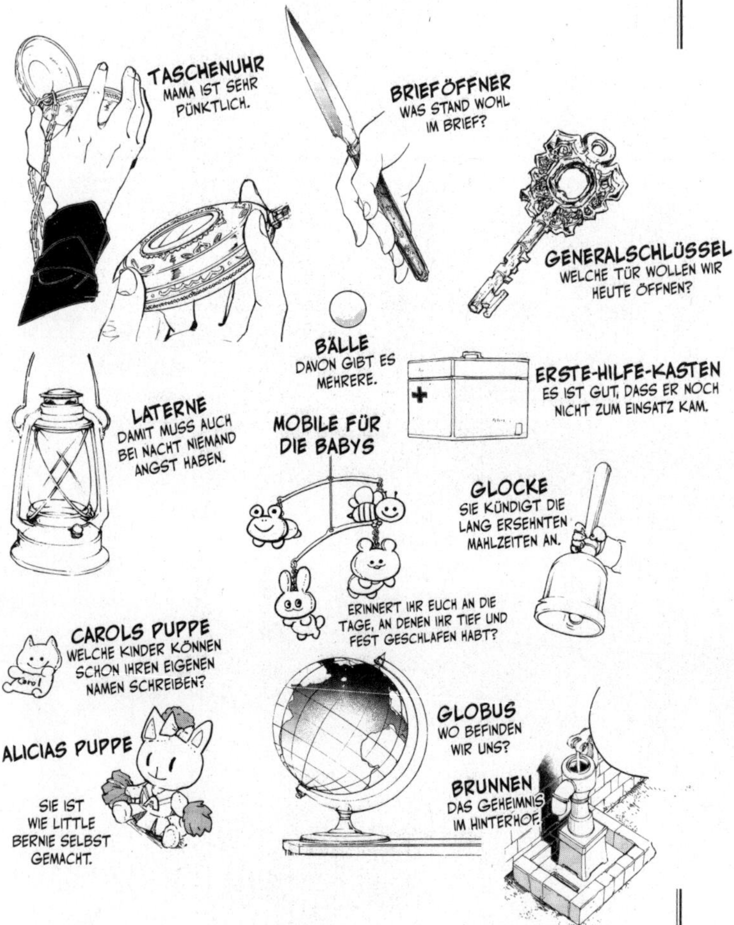

Kapitel 27: Wir lassen dich nicht sterben

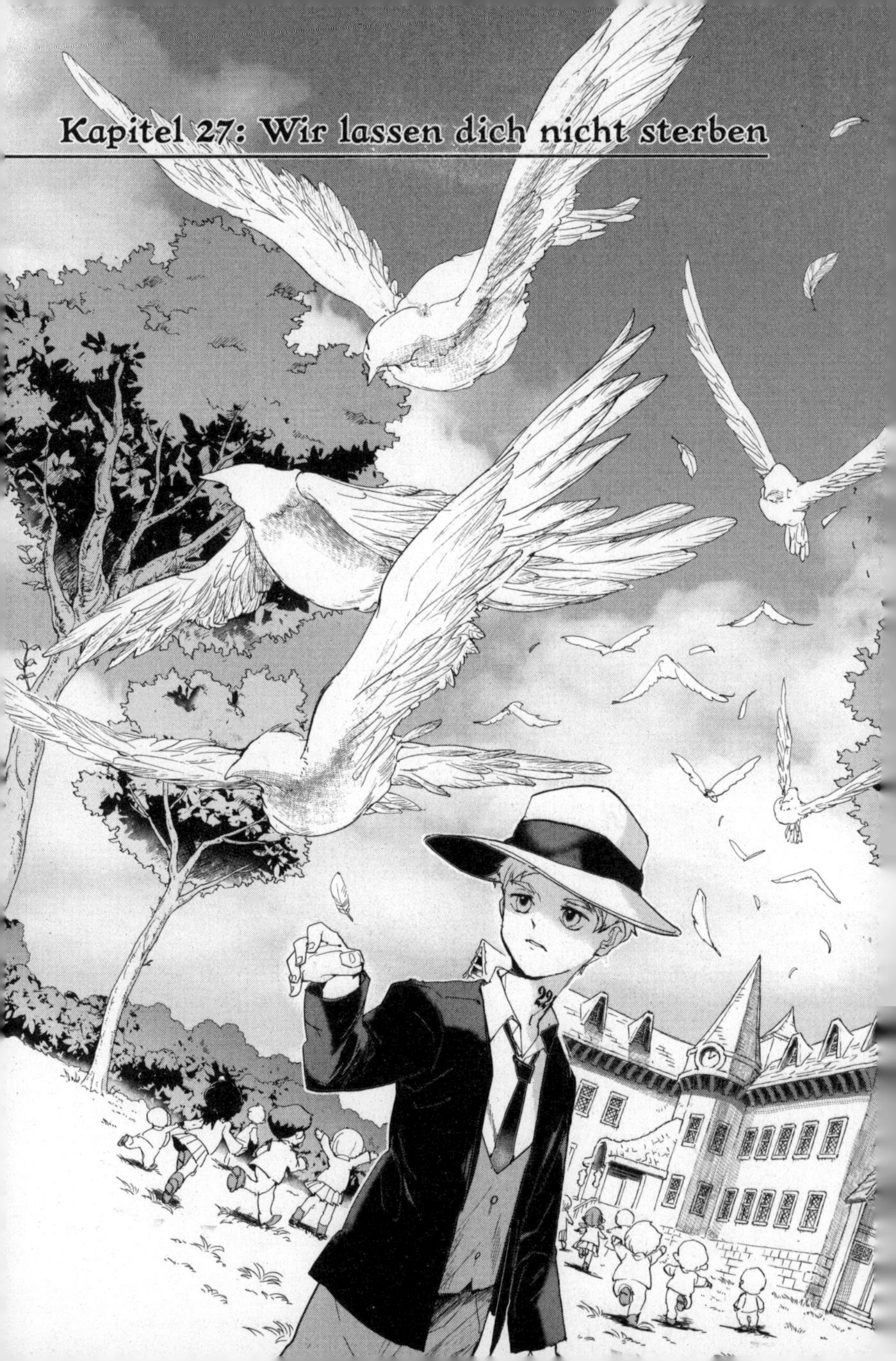

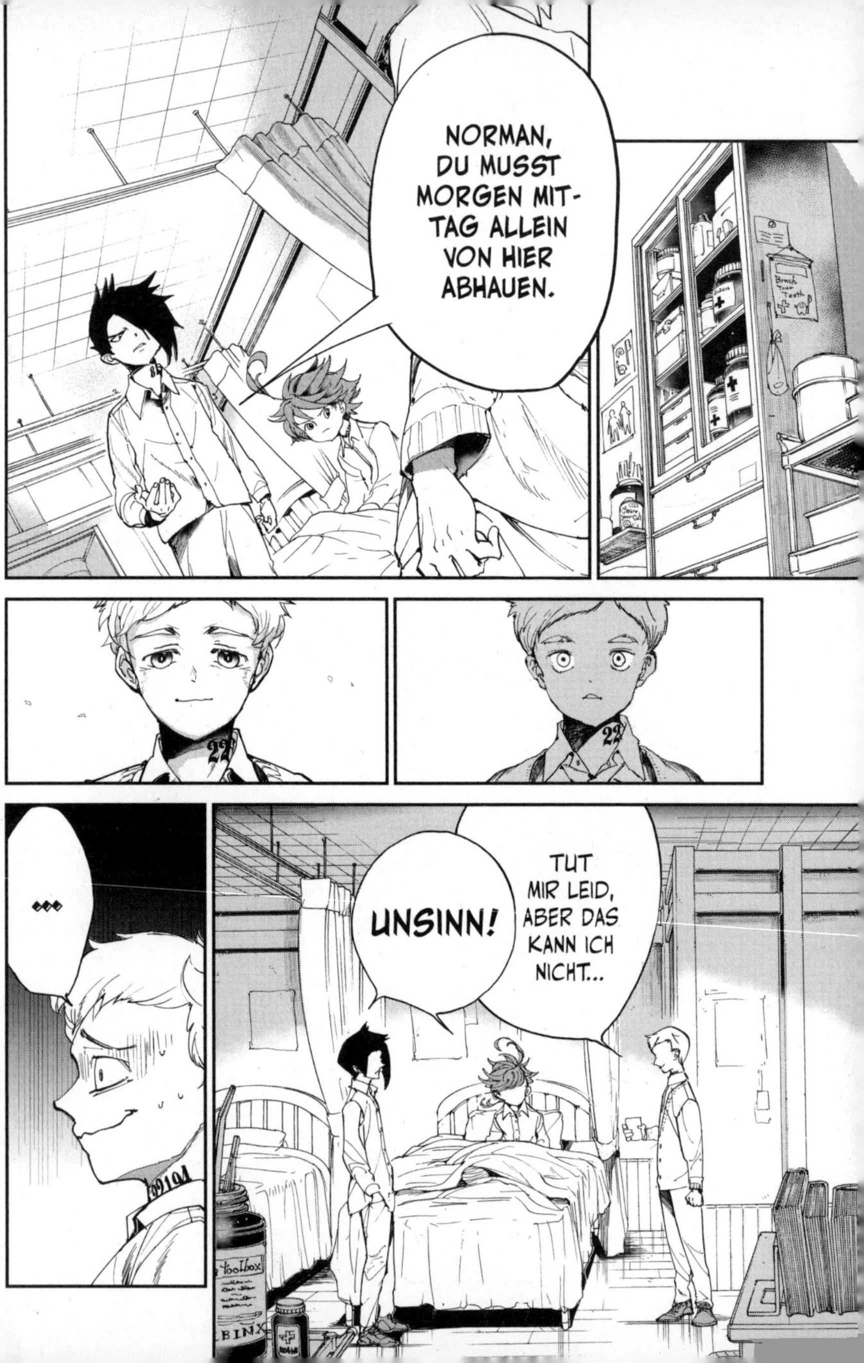
NORMAN, DU MUSST MORGEN MITTAG ALLEIN VON HIER ABHAUEN.
TUT MIR LEID, ABER DAS KANN ICH NICHT...
UNSINN!
...

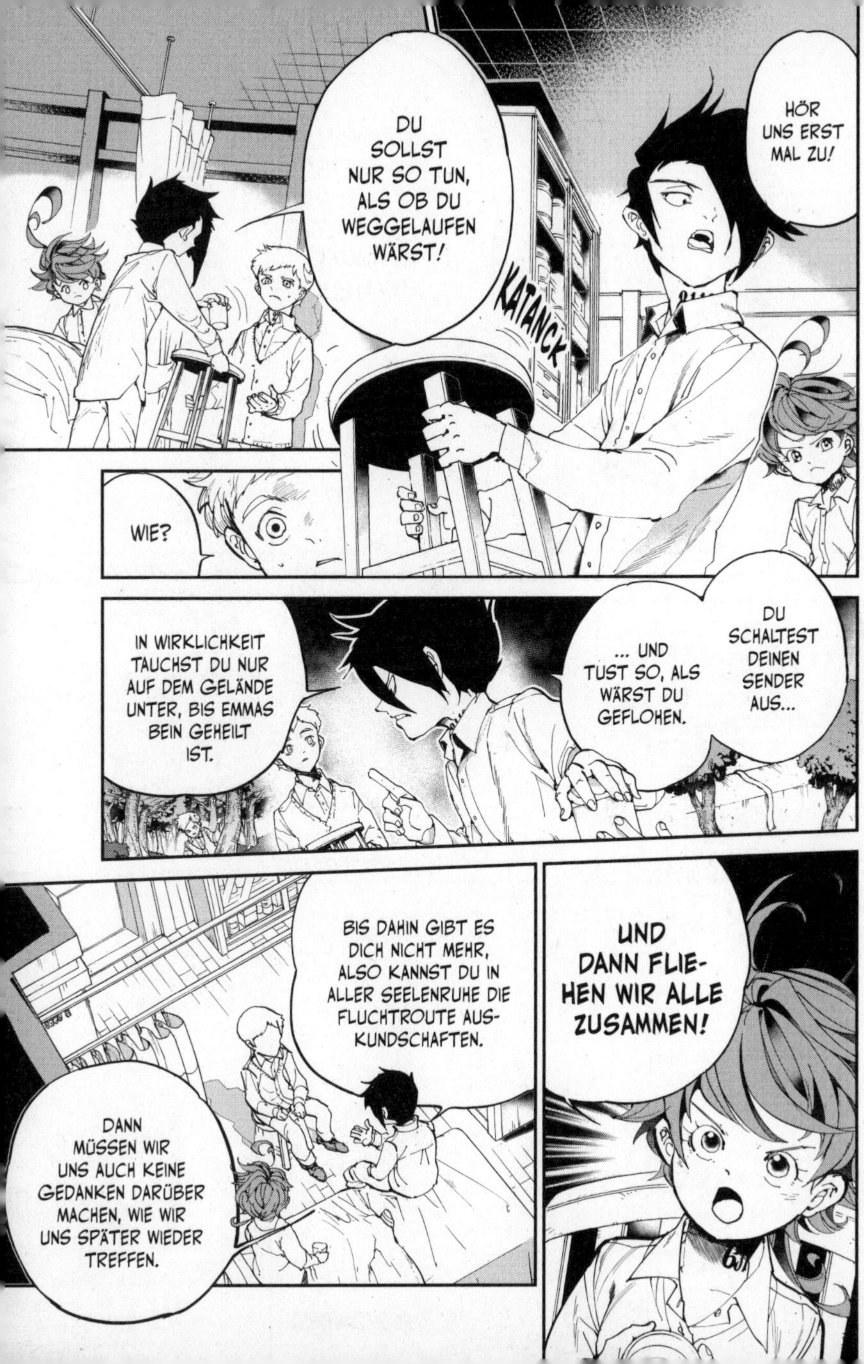

HÖR UNS ERST MAL ZU!
DU SOLLST NUR SO TUN, ALS OB DU WEGGELAUFEN WÄRST!
KATANCK
WIE?
DU SCHALTEST DEINEN SENDER AUS...
... UND TUST SO, ALS WÄRST DU GEFLOHEN.
IN WIRKLICHKEIT TAUCHST DU NUR AUF DEM GELÄNDE UNTER, BIS EMMAS BEIN GEHEILT IST.
UND DANN FLIE-HEN WIR ALLE ZUSAMMEN!
BIS DAHIN GIBT ES DICH NICHT MEHR, ALSO KANNST DU IN ALLER SEELENRUHE DIE FLUCHTROUTE AUS-KUNDSCHAFTEN.
DANN MÜSSEN WIR UNS AUCH KEINE GEDANKEN DARÜBER MACHEN, WIE WIR UNS SPÄTER WIEDER TREFFEN.

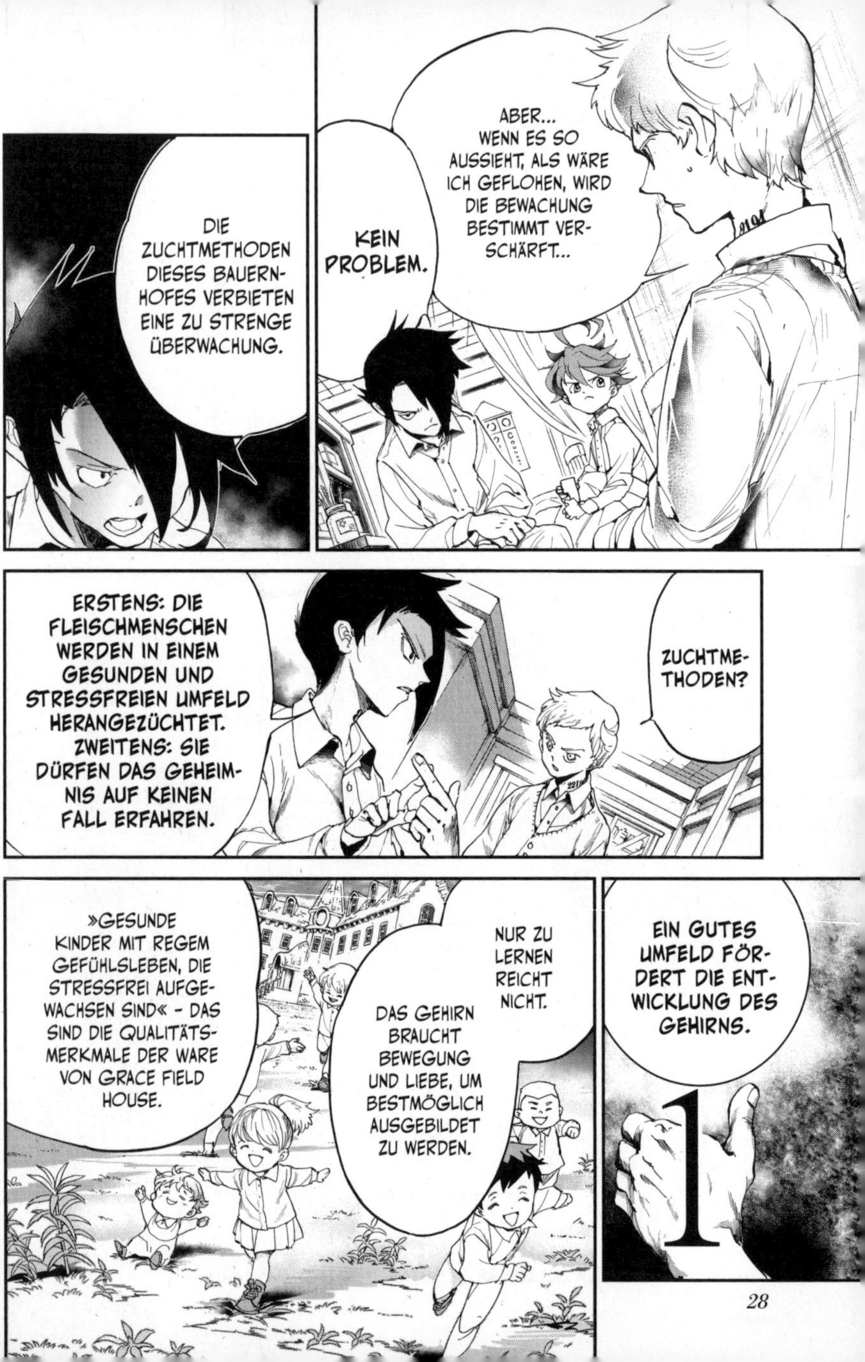
ABER... WENN ES SO AUSSIEHT, ALS WÄRE ICH GEFLOHEN, WIRD DIE BEWACHUNG BESTIMMT VERSCHÄRFT...
KEIN PROBLEM.
DIE ZUCHTMETHODEN DIESES BAUERNHOFES VERBIETEN EINE ZU STRENGE ÜBERWACHUNG.
ZUCHTMETHODEN?
ERSTENS: DIE FLEISCHMENSCHEN WERDEN IN EINEM GESUNDEN UND STRESSFREIEN UMFELD HERANGEZÜCHTET. ZWEITENS: SIE DÜRFEN DAS GEHEIMNIS AUF KEINEN FALL ERFAHREN.
EIN GUTES UMFELD FÖRDERT DIE ENTWICKLUNG DES GEHIRNS.
1
NUR ZU LERNEN REICHT NICHT.
DAS GEHIRN BRAUCHT BEWEGUNG UND LIEBE, UM BESTMÖGLICH AUSGEBILDET ZU WERDEN.
»GESUNDE KINDER MIT REGEM GEFÜHLSLEBEN, DIE STRESSFREI AUFGEWACHSEN SIND« - DAS SIND DIE QUALITÄTSMERKMALE DER WARE VON GRACE FIELD HOUSE.

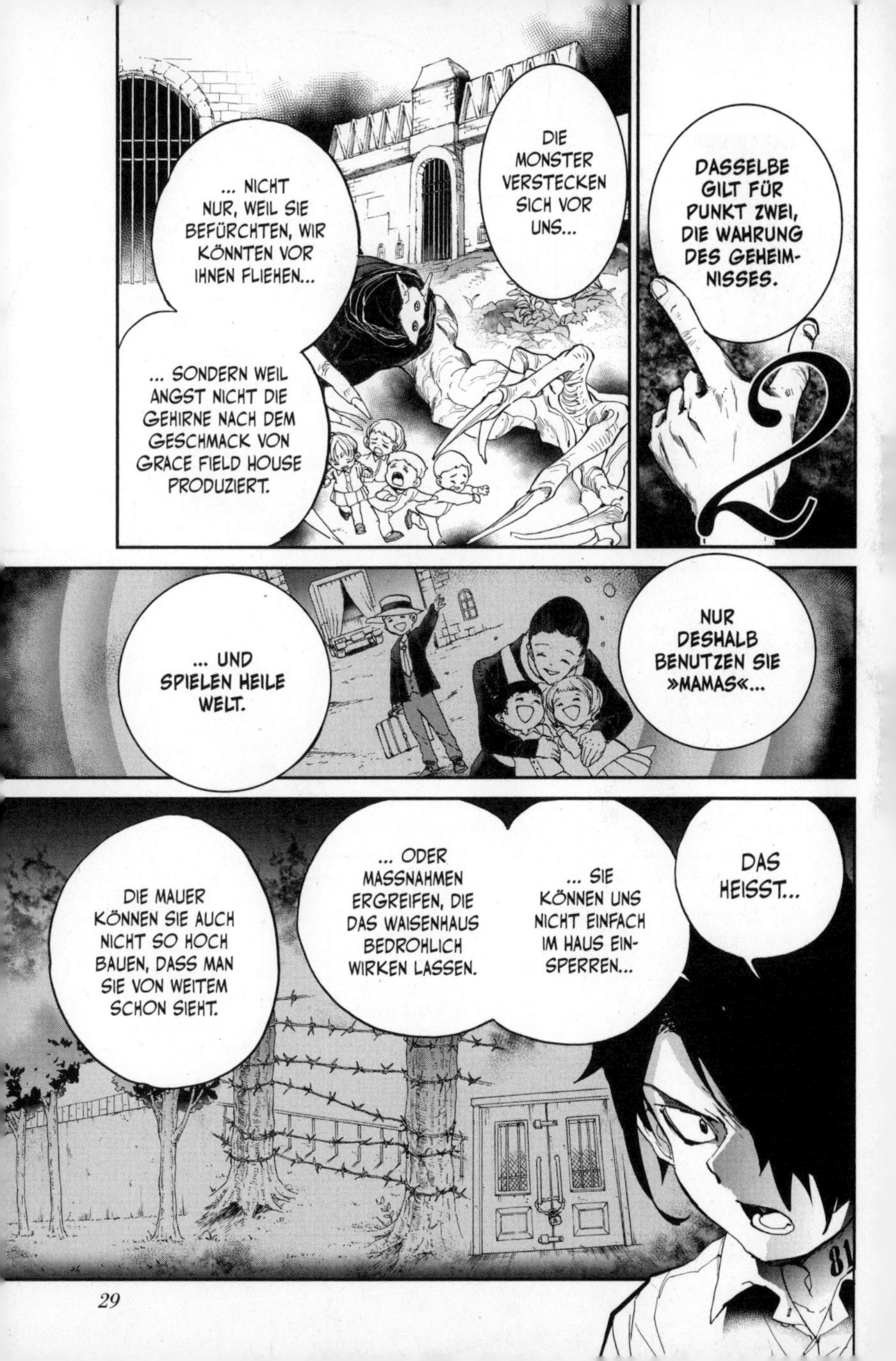
DASSELBE GILT FÜR PUNKT ZWEI, DIE WAHRUNG DES GEHEIMNISSES.
DIE MONSTER VERSTECKEN SICH VOR UNS...
... NICHT NUR, WEIL SIE BEFÜRCHTEN, WIR KÖNNTEN VOR IHNEN FLIEHEN...
... SONDERN WEIL ANGST NICHT DIE GEHIRNE NACH DEM GESCHMACK VON GRACE FIELD HOUSE PRODUZIERT.
NUR DESHALB BENUTZEN SIE »MAMAS«...
... UND SPIELEN HEILE WELT.
DAS HEISST...
... SIE KÖNNEN UNS NICHT EINFACH IM HAUS EIN-SPERREN...
... ODER MASSNAHMEN ERGREIFEN, DIE DAS WAISENHAUS BEDROHLICH WIRKEN LASSEN.
DIE MAUER KÖNNEN SIE AUCH NICHT SO HOCH BAUEN, DASS MAN SIE VON WEITEM SCHON SIEHT.

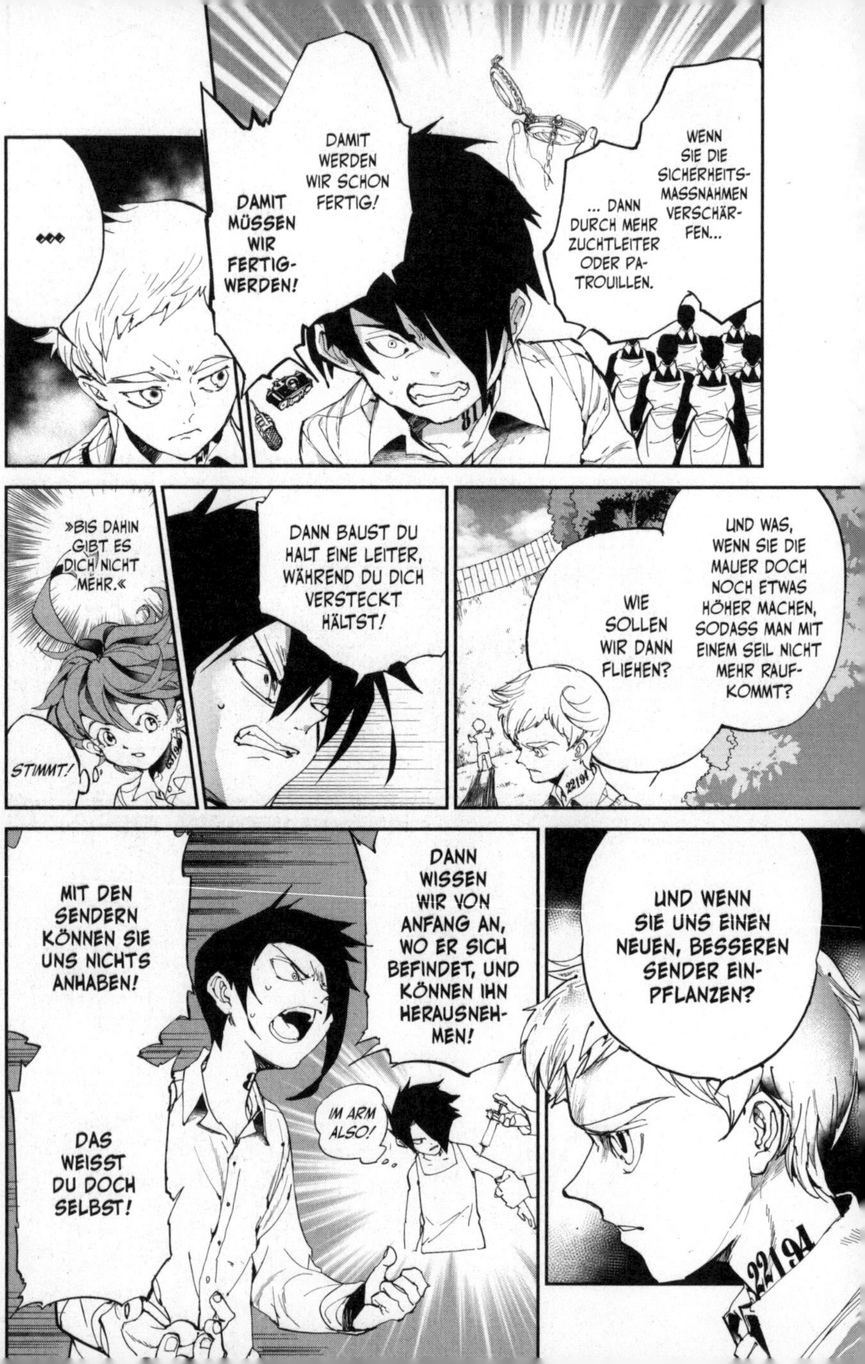
WENN SIE DIE SICHERHEITSMASSNAHMEN VERSCHÄRFEN...
... DANN DURCH MEHR ZUCHTLEITER ODER PATROUILLEN.
DAMIT WERDEN WIR SCHON FERTIG!
DAMIT MÜSSEN WIR FERTIGWERDEN!
...
UND WAS, WENN SIE DIE MAUER DOCH NOCH ETWAS HÖHER MACHEN, SODASS MAN MIT EINEM SEIL NICHT MEHR RAUFKOMMT?
WIE SOLLEN WIR DANN FLIEHEN?
22194
DANN BAUST DU HALT EINE LEITER, WÄHREND DU DICH VERSTECKT HÄLTST!
»BIS DAHIN GIBT ES DICH NICHT MEHR.«
STIMMT!
UND WENN SIE UNS EINEN NEUEN, BESSEREN SENDER EINPFLANZEN?
22194
DANN WISSEN WIR VON ANFANG AN, WO ER SICH BEFINDET, UND KÖNNEN IHN HERAUSNEHMEN!
IM ARM ALSO!
MIT DEN SENDERN KÖNNEN SIE UNS NICHTS ANHABEN!
DAS WEISST DU DOCH SELBST!

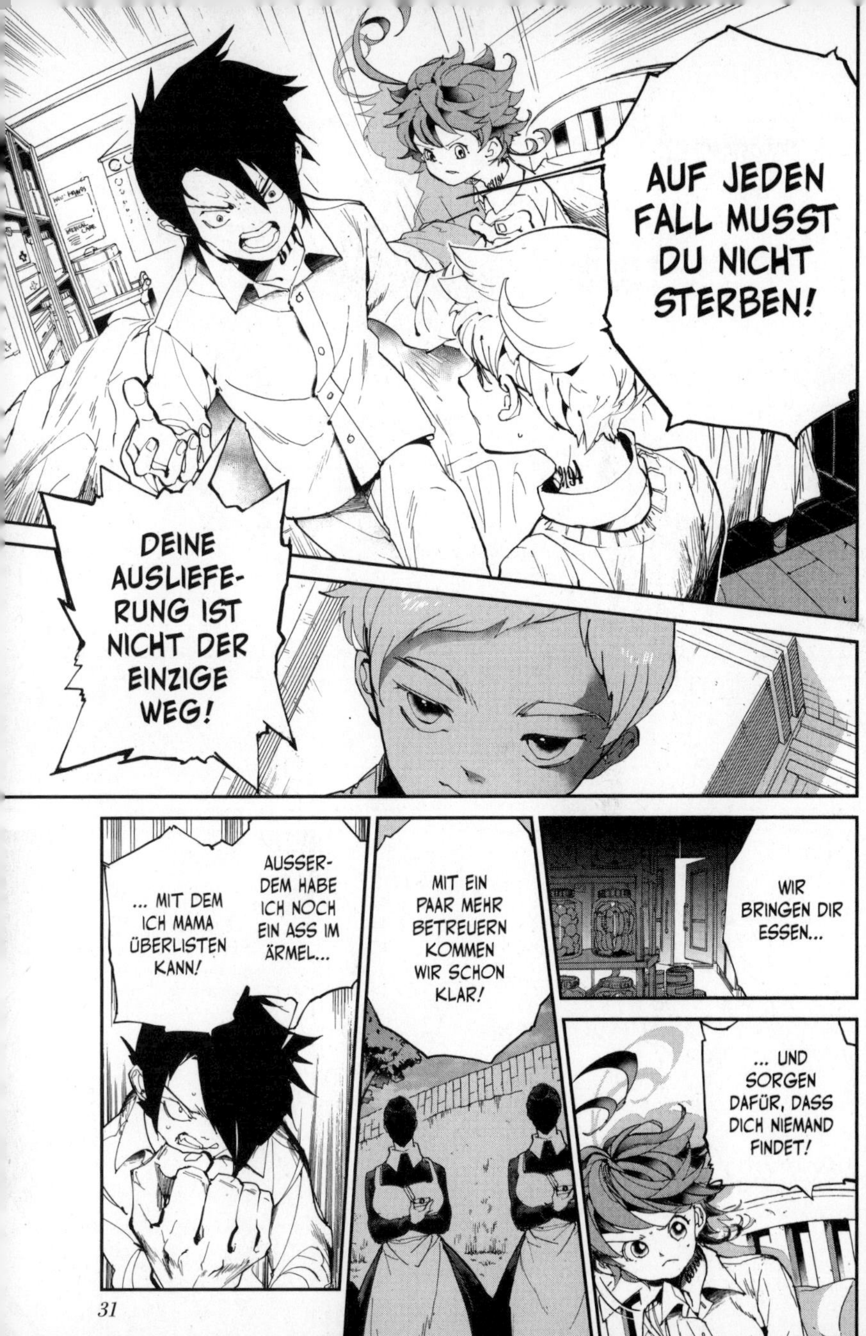
AUF JEDEN FALL MUSST DU NICHT STERBEN!
DEINE AUSLIEFE-RUNG IST NICHT DER EINZIGE WEG!
WIR BRINGEN DIR ESSEN...
... UND SORGEN DAFÜR, DASS DICH NIEMAND FINDET!
MIT EIN PAAR MEHR BETREUERN KOMMEN WIR SCHON KLAR!
AUSSER-DEM HABE ICH NOCH EIN ASS IM ÄRMEL...
... MIT DEM ICH MAMA ÜBERLISTEN KANN!

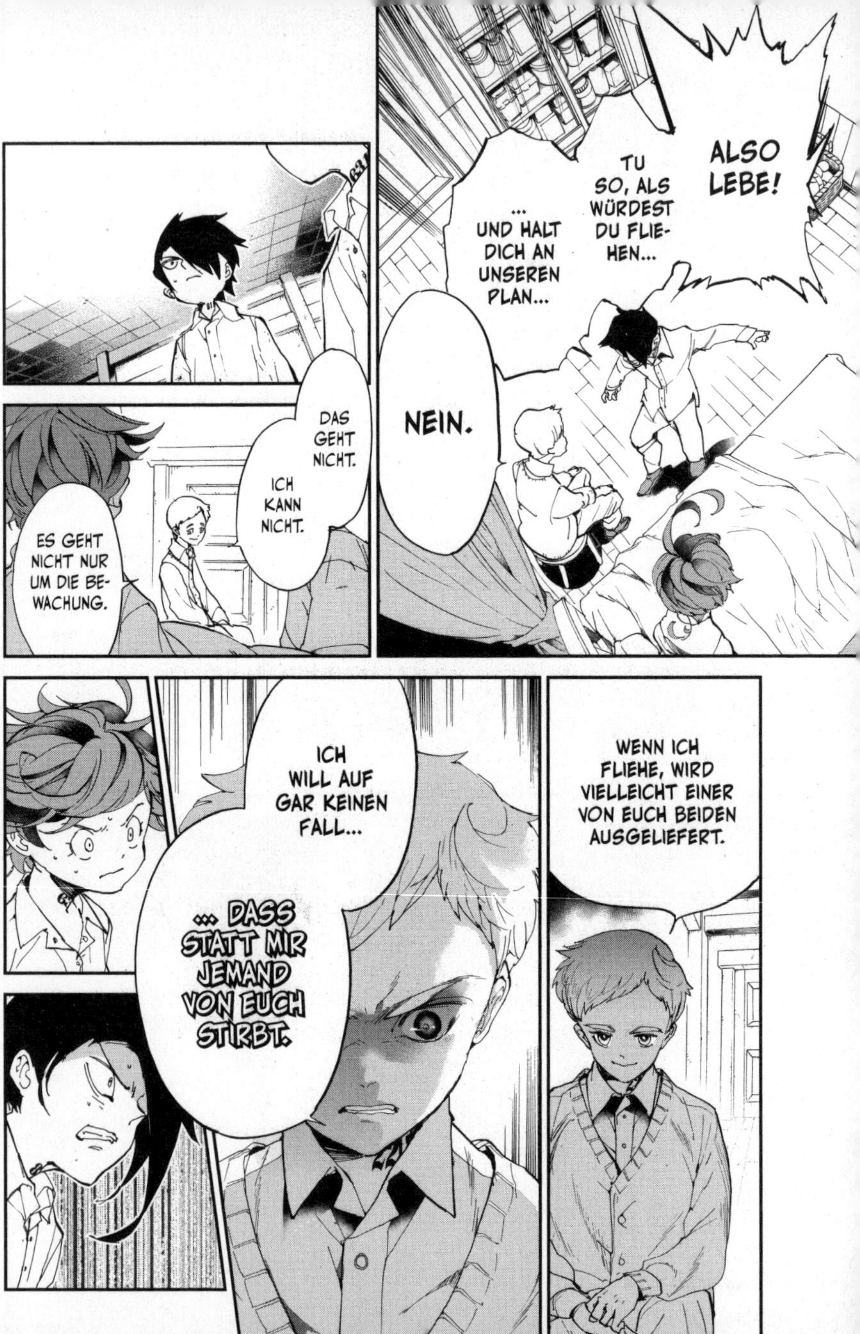

ALSO LEBE!
TU SO, ALS WÜRDEST DU FLIE- HEN...
... UND HALT DICH AN UNSEREN PLAN...
NEIN.
DAS GEHT NICHT.
ICH KANN NICHT.
ES GEHT NICHT NUR UM DIE BE- WACHUNG.
WENN ICH FLIEHE, WIRD VIELLEICHT EINER VON EUCH BEIDEN AUSGELIEFERT.
ICH WILL AUF GAR KEINEN FALL...
... DASS STATT MIR JEMAND VON EUCH STIRBT.

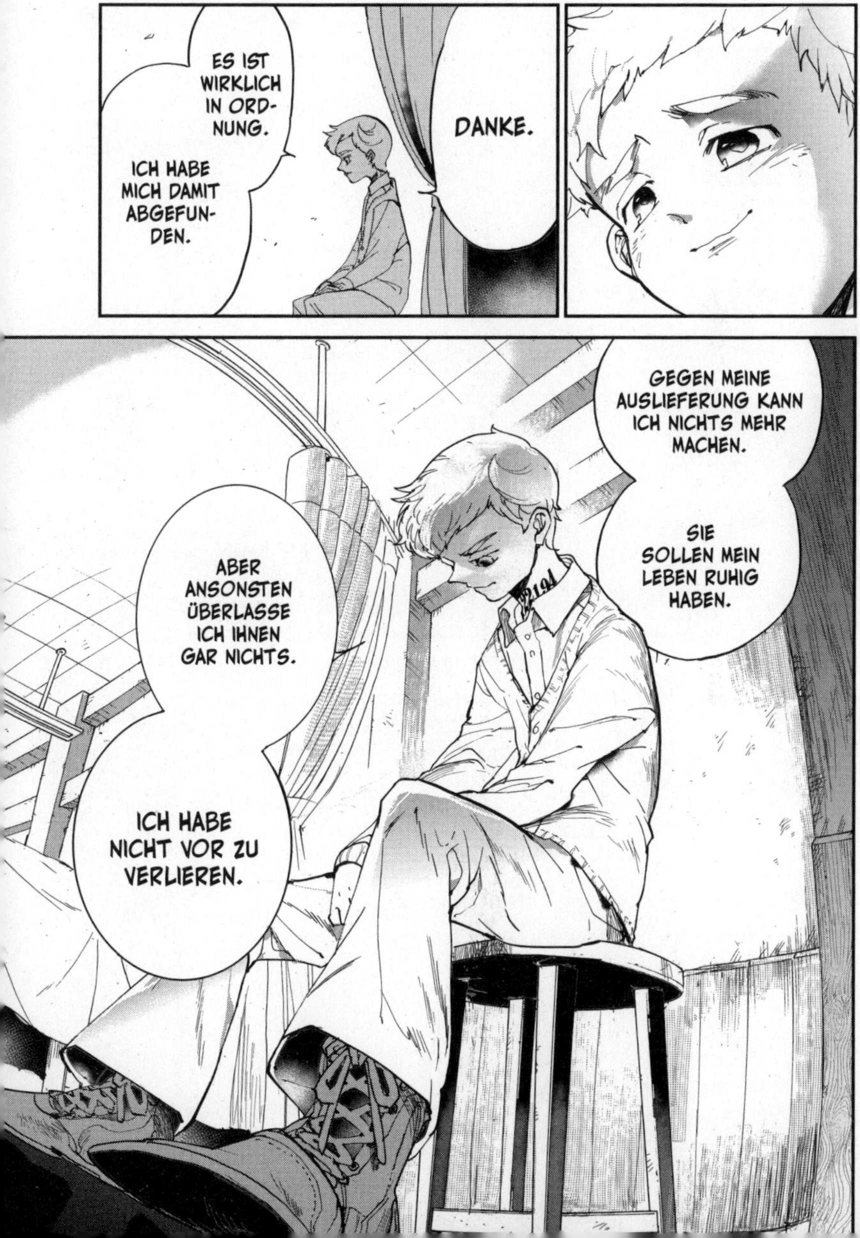
ES IST WIRKLICH IN ORDNUNG.
ICH HABE MICH DAMIT ABGEFUNDEN.
DANKE.
GEGEN MEINE AUSLIEFERUNG KANN ICH NICHTS MEHR MACHEN.
SIE SOLLEN MEIN LEBEN RUHIG HABEN.
ABER ANSONSTEN ÜBERLASSE ICH IHNEN GAR NICHTS.
ICH HABE NICHT VOR ZU VERLIEREN.

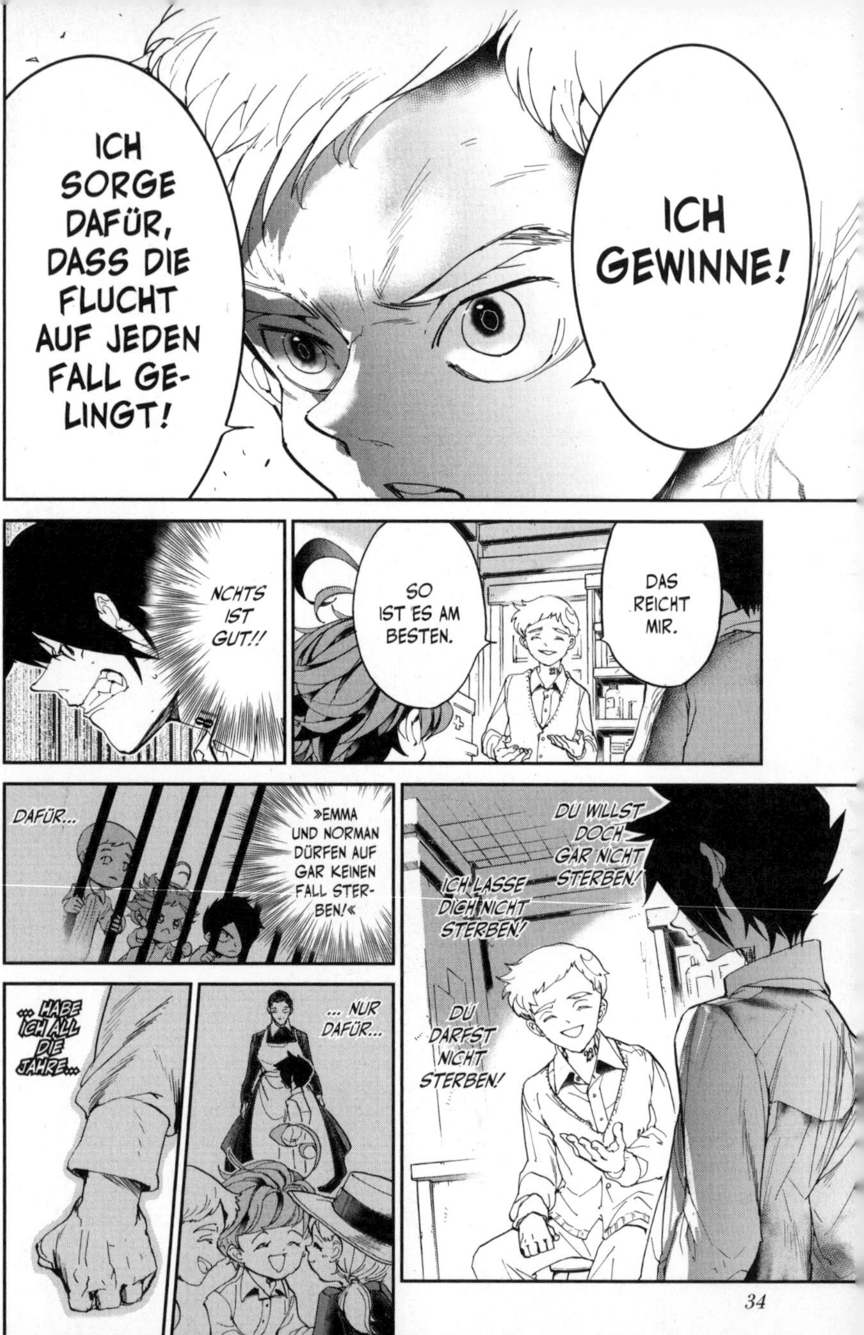
ICH GEWINNE!
ICH SORGE DAFÜR, DASS DIE FLUCHT AUF JEDEN FALL GE-LINGT!
DAS REICHT MIR.
SO IST ES AM BESTEN.
NCHTS IST GUT!!
DU WILLST DOCH GAR NICHT STERBEN!
ICH LASSE DICH NICHT STERBEN!
DU DARFST NICHT STERBEN!
»EMMA UND NORMAN DÜRFEN AUF GAR KEINEN FALL STER-BEN!«
DAFÜR...
... NUR DAFÜR...
... HABE ICH ALL DIE JAHRE...

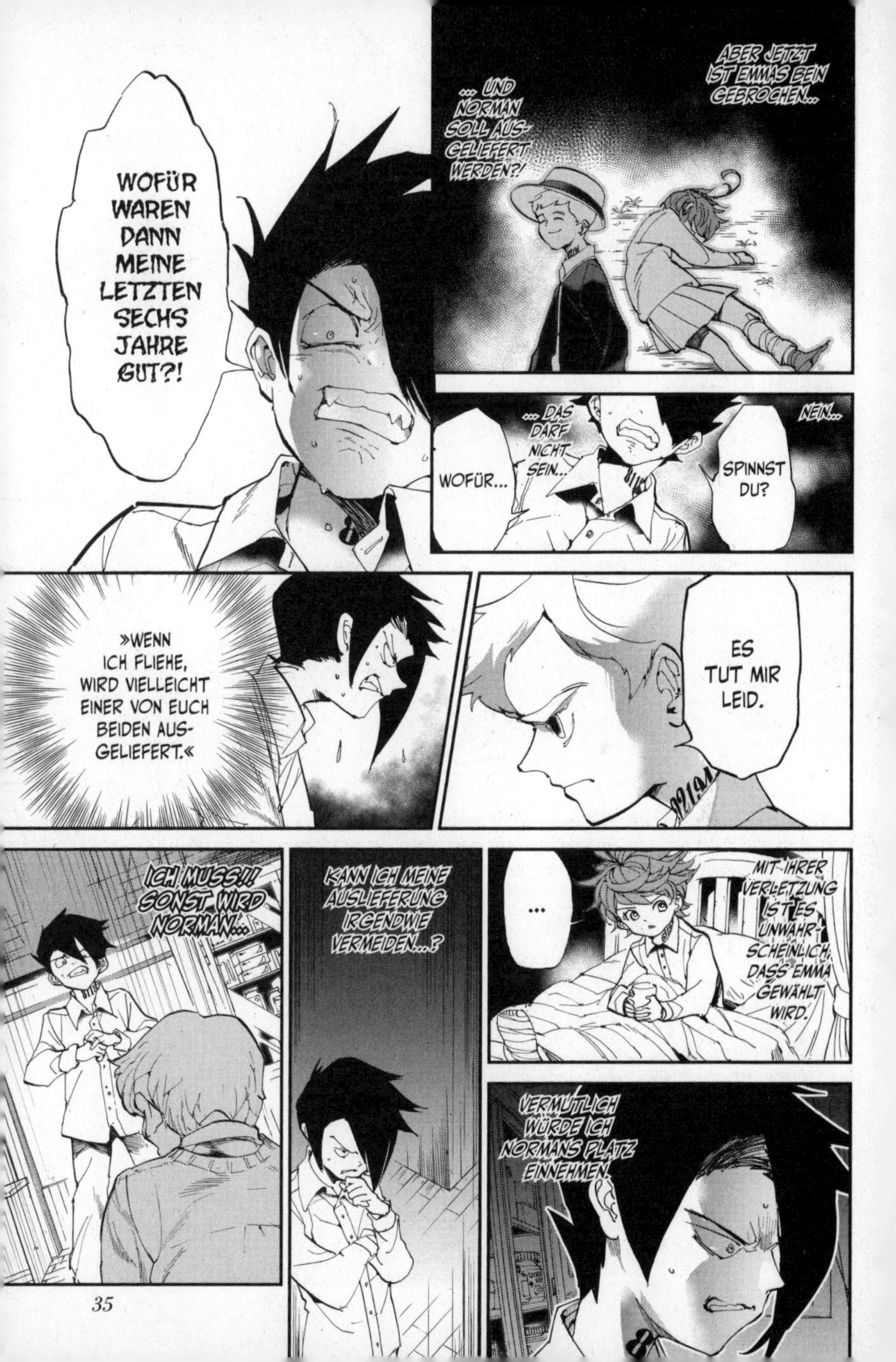
ABER JETZT IST EMMAS BEIN GEBROCHEN...
... UND NORMAN SOLL AUS-GELIEFERT WERDEN?!
NEIN...
SPINNST DU?
... DAS DARF NICHT SEIN...
WOFÜR...
WOFÜR WAREN DANN MEINE LETZTEN SECHS JAHRE GUT?!
ES TUT MIR LEID.
»WENN ICH FLIEHE, WIRD VIELLEICHT EINER VON EUCH BEIDEN AUS-GELIEFERT.«
MIT IHRER VERLETZUNG IST ES UNWAHR-SCHEINLICH, DASS EMMA GEWÄHLT WIRD.
...
VERMUTLICH WÜRDE ICH NORMANS PLATZ EINNEHMEN.
KANN ICH MEINE AUSLIEFERUNG IRGENDWIE VERMEIDEN...?
ICH MUSS!! SONST WIRD NORMAN...

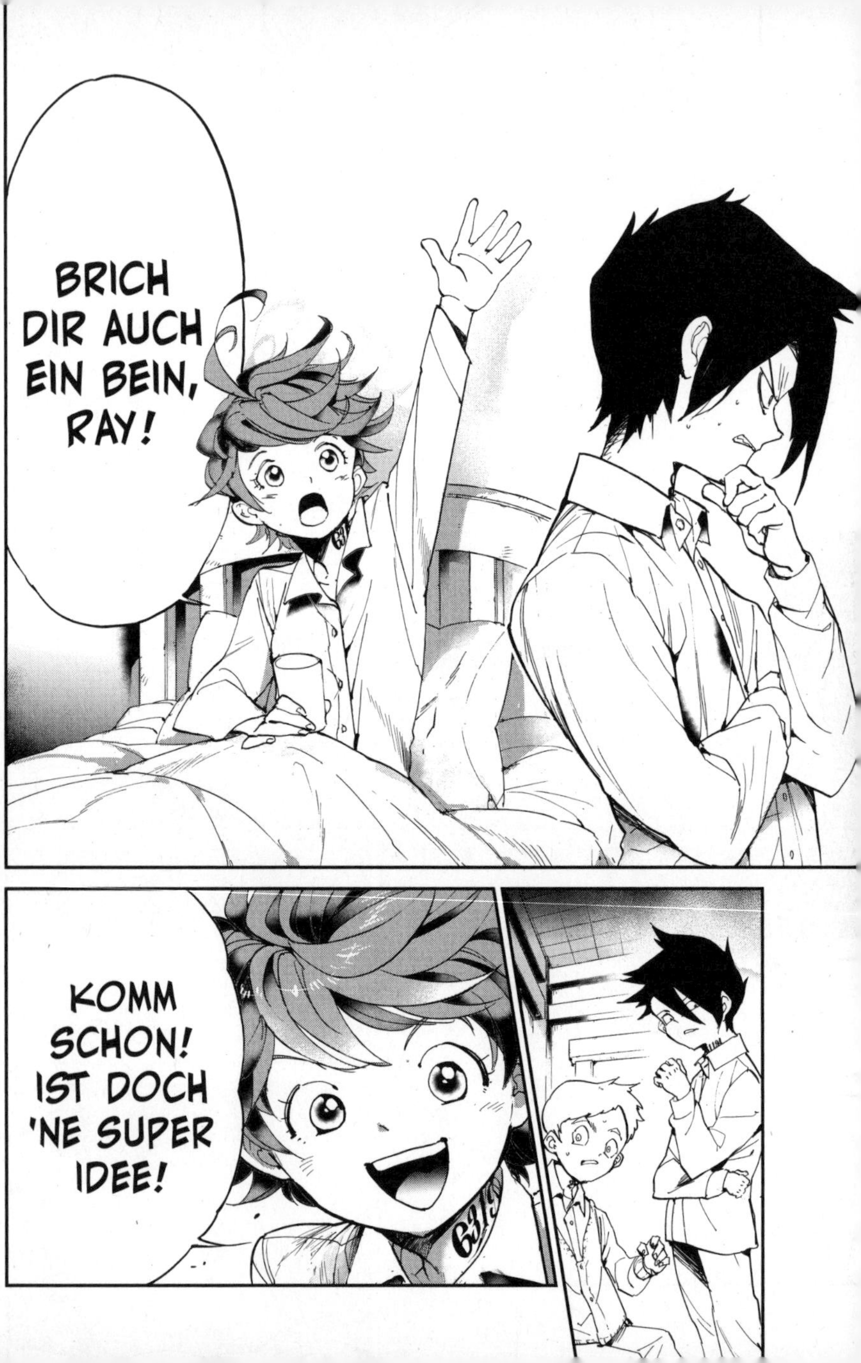
BRICH DIR AUCH EIN BEIN, RAY!
KOMM SCHON! IST DOCH 'NE SUPER IDEE!

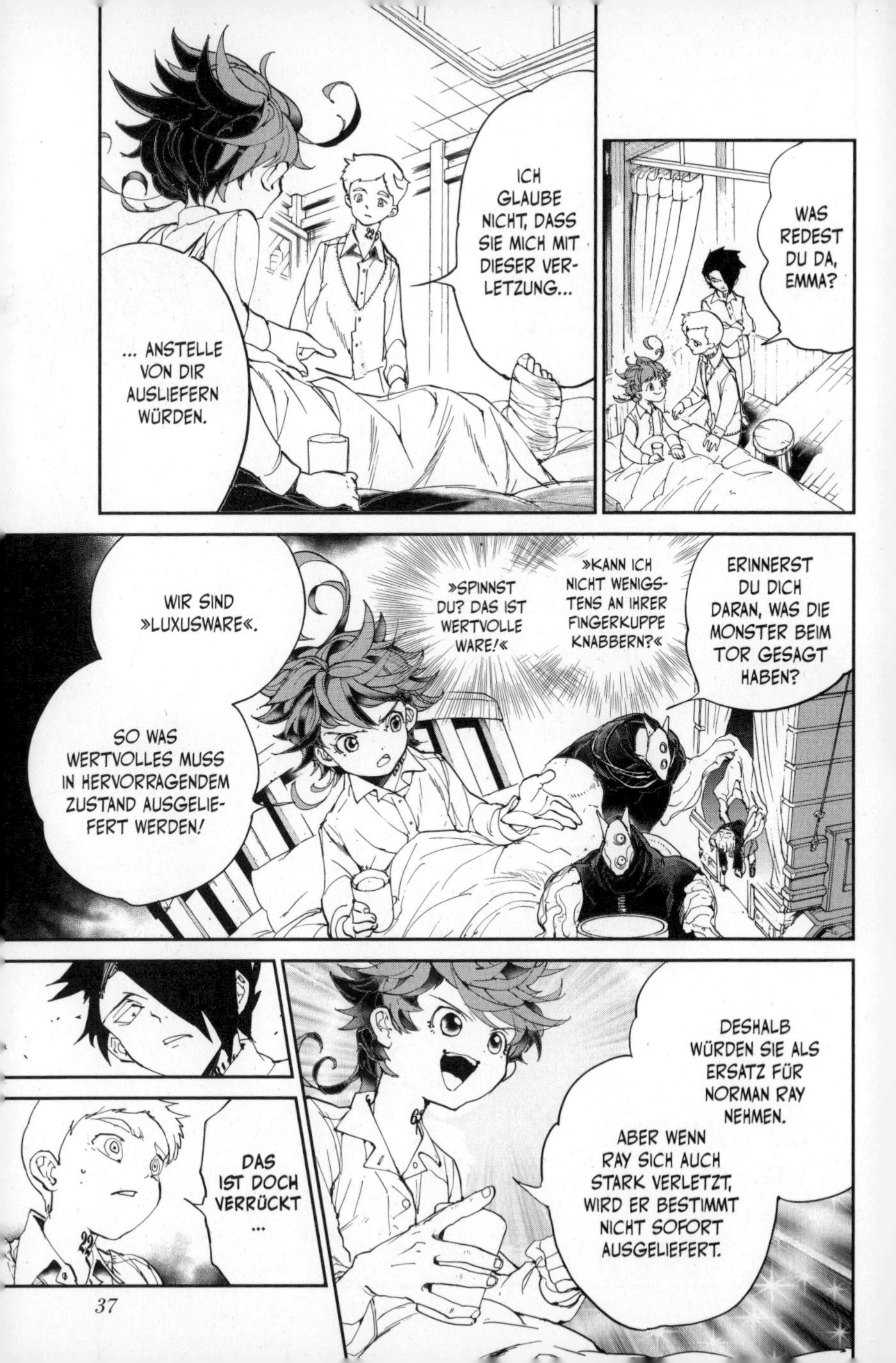
WAS REDEST DU DA, EMMA?
ICH GLAUBE NICHT, DASS SIE MICH MIT DIESER VERLETZUNG...
... ANSTELLE VON DIR AUSLIEFERN WÜRDEN.
ERINNERST DU DICH DARAN, WAS DIE MONSTER BEIM TOR GESAGT HABEN?
»KANN ICH NICHT WENIGSTENS AN IHRER FINGERKUPPE KNABBERN?«
»SPINNST DU? DAS IST WERTVOLLE WARE!«
WIR SIND »LUXUSWARE«.
SO WAS WERTVOLLES MUSS IN HERVORRAGENDEM ZUSTAND AUSGELIEFERT WERDEN!
DESHALB WÜRDEN SIE ALS ERSATZ FÜR NORMAN RAY NEHMEN.
ABER WENN RAY SICH AUCH STARK VERLETZT, WIRD ER BESTIMMT NICHT SOFORT AUSGELIEFERT.
DAS IST DOCH VERRÜCKT ...

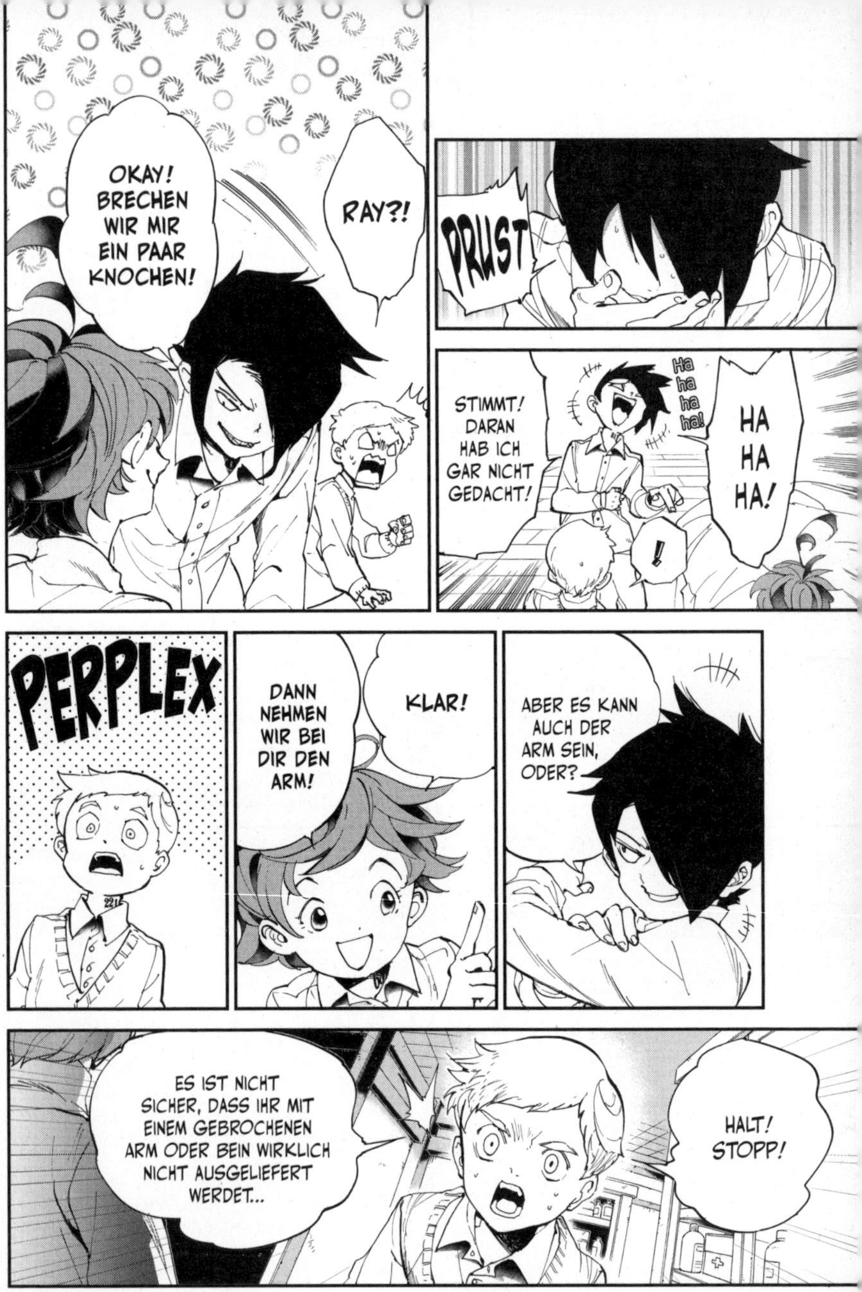
PRUST
RAY?!
OKAY! BRECHEN WIR MIR EIN PAAR KNOCHEN!
HA HA HA!
Ha ha ha ha!
!
STIMMT! DARAN HAB ICH GAR NICHT GEDACHT!
ABER ES KANN AUCH DER ARM SEIN, ODER?
KLAR!
DANN NEHMEN WIR BEI DIR DEN ARM!
PERPLEX
HALT! STOPP!
ES IST NICHT SICHER, DASS IHR MIT EINEM GEBROCHENEN ARM ODER BEIN WIRKLICH NICHT AUSGELIEFERT WERDET...

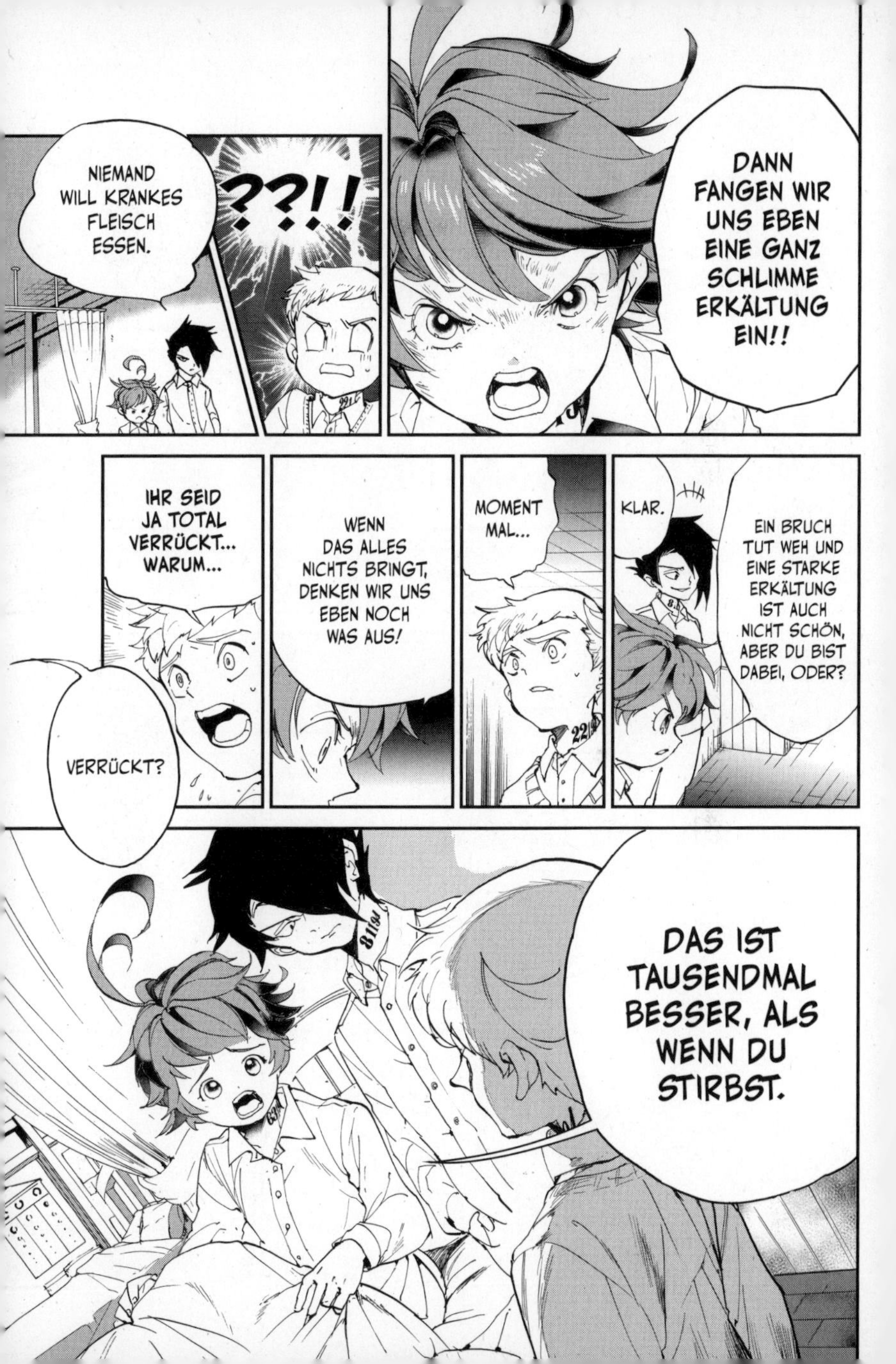
DANN FANGEN WIR UNS EBEN EINE GANZ SCHLIMME ERKÄLTUNG EIN!!
??!!
NIEMAND WILL KRANKES FLEISCH ESSEN.
KLAR.
EIN BRUCH TUT WEH UND EINE STARKE ERKÄLTUNG IST AUCH NICHT SCHÖN, ABER DU BIST DABEI, ODER?
MOMENT MAL...
WENN DAS ALLES NICHTS BRINGT, DENKEN WIR UNS EBEN NOCH WAS AUS!
IHR SEID JA TOTAL VERRÜCKT... WARUM...
VERRÜCKT?
DAS IST TAUSENDMAL BESSER, ALS WENN DU STIRBST.

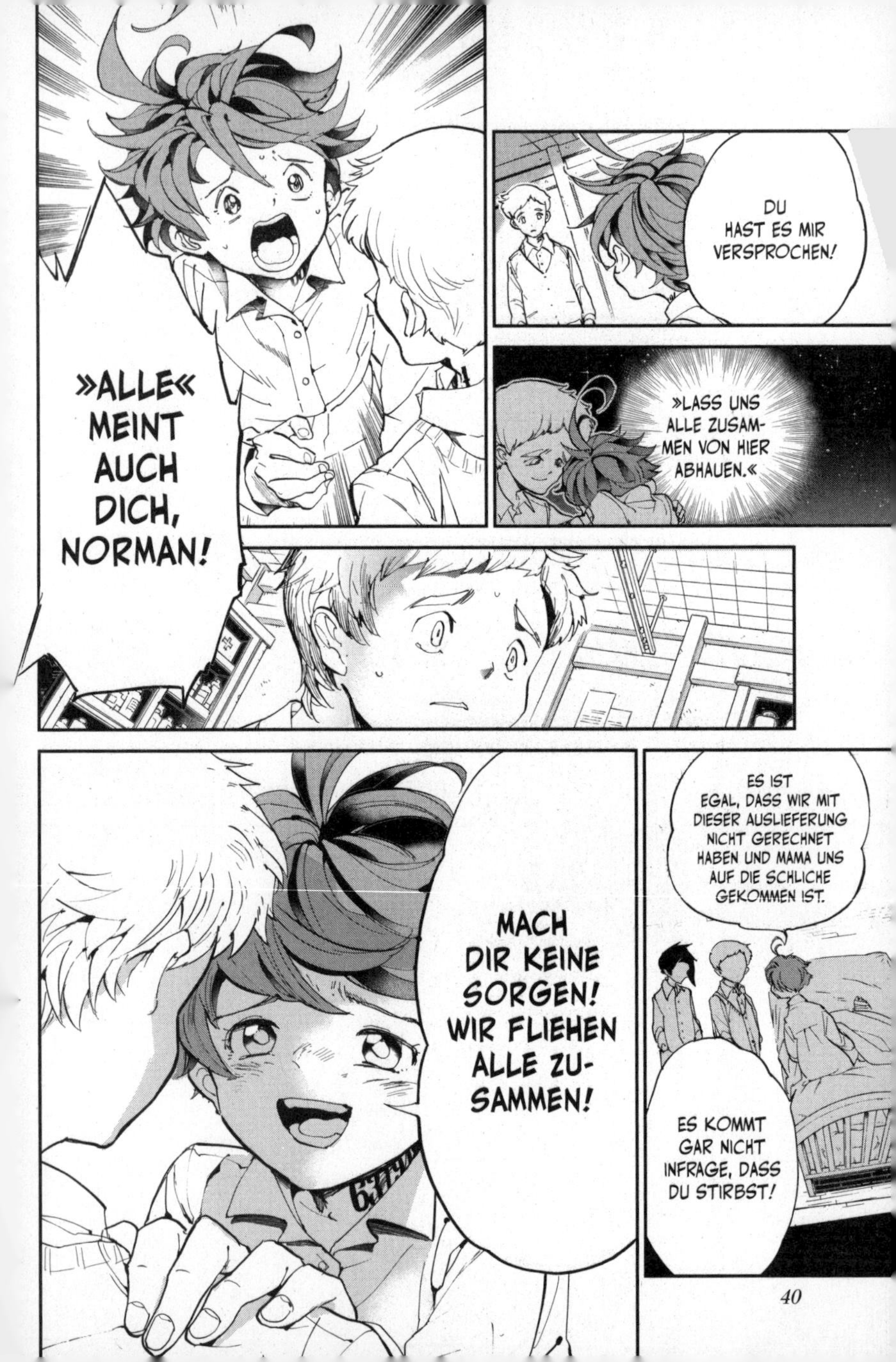
DU HAST ES MIR VERSPROCHEN!
»LASS UNS ALLE ZUSAMMEN VON HIER ABHAUEN.«
»ALLE« MEINT AUCH DICH, NORMAN!
ES IST EGAL, DASS WIR MIT DIESER AUSLIEFERUNG NICHT GERECHNET HABEN UND MAMA UNS AUF DIE SCHLICHE GEKOMMEN IST.
ES KOMMT GAR NICHT INFRAGE, DASS DU STIRBST!
MACH DIR KEINE SORGEN! WIR FLIEHEN ALLE ZUSAMMEN!

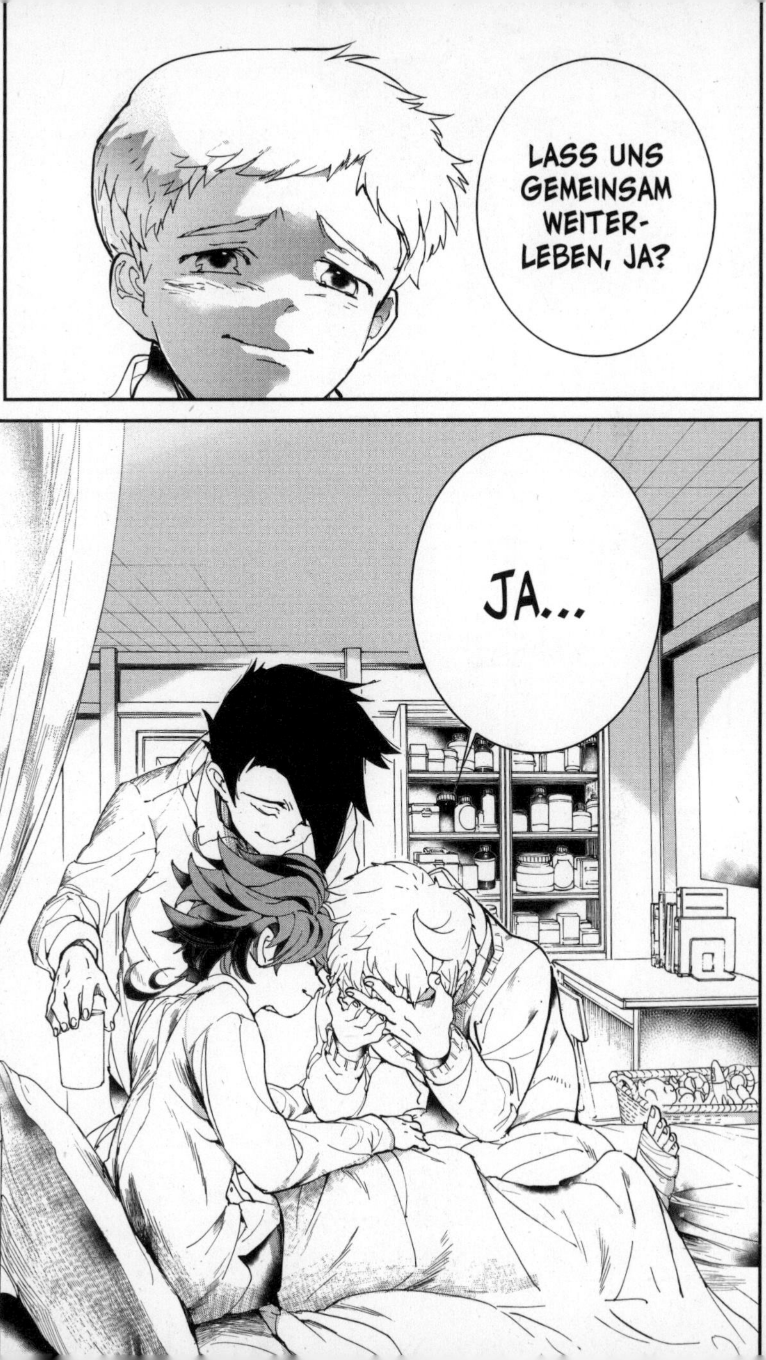
LASS UNS GEMEINSAM WEITER-LEBEN, JA?
JA...

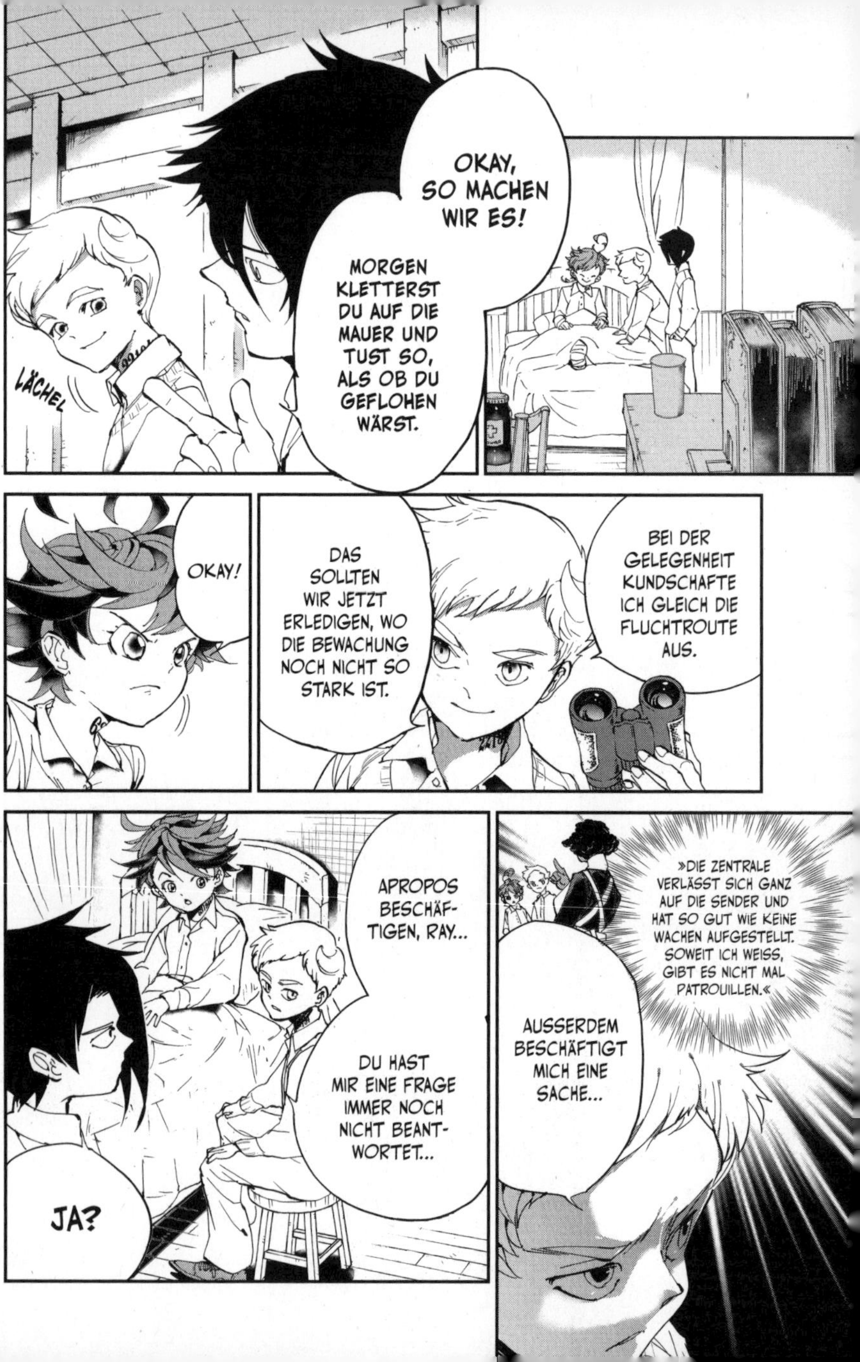
OKAY, SO MACHEN WIR ES!
MORGEN KLETTERST DU AUF DIE MAUER UND TUST SO, ALS OB DU GEFLOHEN WÄRST.
LÄCHEL
BEI DER GELEGENHEIT KUNDSCHAFTE ICH GLEICH DIE FLUCHTROUTE AUS.
DAS SOLLTEN WIR JETZT ERLEDIGEN, WO DIE BEWACHUNG NOCH NICHT SO STARK IST.
OKAY!
»DIE ZENTRALE VERLÄSST SICH GANZ AUF DIE SENDER UND HAT SO GUT WIE KEINE WACHEN AUFGESTELLT. SOWEIT ICH WEISS, GIBT ES NICHT MAL PATROUILLEN.«
AUSSERDEM BESCHÄFTIGT MICH EINE SACHE...
APROPOS BESCHÄF-TIGEN, RAY...
DU HAST MIR EINE FRAGE IMMER NOCH NICHT BEANT-WORTET...
JA?

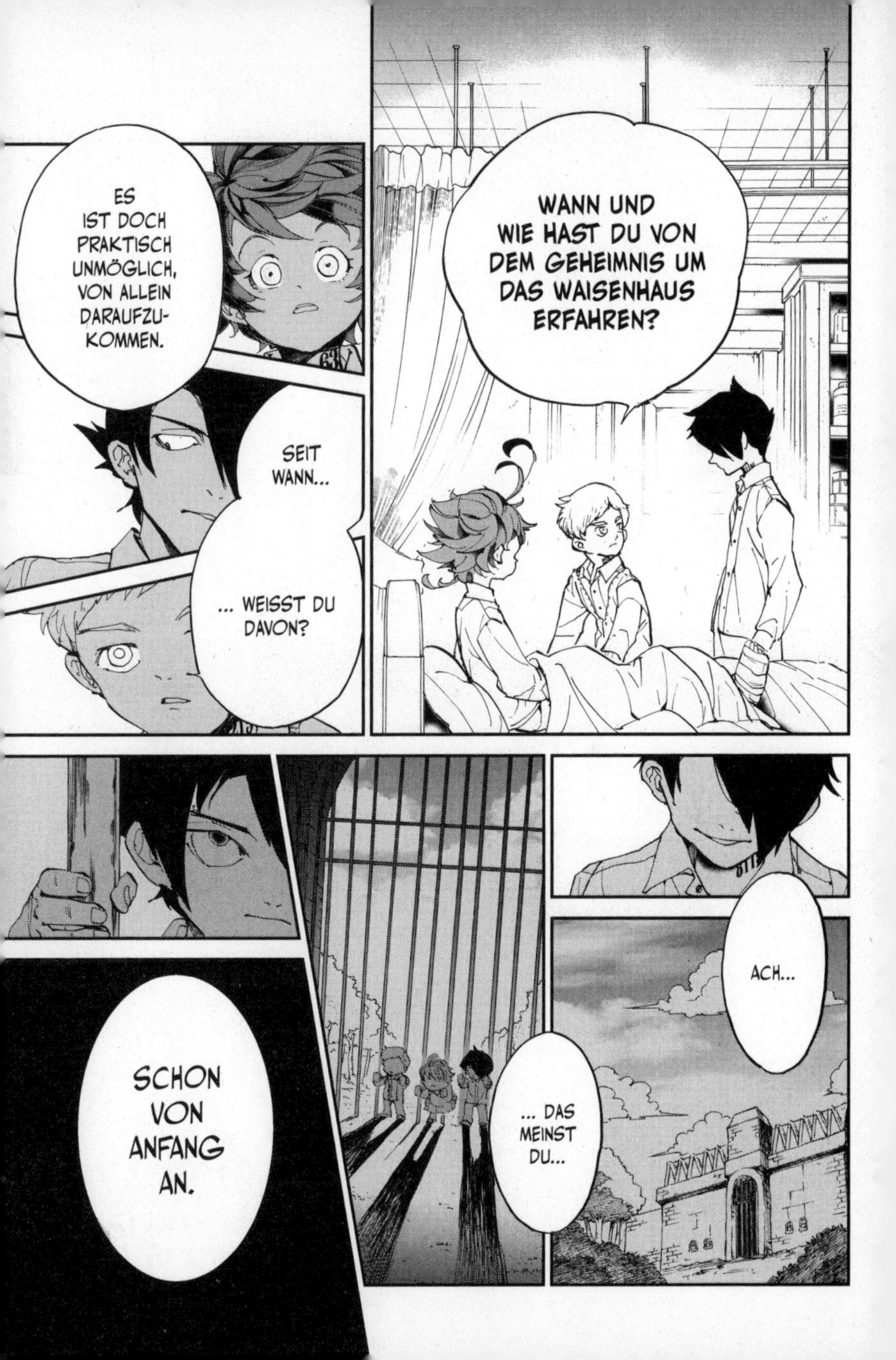
WANN UND WIE HAST DU VON DEM GEHEIMNIS UM DAS WAISENHAUS ERFAHREN?
ES IST DOCH PRAKTISCH UNMÖGLICH, VON ALLEIN DARAUFZUKOMMEN.
SEIT WANN...
... WEISST DU DAVON?
ACH...
... DAS MEINST DU...
SCHON VON ANFANG AN.

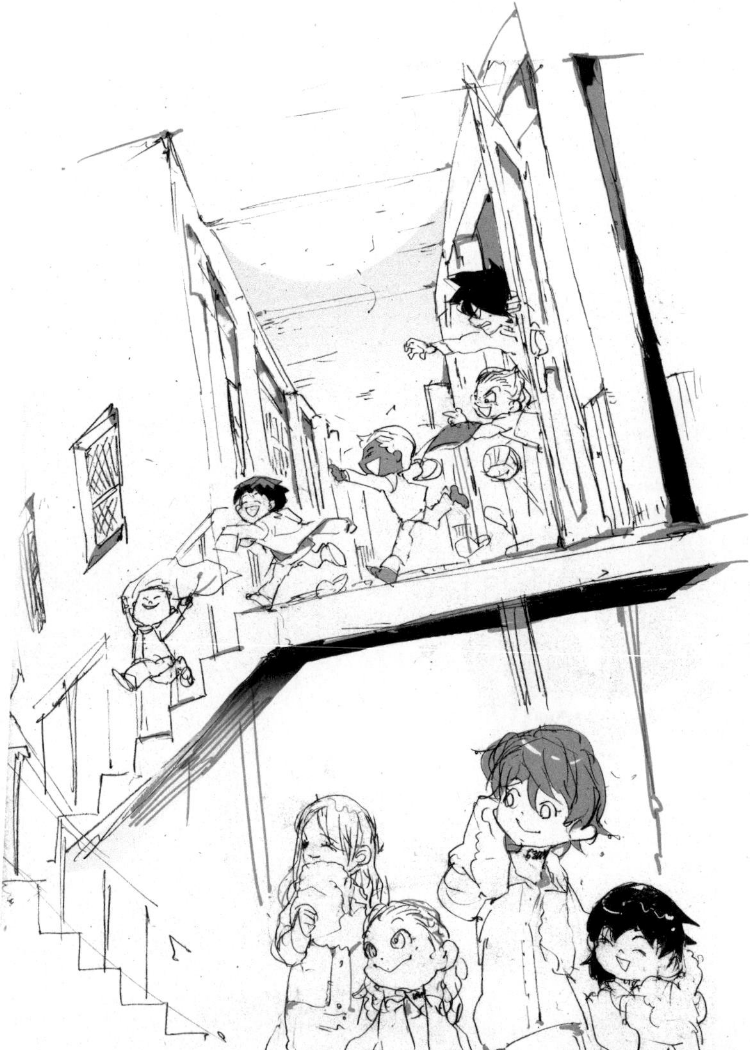

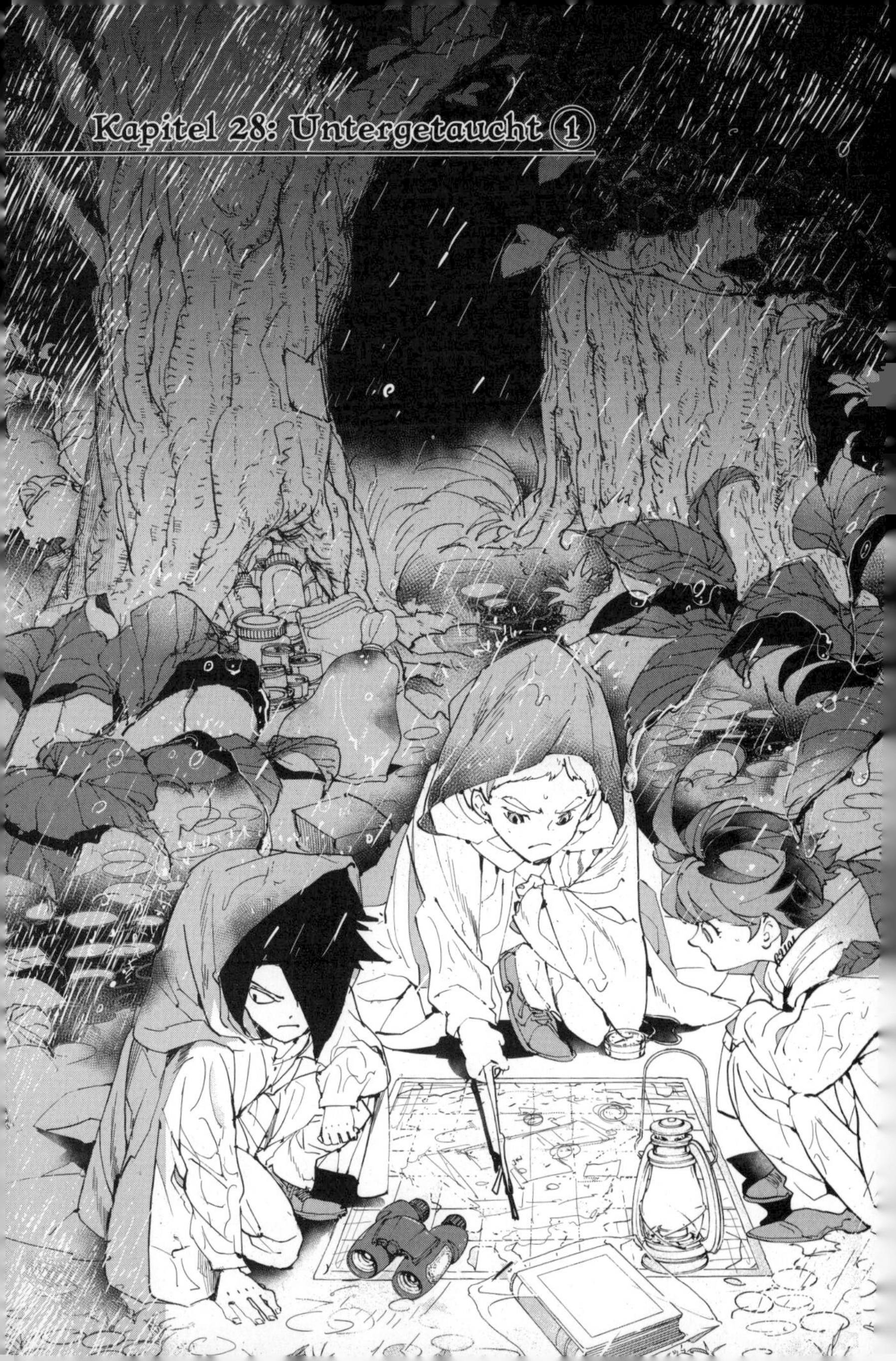
Kapitel 28: Untergetaucht ①

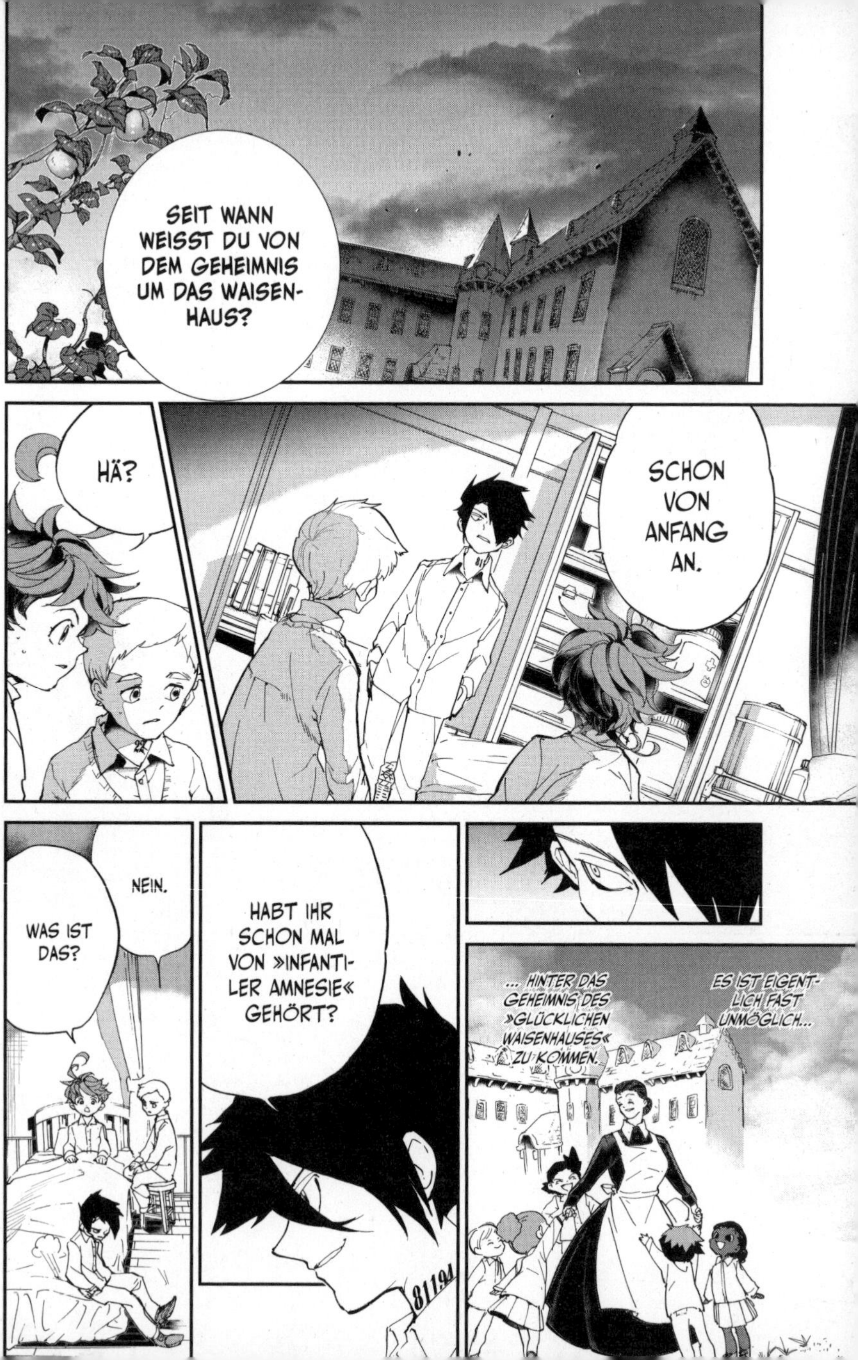
SEIT WANN WEISST DU VON DEM GEHEIMNIS UM DAS WAISEN-HAUS?
SCHON VON ANFANG AN.
HÄ?
ES IST EIGENT-LICH FAST UNMÖGLICH...
... HINTER DAS GEHEIMNIS DES »GLÜCKLICHEN WAISENHAUSES« ZU KOMMEN.
HABT IHR SCHON MAL VON »INFANTI-LER AMNESIE« GEHÖRT?
NEIN.
WAS IST DAS?

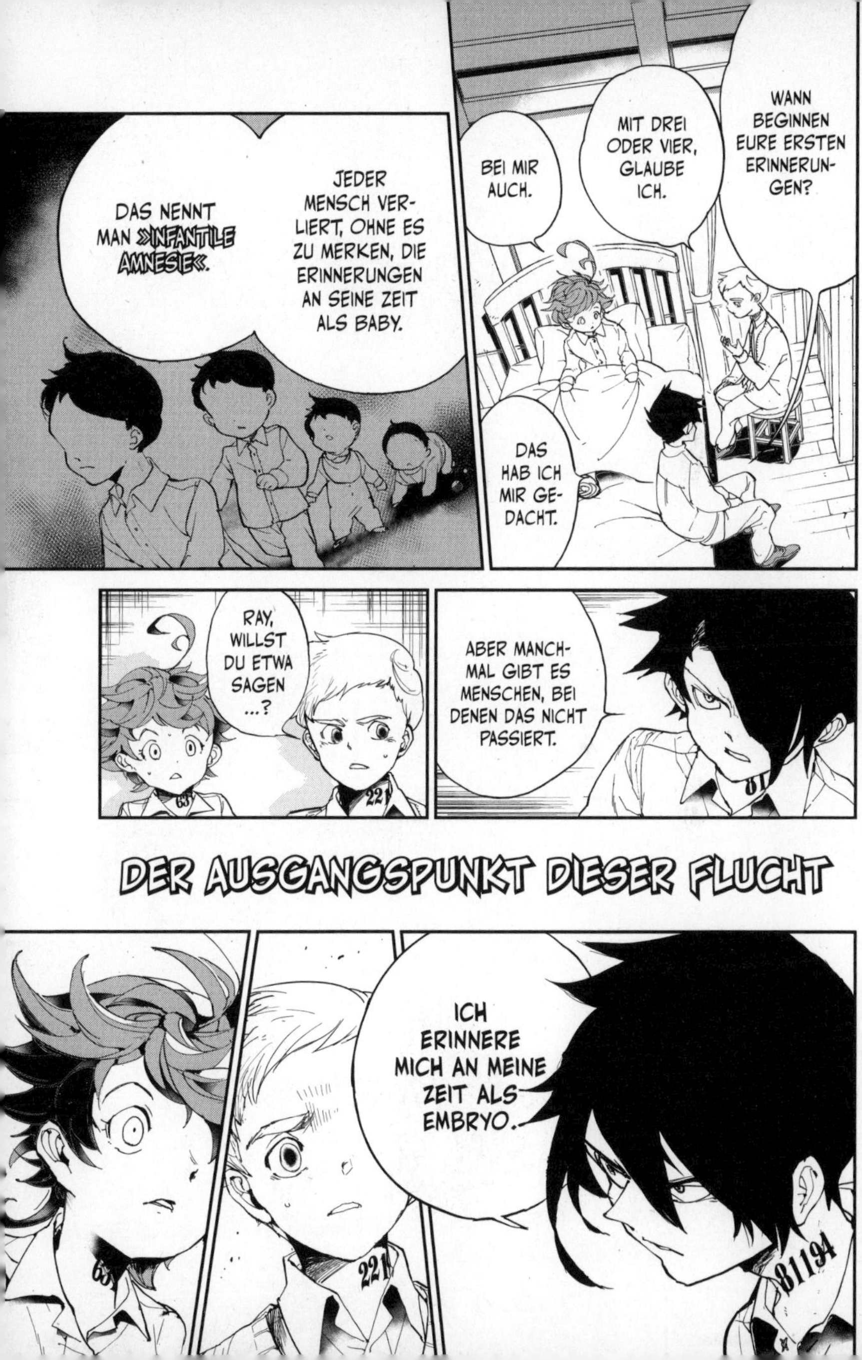

WANN BEGINNEN EURE ERSTEN ERINNERUNGEN?
MIT DREI ODER VIER, GLAUBE ICH.
BEI MIR AUCH.
DAS HAB ICH MIR GEDACHT.
JEDER MENSCH VERLIERT, OHNE ES ZU MERKEN, DIE ERINNERUNGEN AN SEINE ZEIT ALS BABY.
DAS NENNT MAN »INFANTILE AMNESIE«.
ABER MANCHMAL GIBT ES MENSCHEN, BEI DENEN DAS NICHT PASSIERT.
RAY, WILLST DU ETWA SAGEN ...?
DER AUSGANGSPUNKT DIESER FLUCHT
ICH ERINNERE MICH AN MEINE ZEIT ALS EMBRYO.

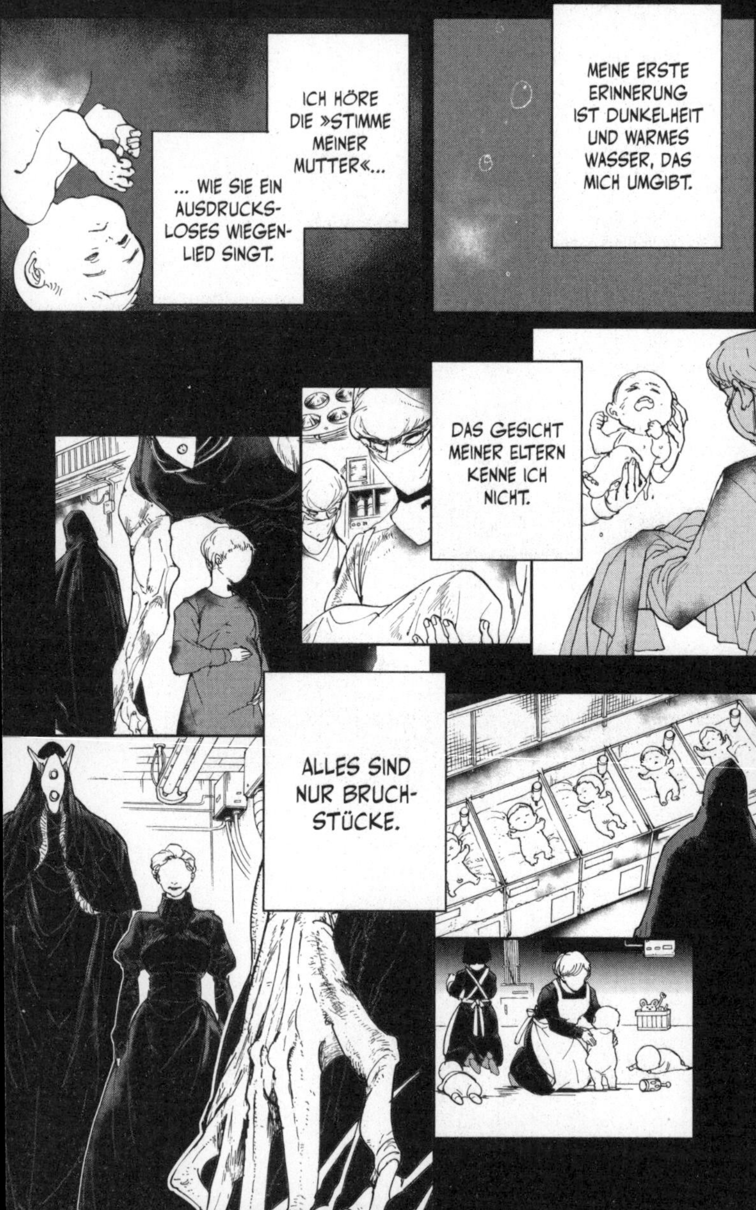
MEINE ERSTE ERINNERUNG IST DUNKELHEIT UND WARMES WASSER, DAS MICH UMGIBT.
ICH HÖRE DIE »STIMME MEINER MUTTER«...
... WIE SIE EIN AUSDRUCKSLOSES WIEGENLIED SINGT.
DAS GESICHT MEINER ELTERN KENNE ICH NICHT.
ALLES SIND NUR BRUCHSTÜCKE.

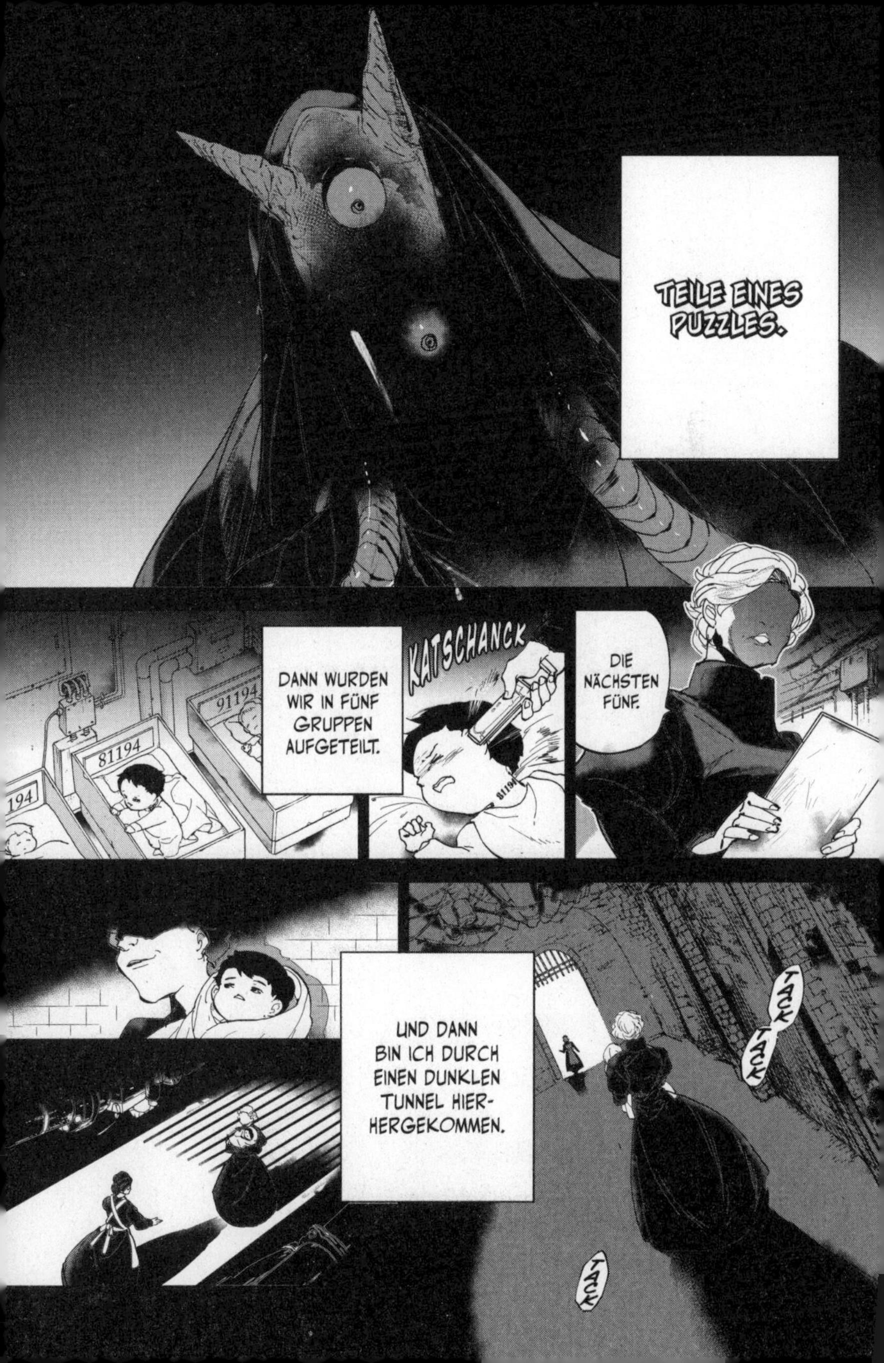

TEILE EINES PUZZLES.
DIE NÄCHSTEN FÜNF.
KATSCHANCK
DANN WURDEN WIR IN FÜNF GRUPPEN AUFGETEILT.
91194
81194
194
TACK TACK
UND DANN BIN ICH DURCH EINEN DUNKLEN TUNNEL HIER-HERGEKOMMEN.
TACK

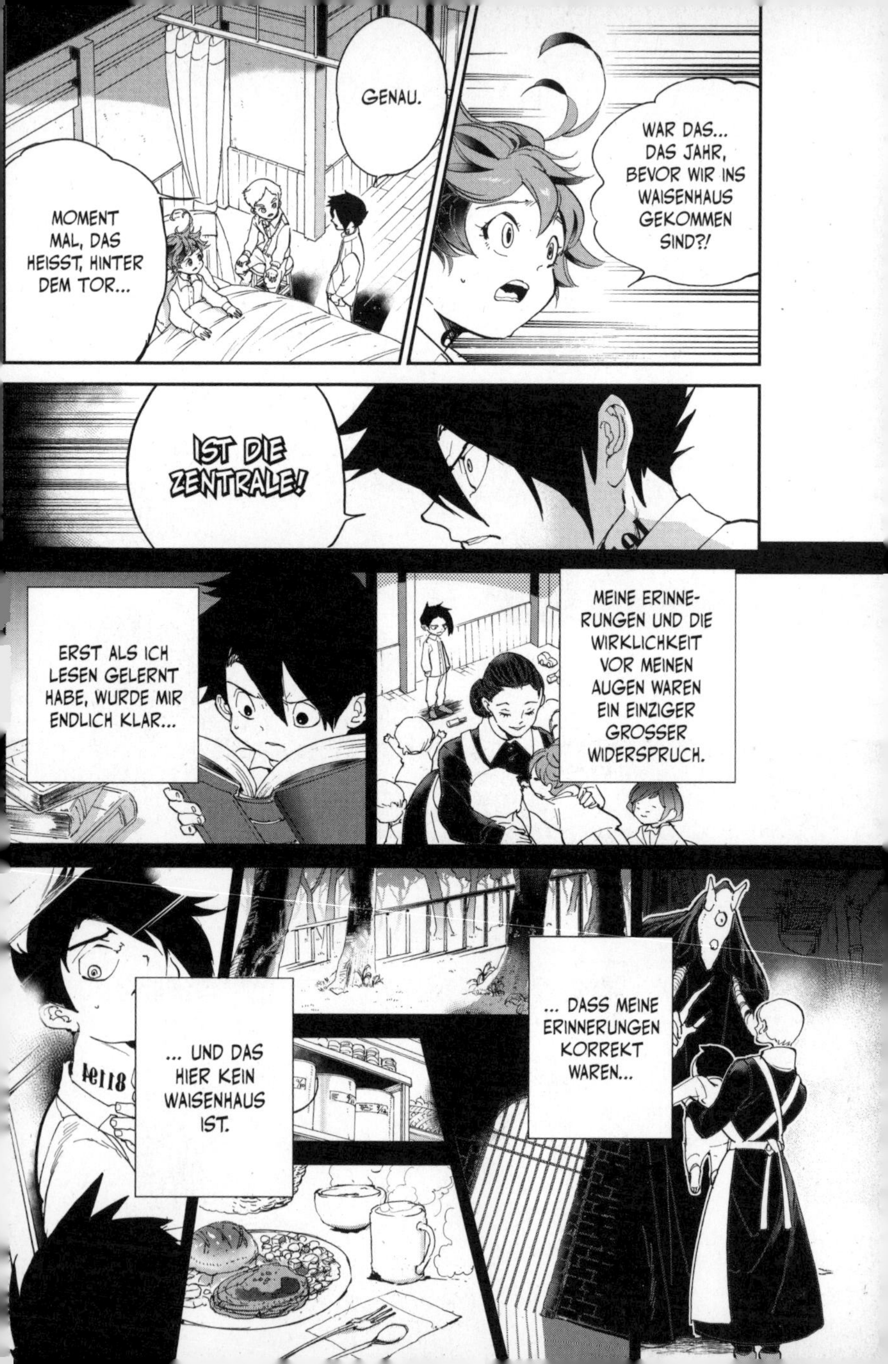
WAR DAS... DAS JAHR, BEVOR WIR INS WAISENHAUS GEKOMMEN SIND?!
GENAU.
MOMENT MAL, DAS HEISST, HINTER DEM TOR...
IST DIE ZENTRALE!
MEINE ERINNERUNGEN UND DIE WIRKLICHKEIT VOR MEINEN AUGEN WAREN EIN EINZIGER GROSSER WIDERSPRUCH.
ERST ALS ICH LESEN GELERNT HABE, WURDE MIR ENDLICH KLAR...
... DASS MEINE ERINNERUNGEN KORREKT WAREN...
... UND DAS HIER KEIN WAISENHAUS IST.

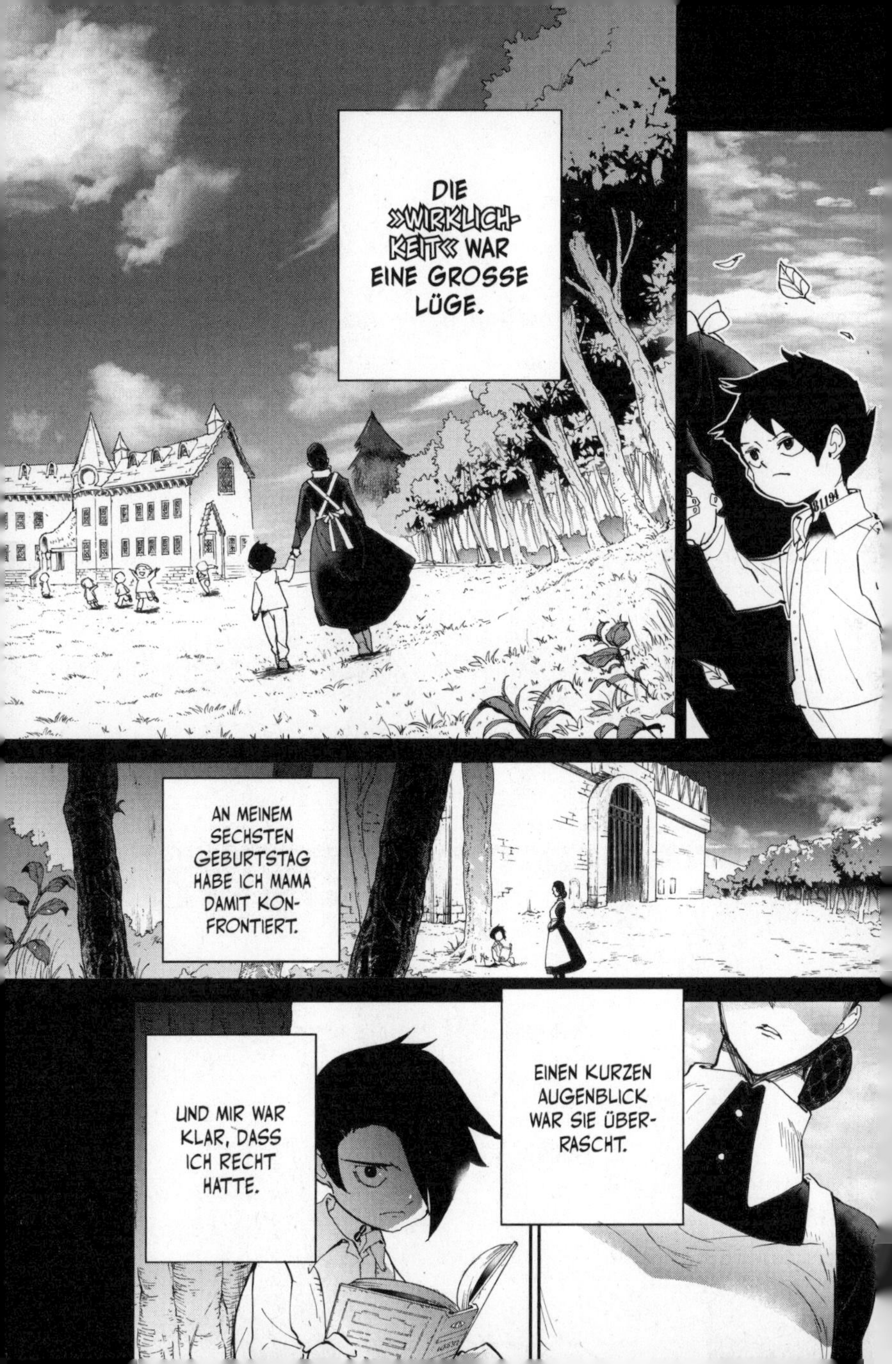
DIE »WIRKLICHKEIT« WAR EINE GROSSE LÜGE.
AN MEINEM SECHSTEN GEBURTSTAG HABE ICH MAMA DAMIT KONFRONTIERT.
EINEN KURZEN AUGENBLICK WAR SIE ÜBERRASCHT.
UND MIR WAR KLAR, DASS ICH RECHT HATTE.

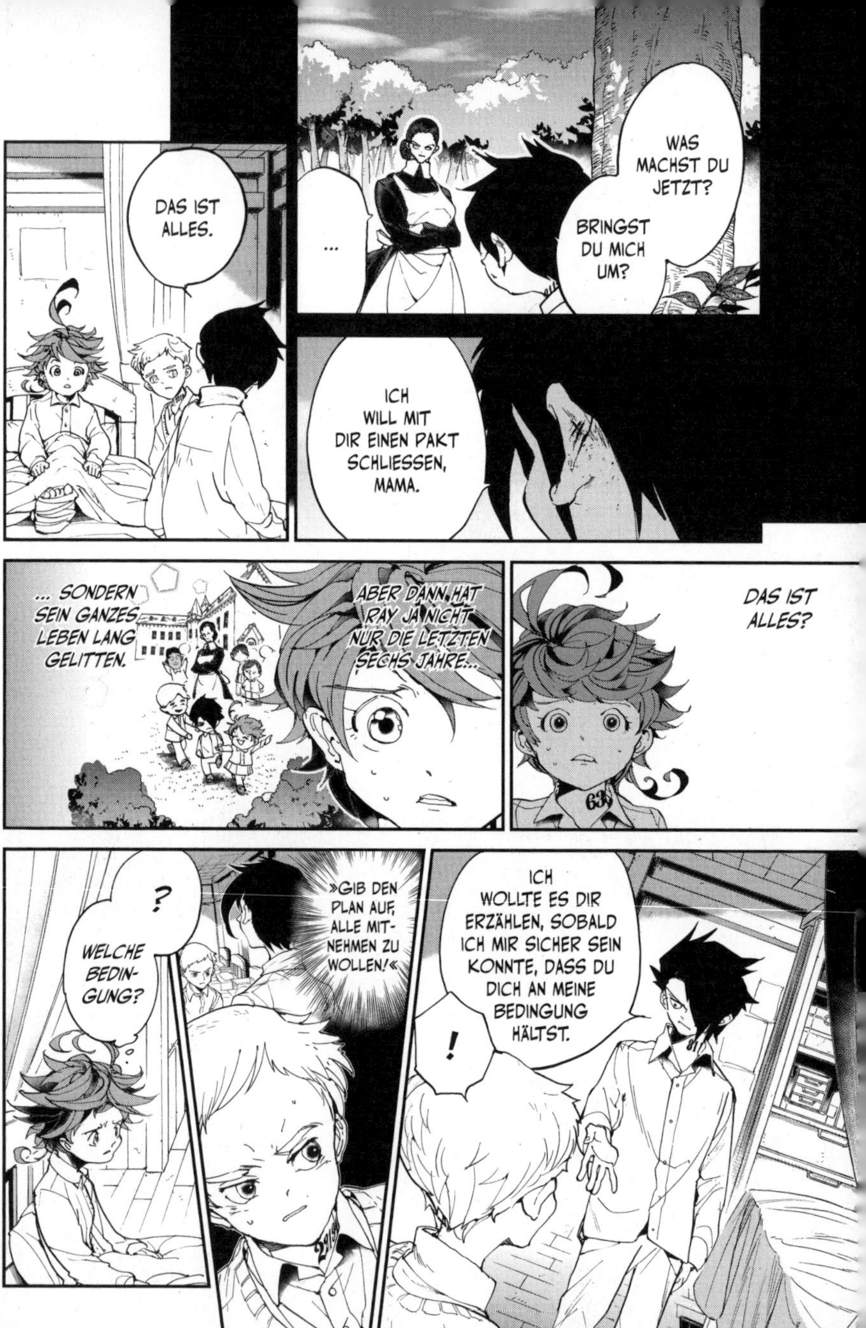
WAS MACHST DU JETZT?
BRINGST DU MICH UM?
...
ICH WILL MIT DIR EINEN PAKT SCHLIESSEN, MAMA.
DAS IST ALLES.
DAS IST ALLES?
ABER DANN HAT RAY JA NICHT NUR DIE LETZTEN SECHS JAHRE...
... SONDERN SEIN GANZES LEBEN LANG GELITTEN.
ICH WOLLTE ES DIR ERZÄHLEN, SOBALD ICH MIR SICHER SEIN KONNTE, DASS DU DICH AN MEINE BEDINGUNG HÄLTST.
!
»GIB DEN PLAN AUF, ALLE MIT-NEHMEN ZU WOLLEN!«
?
WELCHE BEDIN-GUNG?

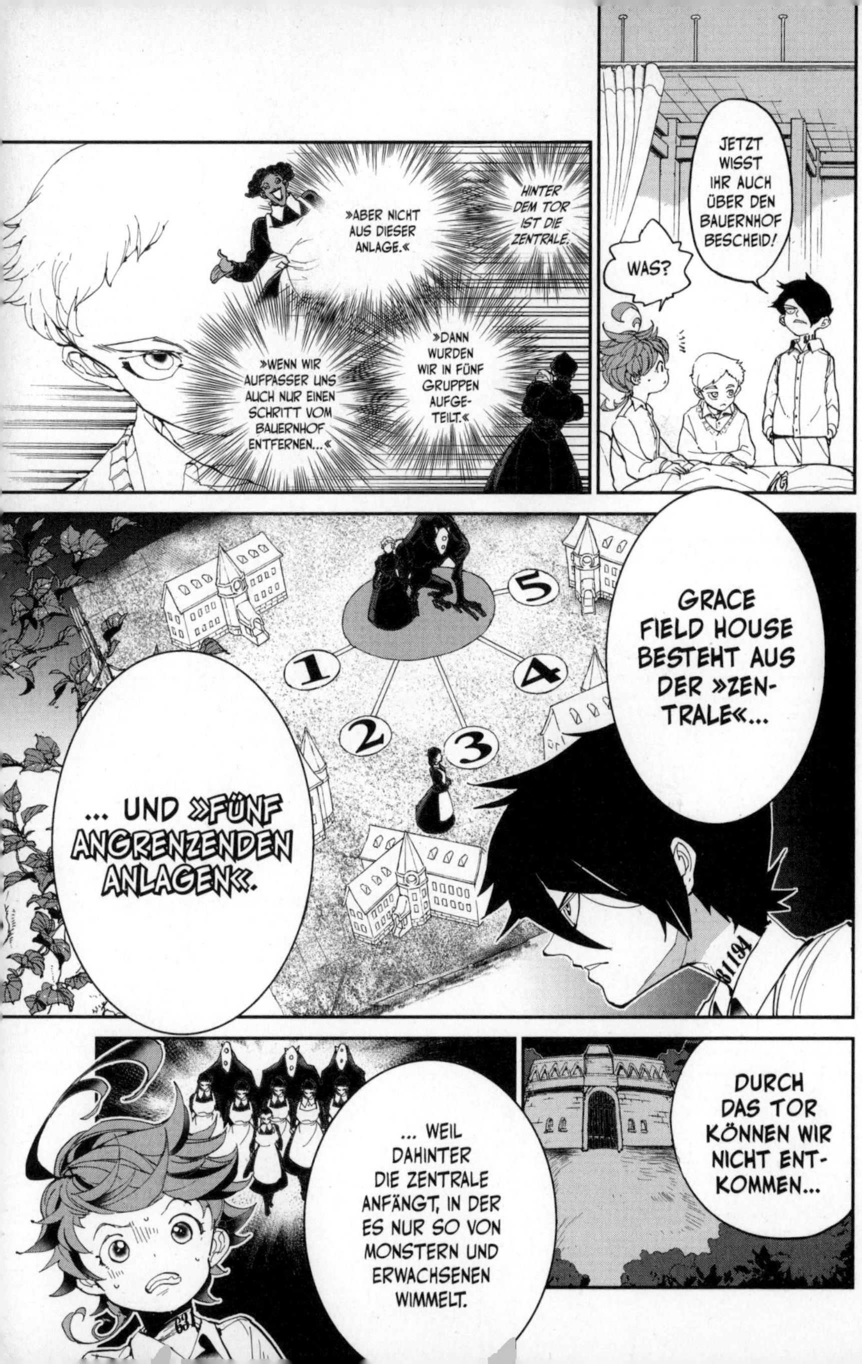

JETZT WISST IHR AUCH ÜBER DEN BAUERNHOF BESCHEID!
WAS?
HINTER DEM TOR IST DIE ZENTRALE.
»ABER NICHT AUS DIESER ANLAGE.«
»DANN WURDEN WIR IN FÜNF GRUPPEN AUFGE-TEILT.«
»WENN WIR AUFPASSER UNS AUCH NUR EINEN SCHRITT VOM BAUERNHOF ENTFERNEN...«
GRACE FIELD HOUSE BESTEHT AUS DER »ZEN-TRALE«...
1
2
3
4
5
... UND »FÜNF ANGRENZENDEN ANLAGEN«.
81194
DURCH DAS TOR KÖNNEN WIR NICHT ENT-KOMMEN...
... WEIL DAHINTER DIE ZENTRALE ANFÄNGT, IN DER ES NUR SO VON MONSTERN UND ERWACHSENEN WIMMELT.

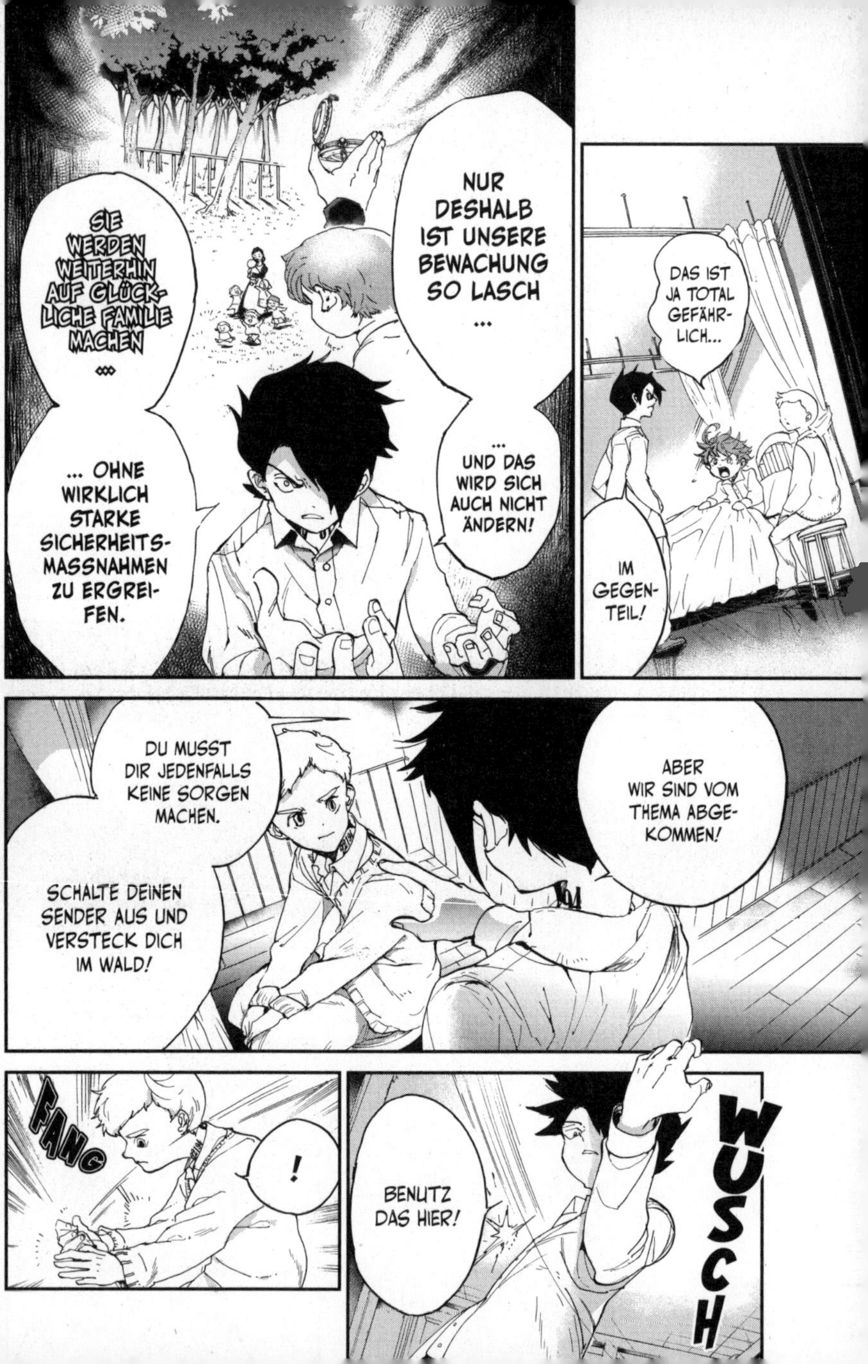
DAS IST JA TOTAL GEFÄHRLICH...
IM GEGENTEIL!
NUR DESHALB IST UNSERE BEWACHUNG SO LASCH ...
... UND DAS WIRD SICH AUCH NICHT ÄNDERN!
SIE WERDEN WEITERHIN AUF GLÜCKLICHE FAMILIE MACHEN ...
... OHNE WIRKLICH STARKE SICHERHEITSMASSNAHMEN ZU ERGREIFEN.
ABER WIR SIND VOM THEMA ABGEKOMMEN!
DU MUSST DIR JEDENFALLS KEINE SORGEN MACHEN.
SCHALTE DEINEN SENDER AUS UND VERSTECK DICH IM WALD!
WUSCH
BENUTZ DAS HIER!
!
FANG

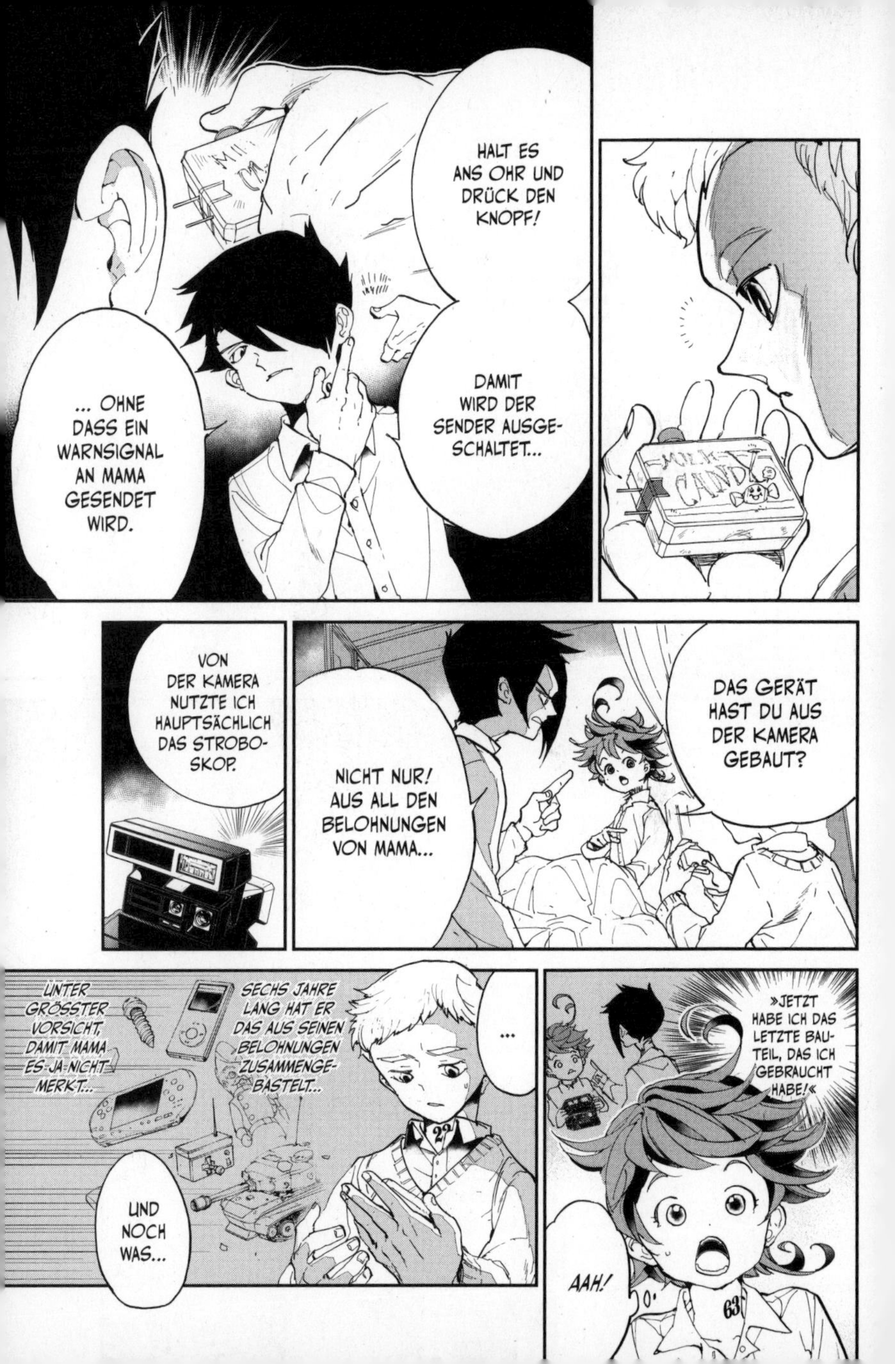
HALT ES ANS OHR UND DRÜCK DEN KNOPF!
DAMIT WIRD DER SENDER AUSGESCHALTET...
... OHNE DASS EIN WARNSIGNAL AN MAMA GESENDET WIRD.
DAS GERÄT HAST DU AUS DER KAMERA GEBAUT?
NICHT NUR! AUS ALL DEN BELOHNUNGEN VON MAMA...
VON DER KAMERA NUTZTE ICH HAUPTSÄCHLICH DAS STROBOSKOP.
»JETZT HABE ICH DAS LETZTE BAUTEIL, DAS ICH GEBRAUCHT HABE!«
AAH!
...
SECHS JAHRE LANG HAT ER DAS AUS SEINEN BELOHNUNGEN ZUSAMMENGEBASTELT...
UNTER GRÖSSTER VORSICHT, DAMIT MAMA ES JA NICHT MERKT...
UND NOCH WAS...

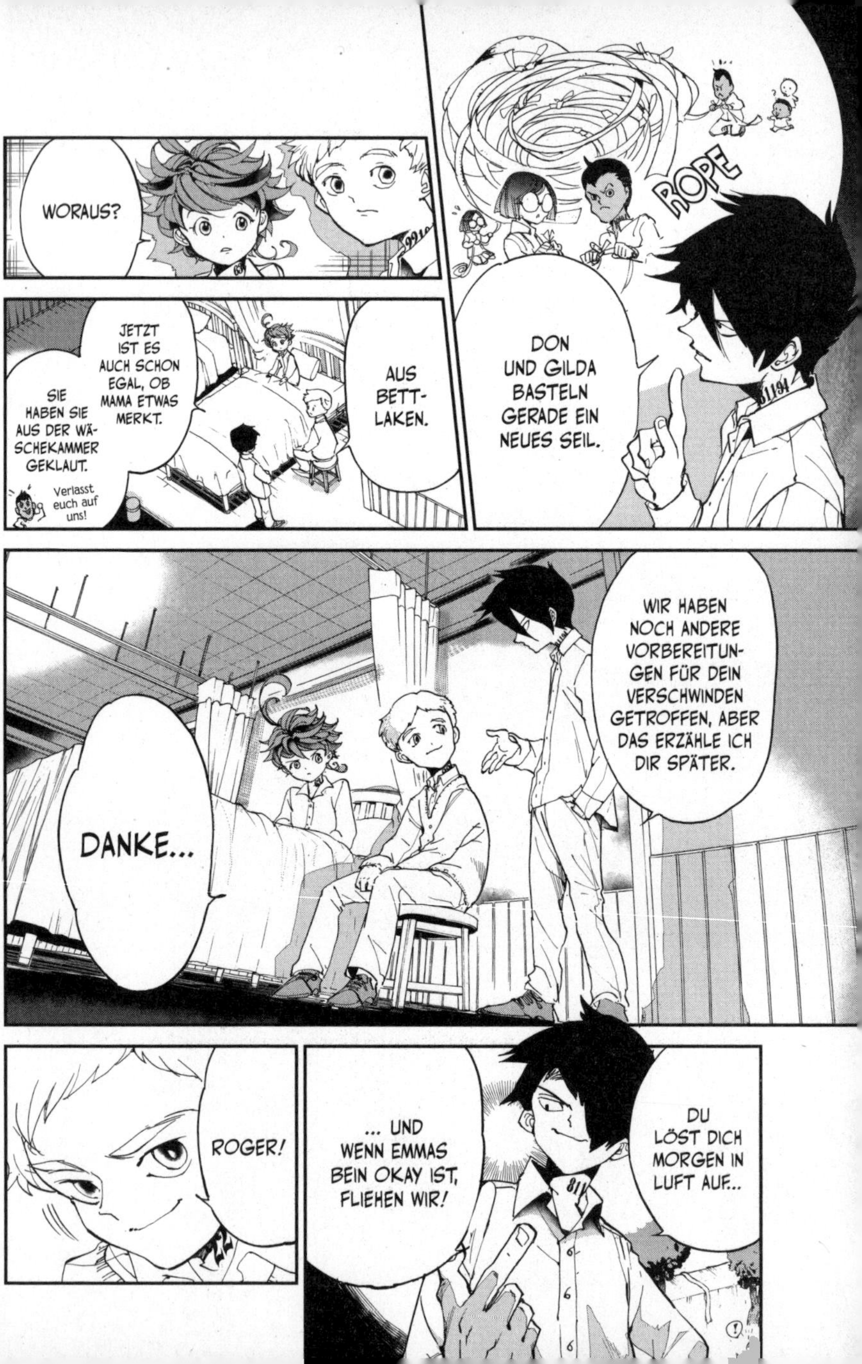
ROPE
DON UND GILDA BASTELN GERADE EIN NEUES SEIL.
WORAUS?
AUS BETT-LAKEN.
JETZT IST ES AUCH SCHON EGAL, OB MAMA ETWAS MERKT.
SIE HABEN SIE AUS DER WÄSCHEKAMMER GEKLAUT.
Verlasst euch auf uns!
WIR HABEN NOCH ANDERE VORBEREITUNGEN FÜR DEIN VERSCHWINDEN GETROFFEN, ABER DAS ERZÄHLE ICH DIR SPÄTER.
DANKE...
DU LÖST DICH MORGEN IN LUFT AUF...
... UND WENN EMMAS BEIN OKAY IST, FLIEHEN WIR!
ROGER!

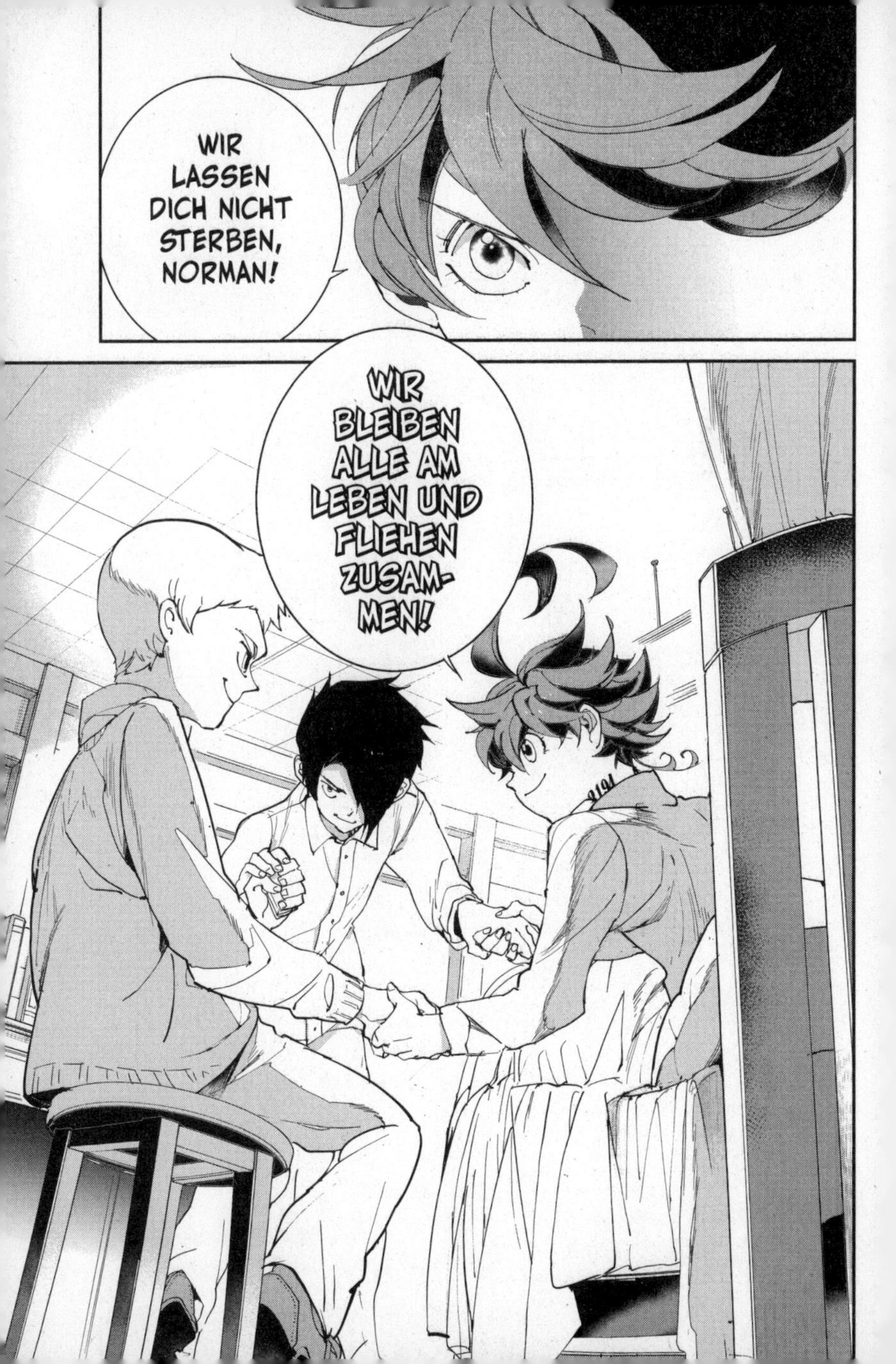
WIR LASSEN DICH NICHT STERBEN, NORMAN!
WIR BLEIBEN ALLE AM LEBEN UND FLIEHEN ZUSAM-MEN!

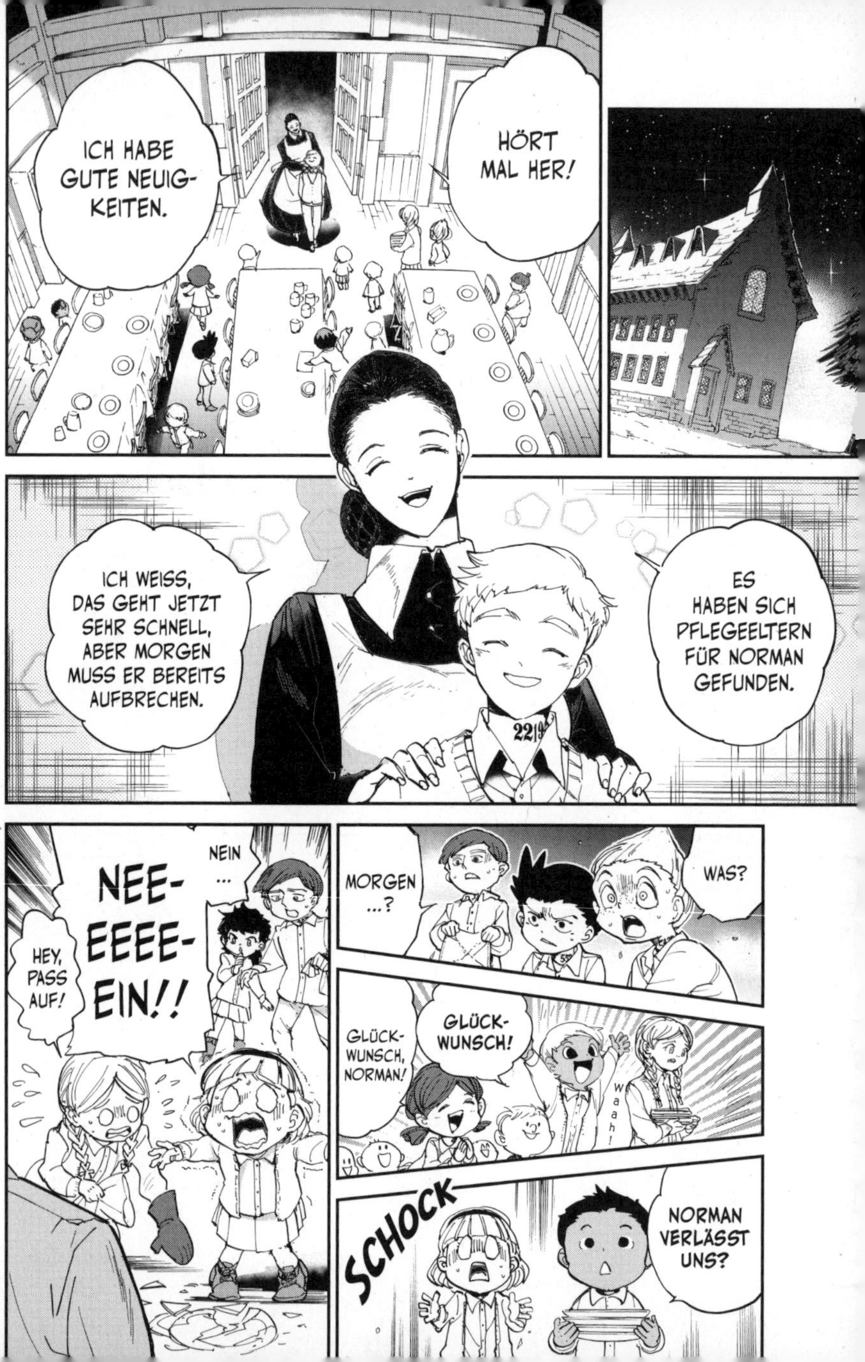
HÖRT MAL HER!
ICH HABE GUTE NEUIGKEITEN.
ES HABEN SICH PFLEGEELTERN FÜR NORMAN GEFUNDEN.
ICH WEISS, DAS GEHT JETZT SEHR SCHNELL, ABER MORGEN MUSS ER BEREITS AUFBRECHEN.
WAS?
MORGEN ...?
GLÜCKWUNSCH!
waah!
GLÜCKWUNSCH, NORMAN!
NORMAN VERLÄSST UNS?
SCHOCK
NEIN ...
NEE-EEEE-EIN!!
HEY, PASS AUF!

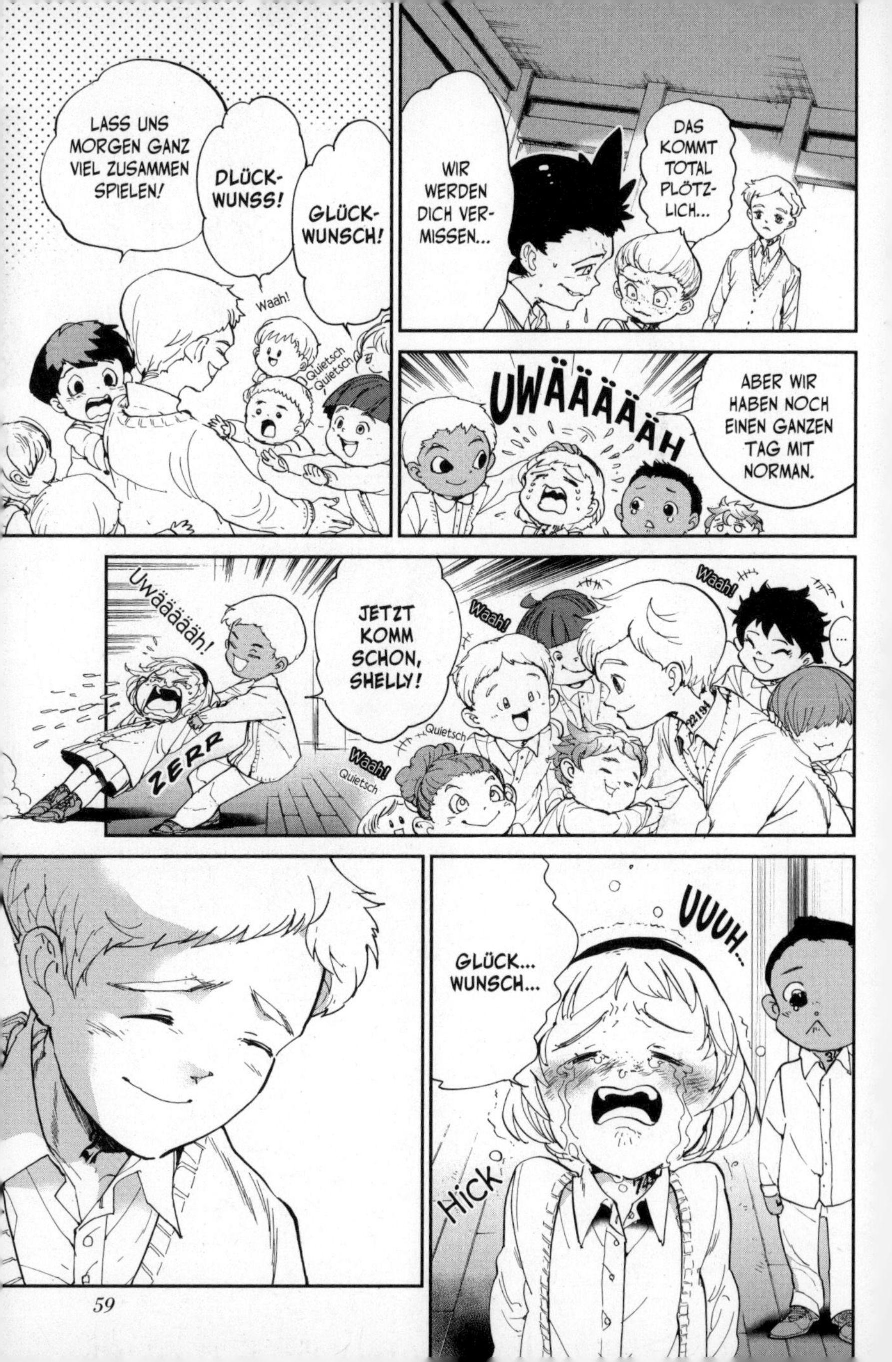
DAS KOMMT TOTAL PLÖTZLICH...
WIR WERDEN DICH VERMISSEN...
UWÄÄÄÄÄH
ABER WIR HABEN NOCH EINEN GANZEN TAG MIT NORMAN.
GLÜCKWUNSCH!
DLÜCKWUNSS!
LASS UNS MORGEN GANZ VIEL ZUSAMMEN SPIELEN!
Waah!
Quietsch
Quietsch
Waah!
Waah!
...
JETZT KOMM SCHON, SHELLY!
Uwäääääh!
ZERR
Quietsch
Waah!
Quietsch
UUUH...
GLÜCK... WUNSCH...
HICK

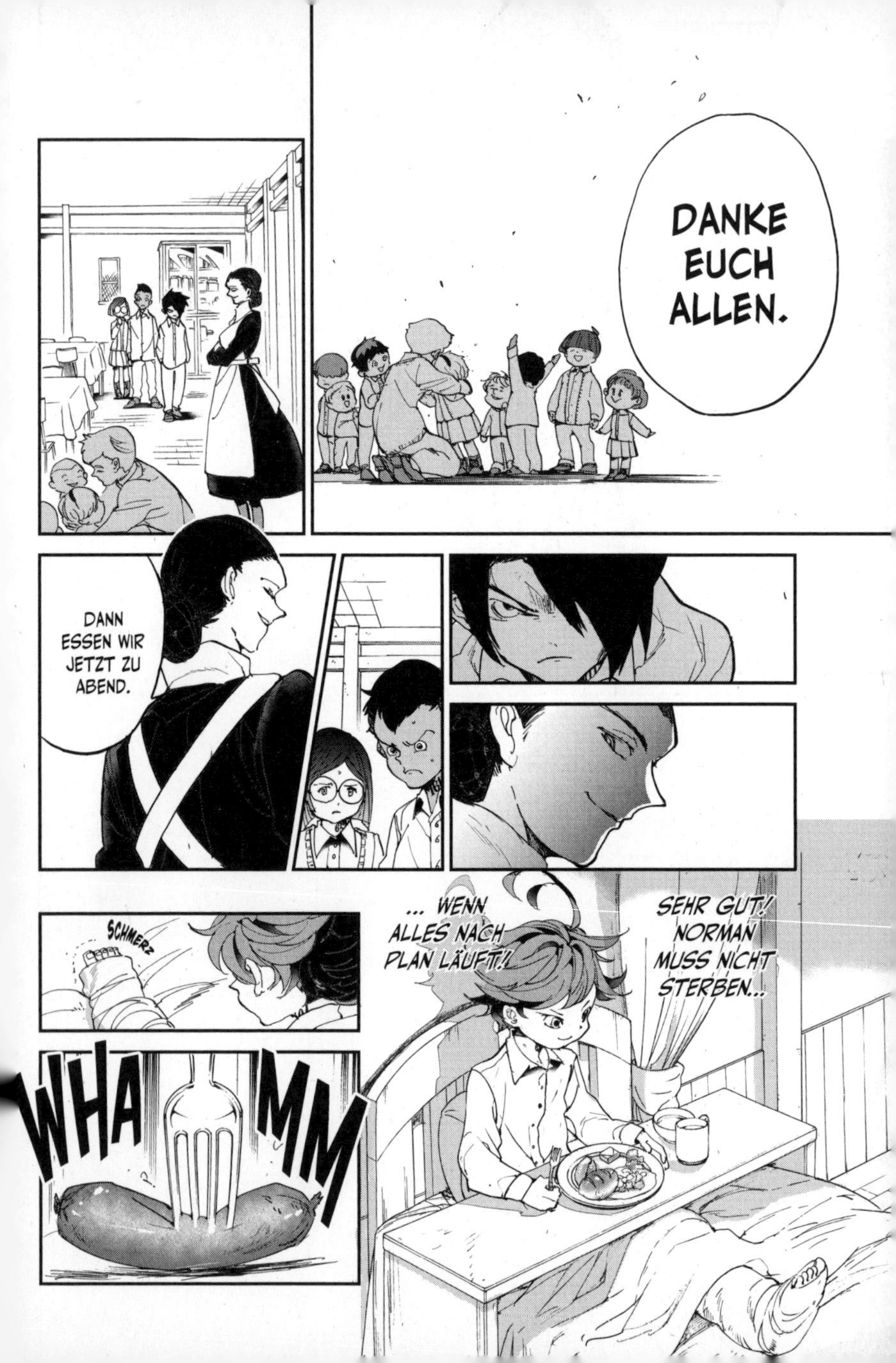
DANKE EUCH ALLEN.
DANN ESSEN WIR JETZT ZU ABEND.
SEHR GUT! NORMAN MUSS NICHT STERBEN...
... WENN ALLES NACH PLAN LÄUFT!
SCHMERZ
WHAMM

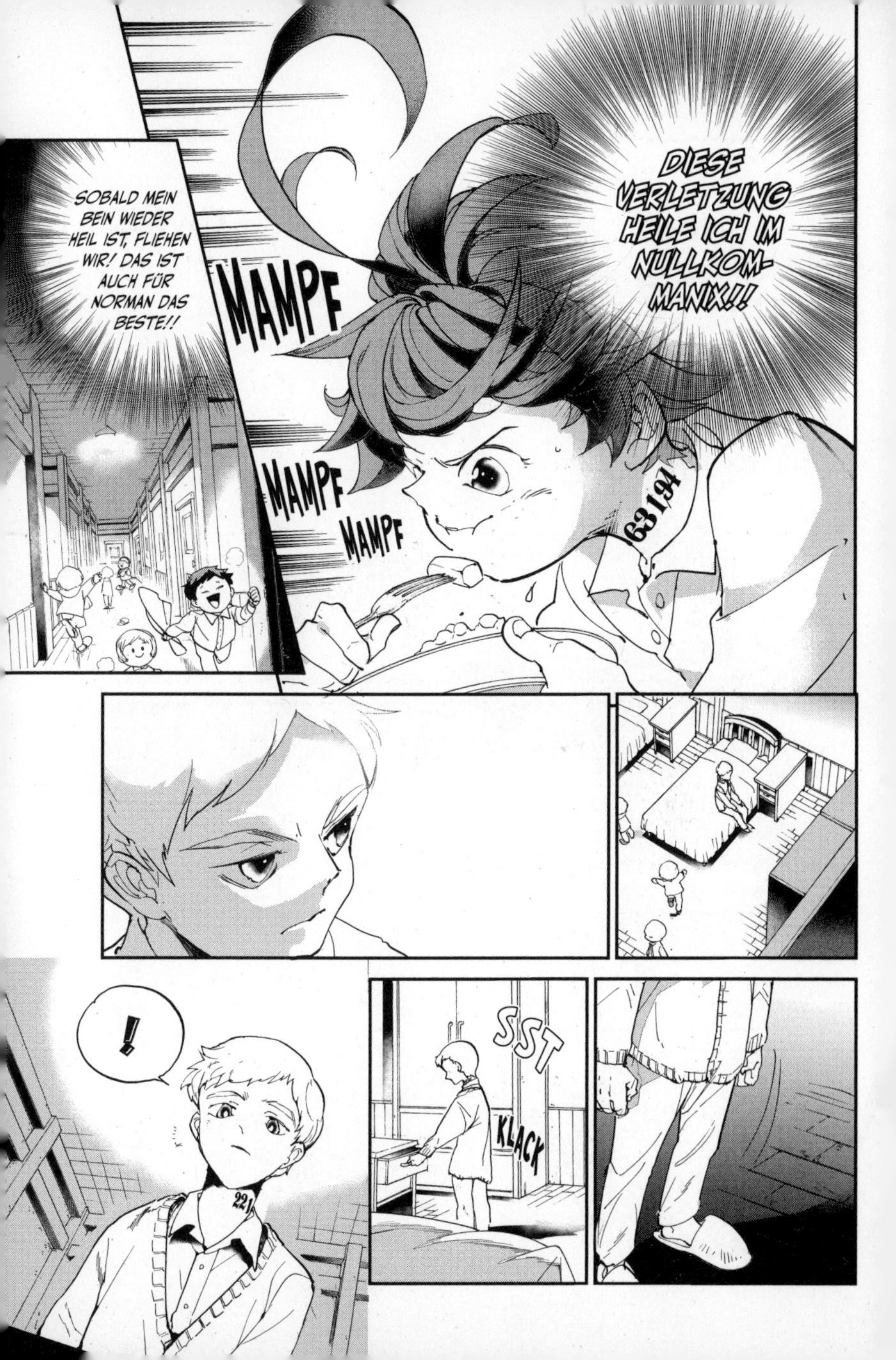
DIESE VERLETZUNG HEILE ICH IM NULLKOM-MANIX!!
MAMPF
MAMPF
MAMPF
SOBALD MEIN BEIN WIEDER HEIL IST, FLIEHEN WIR! DAS IST AUCH FÜR NORMAN DAS BESTE!!
63194
SST
KLACK
!
22194

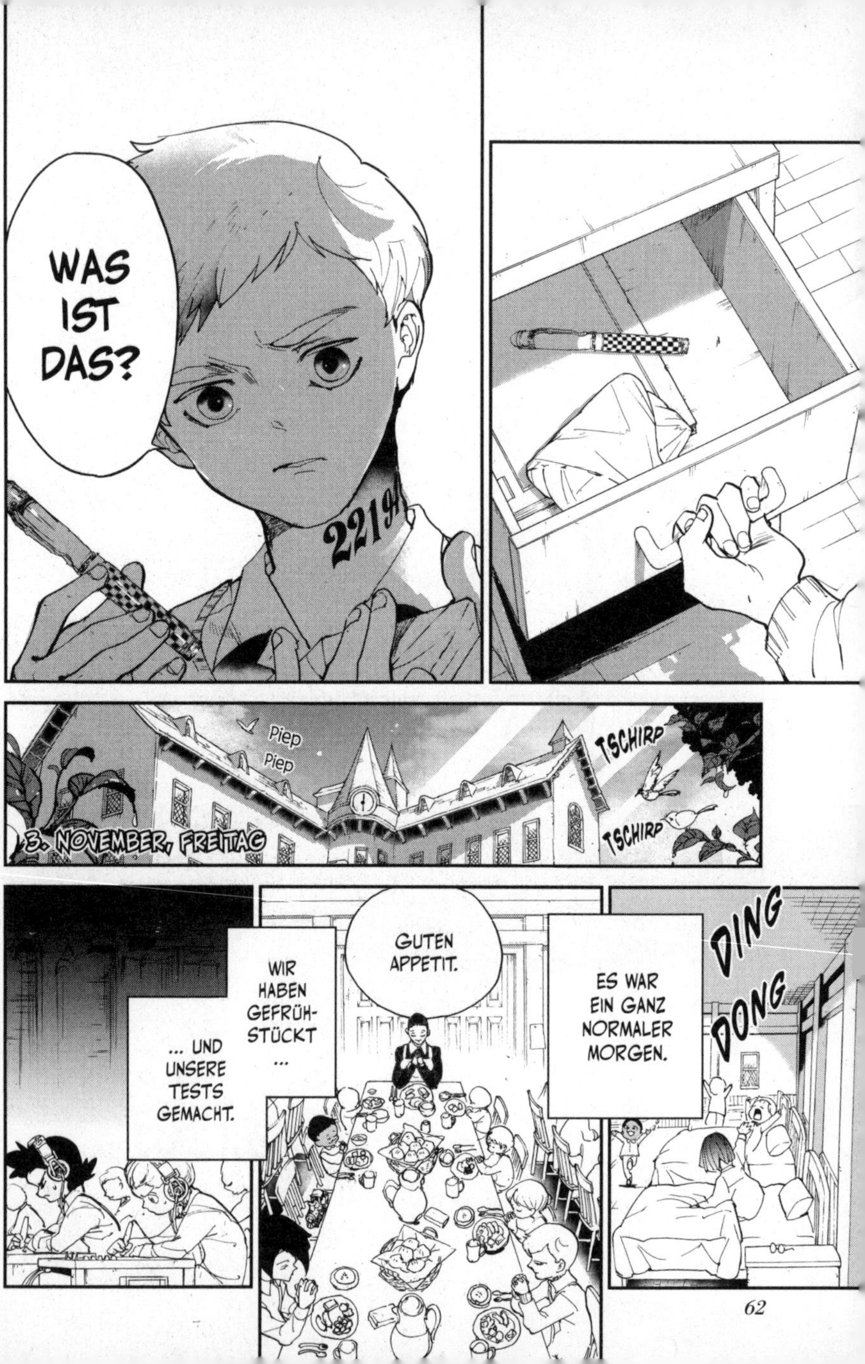
WAS IST DAS?
22194
Piep
Piep
TSCHIRP
TSCHIRP
3. NOVEMBER, FREITAG
DING
DONG
ES WAR EIN GANZ NORMALER MORGEN.
GUTEN APPETIT.
WIR HABEN GEFRÜH-STÜCKT ...
... UND UNSERE TESTS GEMACHT.

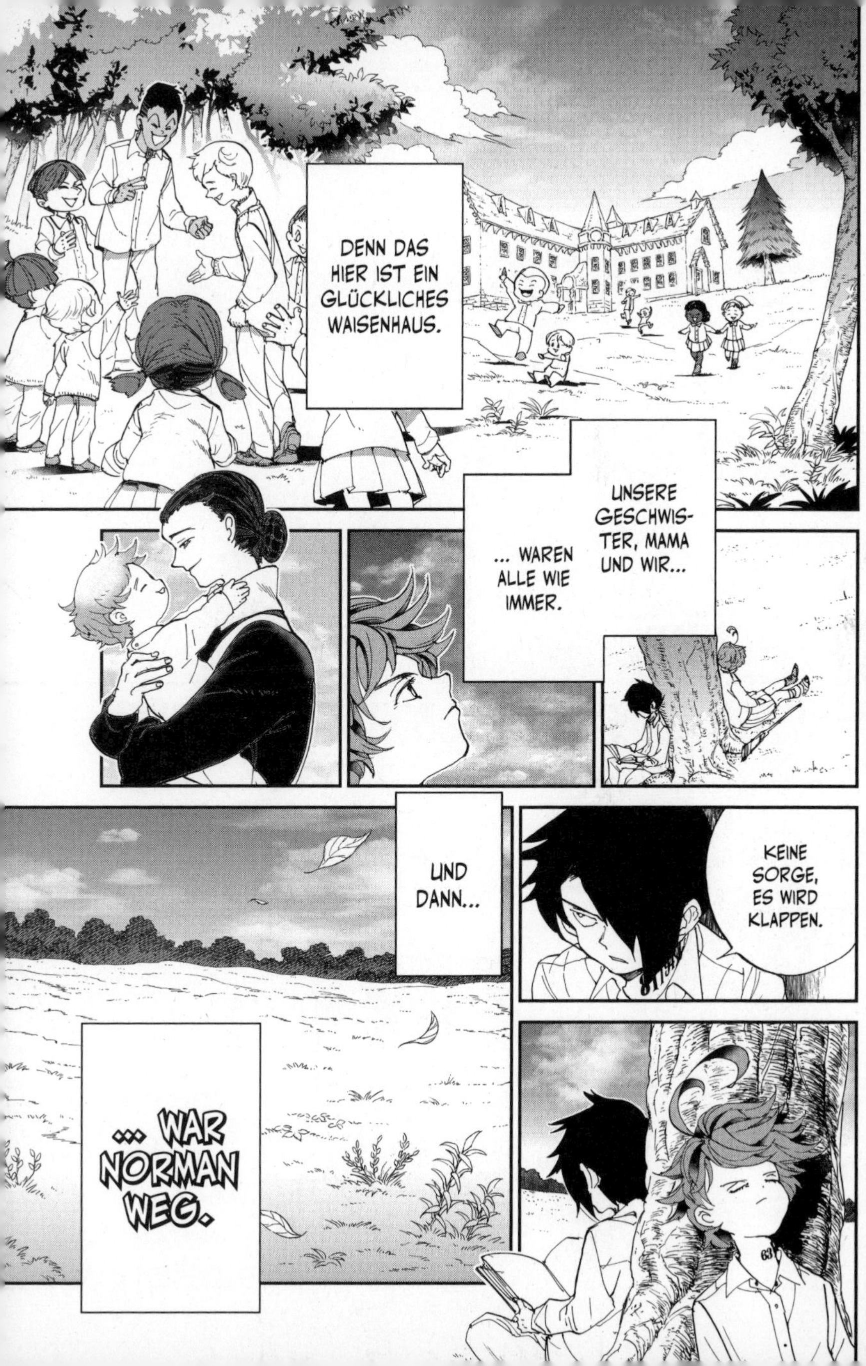
DENN DAS HIER IST EIN GLÜCKLICHES WAISENHAUS.
UNSERE GESCHWIS-TER, MAMA UND WIR...
... WAREN ALLE WIE IMMER.
KEINE SORGE, ES WIRD KLAPPEN.
UND DANN...
... WAR NORMAN WEG.

Hinter den Kulissen von The Promised Neverland

006

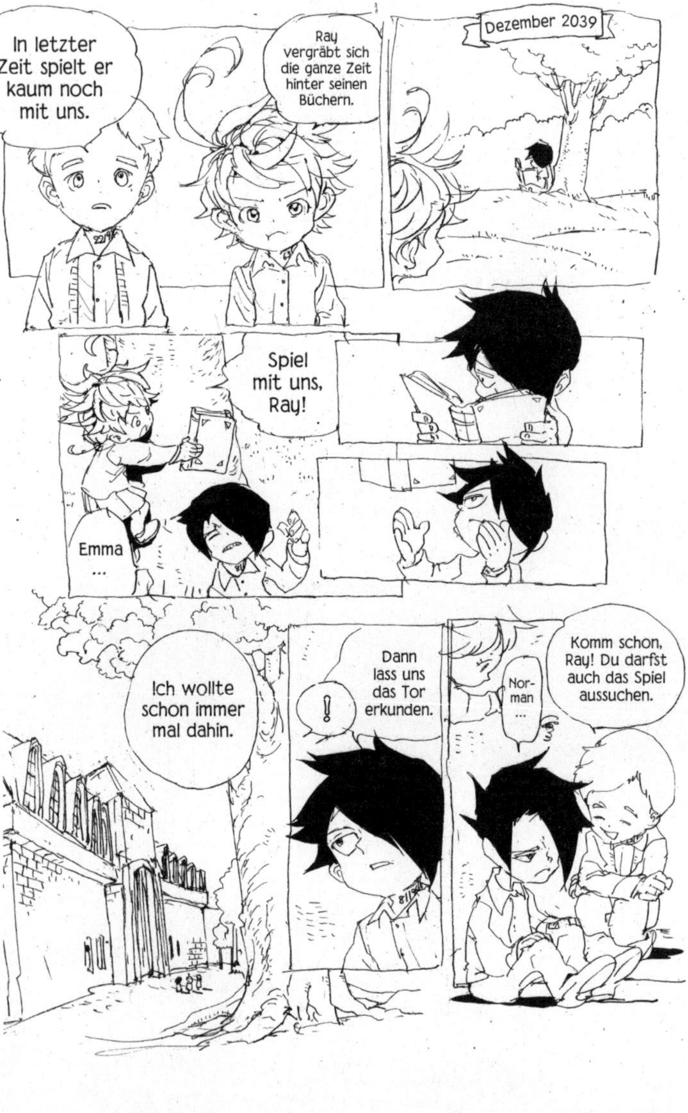

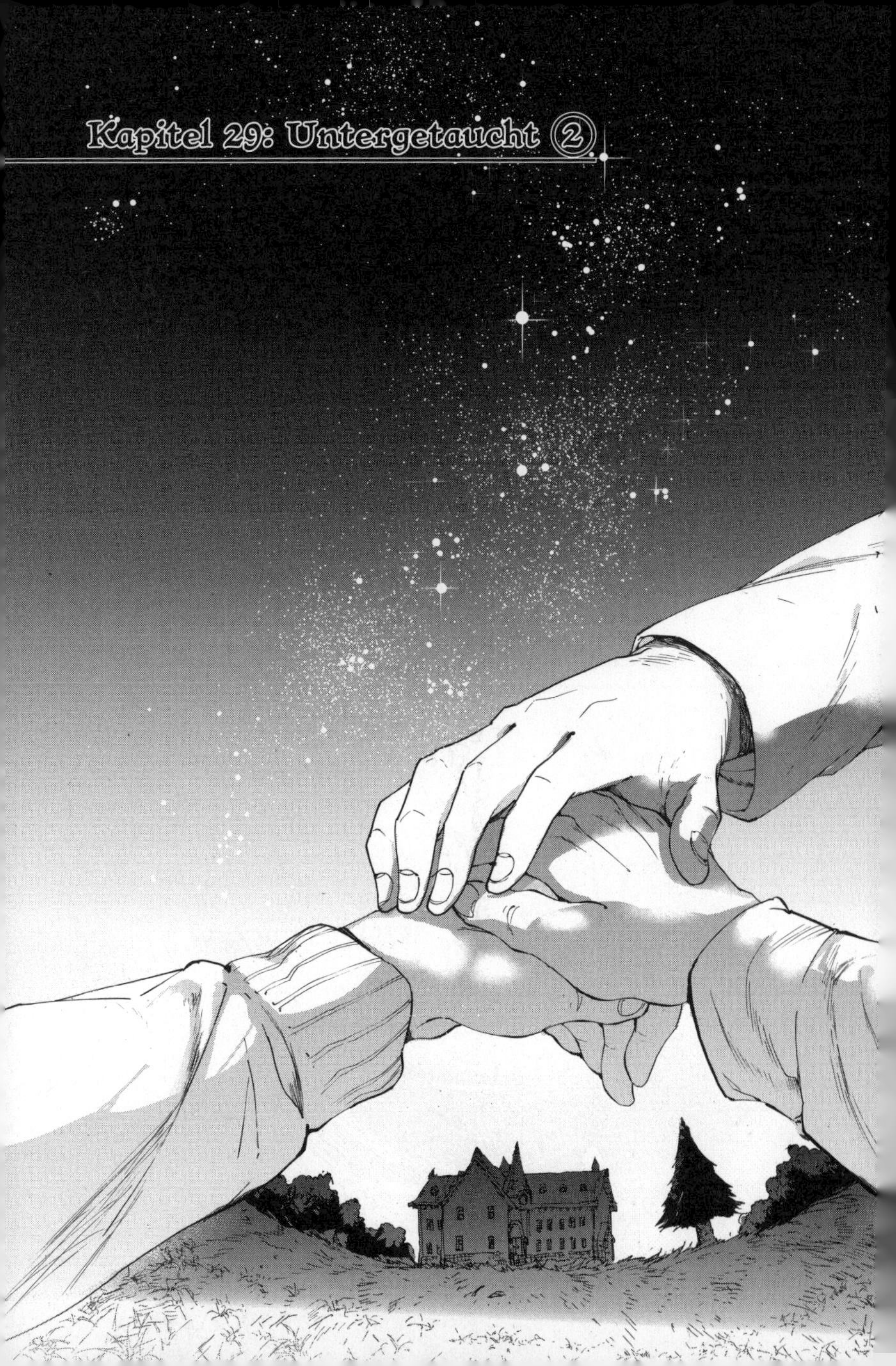
Kapitel 29: Untergetaucht ②

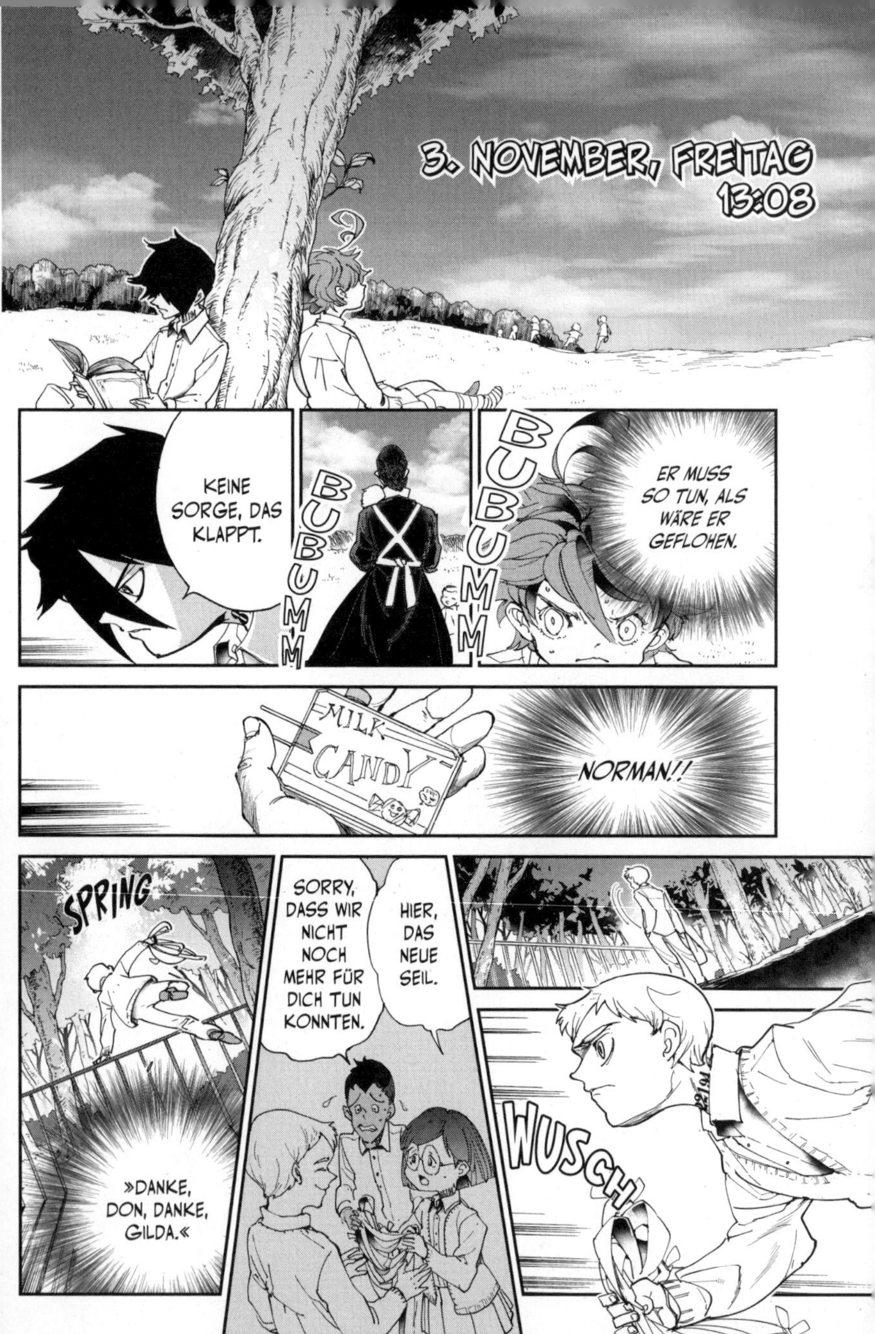
3. NOVEMBER, FREITAG
13:08
ER MUSS SO TUN, ALS WÄRE ER GEFLOHEN.
BUBUMM
BUBUMM
KEINE SORGE, DAS KLAPPT.
NORMAN!!
MILK CANDY
WUSCH
HIER, DAS NEUE SEIL.
SORRY, DASS WIR NICHT NOCH MEHR FÜR DICH TUN KONNTEN.
SPRING
»DANKE, DON, DANKE, GILDA.«

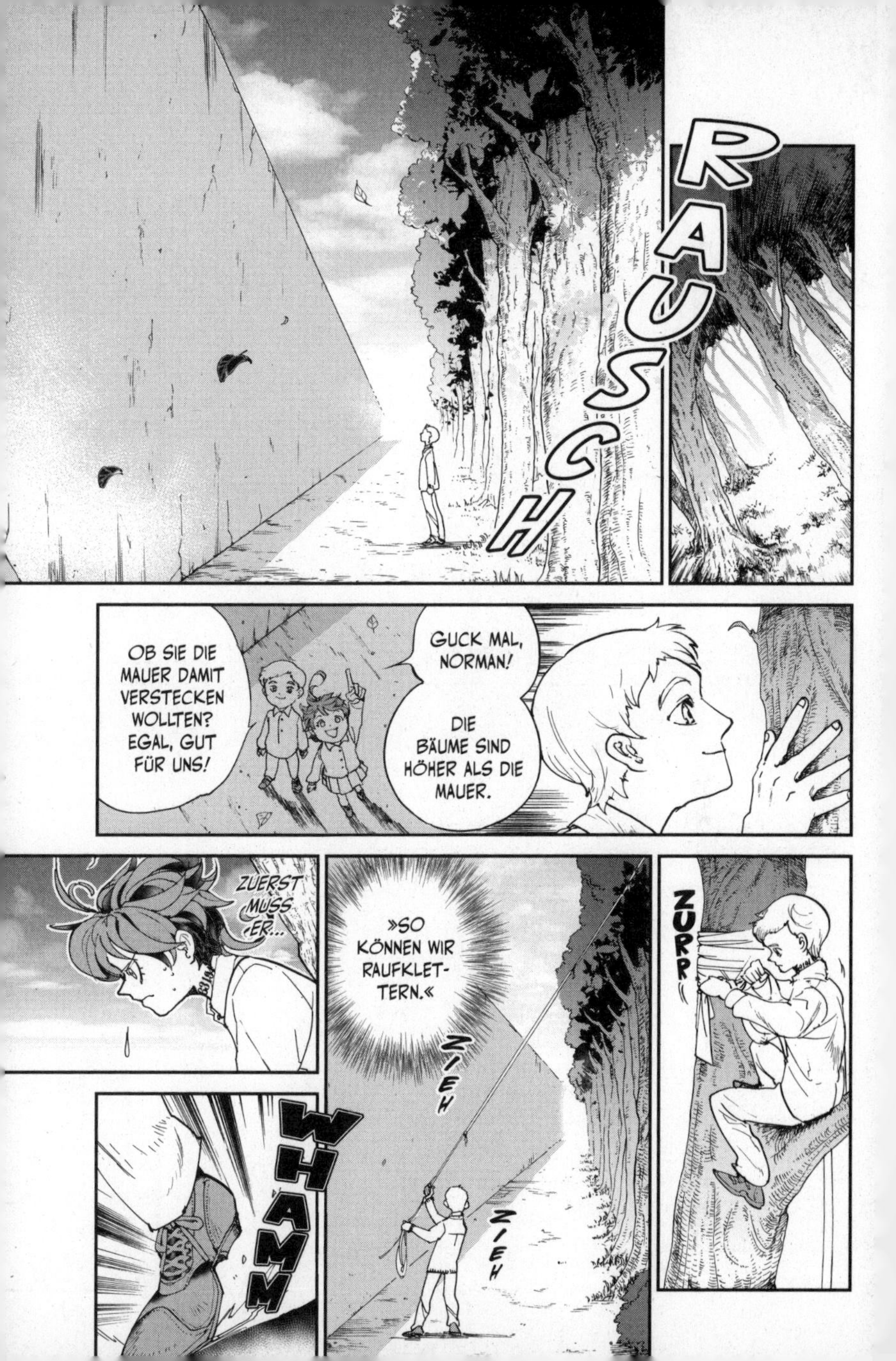
RAUSCH
GUCK MAL, NORMAN!
DIE BÄUME SIND HÖHER ALS DIE MAUER.
OB SIE DIE MAUER DAMIT VERSTECKEN WOLLTEN? EGAL, GUT FÜR UNS!
ZURR
»SO KÖNNEN WIR RAUFKLET-TERN.«
ZIEH
ZIEH
ZUERST MUSS ER...
WHAMM

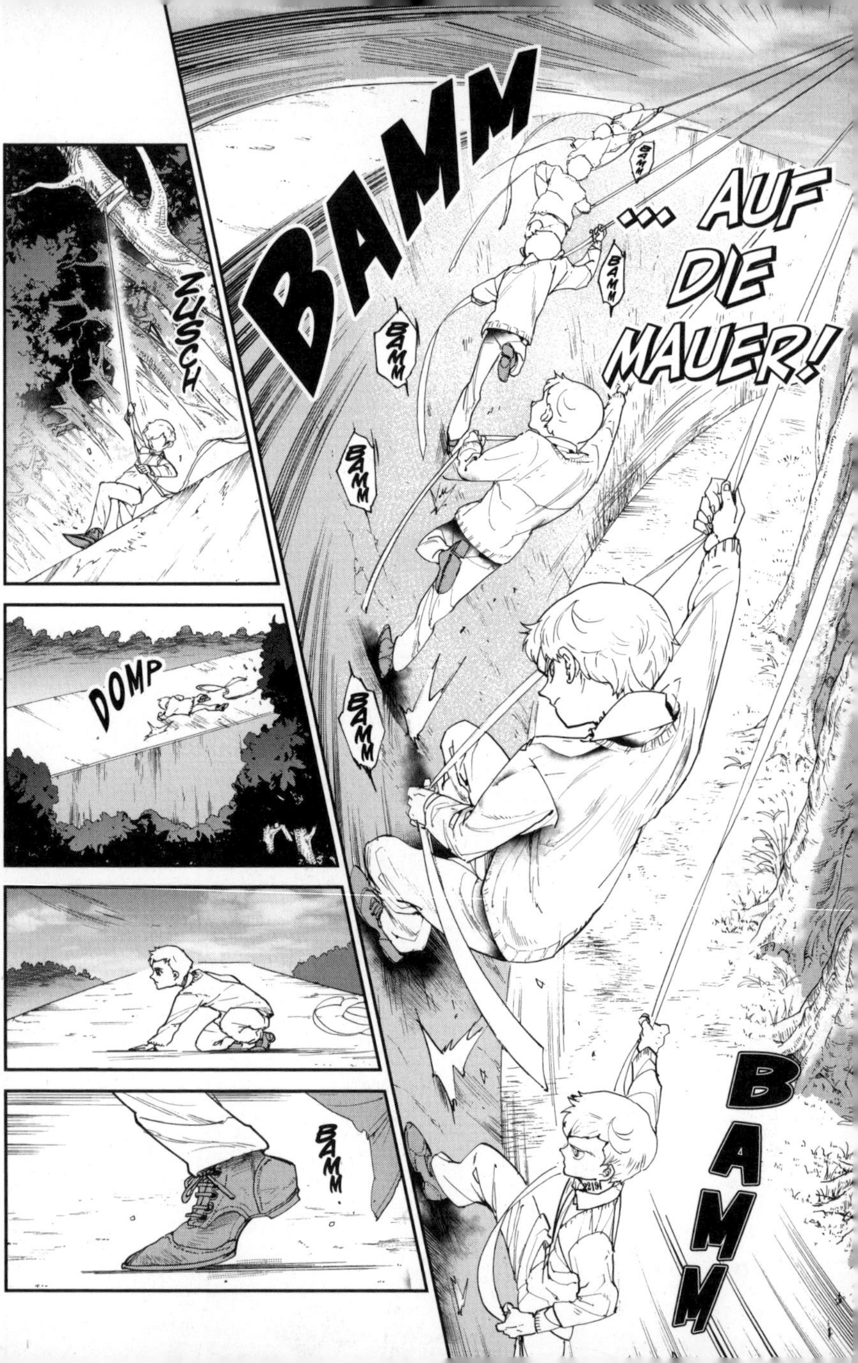
BAMM
... AUF DIE MAUER!
BAMM
BAMM
BAMM
BAMM
BAMM
BAMM
ZUSCH
DOMP
BAMM

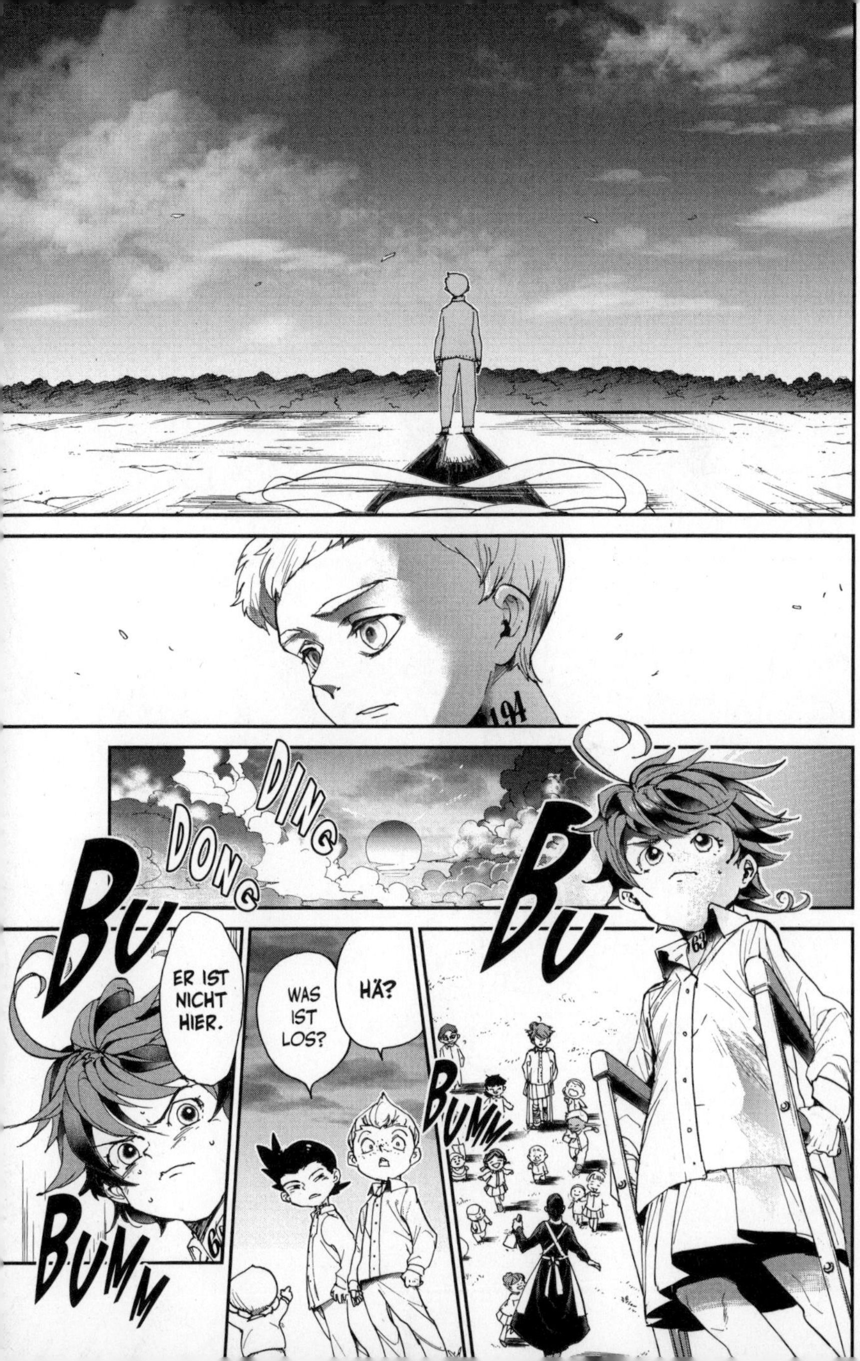

DING
DONG
BU
BU
BUMM
HÄ?
WAS IST LOS?
ER IST NICHT HIER.
BU
BU
BUMM

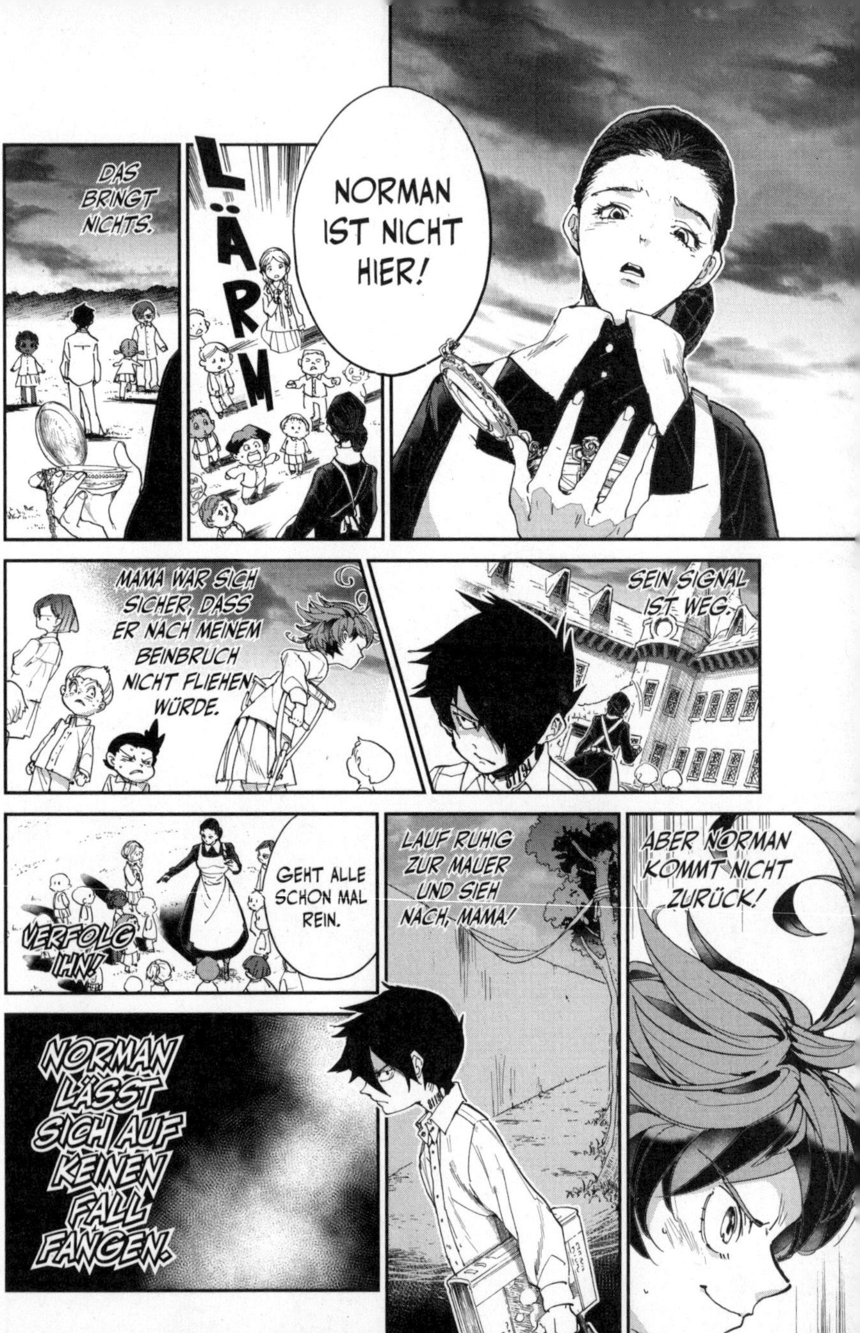
NORMAN IST NICHT HIER!
LÄRM
DAS BRINGT NICHTS.
SEIN SIGNAL IST WEG.
MAMA WAR SICH SICHER, DASS ER NACH MEINEM BEINBRUCH NICHT FLIEHEN WÜRDE.
LAUF RUHIG ZUR MAUER UND SIEH NACH, MAMA!
GEHT ALLE SCHON MAL REIN.
VERFOLG IHN!
ABER NORMAN KOMMT NICHT ZURÜCK!
NORMAN LÄSST SICH AUF KEINEN FALL FANGEN.

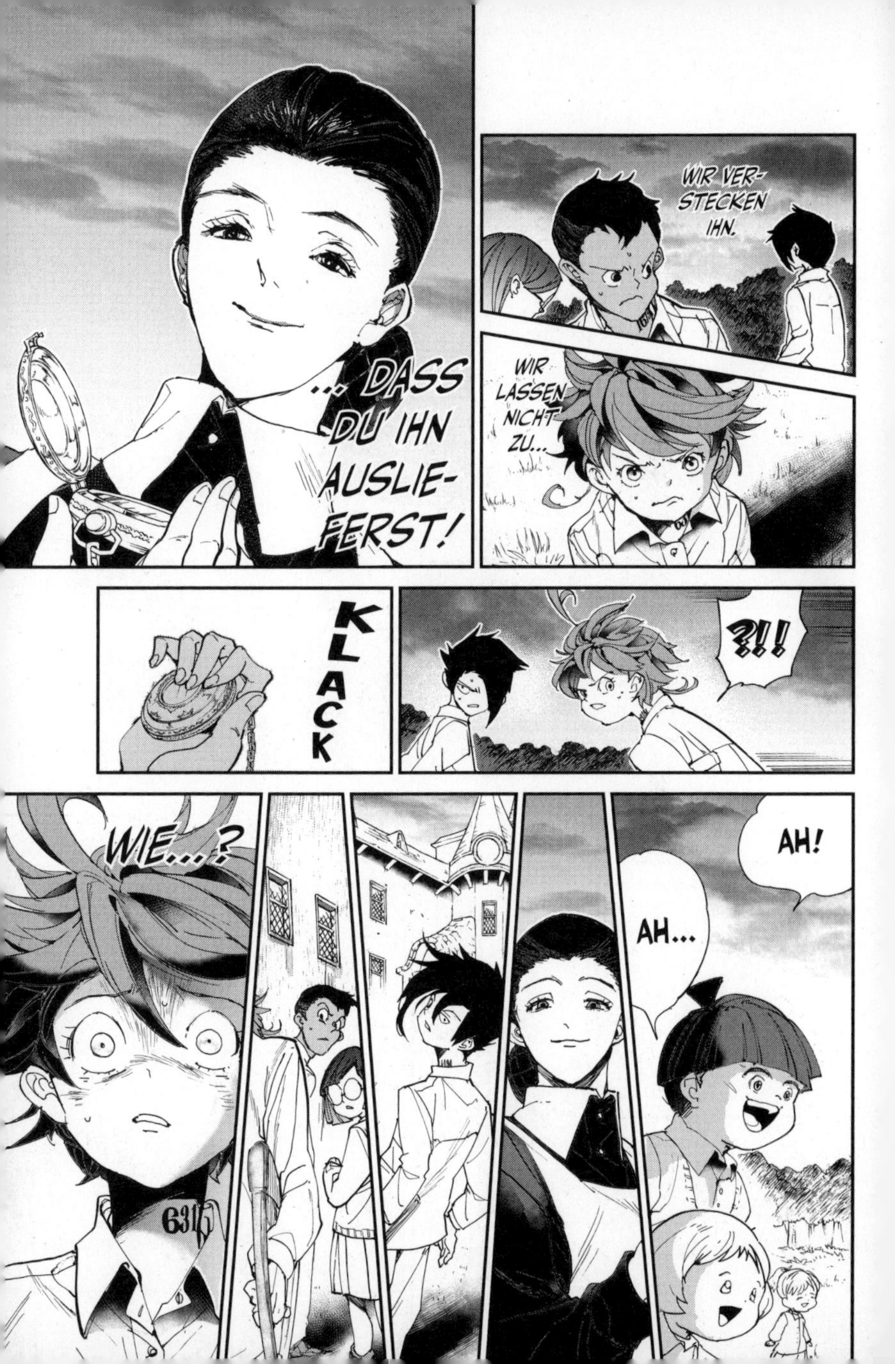
WIR VER-
STECKEN
IHN.
WIR
LASSEN
NICHT
ZU...
... DASS
DU IHN
AUSLIE-
FERST!
?!!
KLACK
AH!
AH...
WIE...?
63194

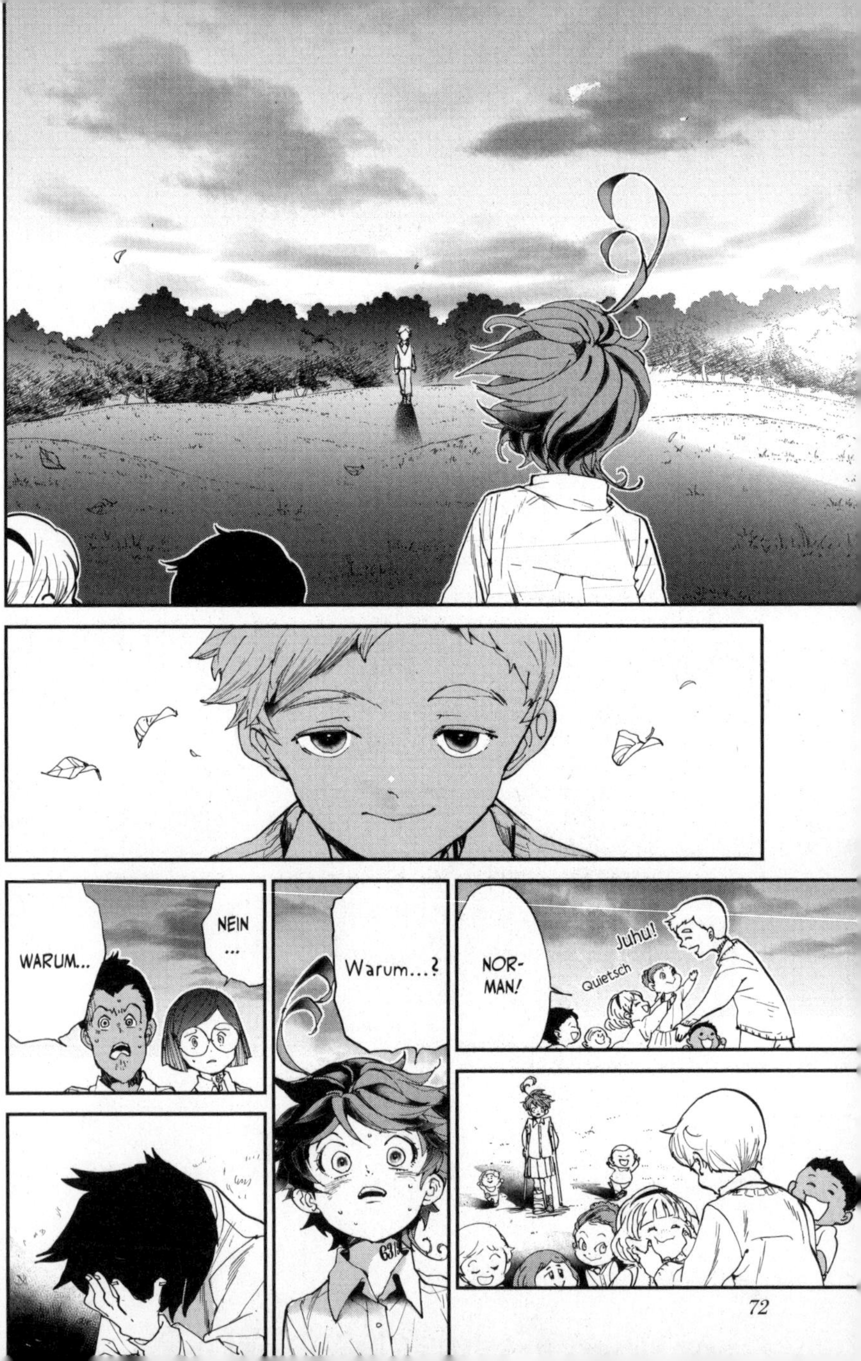
NOR-MAN!
Juhu!
Quietsch
Warum...?
NEIN ...
WARUM...

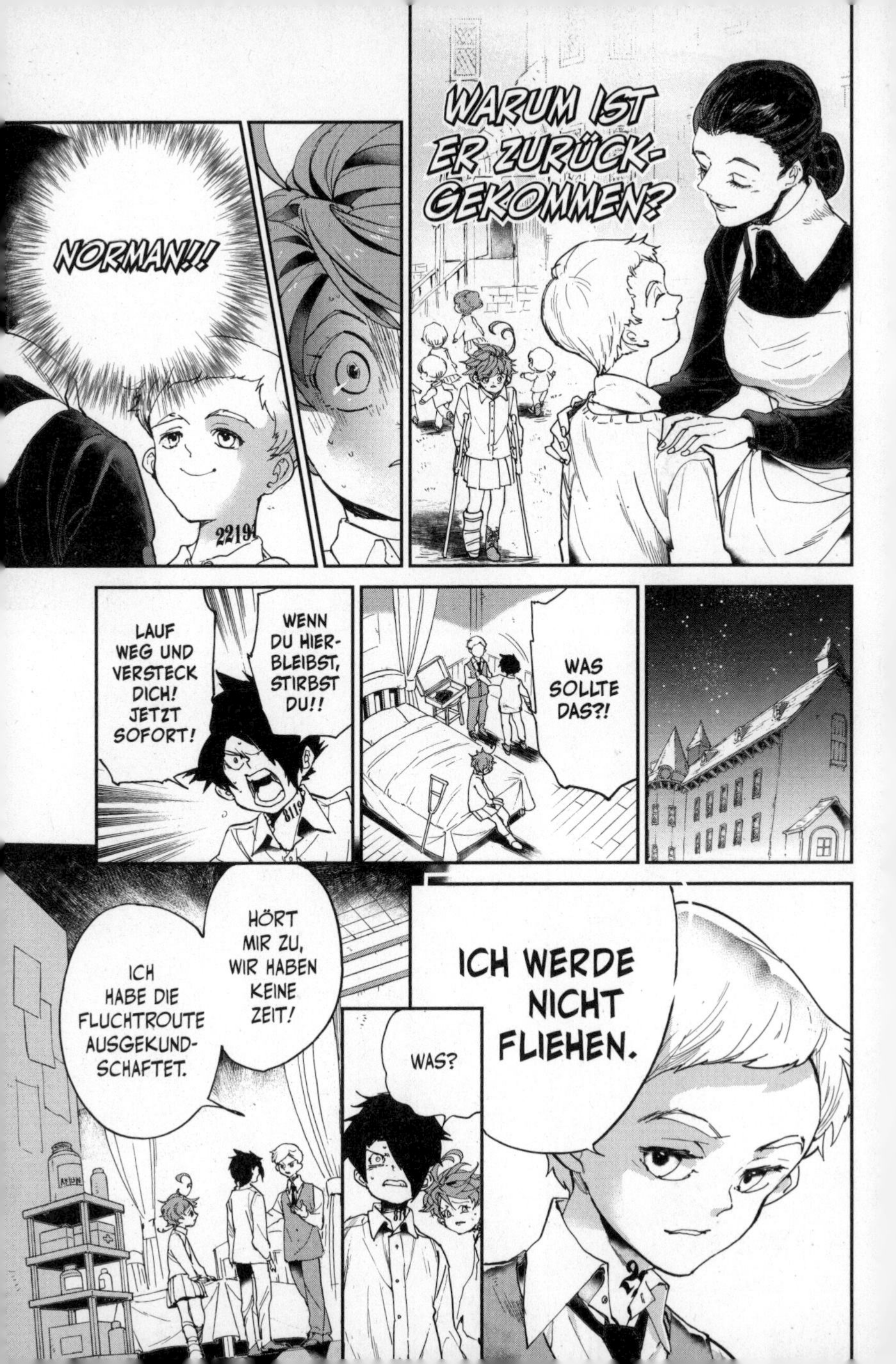
WARUM IST ER ZURÜCK-GEKOMMEN?
NORMAN!!
WAS SOLLTE DAS?!
WENN DU HIERBLEIBST, STIRBST DU!!
LAUF WEG UND VERSTECK DICH! JETZT SOFORT!
HÖRT MIR ZU, WIR HABEN KEINE ZEIT!
ICH HABE DIE FLUCHTROUTE AUSGEKUNDSCHAFTET.
ICH WERDE NICHT FLIEHEN.
WAS?

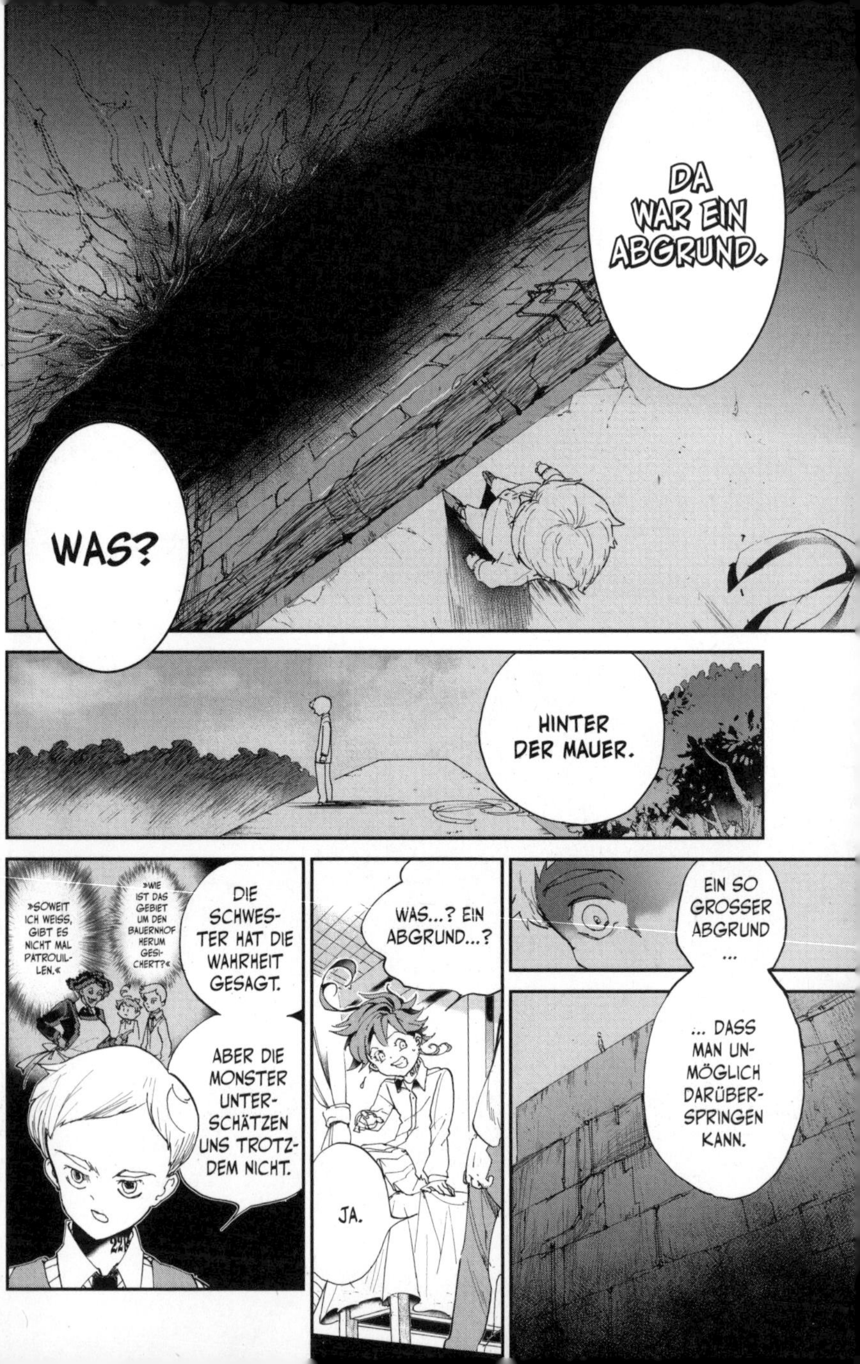
DA WAR EIN ABGRUND.
WAS?
HINTER DER MAUER.
EIN SO GROSSER ABGRUND ...
... DASS MAN UNMÖGLICH DARÜBERSPRINGEN KANN.
WAS...? EIN ABGRUND...?
JA.
DIE SCHWESTER HAT DIE WAHRHEIT GESAGT.
»WIE IST DAS GEBIET UM DEN BAUERNHOF HERUM GESICHERT?«
»SOWEIT ICH WEISS, GIBT ES NICHT MAL PATROUILLEN.«
ABER DIE MONSTER UNTERSCHÄTZEN UNS TROTZDEM NICHT.

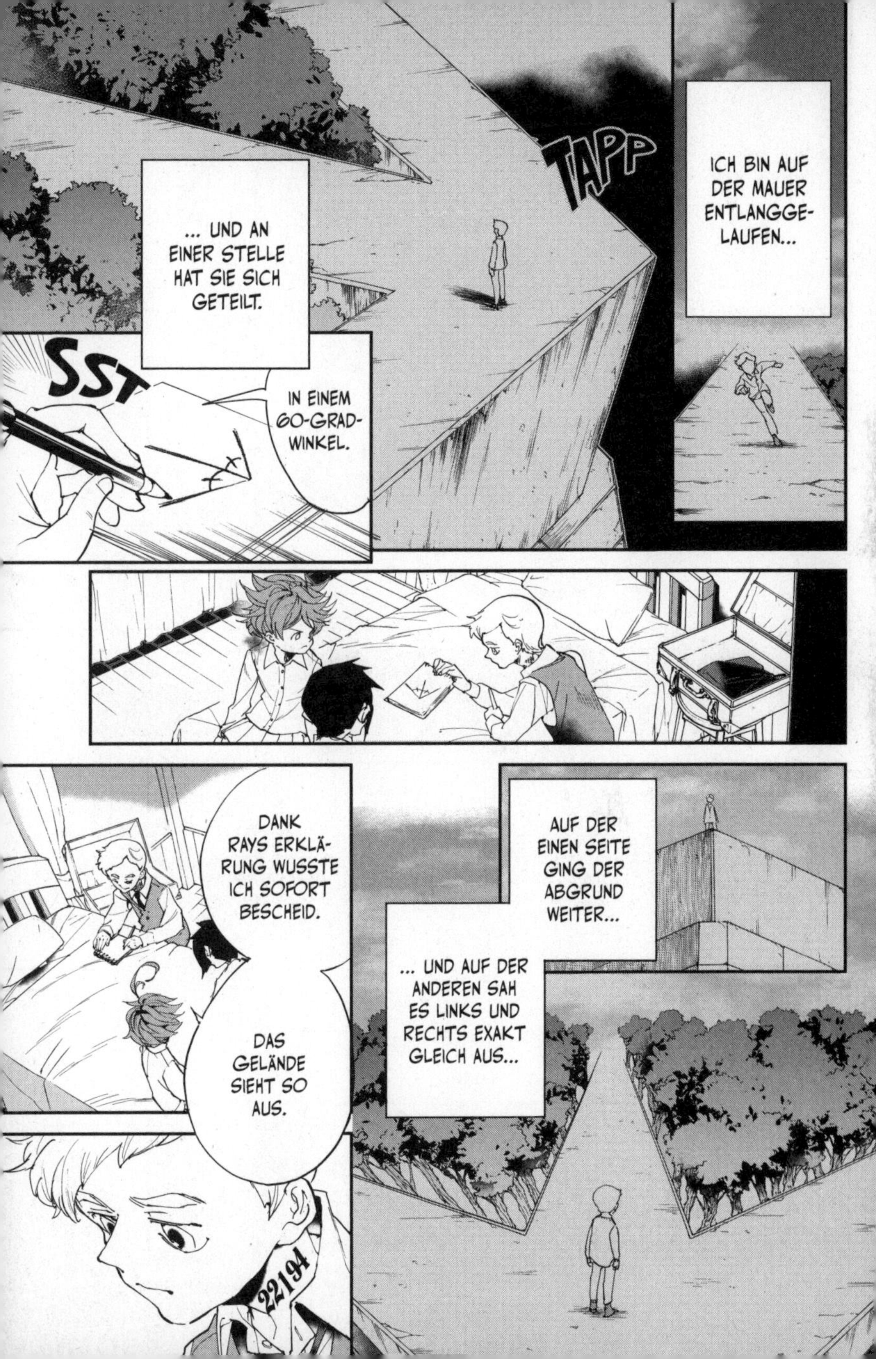
ICH BIN AUF DER MAUER ENTLANGGE-LAUFEN...
TAPP
... UND AN EINER STELLE HAT SIE SICH GETEILT.
SST
IN EINEM 60-GRAD-WINKEL.
AUF DER EINEN SEITE GING DER ABGRUND WEITER...
... UND AUF DER ANDEREN SAH ES LINKS UND RECHTS EXAKT GLEICH AUS...
DANK RAYS ERKLÄRUNG WUSSTE ICH SOFORT BESCHEID.
DAS GELÄNDE SIEHT SO AUS.
22194

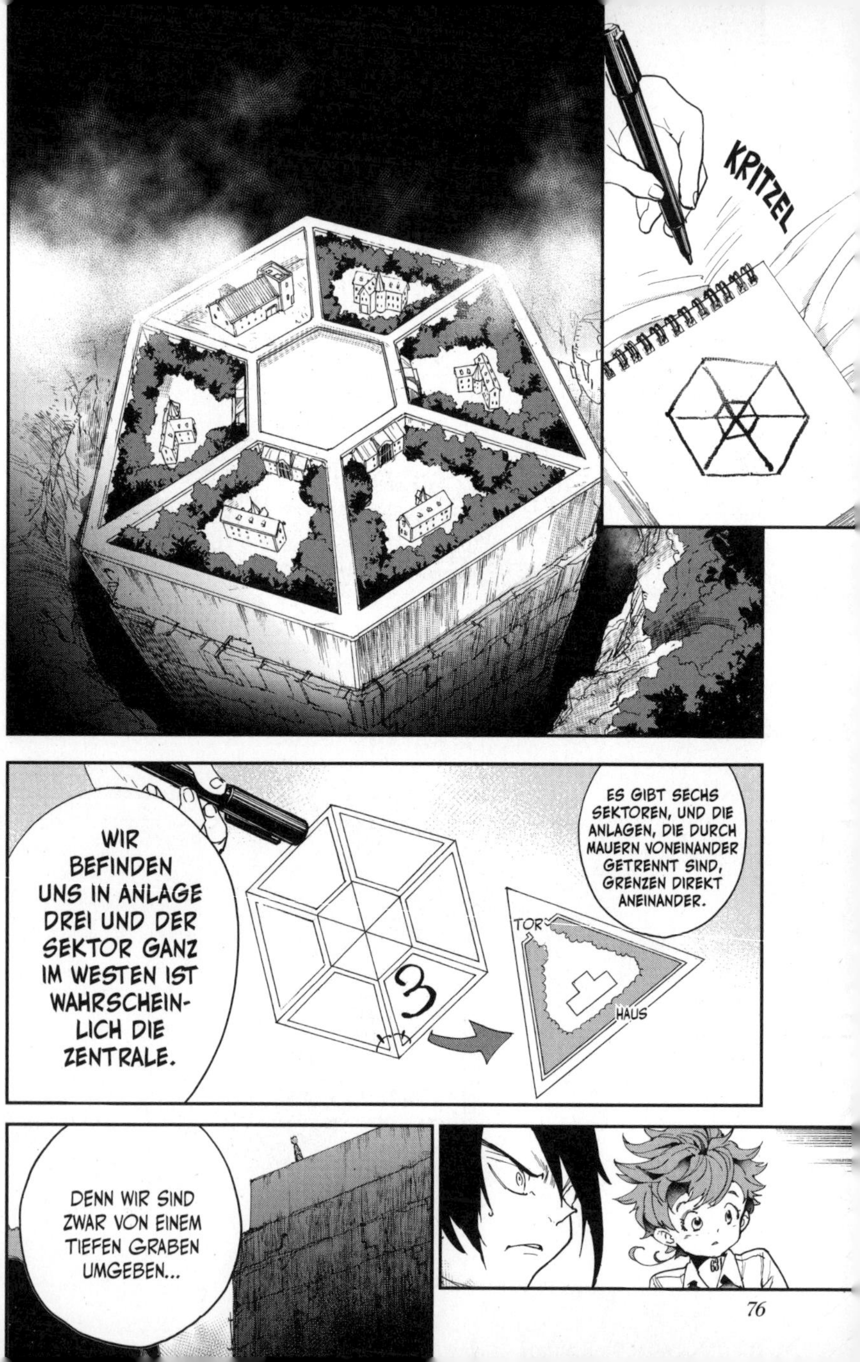
KRITZEL
ES GIBT SECHS SEKTOREN, UND DIE ANLAGEN, DIE DURCH MAUERN VONEINANDER GETRENNT SIND, GRENZEN DIREKT ANEINANDER.
WIR BEFINDEN UNS IN ANLAGE DREI UND DER SEKTOR GANZ IM WESTEN IST WAHRSCHEIN-LICH DIE ZENTRALE.
3
TOR
HAUS
DENN WIR SIND ZWAR VON EINEM TIEFEN GRABEN UMGEBEN...

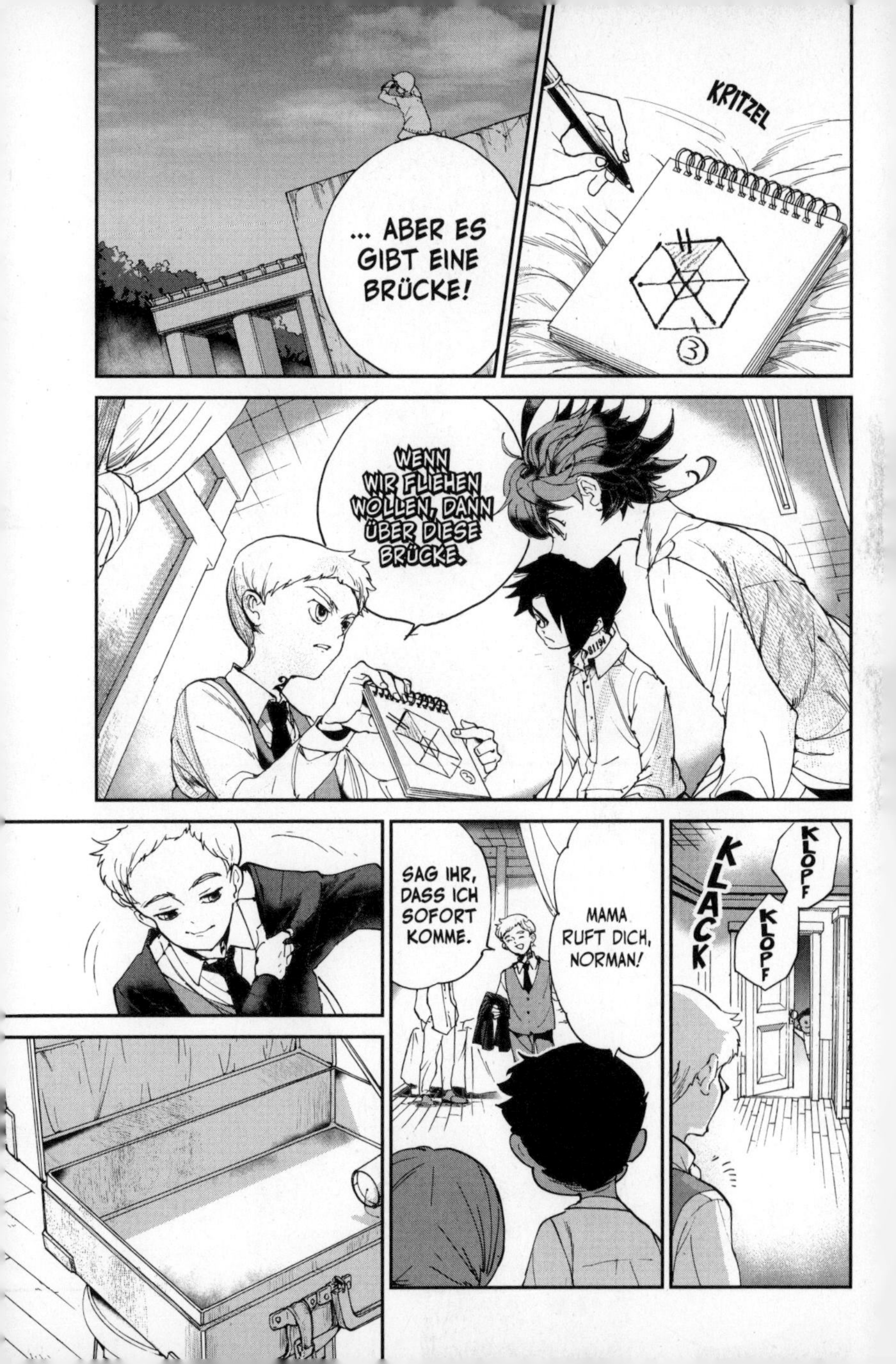

KRITZEL
... ABER ES GIBT EINE BRÜCKE!
WENN WIR FLIEHEN WOLLEN, DANN ÜBER DIESE BRÜCKE.
KLOPF
KLOPF
KLACK
MAMA RUFT DICH, NORMAN!
SAG IHR, DASS ICH SOFORT KOMME.

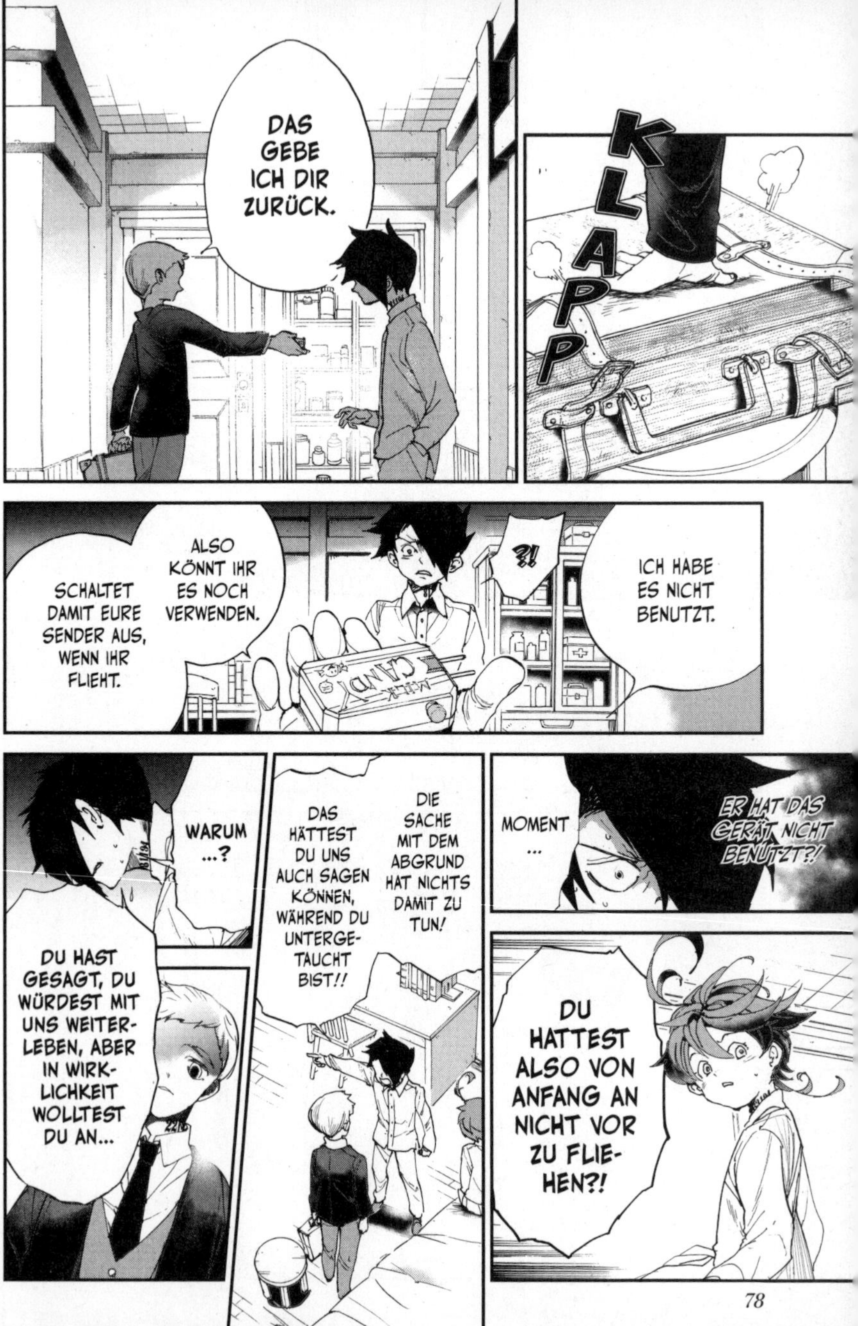

KLAPP
DAS GEBE ICH DIR ZURÜCK.
ICH HABE ES NICHT BENUTZT.
?!
ALSO KÖNNT IHR ES NOCH VERWENDEN.
SCHALTET DAMIT EURE SENDER AUS, WENN IHR FLIEHT.
MOMENT ...
ER HAT DAS GERÄT NICHT BENUTZT?!
DIE SACHE MIT DEM ABGRUND HAT NICHTS DAMIT ZU TUN!
DAS HÄTTEST DU UNS AUCH SAGEN KÖNNEN, WÄHREND DU UNTERGE-TAUCHT BIST!!
WARUM ...?
DU HATTEST ALSO VON ANFANG AN NICHT VOR ZU FLIE-HEN?!
DU HAST GESAGT, DU WÜRDEST MIT UNS WEITER-LEBEN, ABER IN WIRK-LICHKEIT WOLLTEST DU AN...

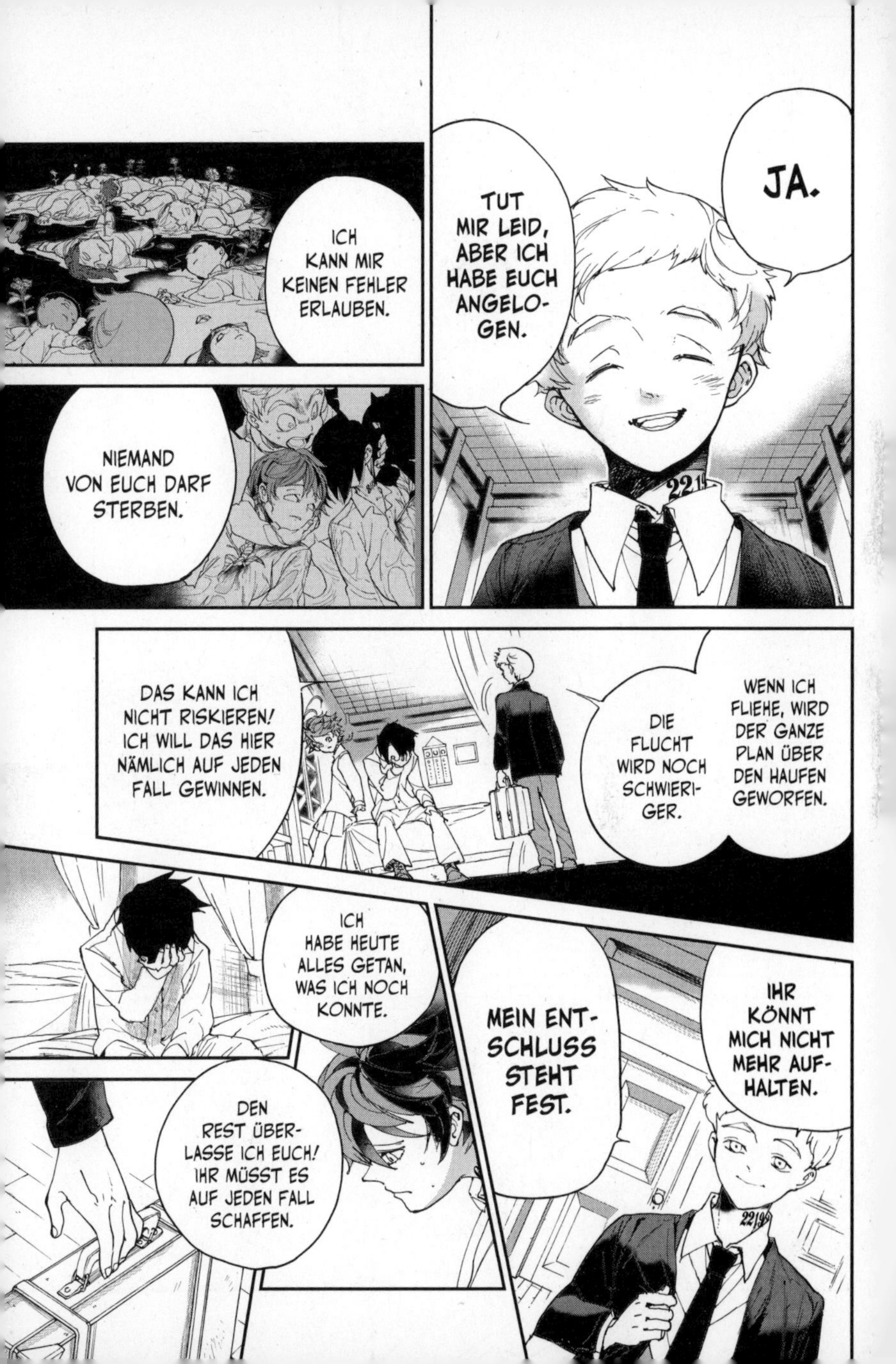
JA.
TUT MIR LEID, ABER ICH HABE EUCH ANGELOGEN.
ICH KANN MIR KEINEN FEHLER ERLAUBEN.
NIEMAND VON EUCH DARF STERBEN.
WENN ICH FLIEHE, WIRD DER GANZE PLAN ÜBER DEN HAUFEN GEWORFEN.
DIE FLUCHT WIRD NOCH SCHWIERIGER.
DAS KANN ICH NICHT RISKIEREN! ICH WILL DAS HIER NÄMLICH AUF JEDEN FALL GEWINNEN.
IHR KÖNNT MICH NICHT MEHR AUFHALTEN.
MEIN ENTSCHLUSS STEHT FEST.
ICH HABE HEUTE ALLES GETAN, WAS ICH NOCH KONNTE.
DEN REST ÜBERLASSE ICH EUCH! IHR MÜSST ES AUF JEDEN FALL SCHAFFEN.

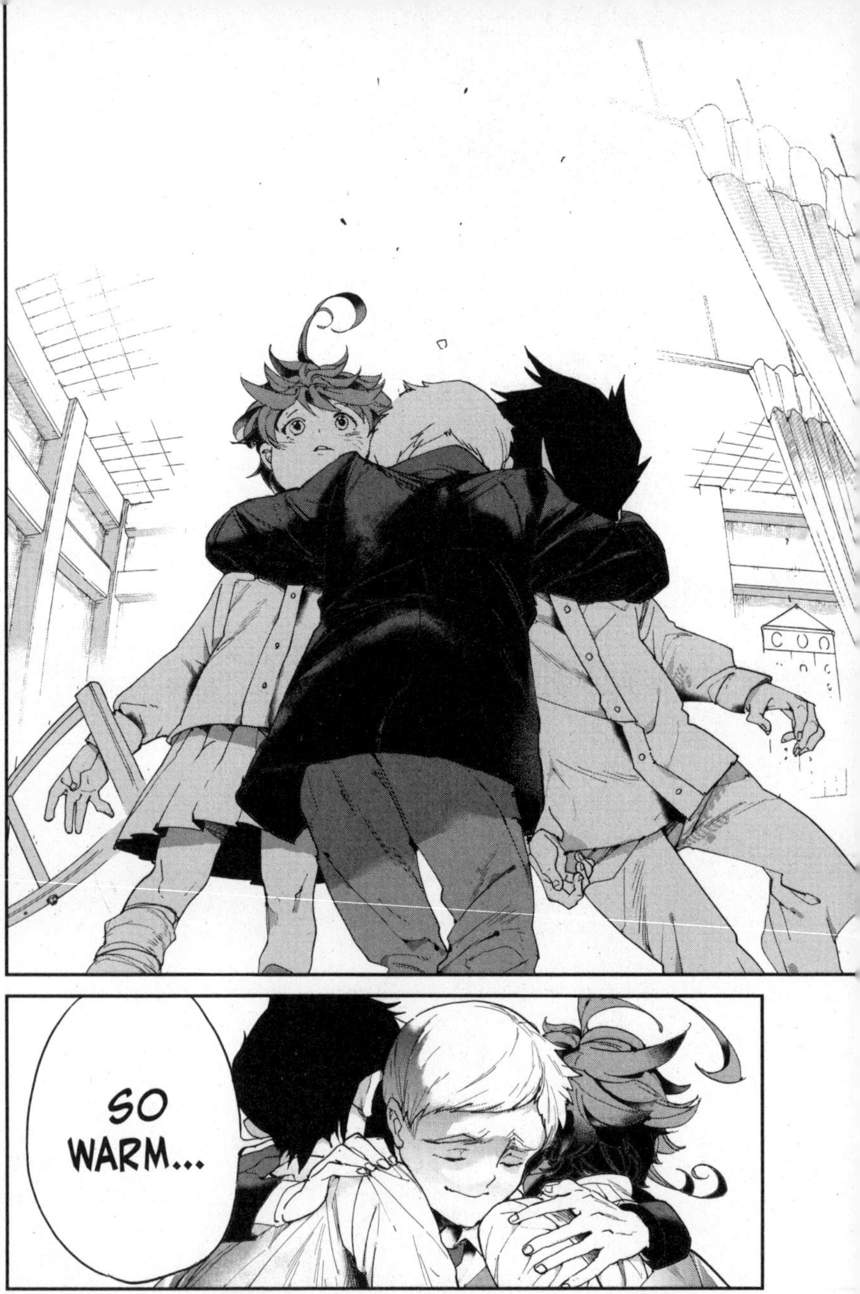
SO WARM...

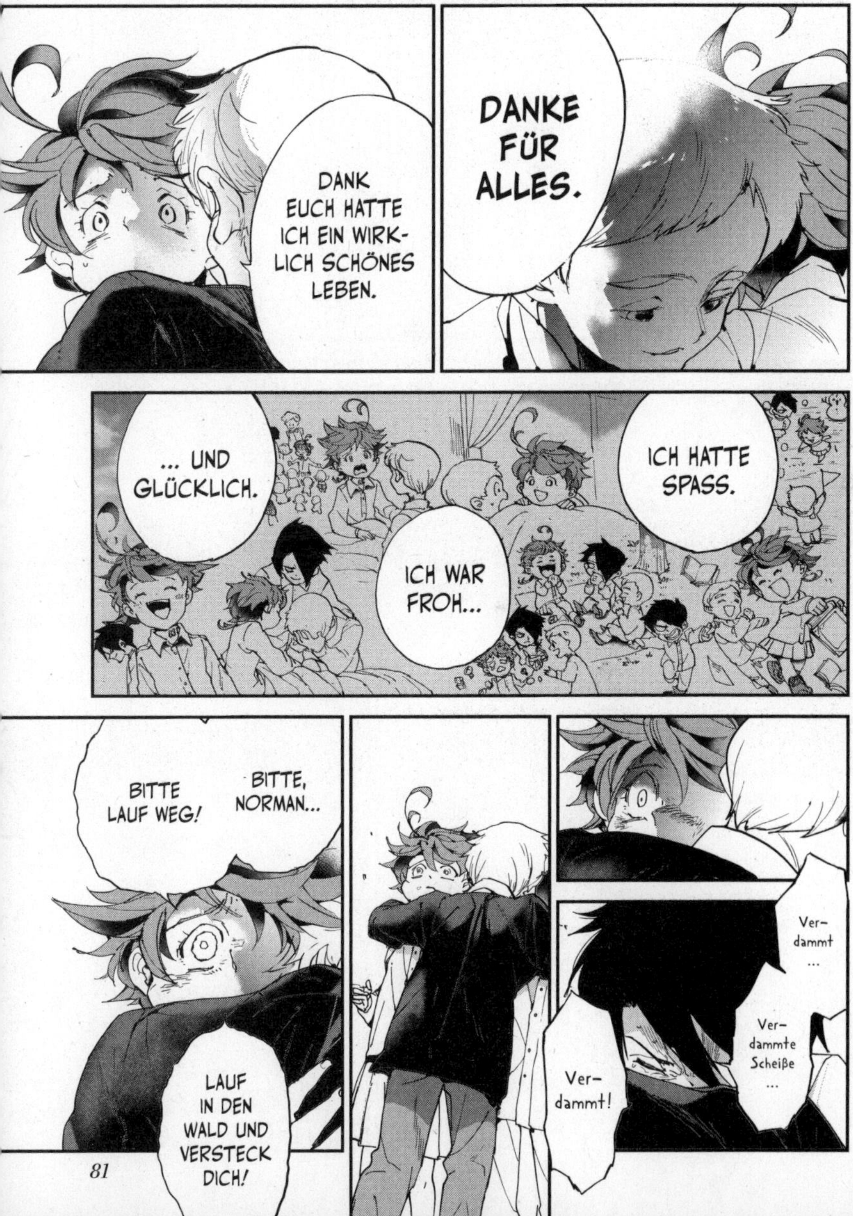
DANKE FÜR ALLES.
DANK EUCH HATTE ICH EIN WIRK-LICH SCHÖNES LEBEN.
ICH HATTE SPASS.
ICH WAR FROH...
... UND GLÜCKLICH.
Ver-dammt ...
Ver-dammte Scheiße ...
Ver-dammt!
BITTE, NORMAN...
BITTE LAUF WEG!
LAUF IN DEN WALD UND VERSTECK DICH!

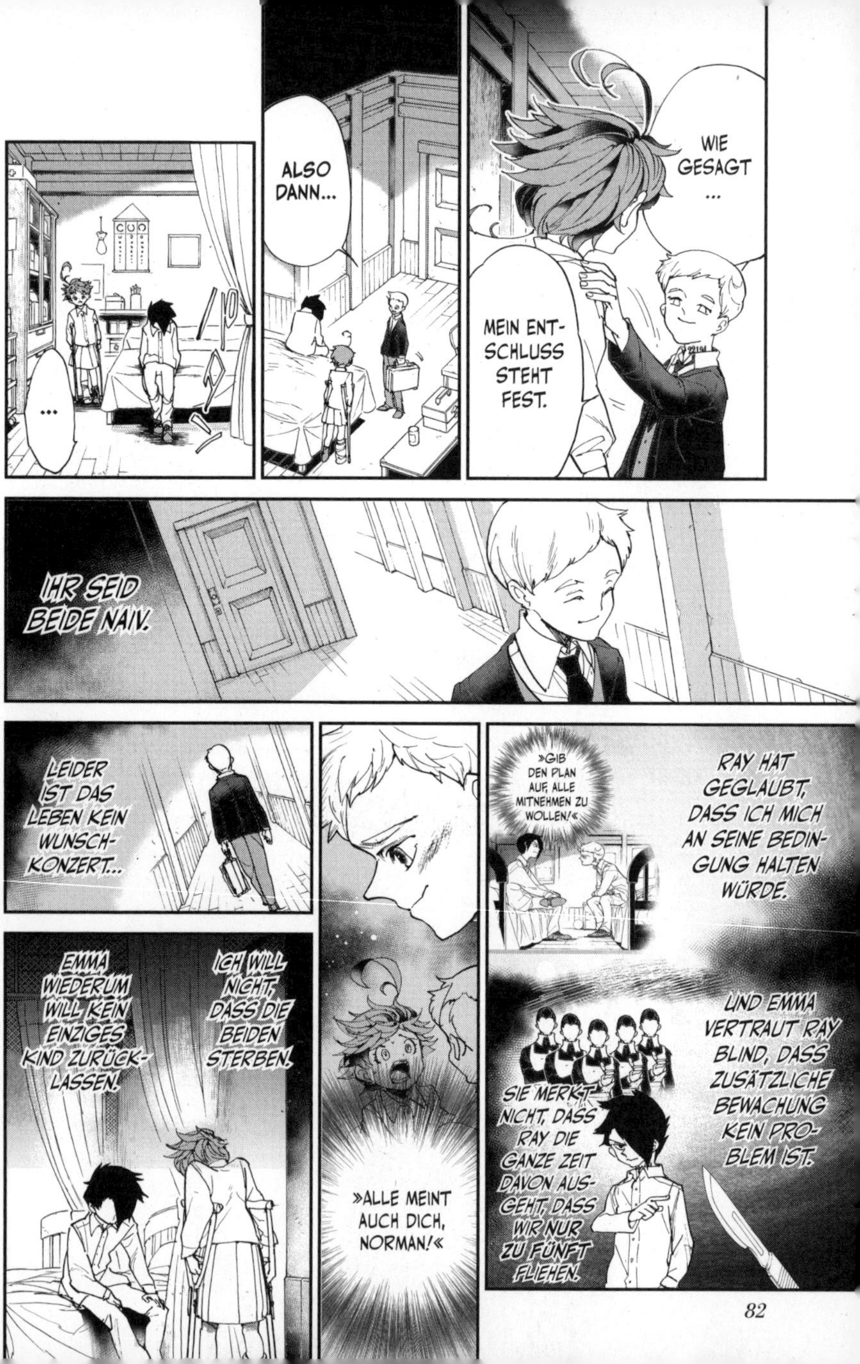
WIE GESAGT ...
MEIN ENT-SCHLUSS STEHT FEST.
ALSO DANN...
...
IHR SEID BEIDE NAIV.
RAY HAT GEGLAUBT, DASS ICH MICH AN SEINE BEDIN-GUNG HALTEN WÜRDE.
»GIB DEN PLAN AUF, ALLE MITNEHMEN ZU WOLLEN!«
UND EMMA VERTRAUT RAY BLIND, DASS ZUSÄTZLICHE BEWACHUNG KEIN PRO-BLEM IST.
SIE MERKT NICHT, DASS RAY DIE GANZE ZEIT DAVON AUS-GEHT, DASS WIR NUR ZU FÜNFT FLIEHEN.
»ALLE MEINT AUCH DICH, NORMAN!«
LEIDER IST DAS LEBEN KEIN WUNSCH-KONZERT...
ICH WILL NICHT, DASS DIE BEIDEN STERBEN.
EMMA WIEDERUM WILL KEIN EINZIGES KIND ZURÜCK-LASSEN.

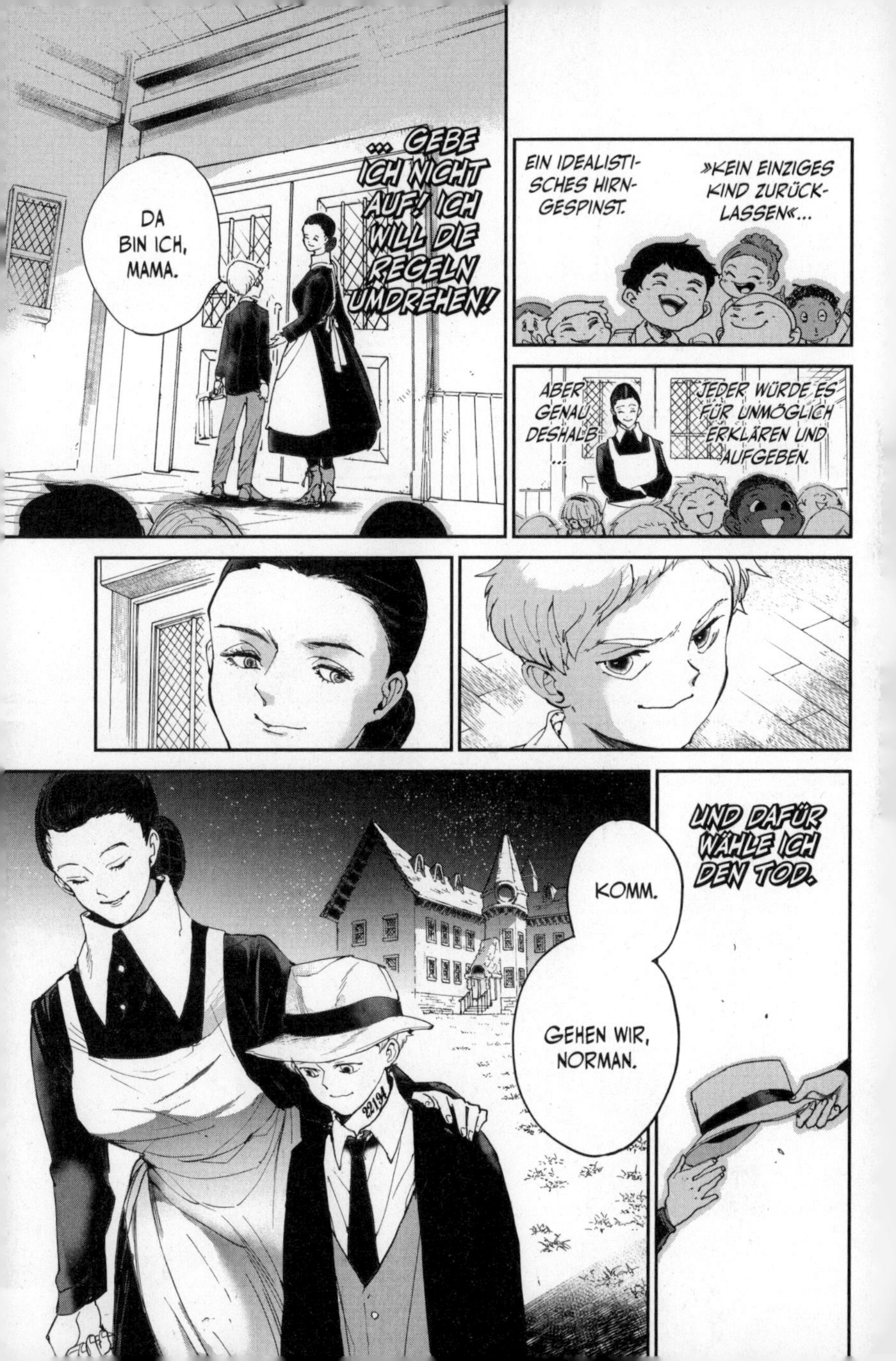
»KEIN EINZIGES KIND ZURÜCKLASSEN«...
EIN IDEALISTISCHES HIRNGESPINST.
JEDER WÜRDE ES FÜR UNMÖGLICH ERKLÄREN UND AUFGEBEN.
ABER GENAU DESHALB ...
... GEBE ICH NICHT AUF! ICH WILL DIE REGELN UMDREHEN!
DA BIN ICH, MAMA.
UND DAFÜR WÄHLE ICH DEN TOD.
KOMM.
GEHEN WIR, NORMAN.
22194

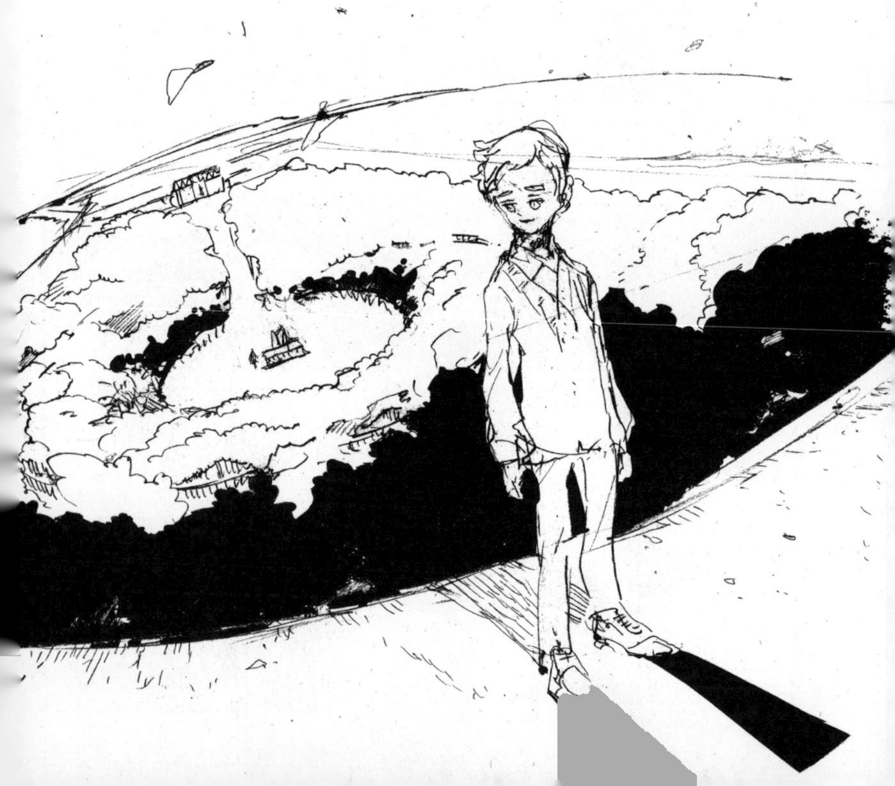

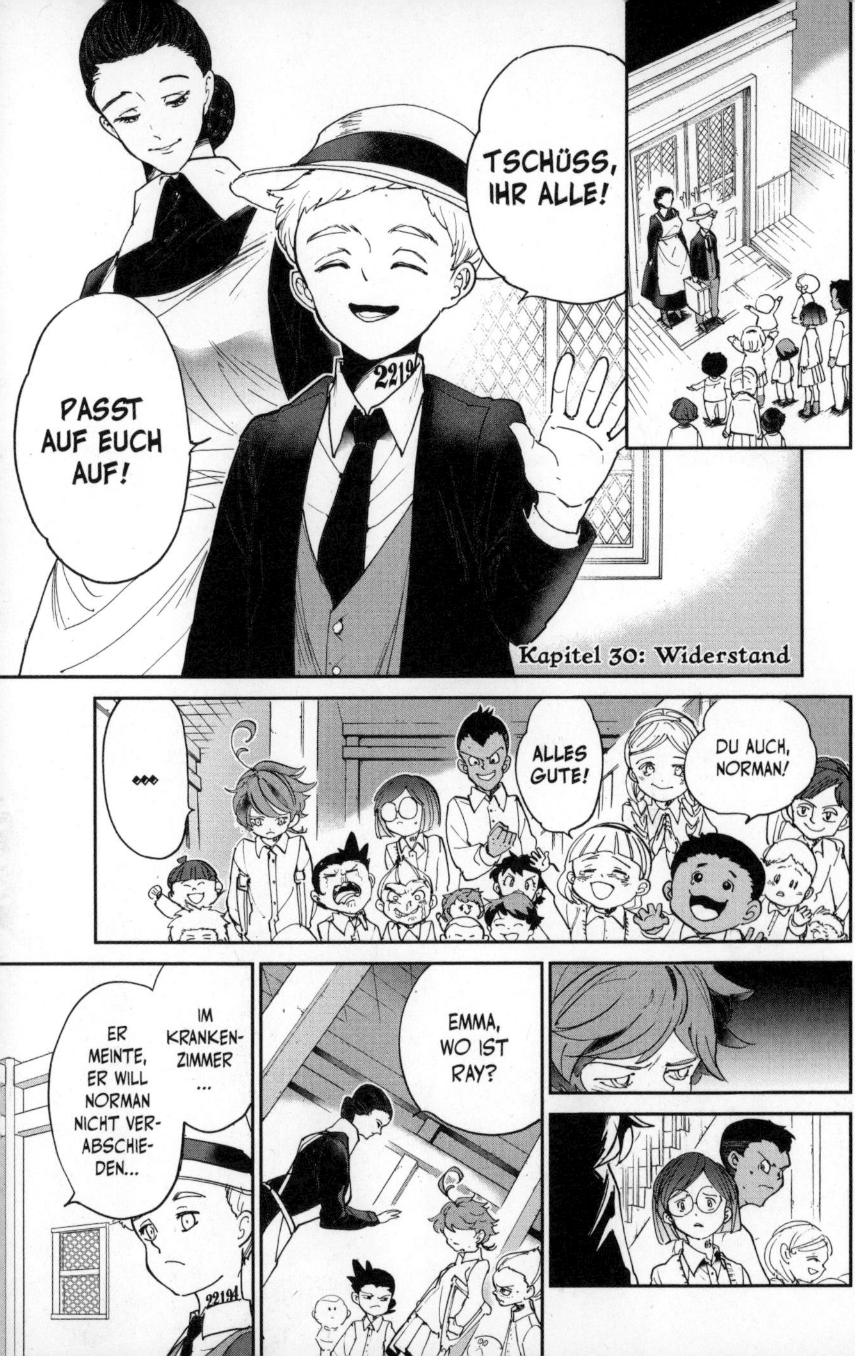
TSCHÜSS, IHR ALLE!
PASST AUF EUCH AUF!
Kapitel 30: Widerstand
DU AUCH, NORMAN!
ALLES GUTE!
...
EMMA, WO IST RAY?
IM KRANKEN-ZIMMER ...
ER MEINTE, ER WILL NORMAN NICHT VER-ABSCHIE-DEN...

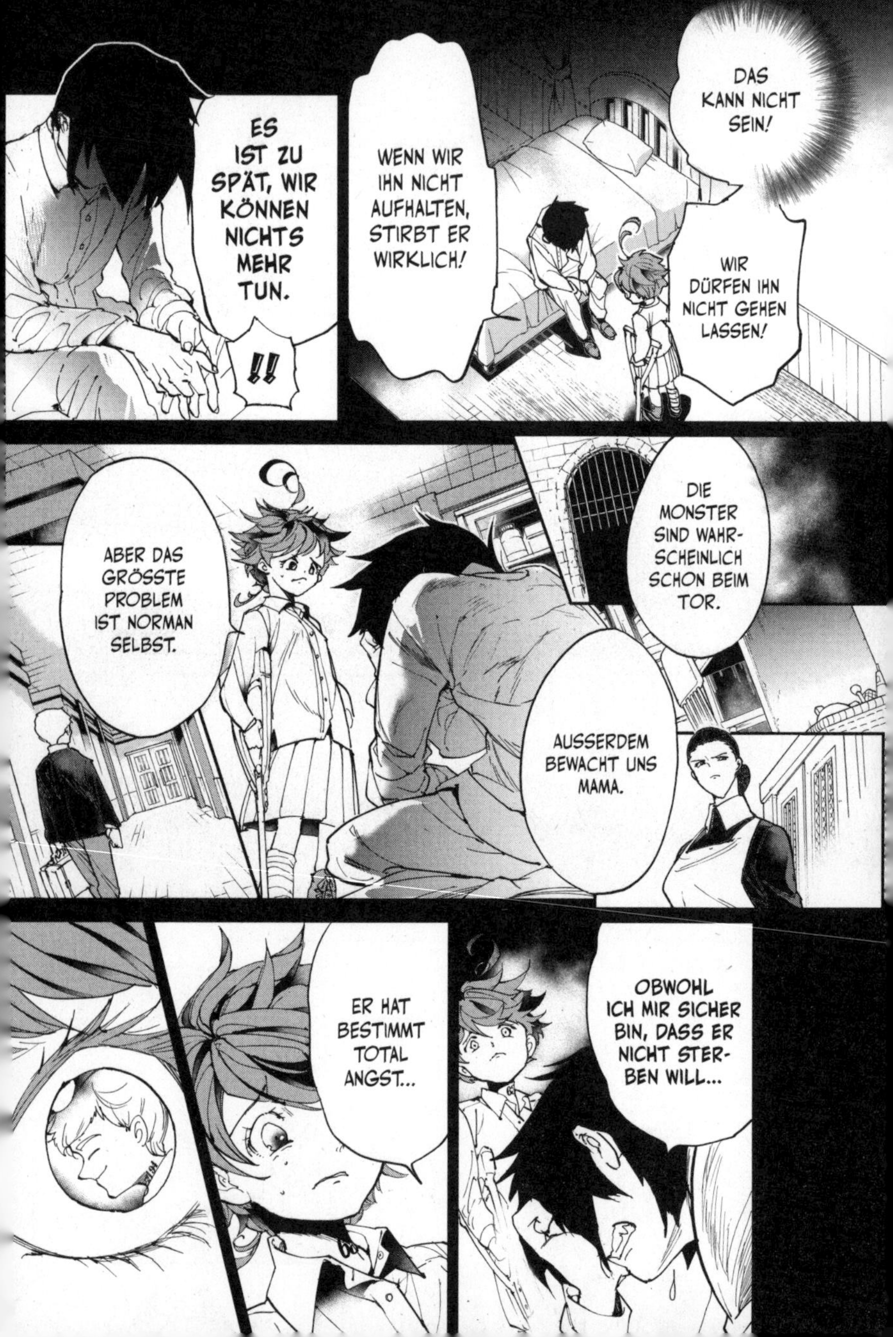

DAS KANN NICHT SEIN!
WIR DÜRFEN IHN NICHT GEHEN LASSEN!
WENN WIR IHN NICHT AUFHALTEN, STIRBT ER WIRKLICH!
ES IST ZU SPÄT, WIR KÖNNEN NICHTS MEHR TUN.
!!
DIE MONSTER SIND WAHR-SCHEINLICH SCHON BEIM TOR.
AUSSERDEM BEWACHT UNS MAMA.
ABER DAS GRÖSSTE PROBLEM IST NORMAN SELBST.
OBWOHL ICH MIR SICHER BIN, DASS ER NICHT STER-BEN WILL...
ER HAT BESTIMMT TOTAL ANGST...

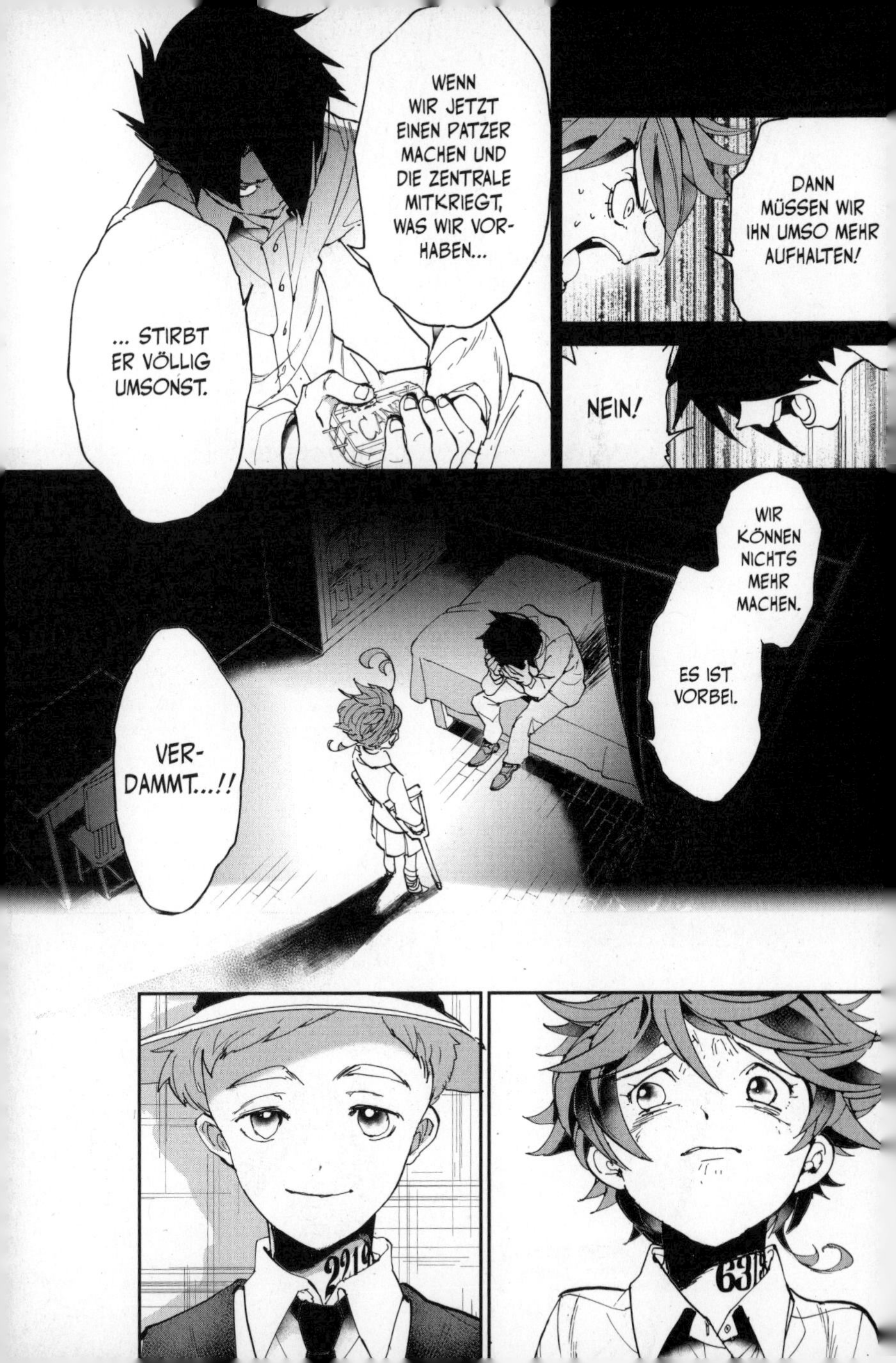
WENN WIR JETZT EINEN PATZER MACHEN UND DIE ZENTRALE MITKRIEGT, WAS WIR VOR-HABEN...
DANN MÜSSEN WIR IHN UMSO MEHR AUFHALTEN!
NEIN!
... STIRBT ER VÖLLIG UMSONST.
WIR KÖNNEN NICHTS MEHR MACHEN.
ES IST VORBEI.
VER-DAMMT...!!

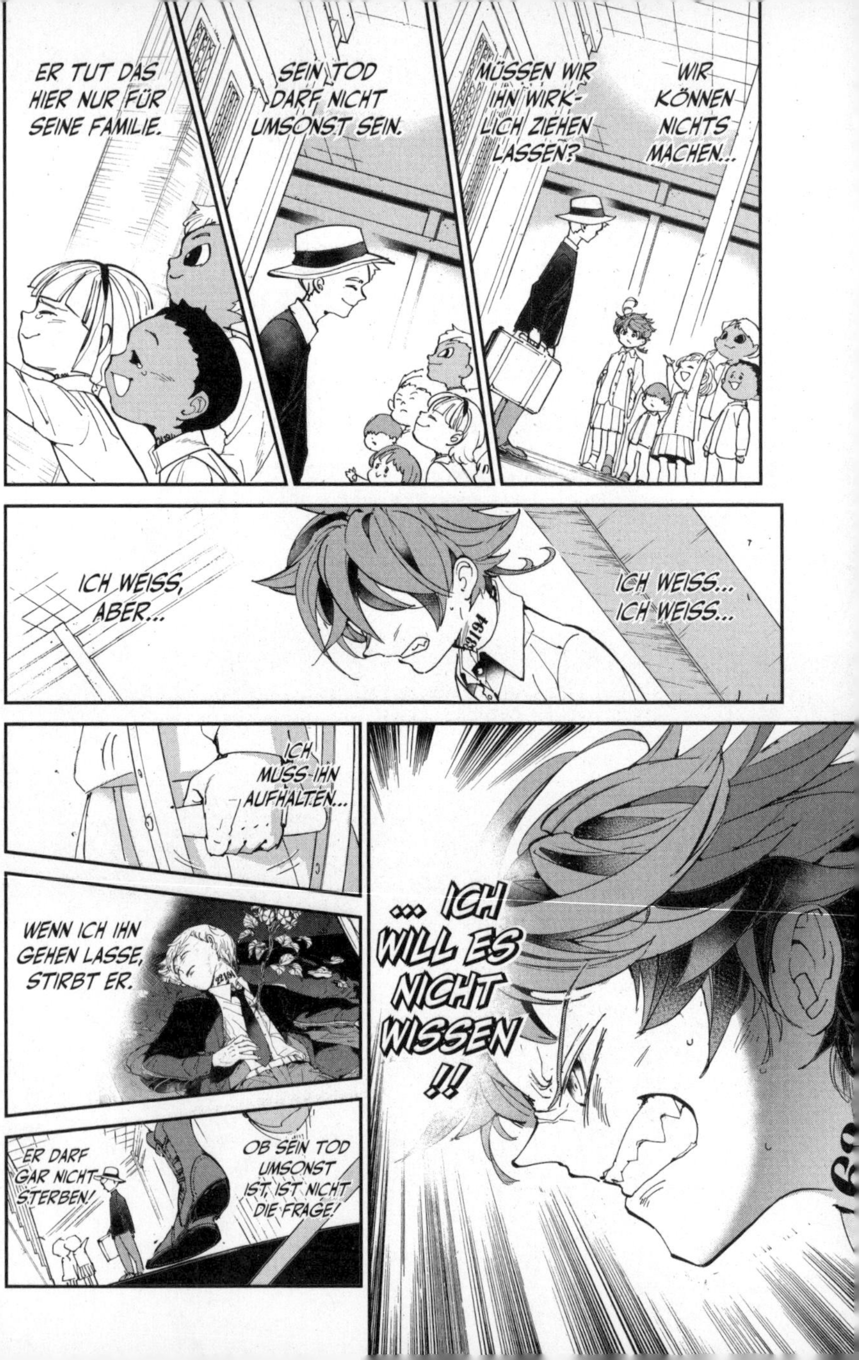
WIR KÖNNEN NICHTS MACHEN...
MÜSSEN WIR IHN WIRKLICH ZIEHEN LASSEN?
SEIN TOD DARF NICHT UMSONST SEIN.
ER TUT DAS HIER NUR FÜR SEINE FAMILIE.
ICH WEISS... ICH WEISS...
ICH WEISS, ABER...
ICH MUSS IHN AUFHALTEN...
WENN ICH IHN GEHEN LASSE, STIRBT ER.
OB SEIN TOD UMSONST IST, IST NICHT DIE FRAGE!
ER DARF GAR NICHT STERBEN!
... ICH WILL ES NICHT WISSEN!!

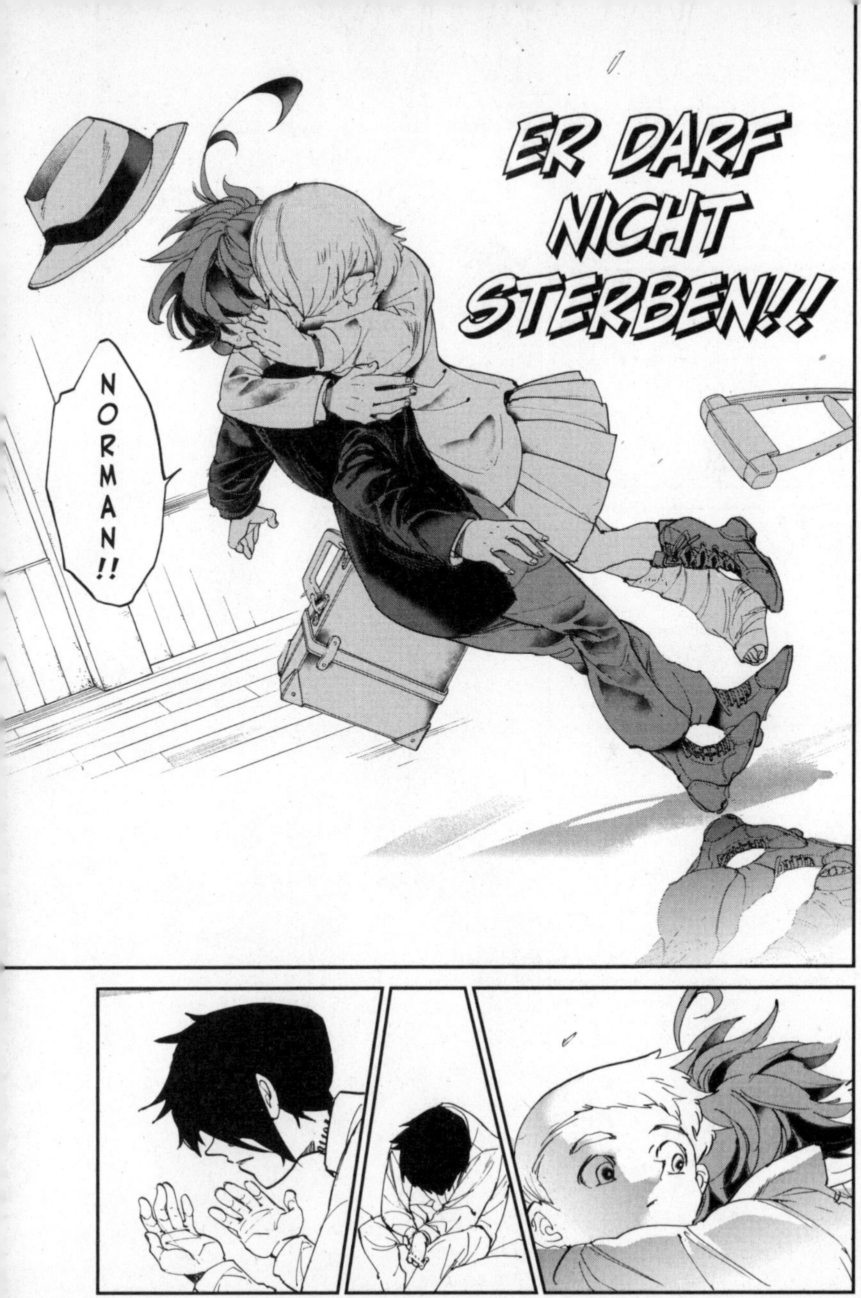
ER DARF NICHT STERBEN!!!
NORMAN!!

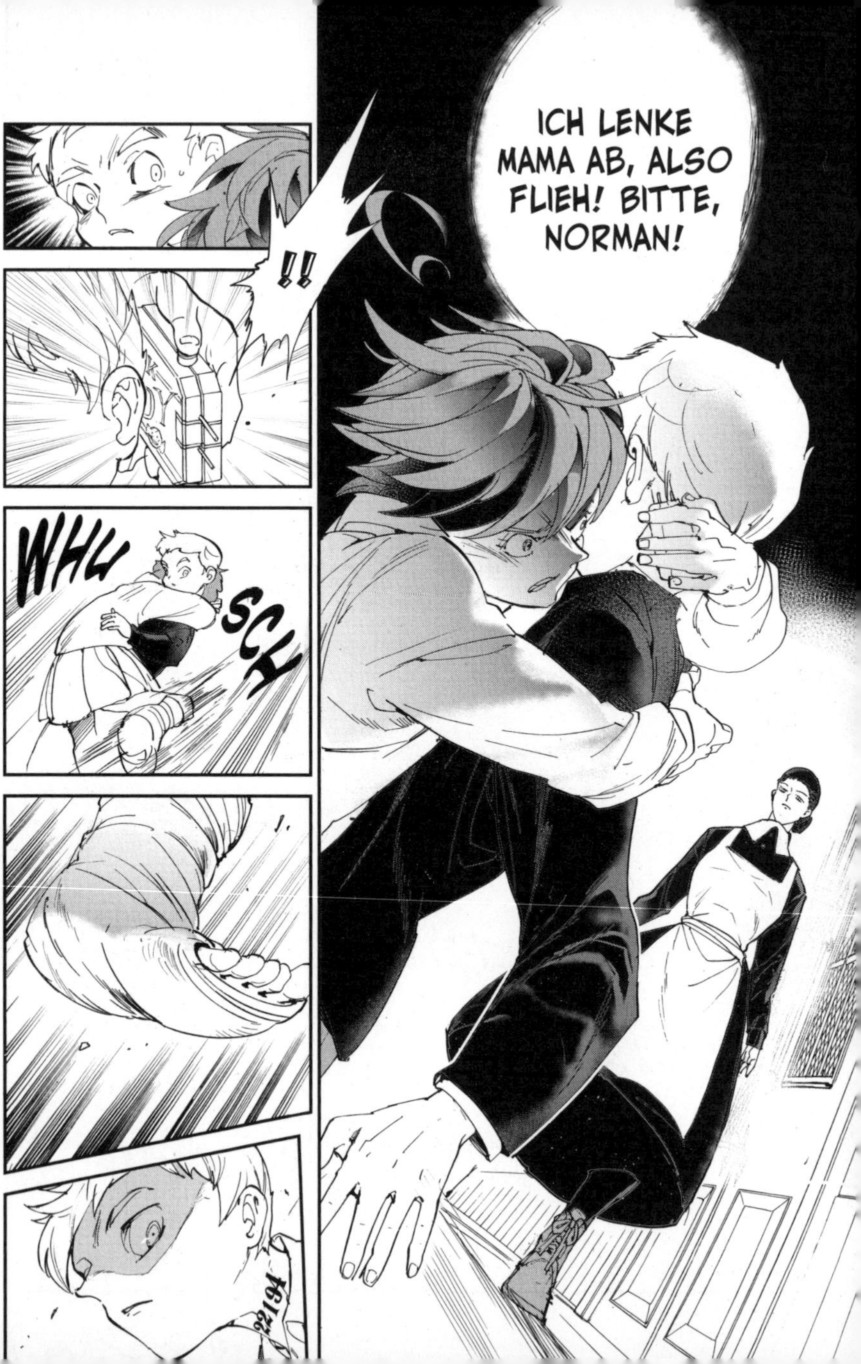
ICH LENKE MAMA AB, ALSO FLIEH! BITTE, NORMAN!
!!
WHU SCH
22194

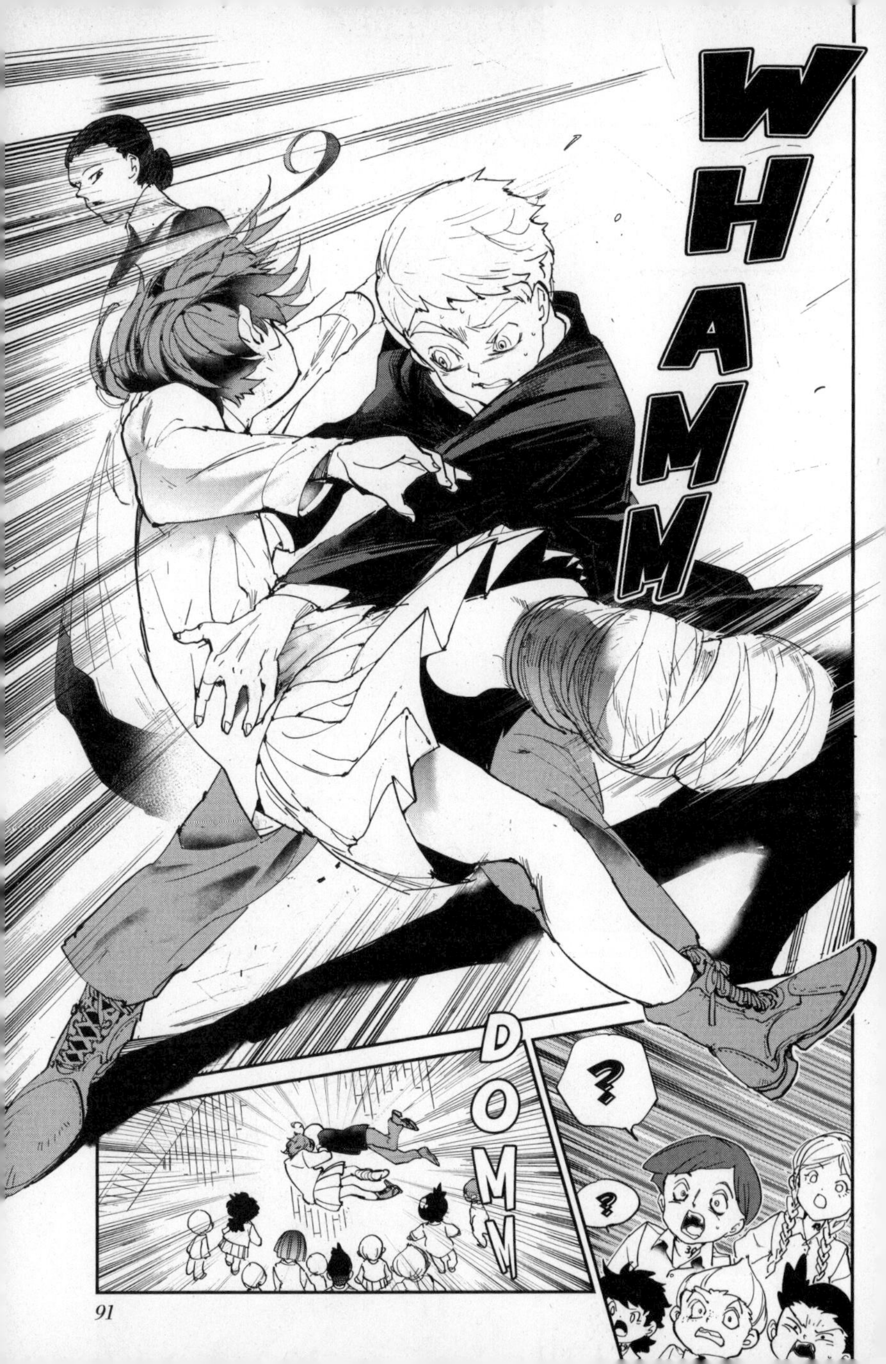
WHAMM
DOMM
?
?

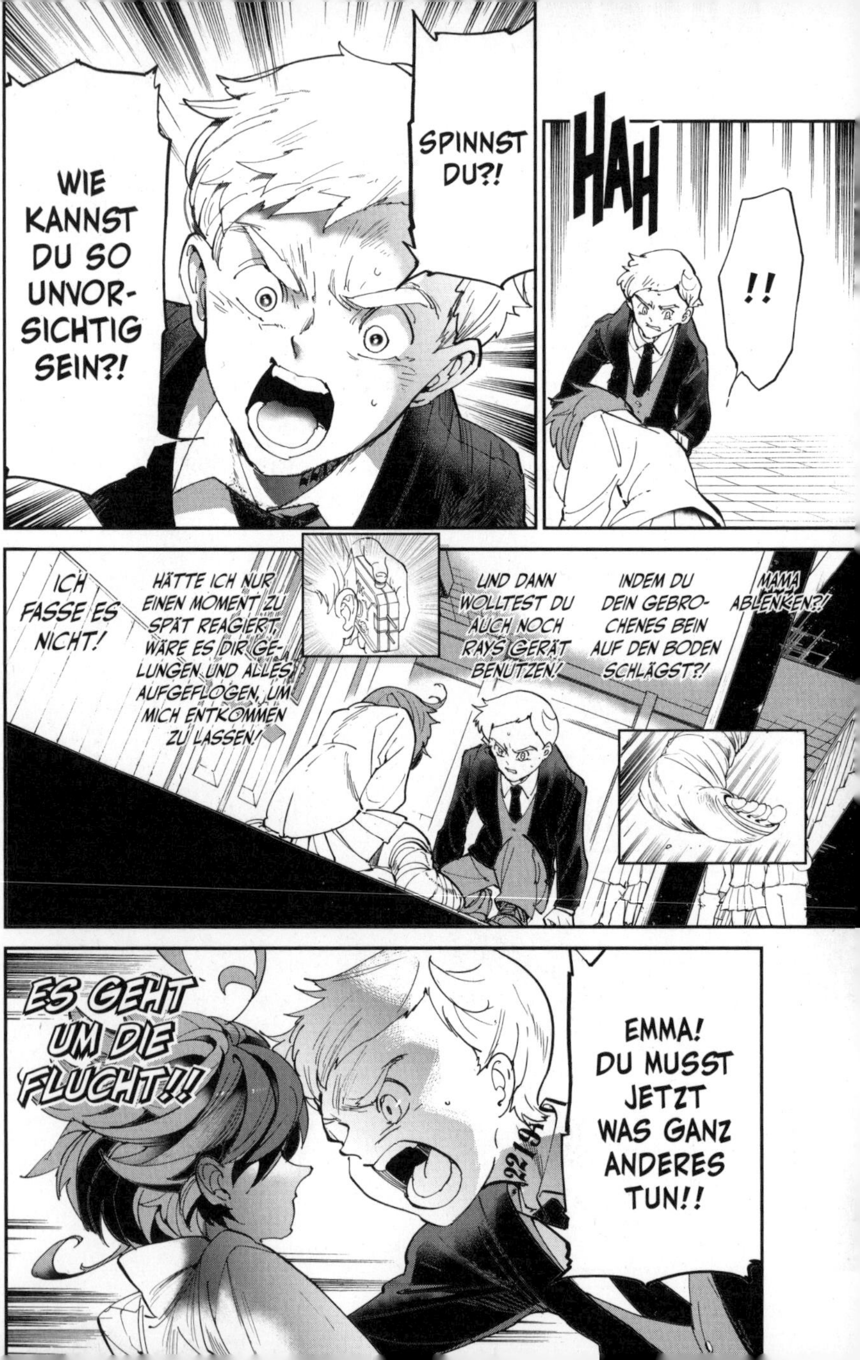
HAH
!!
SPINNST DU?!
WIE KANNST DU SO UNVOR-SICHTIG SEIN?!
MAMA ABLENKEN?!
INDEM DU DEIN GEBRO-CHENES BEIN AUF DEN BODEN SCHLÄGST?!
UND DANN WOLLTEST DU AUCH NOCH RAYS GERÄT BENUTZEN!
HÄTTE ICH NUR EINEN MOMENT ZU SPÄT REAGIERT, WÄRE ES DIR GE-LUNGEN UND ALLES AUFGEFLOGEN, UM MICH ENTKOMMEN ZU LASSEN!
ICH FASSE ES NICHT!
EMMA! DU MUSST JETZT WAS GANZ ANDERES TUN!!
ES GEHT UM DIE FLUCHT!!
22194

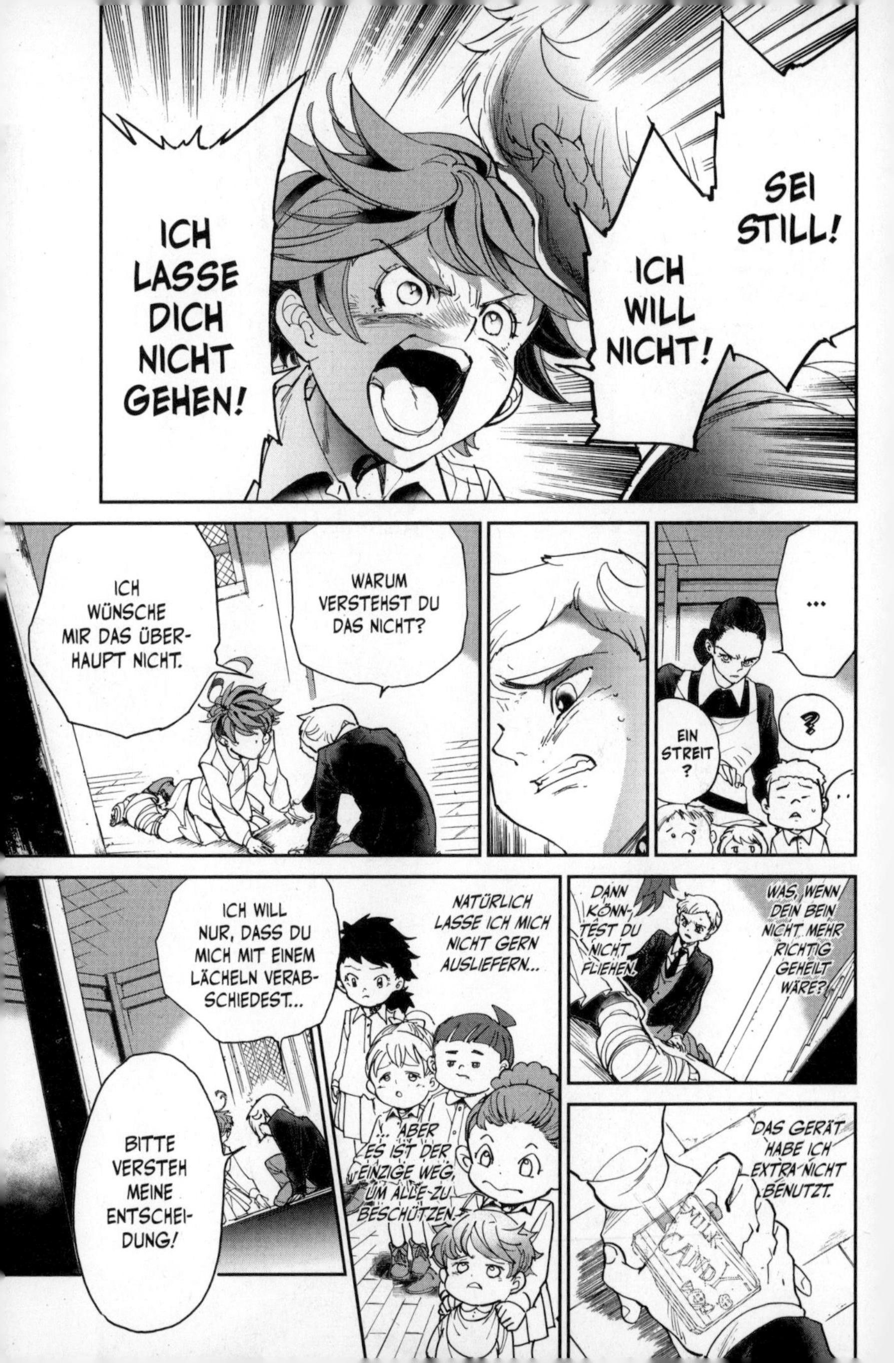
SEI STILL!
ICH WILL NICHT!
ICH LASSE DICH NICHT GEHEN!
...
?
EIN STREIT?
WARUM VERSTEHST DU DAS NICHT?
ICH WÜNSCHE MIR DAS ÜBERHAUPT NICHT.
WAS, WENN DEIN BEIN NICHT MEHR RICHTIG GEHEILT WÄRE?
DANN KÖNNTEST DU NICHT FLIEHEN.
DAS GERÄT HABE ICH EXTRA NICHT BENUTZT.
MILK CANDY
NATÜRLICH LASSE ICH MICH NICHT GERN AUSLIEFERN...
ICH WILL NUR, DASS DU MICH MIT EINEM LÄCHELN VERABSCHIEDEST...
... ABER ES IST DER EINZIGE WEG, UM ALLE ZU BESCHÜTZEN.
BITTE VERSTEH MEINE ENTSCHEIDUNG!

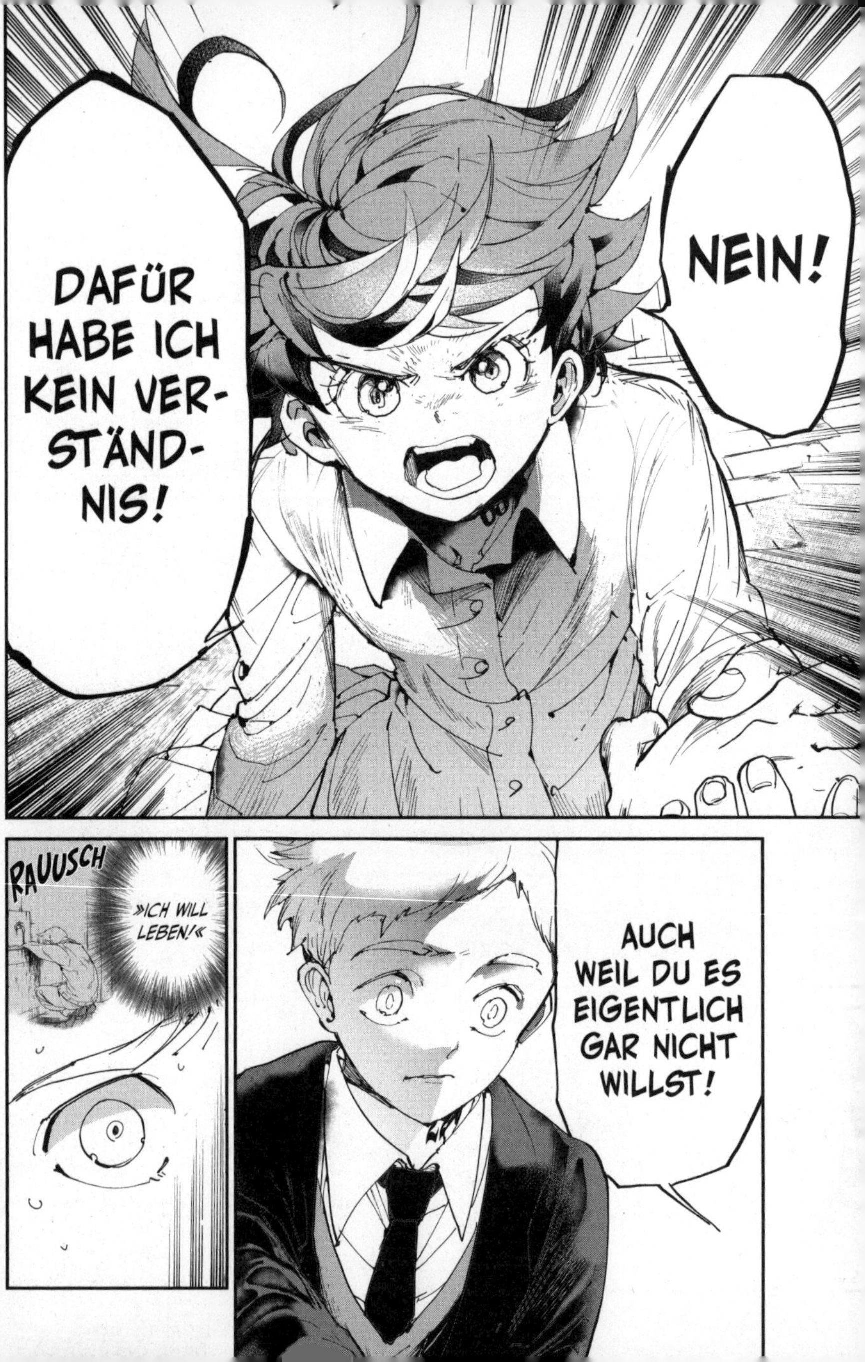
NEIN!
DAFÜR HABE ICH KEIN VER-STÄND-NIS!
AUCH WEIL DU ES EIGENTLICH GAR NICHT WILLST!
RAUUSCH
»ICH WILL LEBEN!«

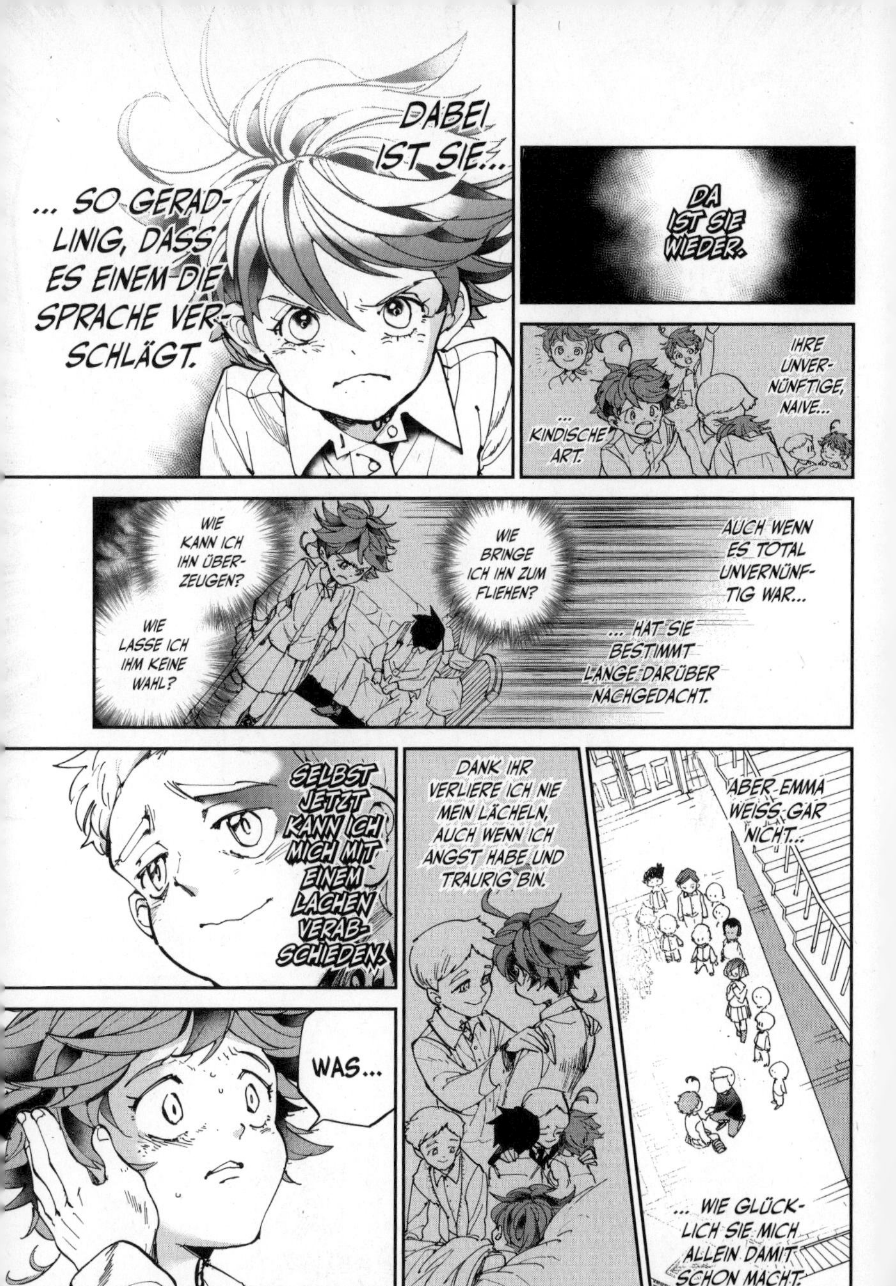

DA IST SIE WIEDER.
IHRE UNVERNÜNFTIGE, NAIVE...
... KINDISCHE ART.
DABEI IST SIE...
... SO GERADLINIG, DASS ES EINEM DIE SPRACHE VERSCHLÄGT.
AUCH WENN ES TOTAL UNVERNÜNFTIG WAR...
... HAT SIE BESTIMMT LANGE DARÜBER NACHGEDACHT.
WIE BRINGE ICH IHN ZUM FLIEHEN?
WIE KANN ICH IHN ÜBERZEUGEN?
WIE LASSE ICH IHM KEINE WAHL?
ABER EMMA WEISS GAR NICHT...
... WIE GLÜCKLICH SIE MICH ALLEIN DAMIT SCHON MACHT.
DANK IHR VERLIERE ICH NIE MEIN LÄCHELN, AUCH WENN ICH ANGST HABE UND TRAURIG BIN.
SELBST JETZT KANN ICH MICH MIT EINEM LACHEN VERABSCHIEDEN.
WAS...

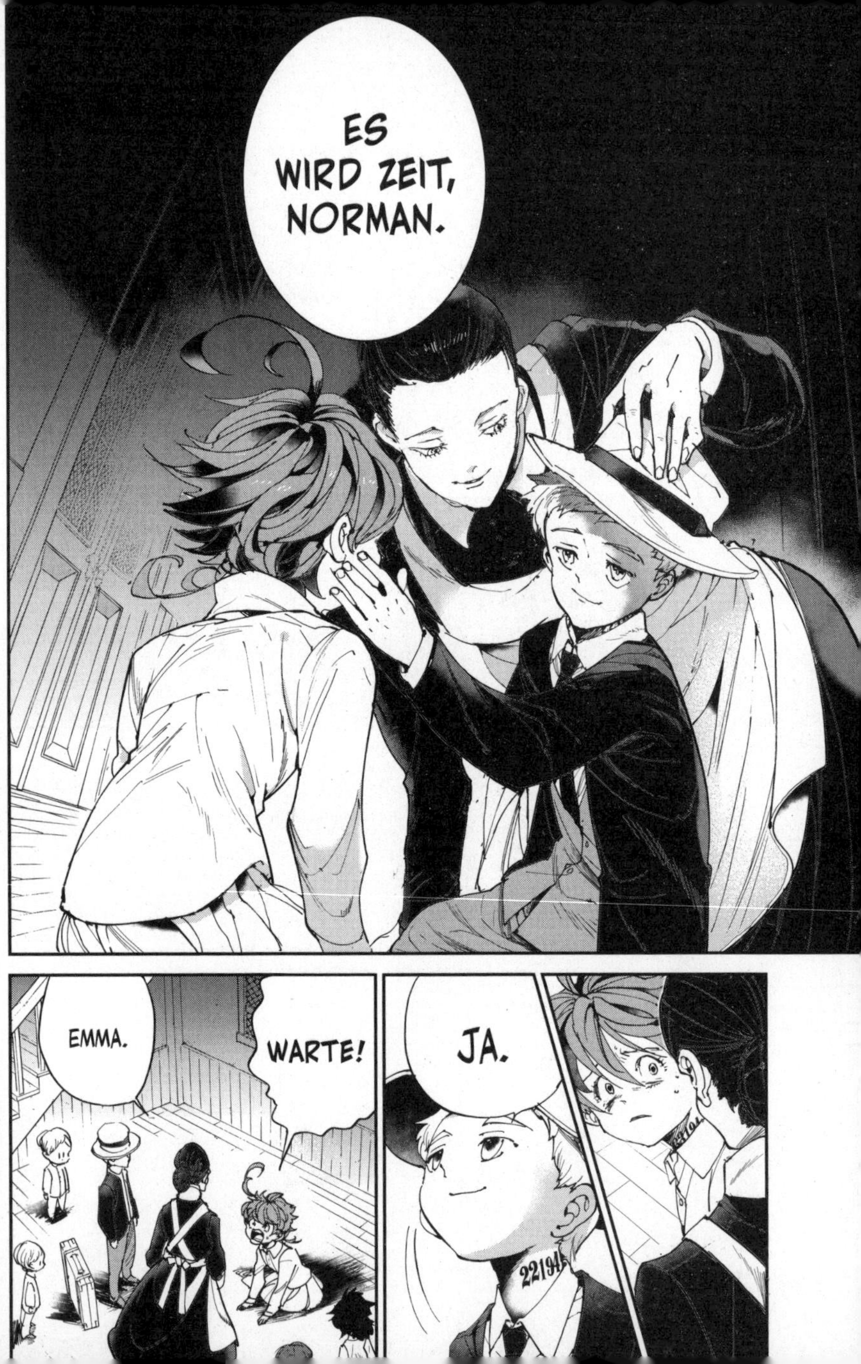
ES WIRD ZEIT, NORMAN.
JA.
WARTE!
EMMA.

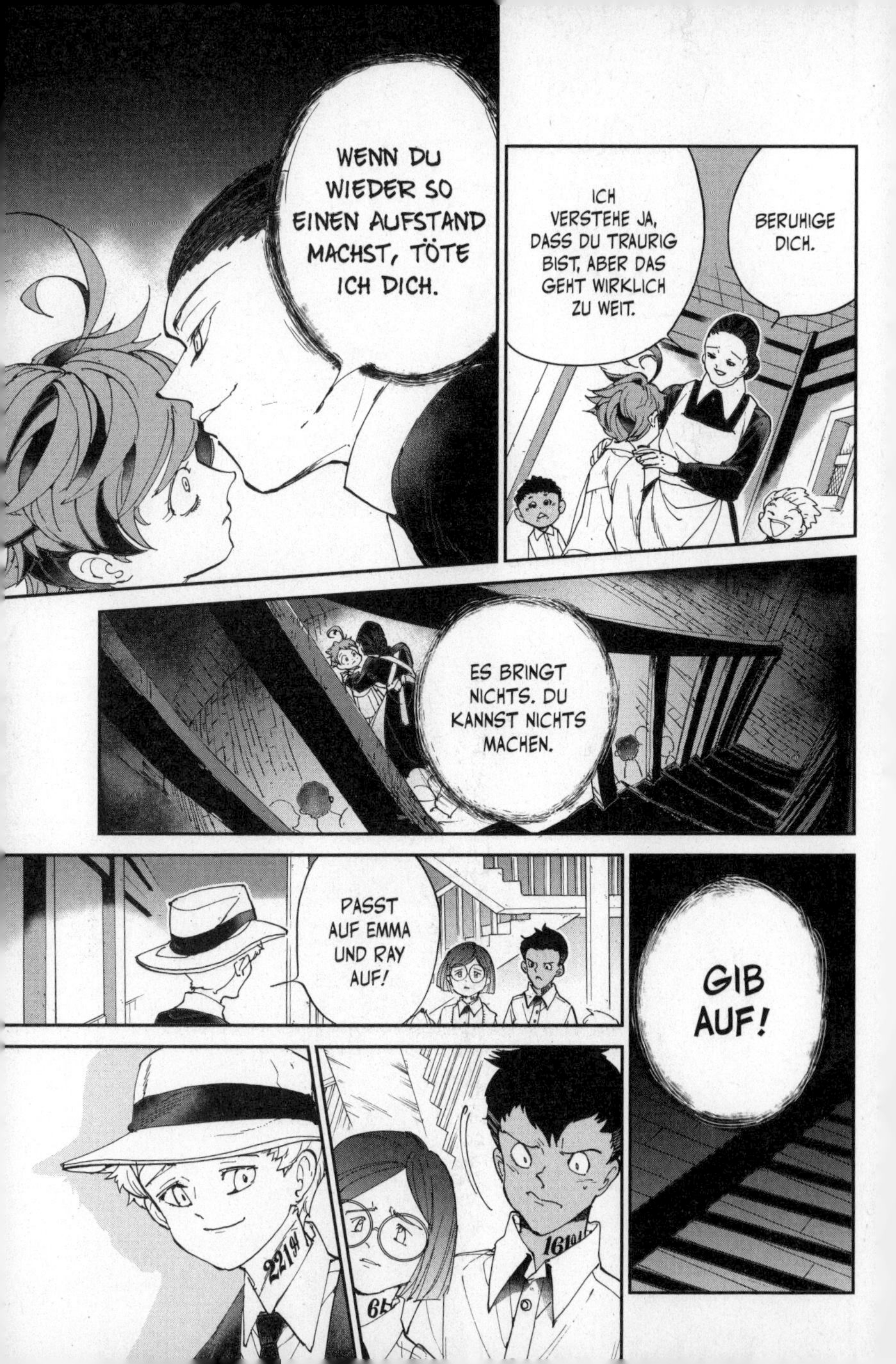
BERUHIGE DICH.
ICH VERSTEHE JA, DASS DU TRAURIG BIST, ABER DAS GEHT WIRKLICH ZU WEIT.
WENN DU WIEDER SO EINEN AUFSTAND MACHST, TÖTE ICH DICH.
ES BRINGT NICHTS. DU KANNST NICHTS MACHEN.
GIB AUF!
PASST AUF EMMA UND RAY AUF!

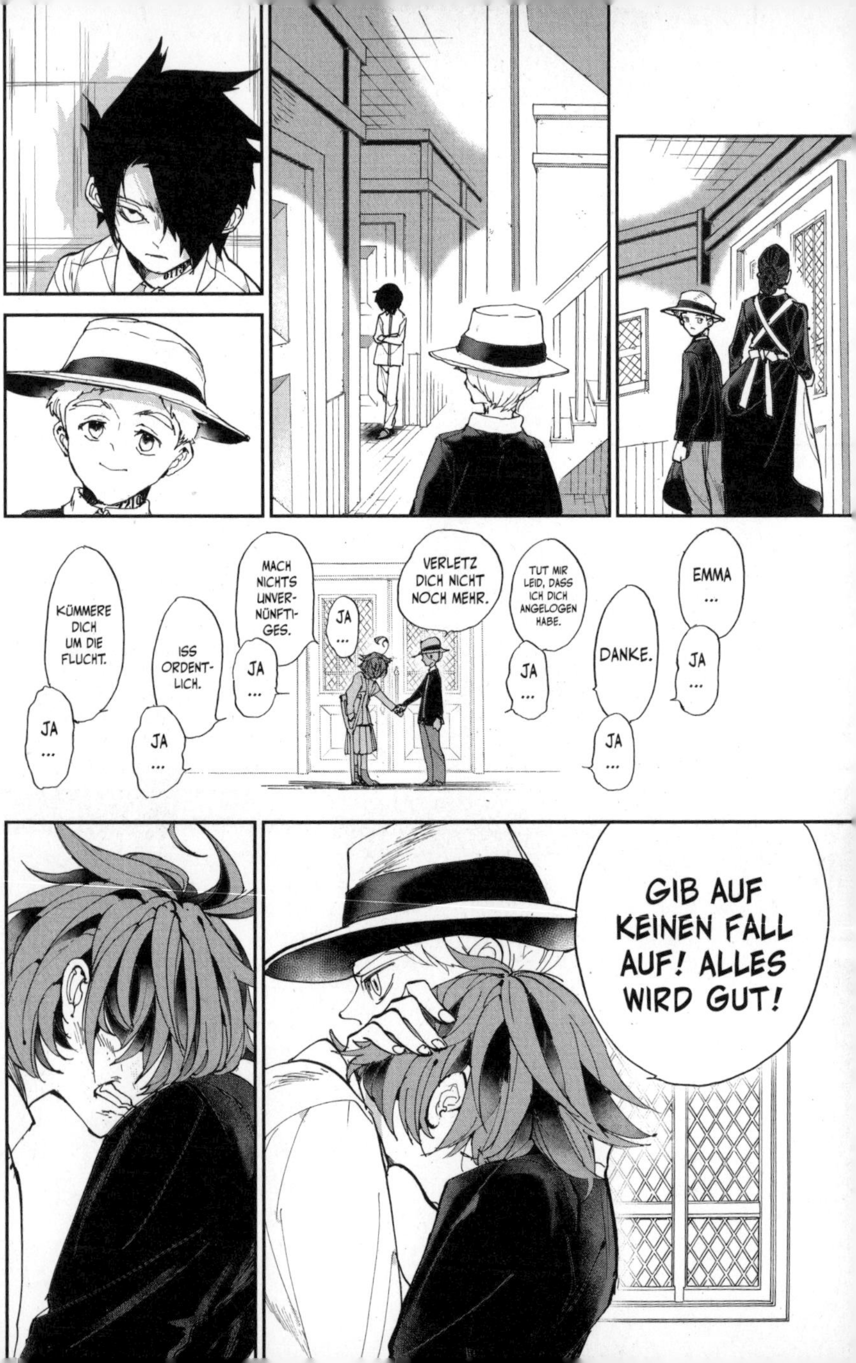
EMMA ...
JA ...
DANKE.
JA ...
TUT MIR LEID, DASS ICH DICH ANGELOGEN HABE.
JA ...
VERLETZ DICH NICHT NOCH MEHR.
JA ...
MACH NICHTS UNVERNÜNFTIGES.
JA ...
ISS ORDENTLICH.
JA ...
KÜMMERE DICH UM DIE FLUCHT.
JA ...
GIB AUF KEINEN FALL AUF! ALLES WIRD GUT!

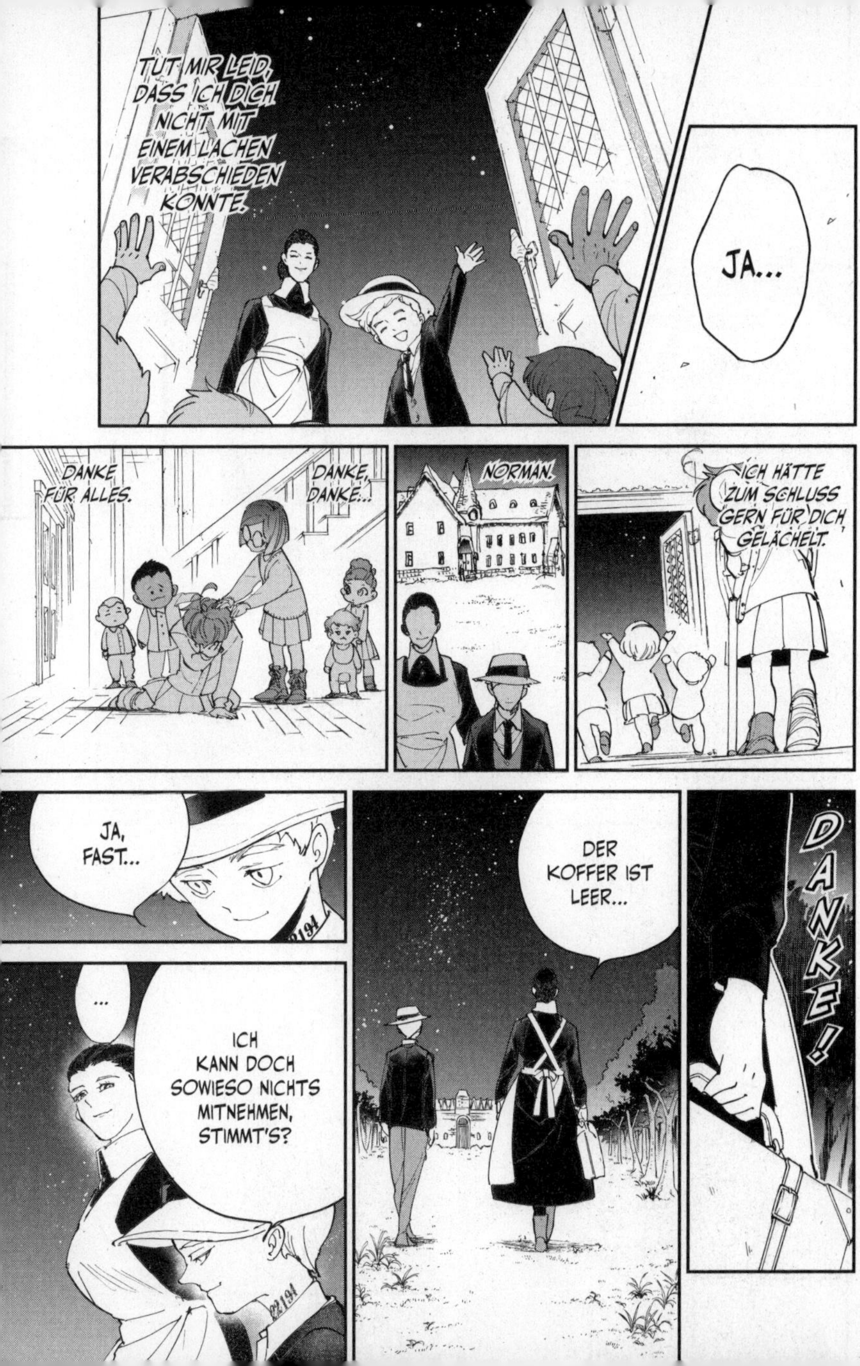
JA...
TUT MIR LEID, DASS ICH DICH NICHT MIT EINEM LACHEN VERABSCHIEDEN KONNTE.
ICH HÄTTE ZUM SCHLUSS GERN FÜR DICH GELÄCHELT.
NORMAN.
DANKE, DANKE...
DANKE FÜR ALLES.
DANKE!
DER KOFFER IST LEER...
JA, FAST...
...
ICH KANN DOCH SOWIESO NICHTS MITNEHMEN, STIMMT'S?

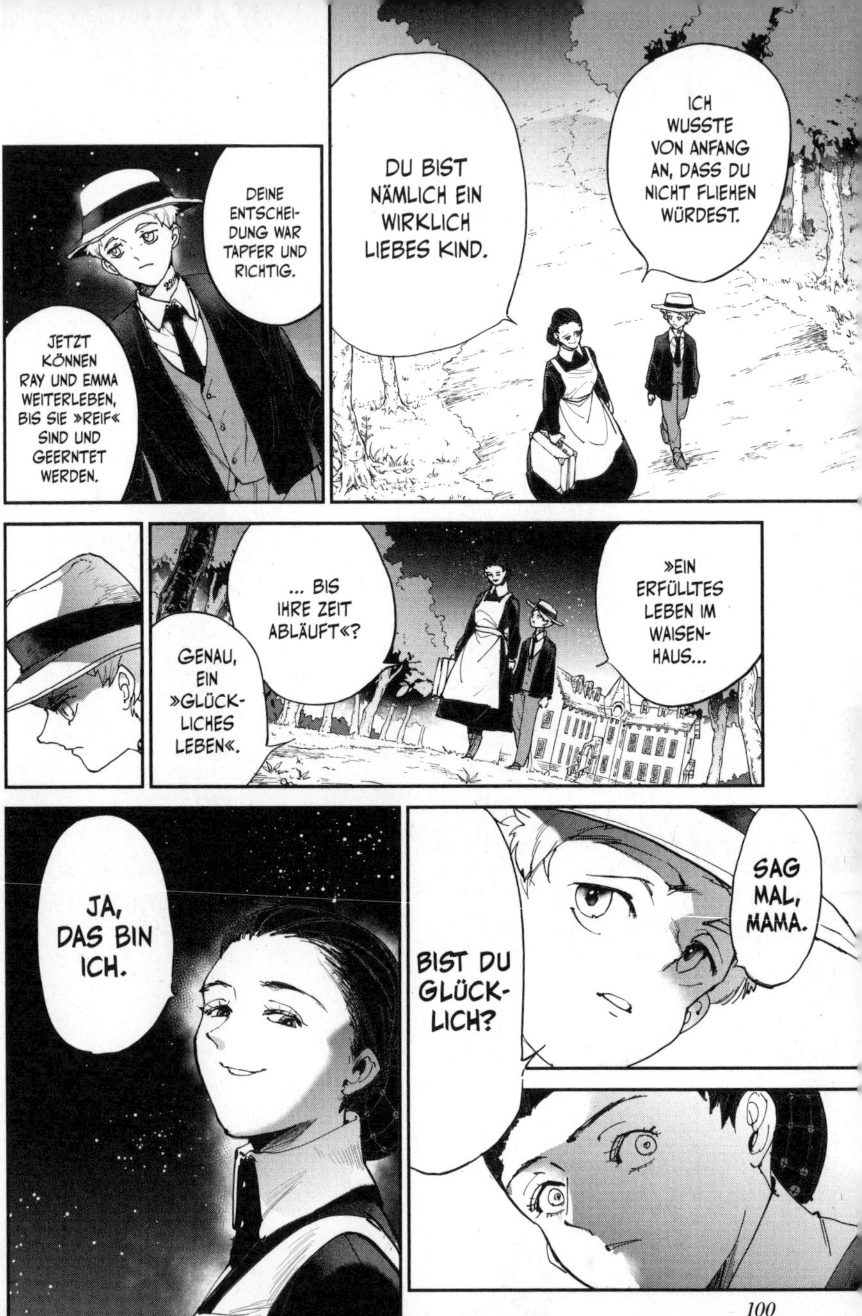
ICH WUSSTE VON ANFANG AN, DASS DU NICHT FLIEHEN WÜRDEST.
DU BIST NÄMLICH EIN WIRKLICH LIEBES KIND.
DEINE ENTSCHEIDUNG WAR TAPFER UND RICHTIG.
JETZT KÖNNEN RAY UND EMMA WEITERLEBEN, BIS SIE »REIF« SIND UND GEERNTET WERDEN.
»EIN ERFÜLLTES LEBEN IM WAISENHAUS...
... BIS IHRE ZEIT ABLÄUFT«?
GENAU, EIN »GLÜCKLICHES LEBEN«.
SAG MAL, MAMA.
BIST DU GLÜCKLICH?
JA, DAS BIN ICH.

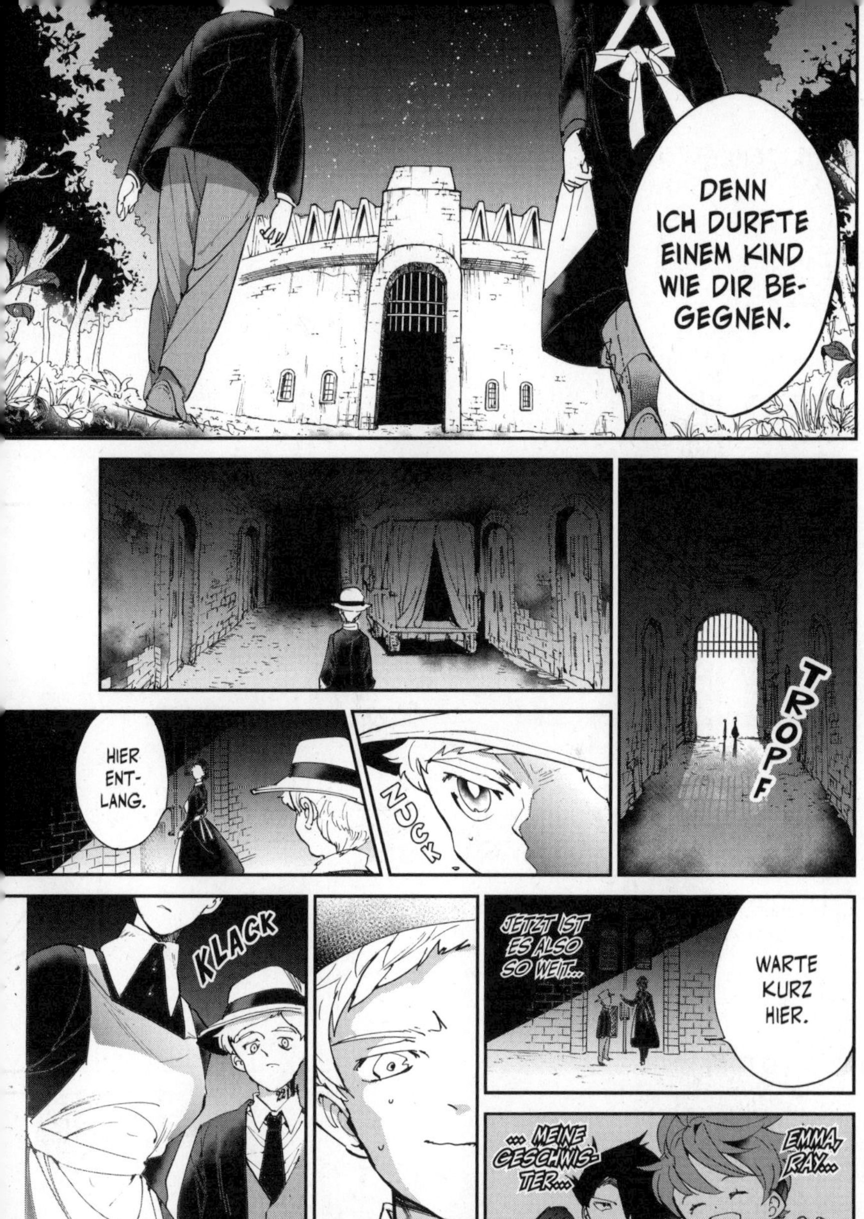
DENN ICH DURFTE EINEM KIND WIE DIR BEGEGNEN.
TROPF
NUCK
HIER ENTLANG.
WARTE KURZ HIER.
JETZT IST ES ALSO SO WEIT...
KLACK
EMMA, RAY...
... MEINE GESCHWISTER...

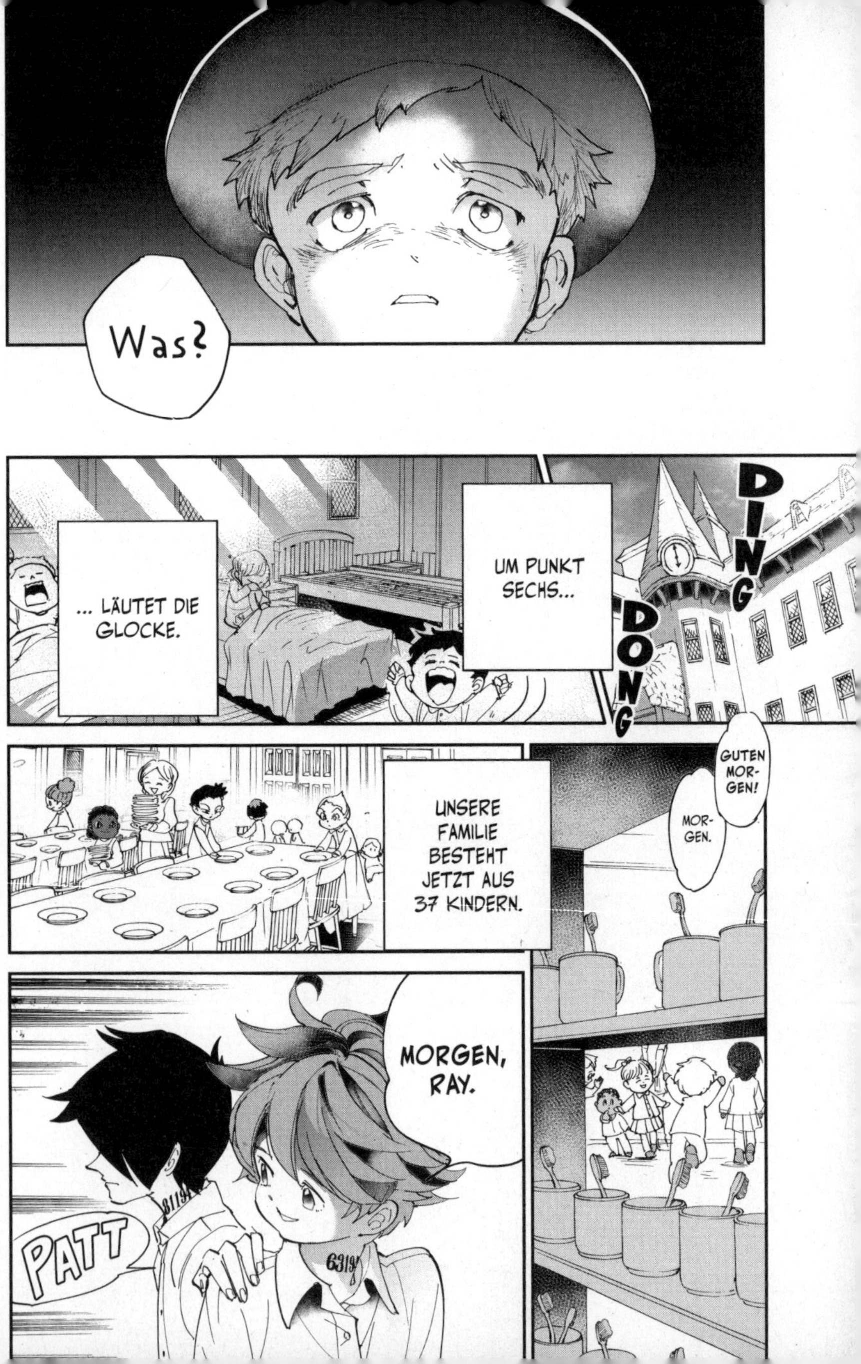
Was?
DING
DONG
UM PUNKT SECHS...
... LÄUTET DIE GLOCKE.
GUTEN MORGEN!
MORGEN.
UNSERE FAMILIE BESTEHT JETZT AUS 37 KINDERN.
MORGEN, RAY.
PATT

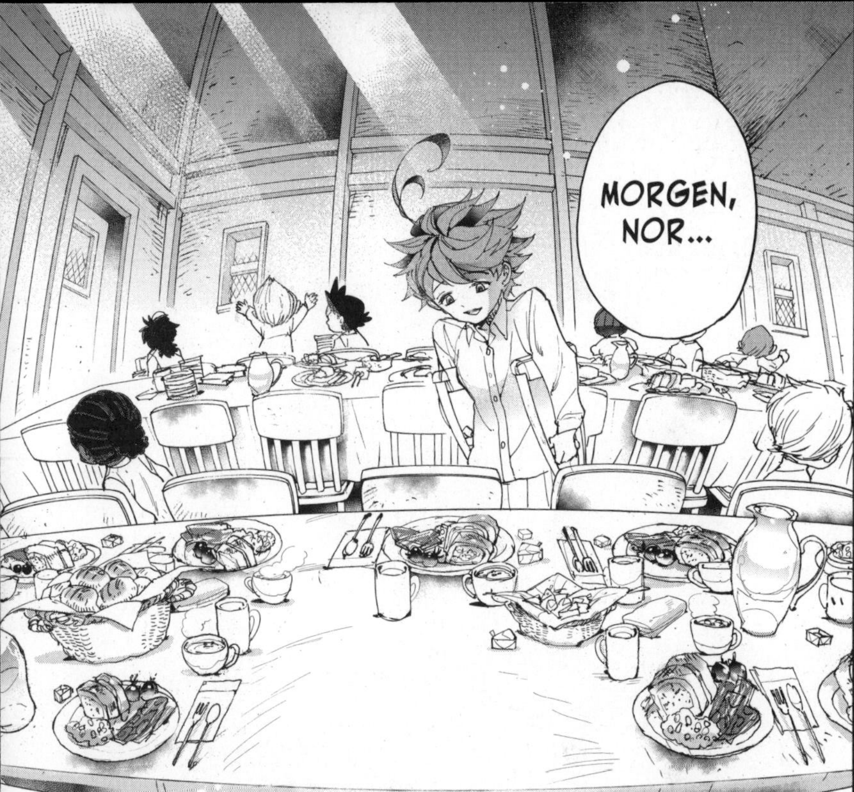
MORGEN, NOR...

Hinter den Kulissen von The Promised Neverland

007

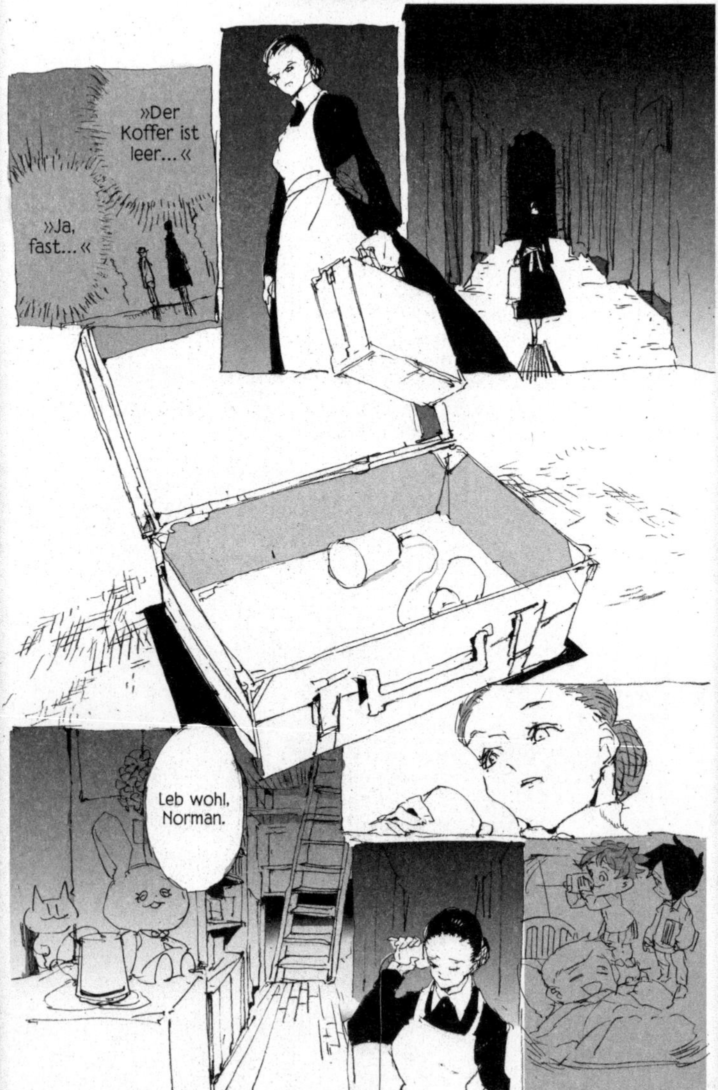

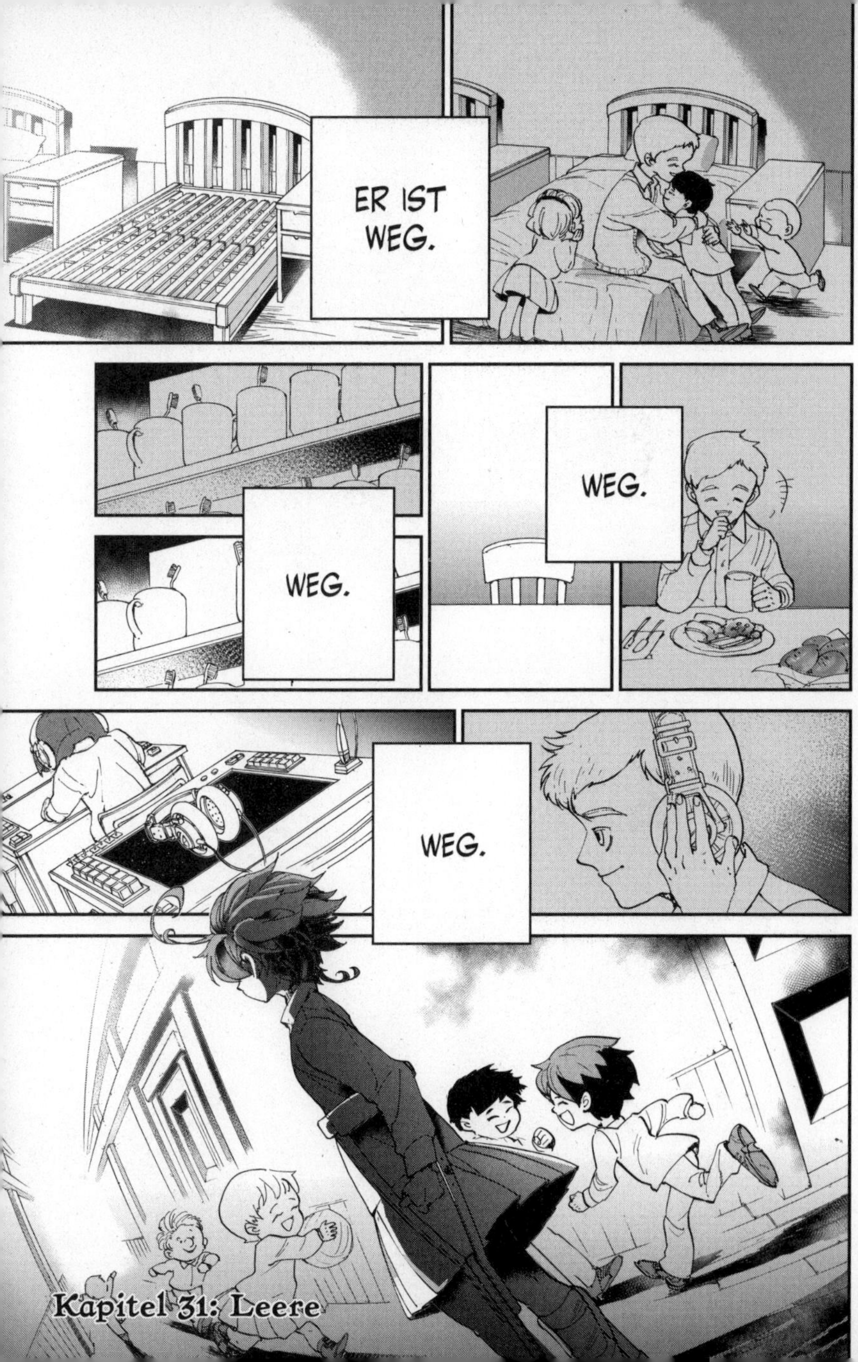

Kapitel 31: Leere

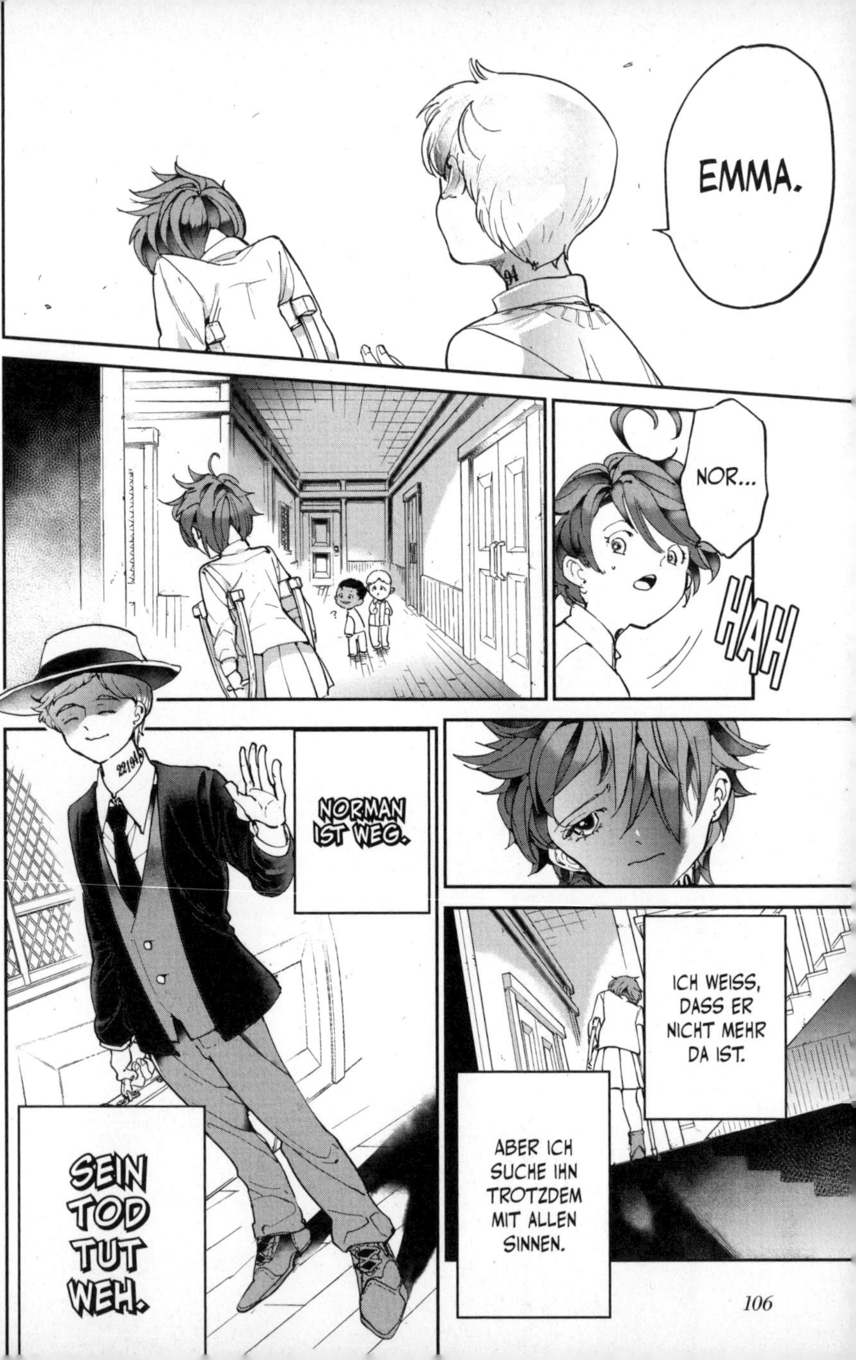
EMMA.
NOR...
HAH
NORMAN IST WEG.
ICH WEISS, DASS ER NICHT MEHR DA IST.
ABER ICH SUCHE IHN TROTZDEM MIT ALLEN SINNEN.
SEIN TOD TUT WEH.

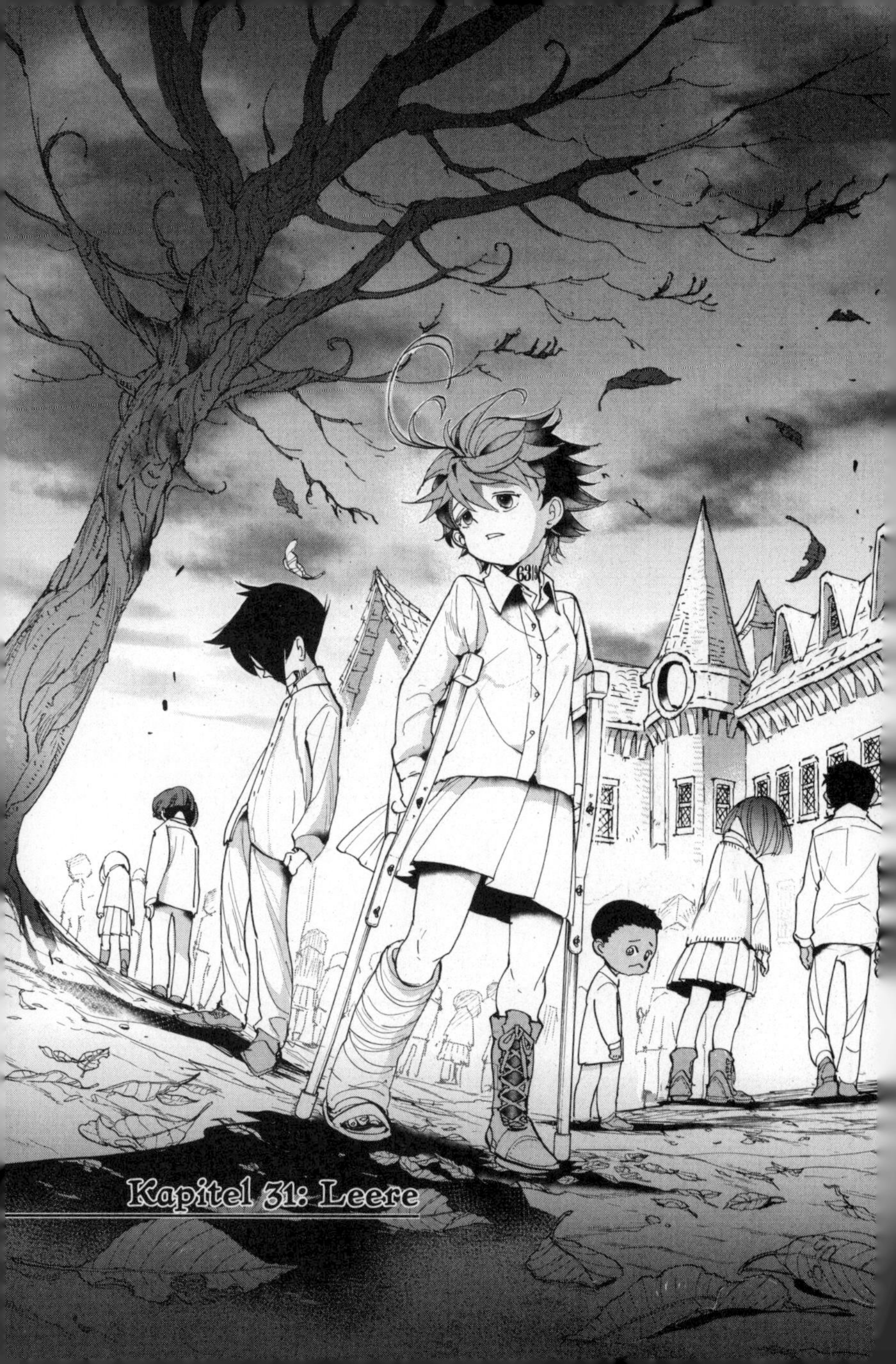
Kapitel 31: Leere

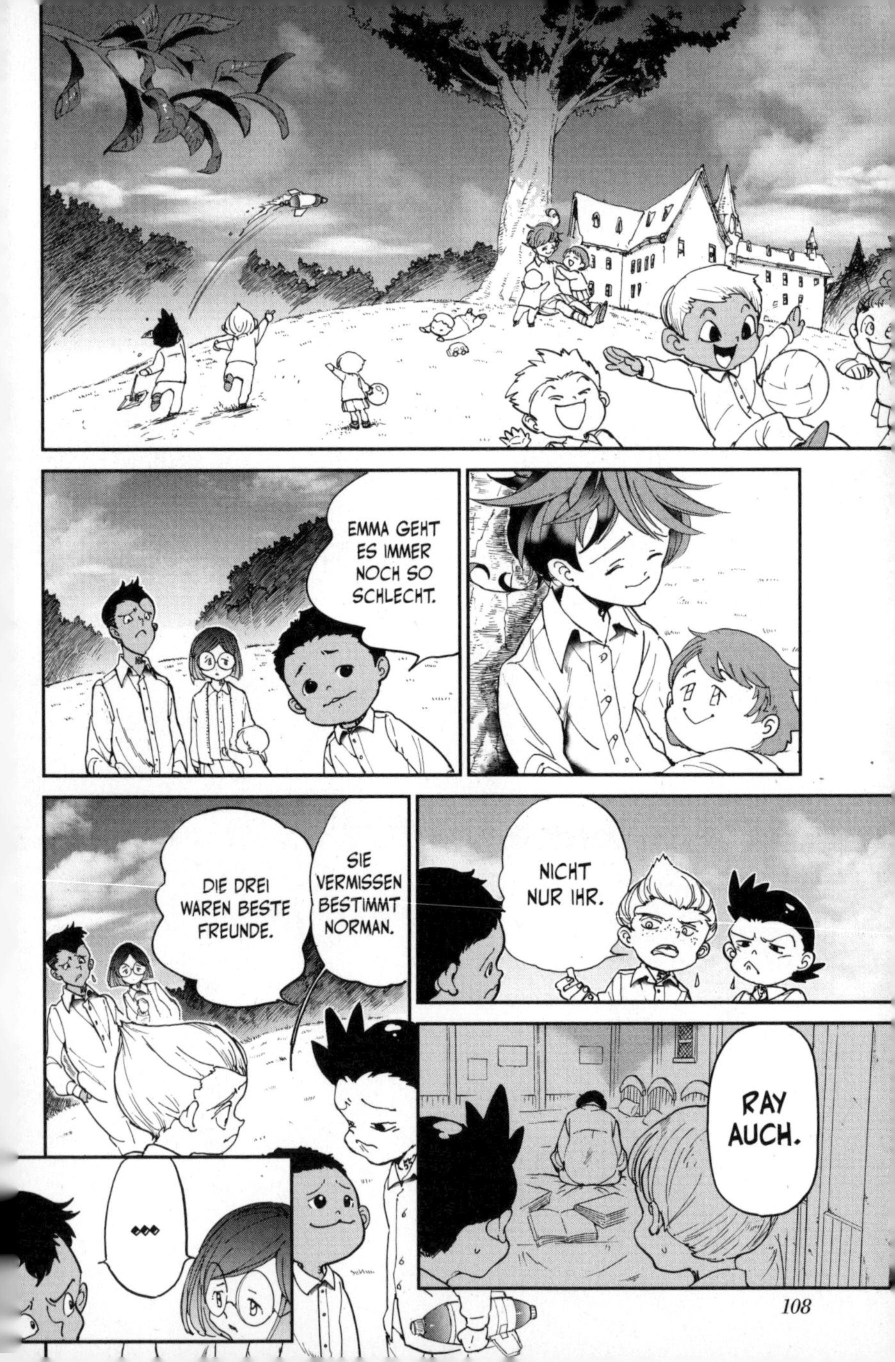
EMMA GEHT ES IMMER NOCH SO SCHLECHT.
SIE VERMISSEN BESTIMMT NORMAN.
DIE DREI WAREN BESTE FREUNDE.
NICHT NUR IHR.
RAY AUCH.
...

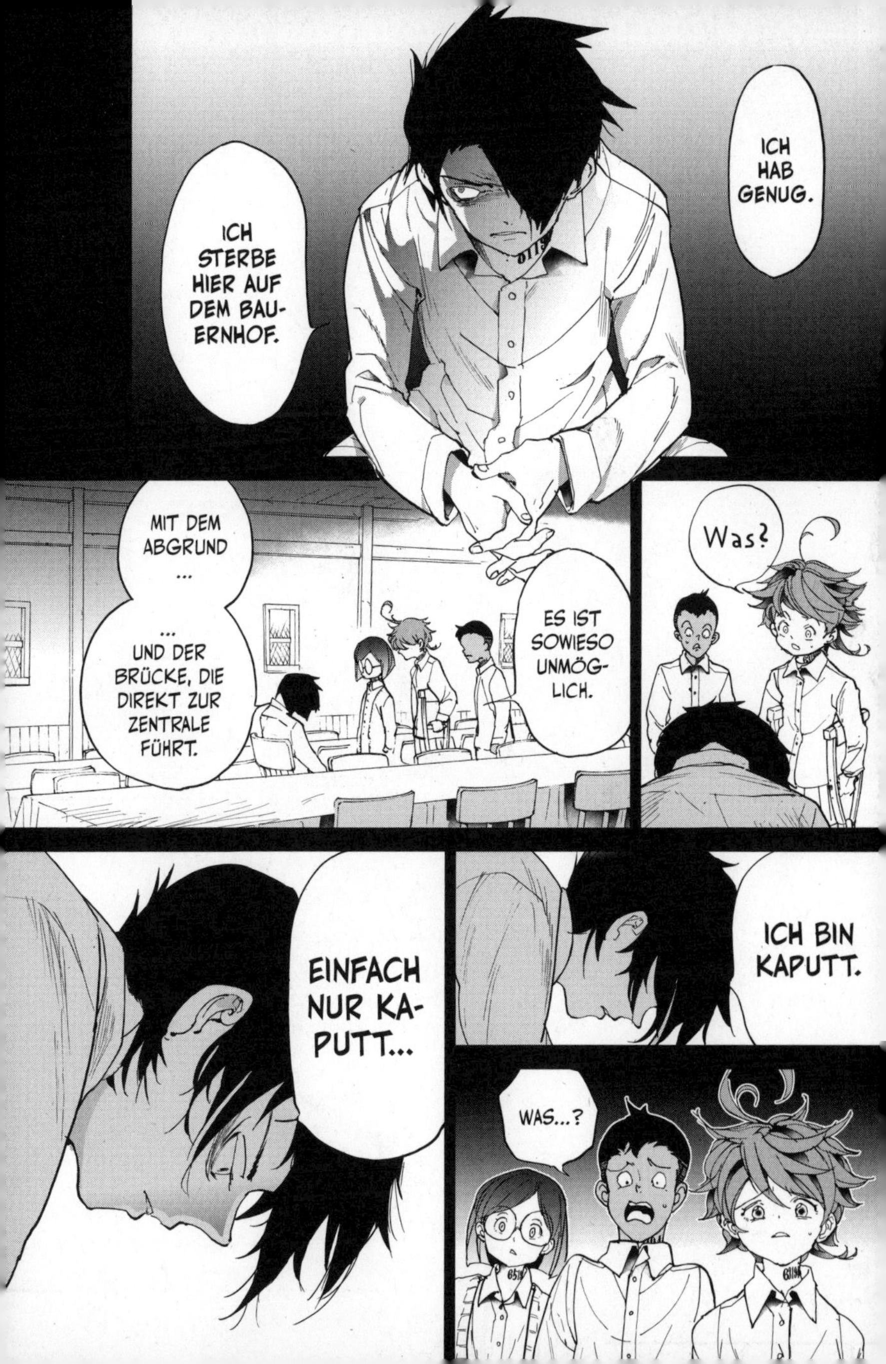
ICH HAB GENUG.
ICH STERBE HIER AUF DEM BAUERNHOF.
Was?
ES IST SOWIESO UNMÖGLICH.
MIT DEM ABGRUND ...
... UND DER BRÜCKE, DIE DIREKT ZUR ZENTRALE FÜHRT.
ICH BIN KAPUTT.
WAS...?
EINFACH NUR KAPUTT...

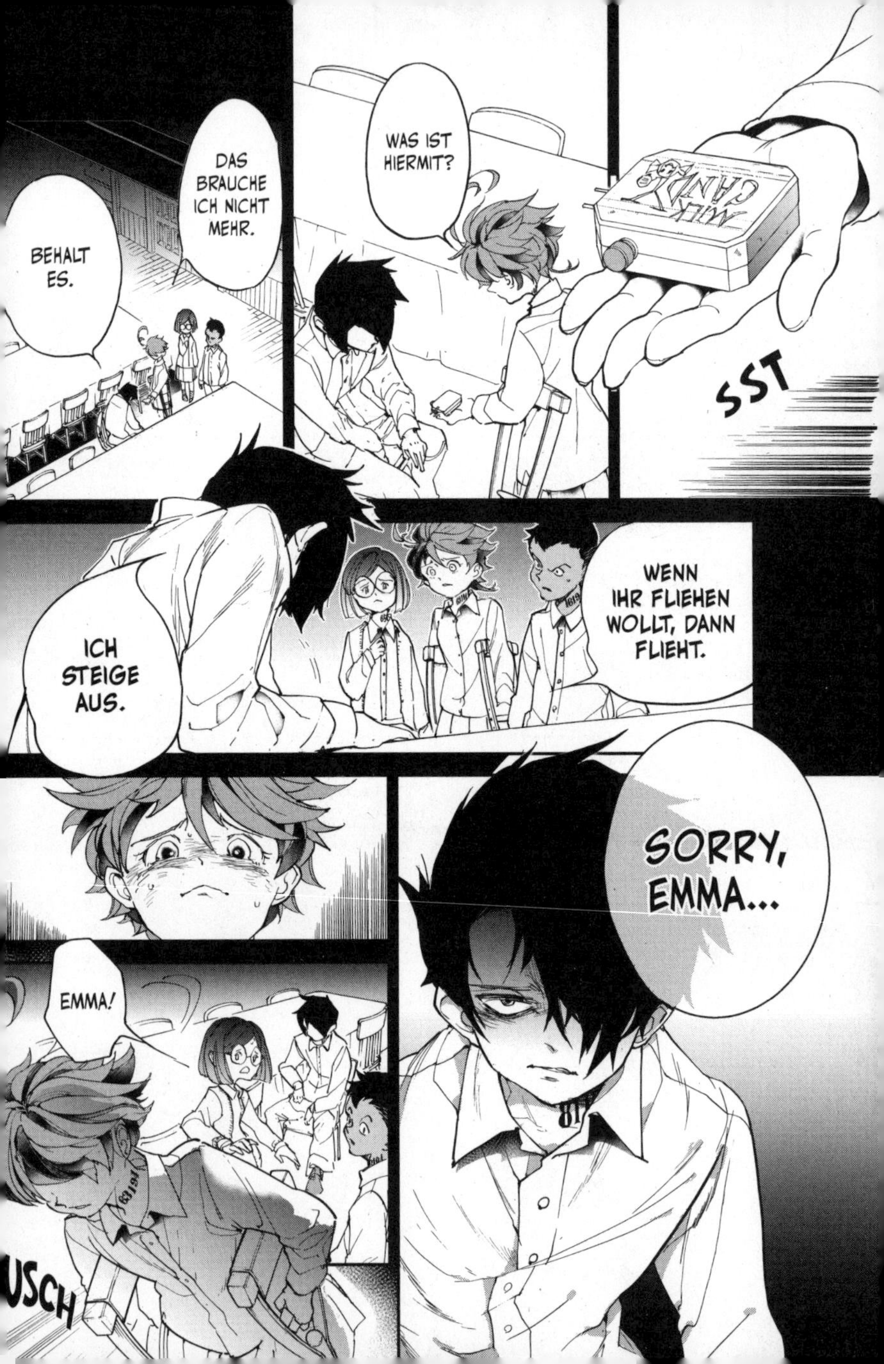

SST
WAS IST HIERMIT?
DAS BRAUCHE ICH NICHT MEHR.
BEHALT ES.
WENN IHR FLIEHEN WOLLT, DANN FLIEHT.
ICH STEIGE AUS.
SORRY, EMMA...
EMMA!
USCH

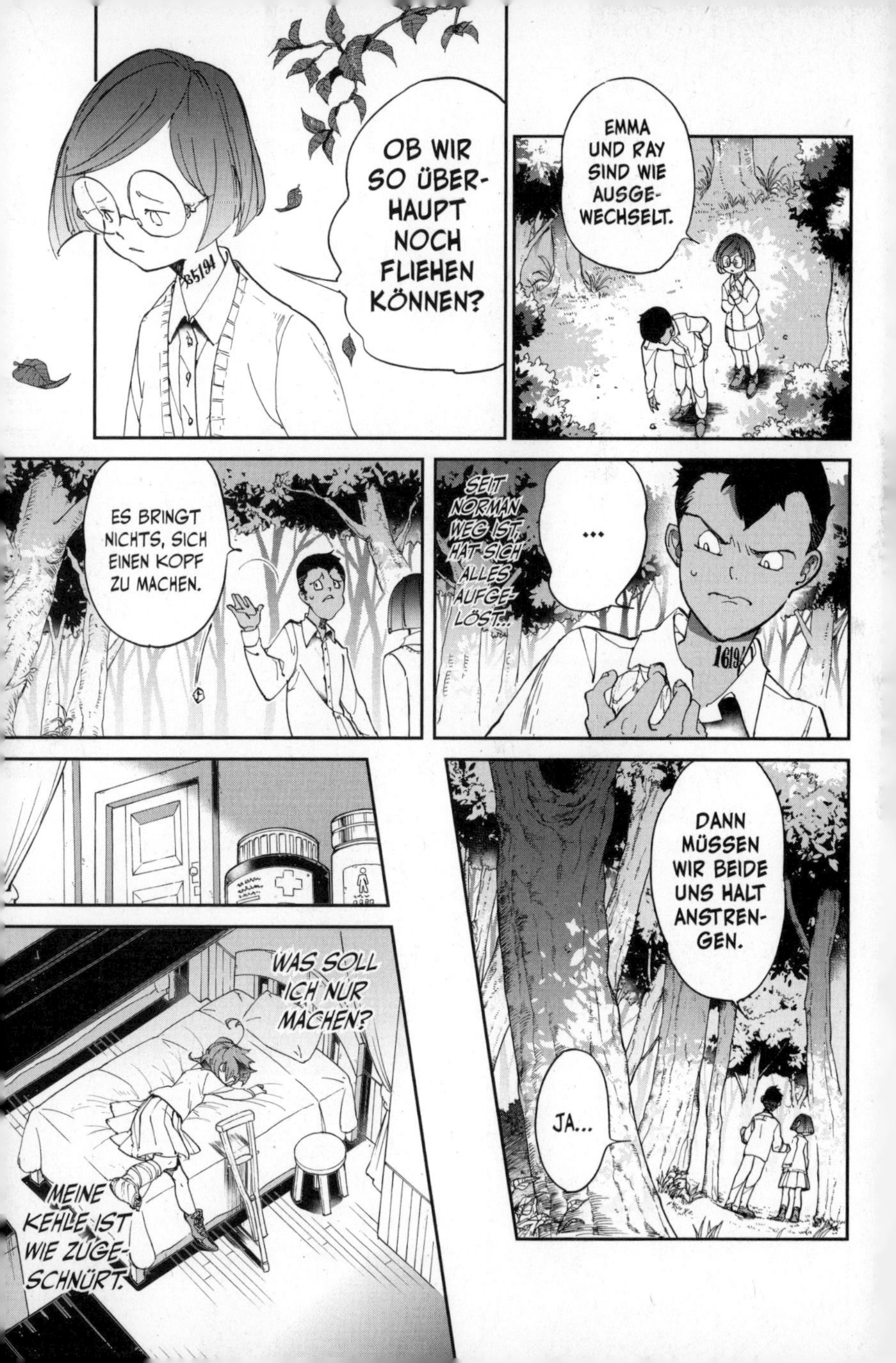
EMMA UND RAY SIND WIE AUSGEWECHSELT.
OB WIR SO ÜBERHAUPT NOCH FLIEHEN KÖNNEN?
...
SEIT NORMAN WEG IST, HAT SICH ALLES AUFGELÖST...
ES BRINGT NICHTS, SICH EINEN KOPF ZU MACHEN.
DANN MÜSSEN WIR BEIDE UNS HALT ANSTRENGEN.
JA...
WAS SOLL ICH NUR MACHEN?
MEINE KEHLE IST WIE ZUGESCHNÜRT.

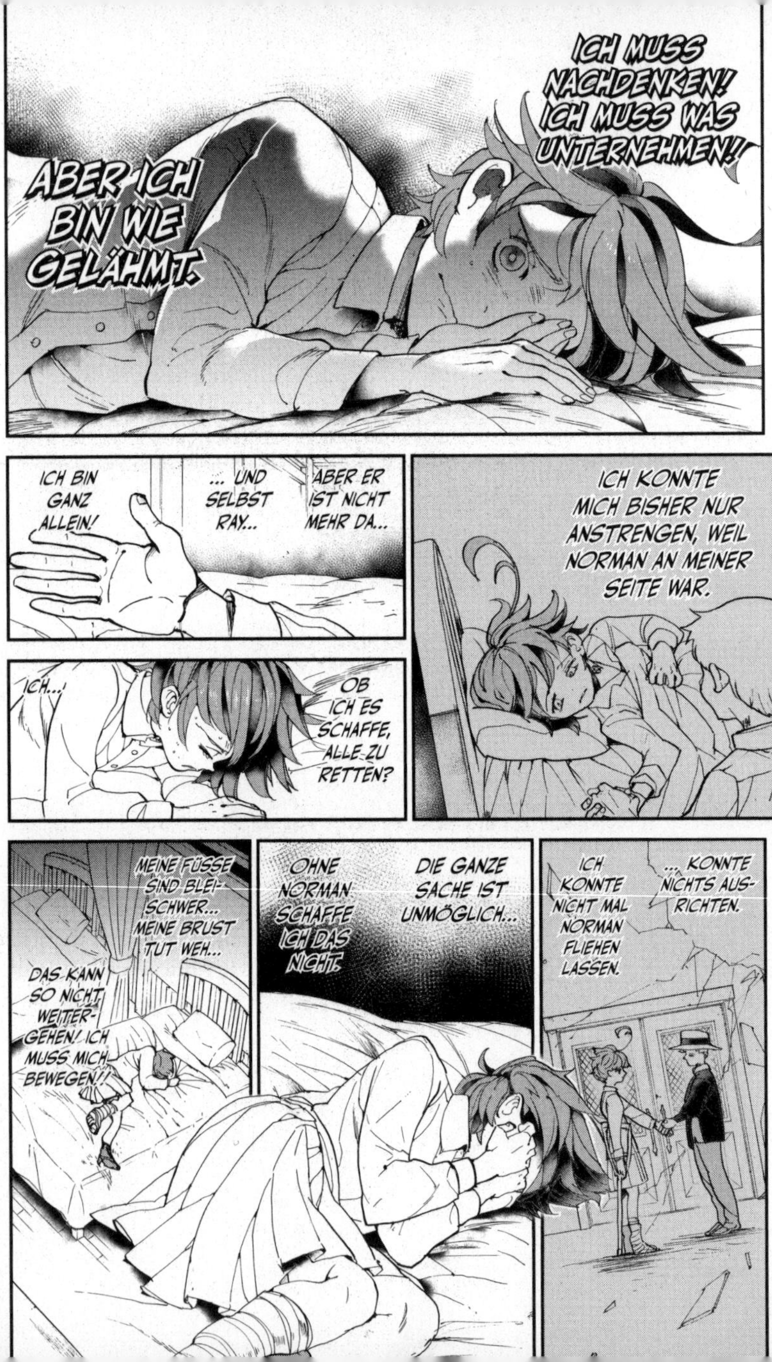
ICH MUSS NACHDENKEN! ICH MUSS WAS UNTERNEHMEN!!
ABER ICH BIN WIE GELÄHMT.
ICH KONNTE MICH BISHER NUR ANSTRENGEN, WEIL NORMAN AN MEINER SEITE WAR.
ABER ER IST NICHT MEHR DA...
... UND SELBST RAY...
ICH BIN GANZ ALLEIN!
OB ICH ES SCHAFFE, ALLE ZU RETTEN?
ICH...!
ICH KONNTE NICHT MAL NORMAN FLIEHEN LASSEN.
... KONNTE NICHTS AUS-RICHTEN.
DIE GANZE SACHE IST UNMÖGLICH...
OHNE NORMAN SCHAFFE ICH DAS NICHT.
MEINE FÜSSE SIND BLEI-SCHWER... MEINE BRUST TUT WEH...
DAS KANN SO NICHT WEITER-GEHEN! ICH MUSS MICH BEWEGEN!!

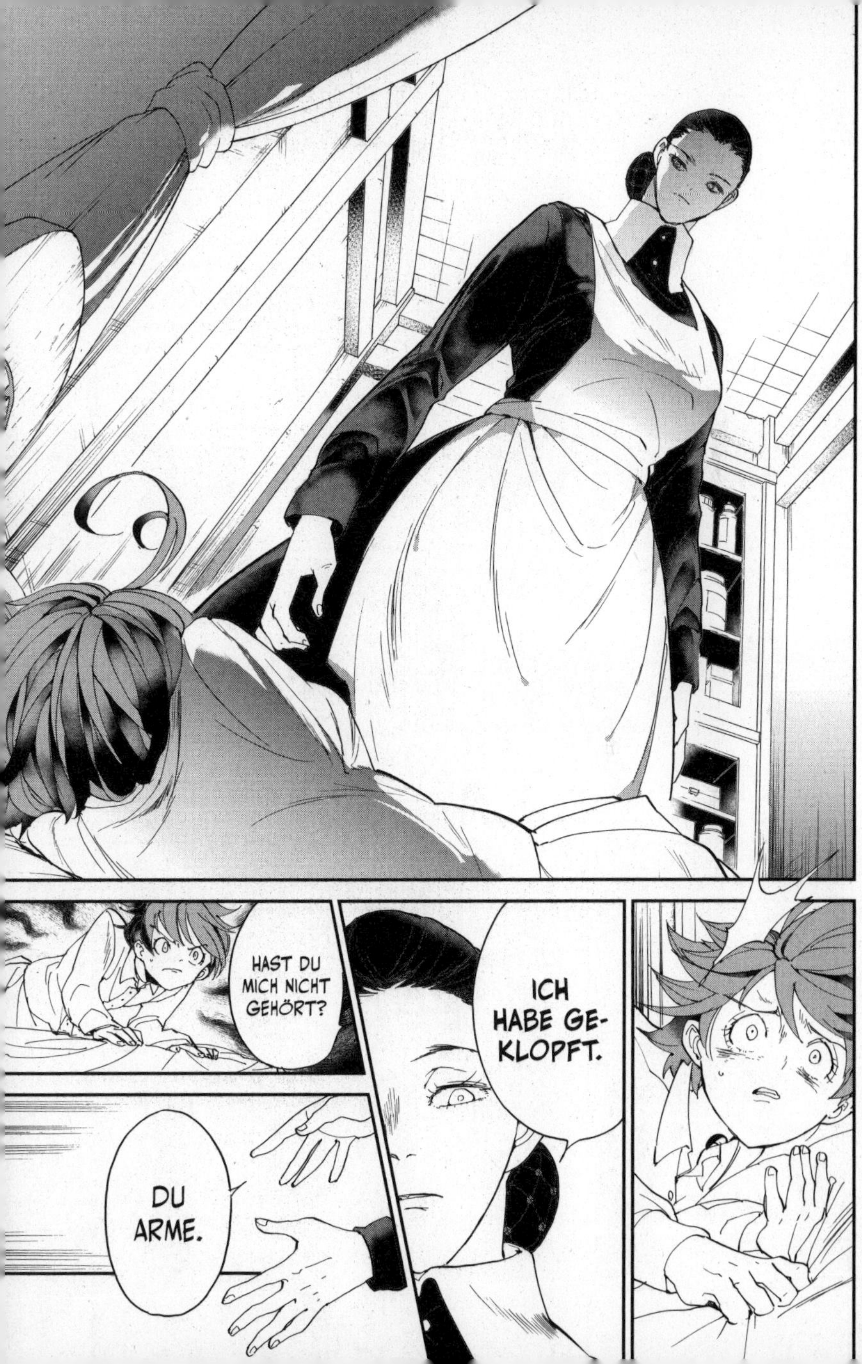
ICH HABE GE-KLOPFT.
HAST DU MICH NICHT GEHÖRT?
DU ARME.

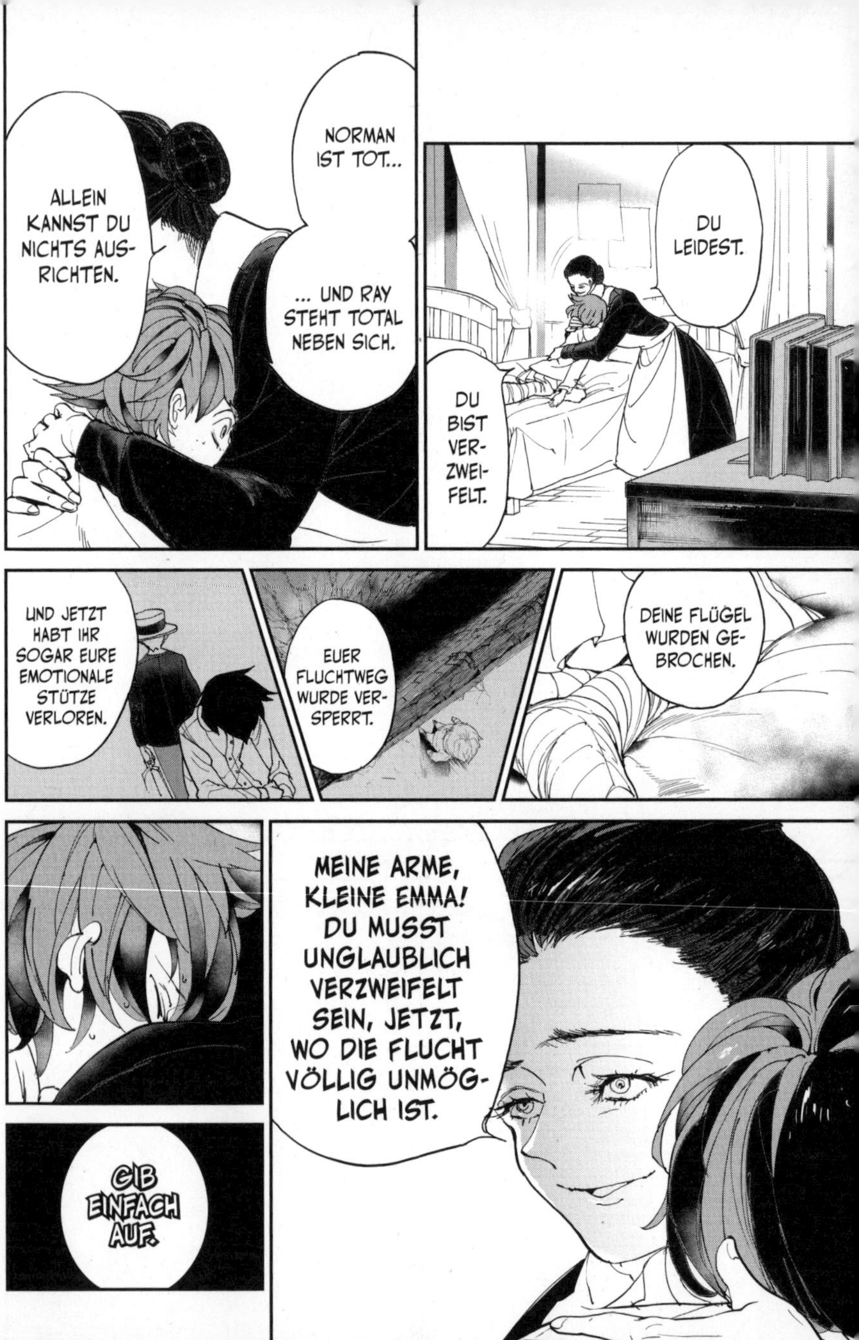
DU LEIDEST.
DU BIST VERZWEIFELT.
NORMAN IST TOT...
... UND RAY STEHT TOTAL NEBEN SICH.
ALLEIN KANNST DU NICHTS AUSRICHTEN.
DEINE FLÜGEL WURDEN GEBROCHEN.
EUER FLUCHTWEG WURDE VERSPERRT.
UND JETZT HABT IHR SOGAR EURE EMOTIONALE STÜTZE VERLOREN.
MEINE ARME, KLEINE EMMA! DU MUSST UNGLAUBLICH VERZWEIFELT SEIN, JETZT, WO DIE FLUCHT VÖLLIG UNMÖGLICH IST.
GIB EINFACH AUF.

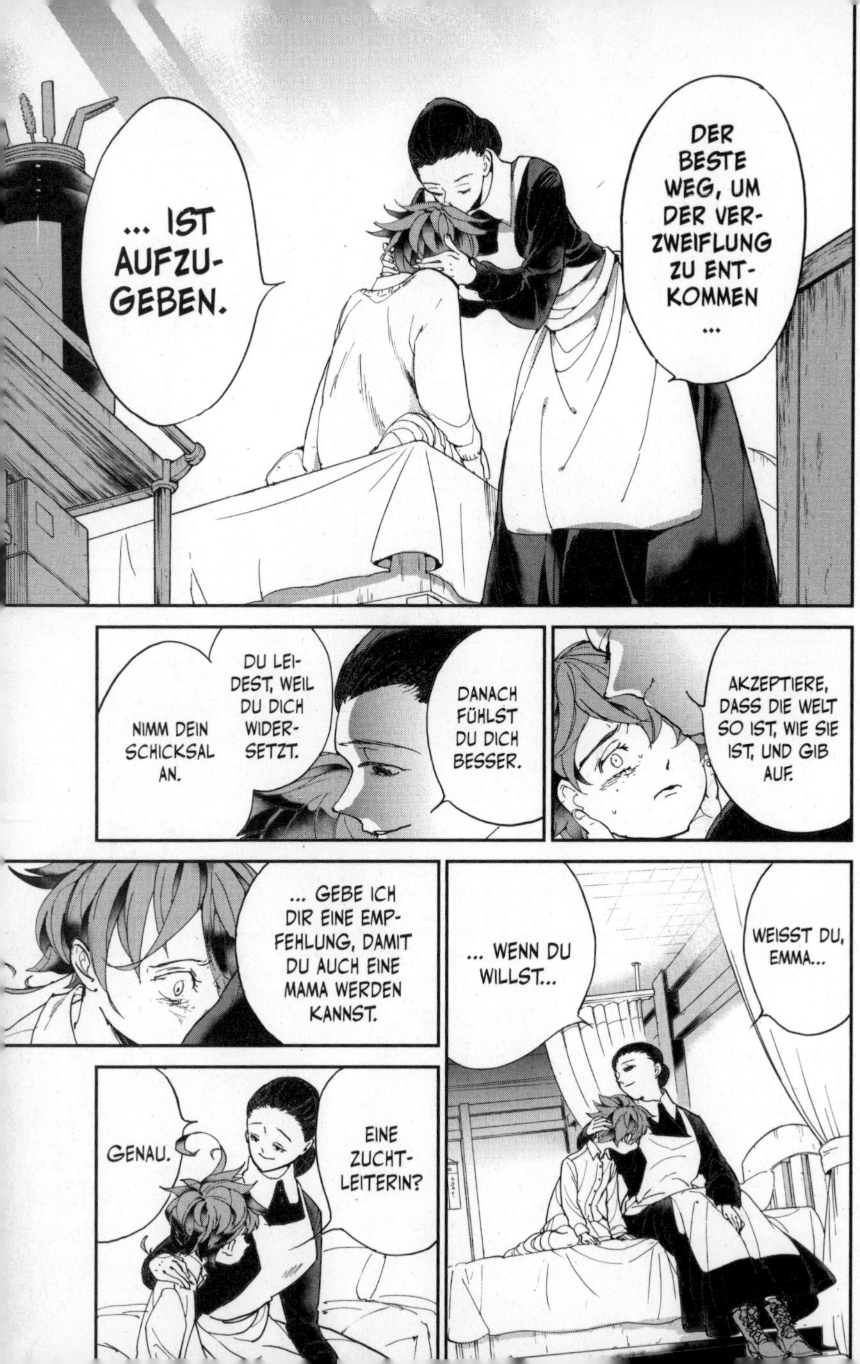
DER BESTE WEG, UM DER VERZWEIFLUNG ZU ENTKOMMEN ...
... IST AUFZUGEBEN.
AKZEPTIERE, DASS DIE WELT SO IST, WIE SIE IST, UND GIB AUF.
DANACH FÜHLST DU DICH BESSER.
DU LEIDEST, WEIL DU DICH WIDERSETZT.
NIMM DEIN SCHICKSAL AN.
WEISST DU, EMMA...
... WENN DU WILLST...
... GEBE ICH DIR EINE EMPFEHLUNG, DAMIT DU AUCH EINE MAMA WERDEN KANNST.
EINE ZUCHTLEITERIN?
GENAU.

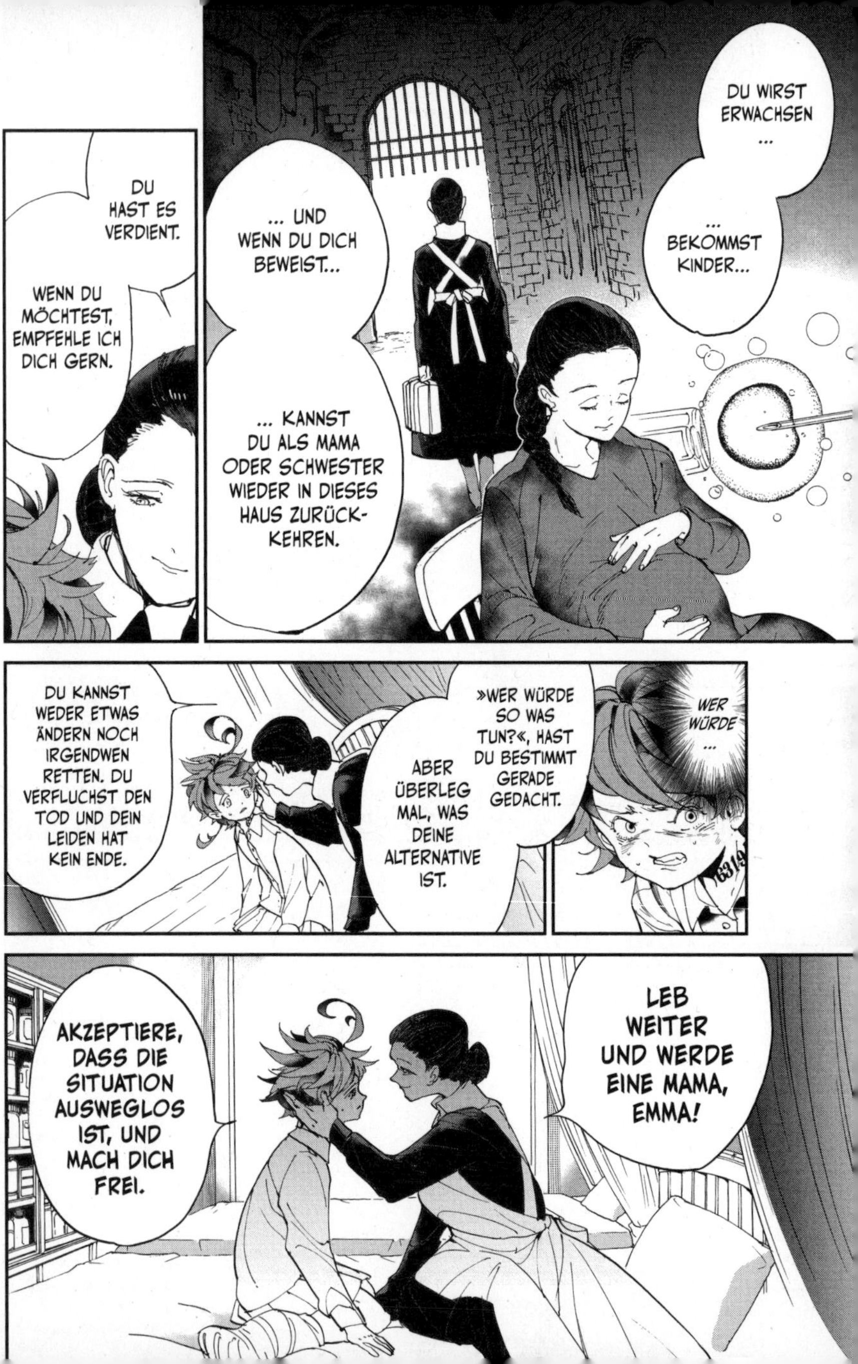
DU WIRST ERWACHSEN ...
... BEKOMMST KINDER...
... UND WENN DU DICH BEWEIST...
... KANNST DU ALS MAMA ODER SCHWESTER WIEDER IN DIESES HAUS ZURÜCK-KEHREN.
DU HAST ES VERDIENT.
WENN DU MÖCHTEST, EMPFEHLE ICH DICH GERN.
WER WÜRDE ...
»WER WÜRDE SO WAS TUN?«, HAST DU BESTIMMT GERADE GEDACHT.
ABER ÜBERLEG MAL, WAS DEINE ALTERNATIVE IST.
DU KANNST WEDER ETWAS ÄNDERN NOCH IRGENDWEN RETTEN. DU VERFLUCHST DEN TOD UND DEIN LEIDEN HAT KEIN ENDE.
LEB WEITER UND WERDE EINE MAMA, EMMA!
AKZEPTIERE, DASS DIE SITUATION AUSWEGLOS IST, UND MACH DICH FREI.

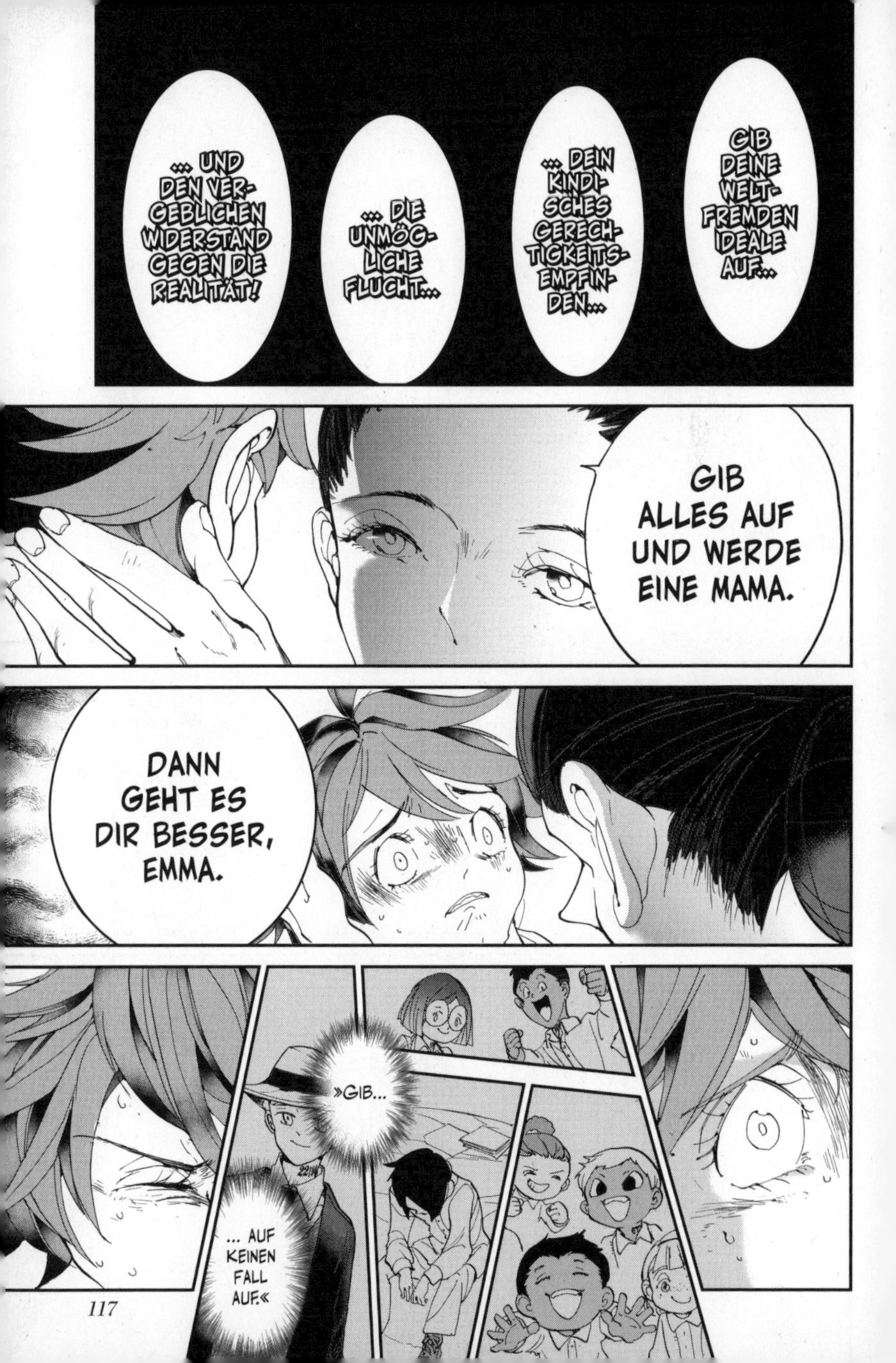
GIB DEINE WELT-FREMDEN IDEALE AUF...
... DEIN KINDI-SCHES GERECH-TIGKEITS-EMPFIN-DEN...
... DIE UNMÖG-LICHE FLUCHT...
... UND DEN VER-GEBLICHEN WIDERSTAND GEGEN DIE REALITÄT!
GIB ALLES AUF UND WERDE EINE MAMA.
DANN GEHT ES DIR BESSER, EMMA.
»GIB...
... AUF KEINEN FALL AUF.«

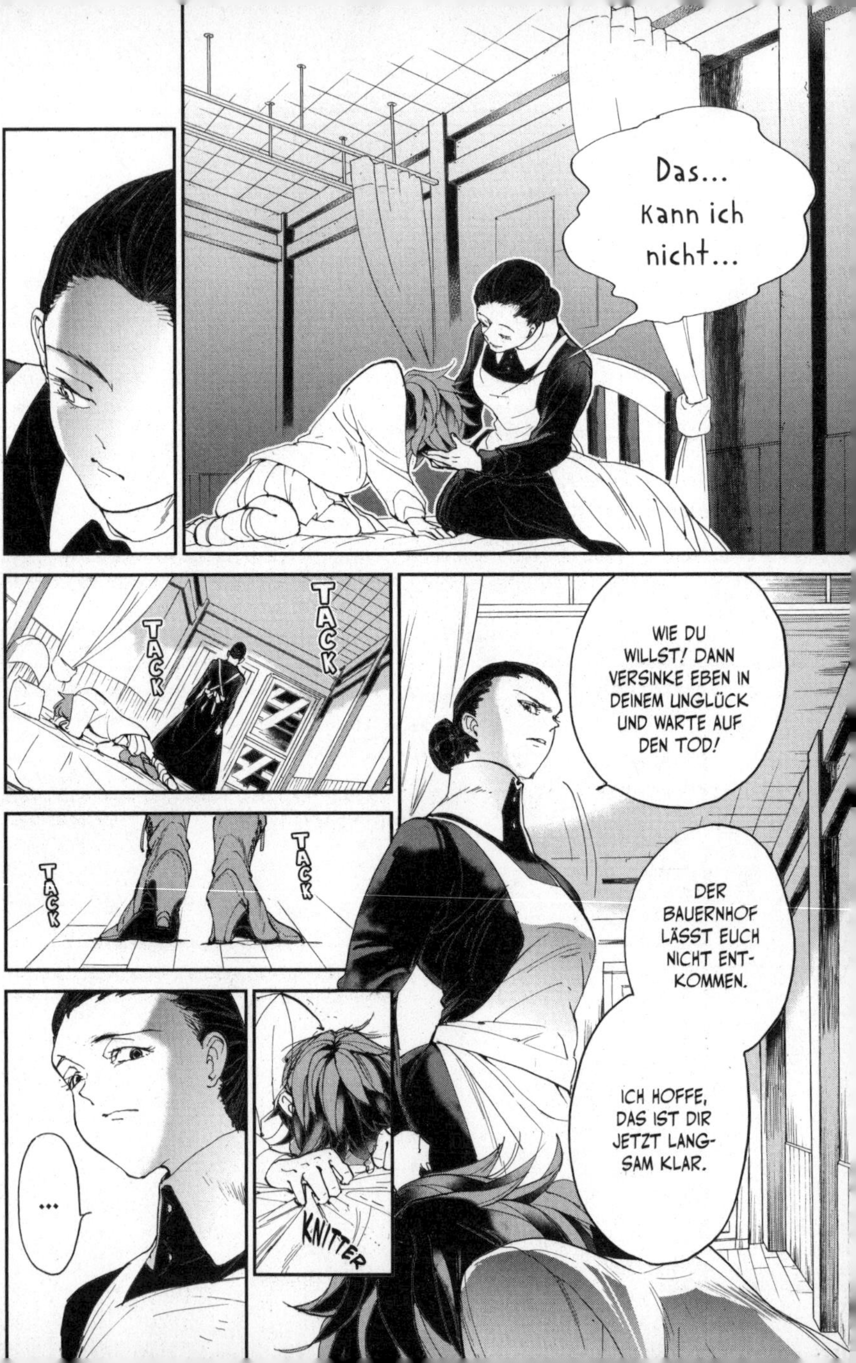
Das... Kann ich nicht...
WIE DU WILLST! DANN VERSINKE EBEN IN DEINEM UNGLÜCK UND WARTE AUF DEN TOD!
TACK
TACK
DER BAUERNHOF LÄSST EUCH NICHT ENT-KOMMEN.
TACK
TACK
ICH HOFFE, DAS IST DIR JETZT LANG-SAM KLAR.
KNITTER
...

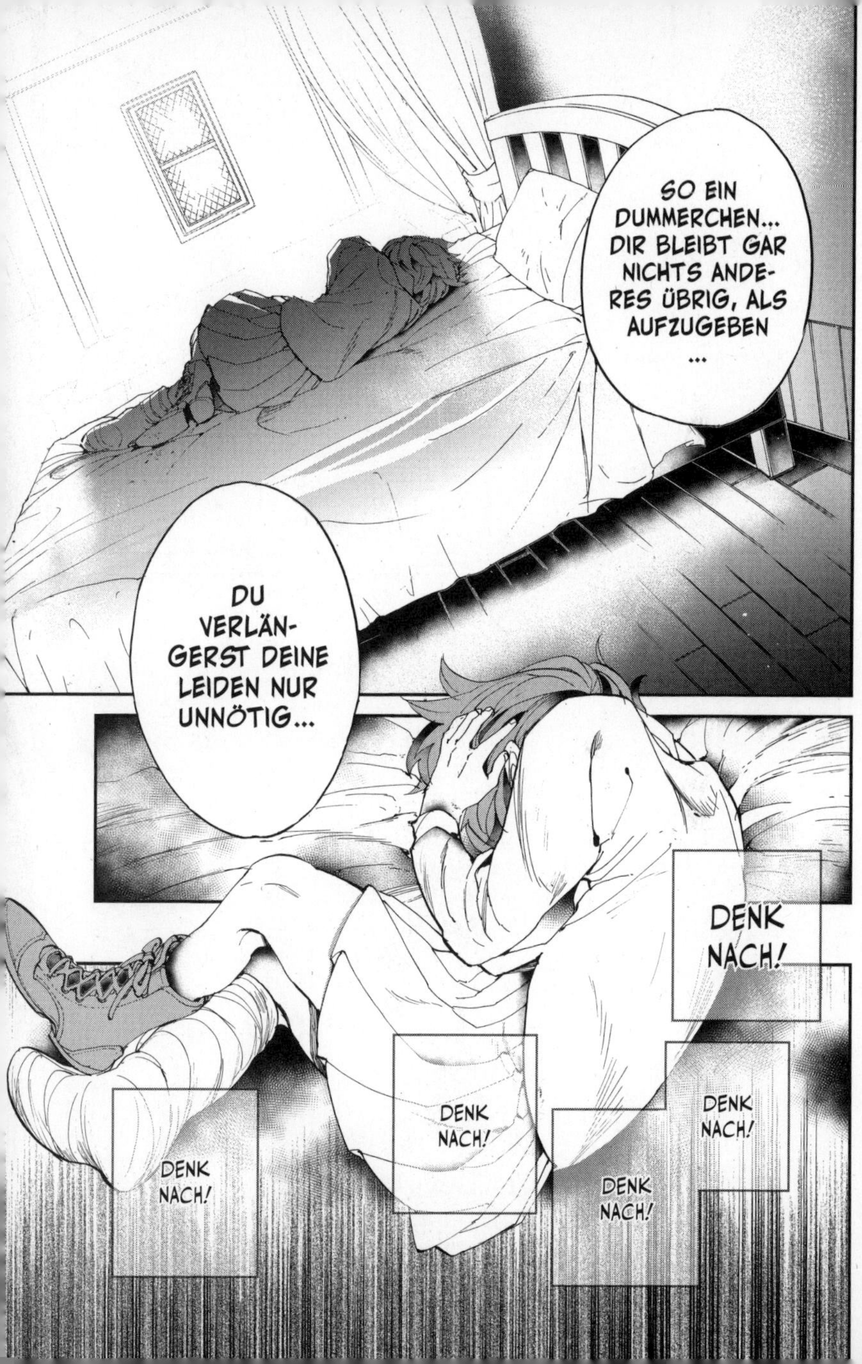
SO EIN DUMMERCHEN... DIR BLEIBT GAR NICHTS ANDERES ÜBRIG, ALS AUFZUGEBEN ...
DU VERLÄNGERST DEINE LEIDEN NUR UNNÖTIG...
DENK NACH!
DENK NACH!
DENK NACH!
DENK NACH!
DENK NACH!

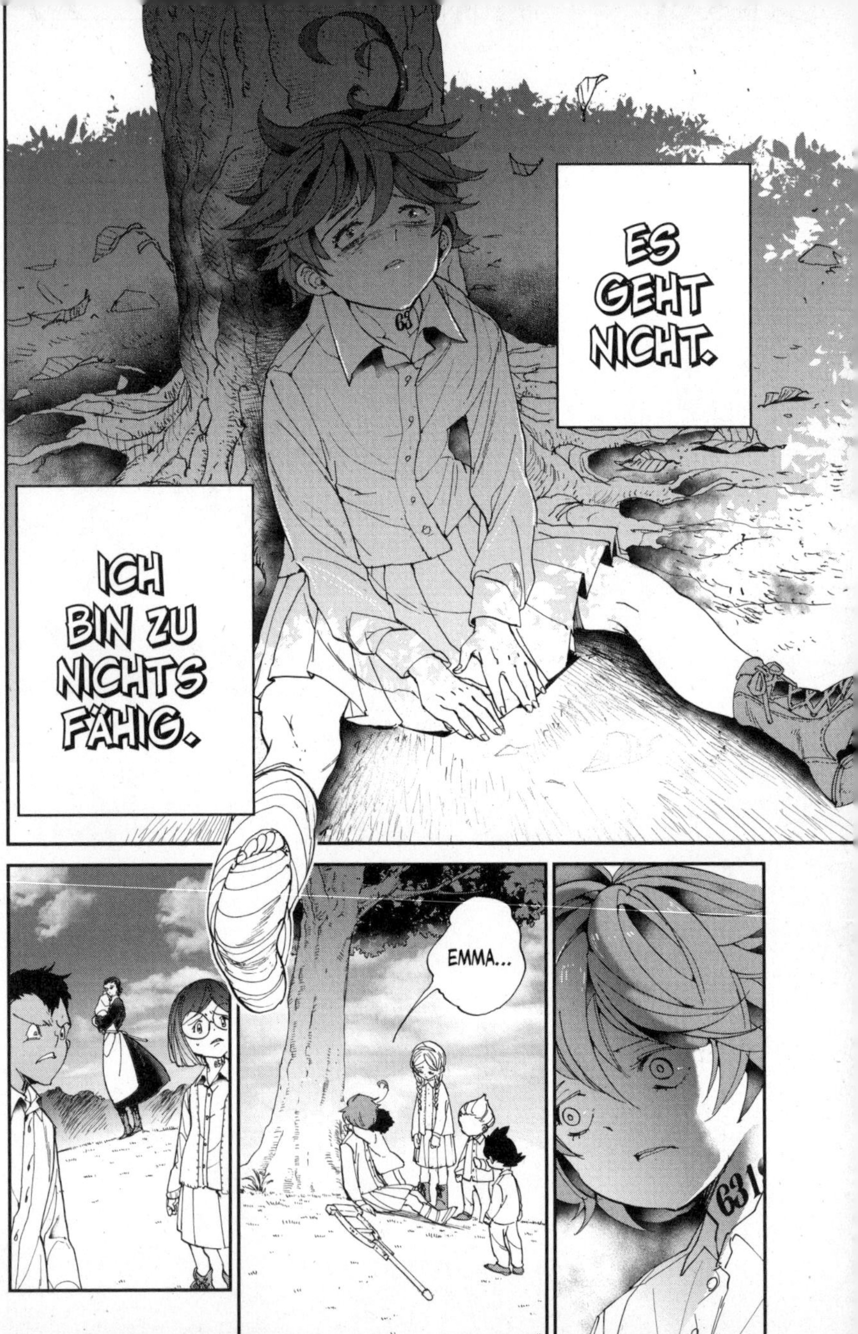
ES GEHT NICHT.
ICH BIN ZU NICHTS FÄHIG.
EMMA...

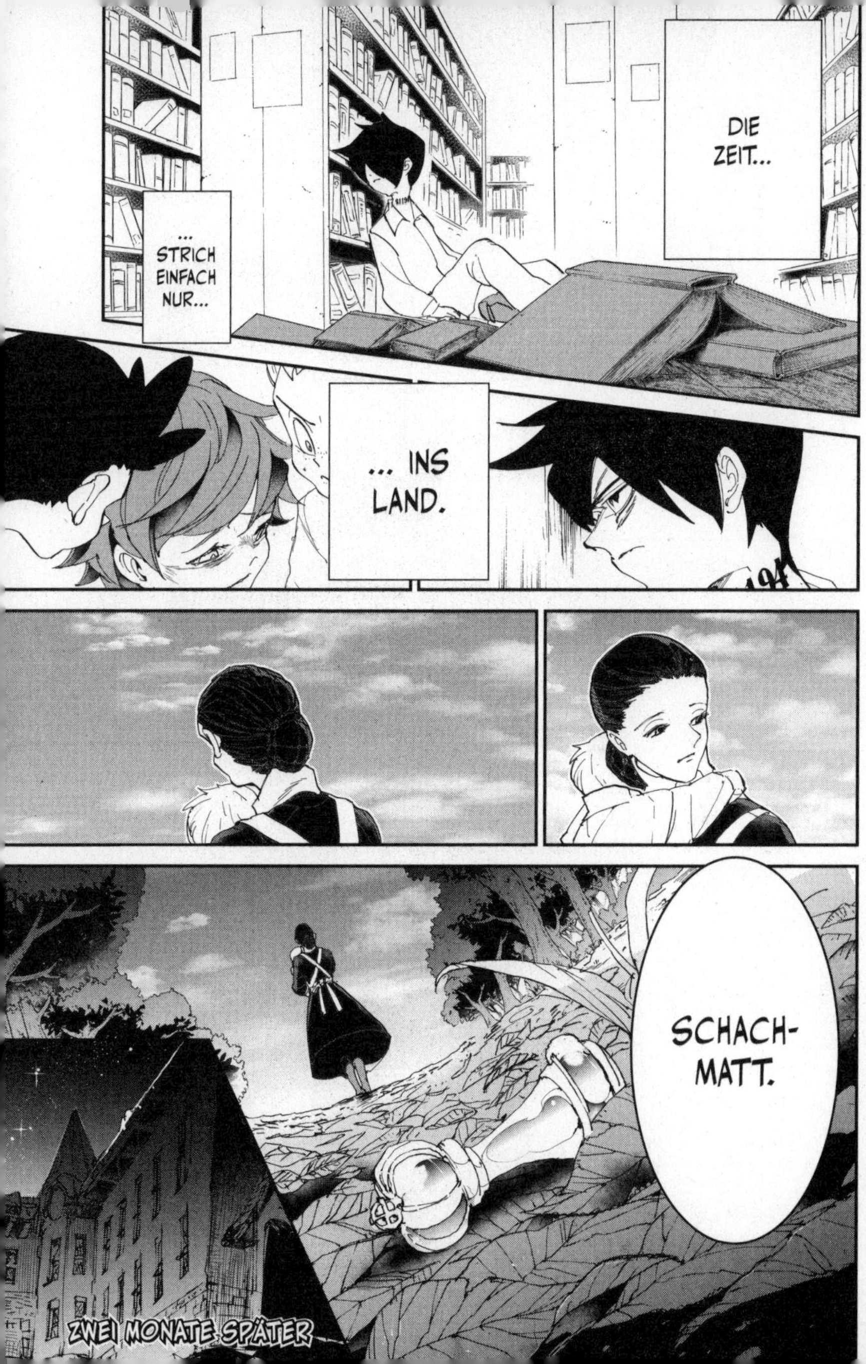
DIE ZEIT...
... STRICH EINFACH NUR...
... INS LAND.
SCHACH-MATT.
ZWEI MONATE SPÄTER

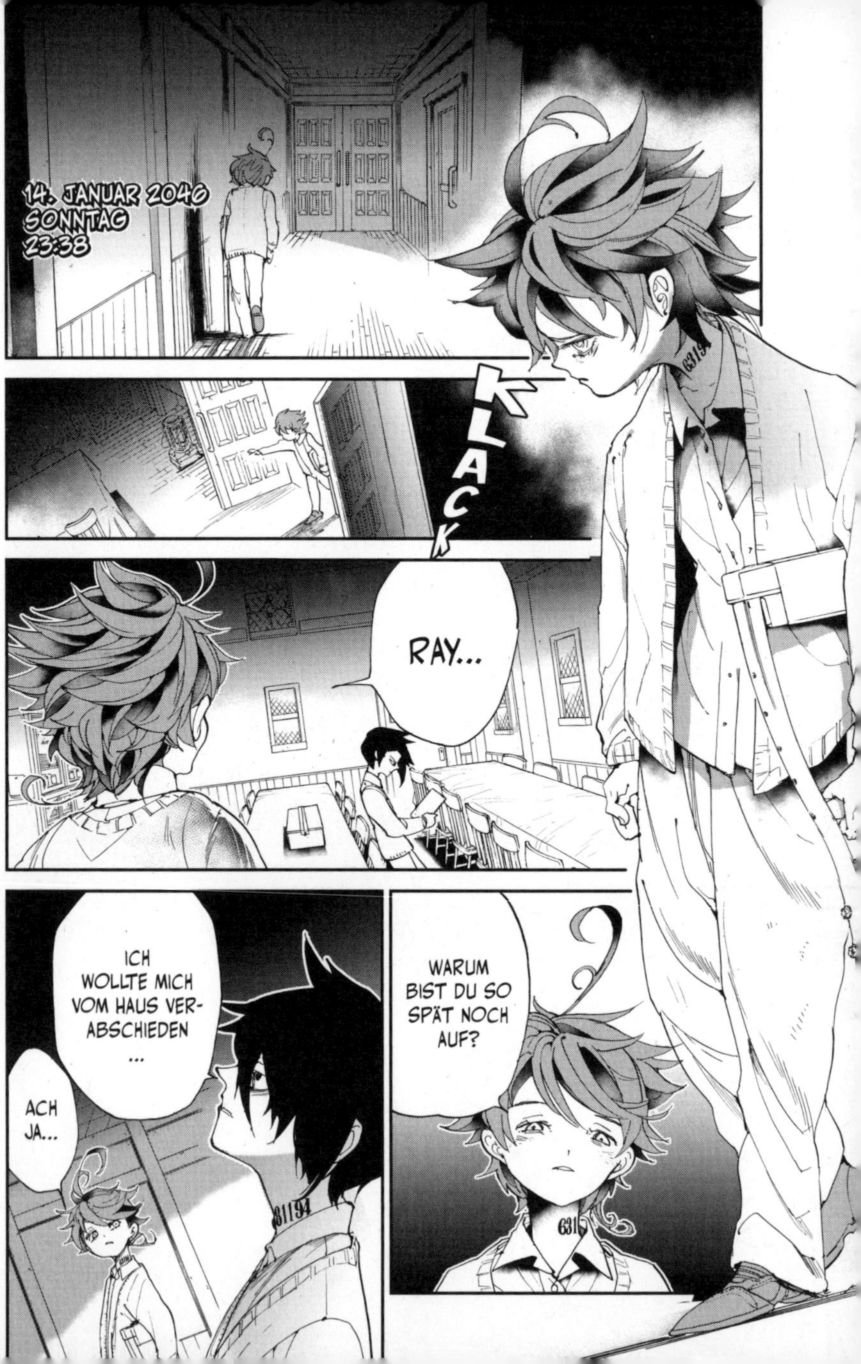
14. JANUAR 2046
SONNTAG
23:38
KLACK
RAY...
WARUM BIST DU SO SPÄT NOCH AUF?
ICH WOLLTE MICH VOM HAUS VER-ABSCHIEDEN ...
ACH JA...

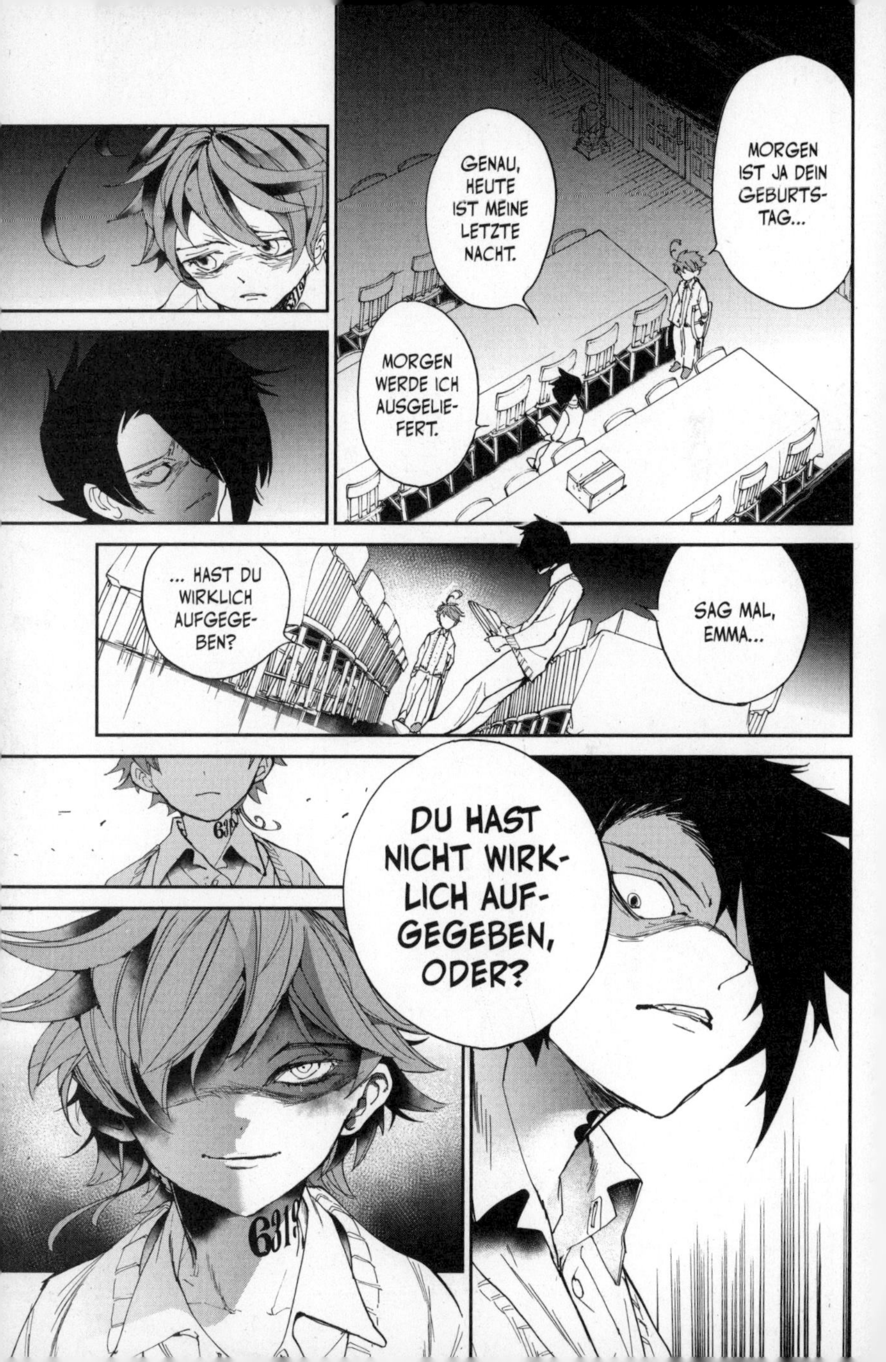
MORGEN IST JA DEIN GEBURTSTAG...
GENAU, HEUTE IST MEINE LETZTE NACHT.
MORGEN WERDE ICH AUSGELIEFERT.
SAG MAL, EMMA...
... HAST DU WIRKLICH AUFGEGEBEN?
DU HAST NICHT WIRKLICH AUFGEGEBEN, ODER?

Zeichnungen der Kinder aus Grace Field House

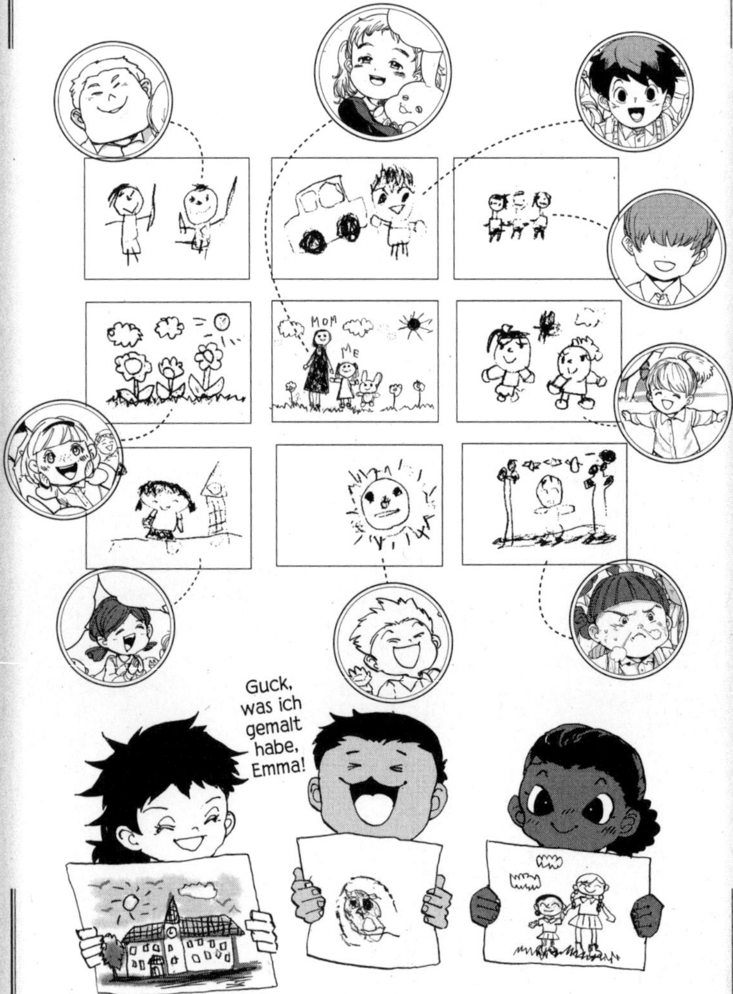

Kapitel 32: Flucht ①

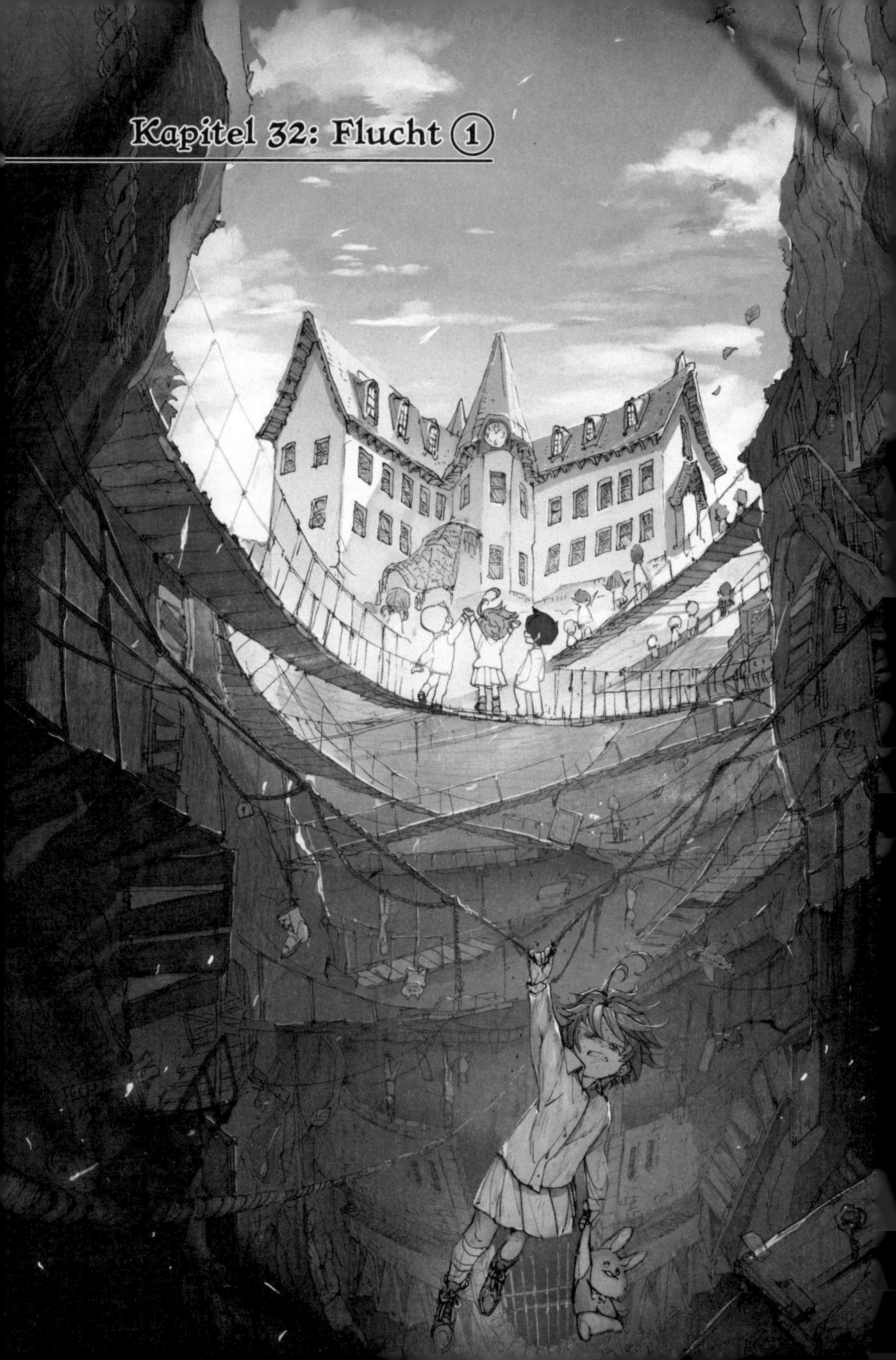

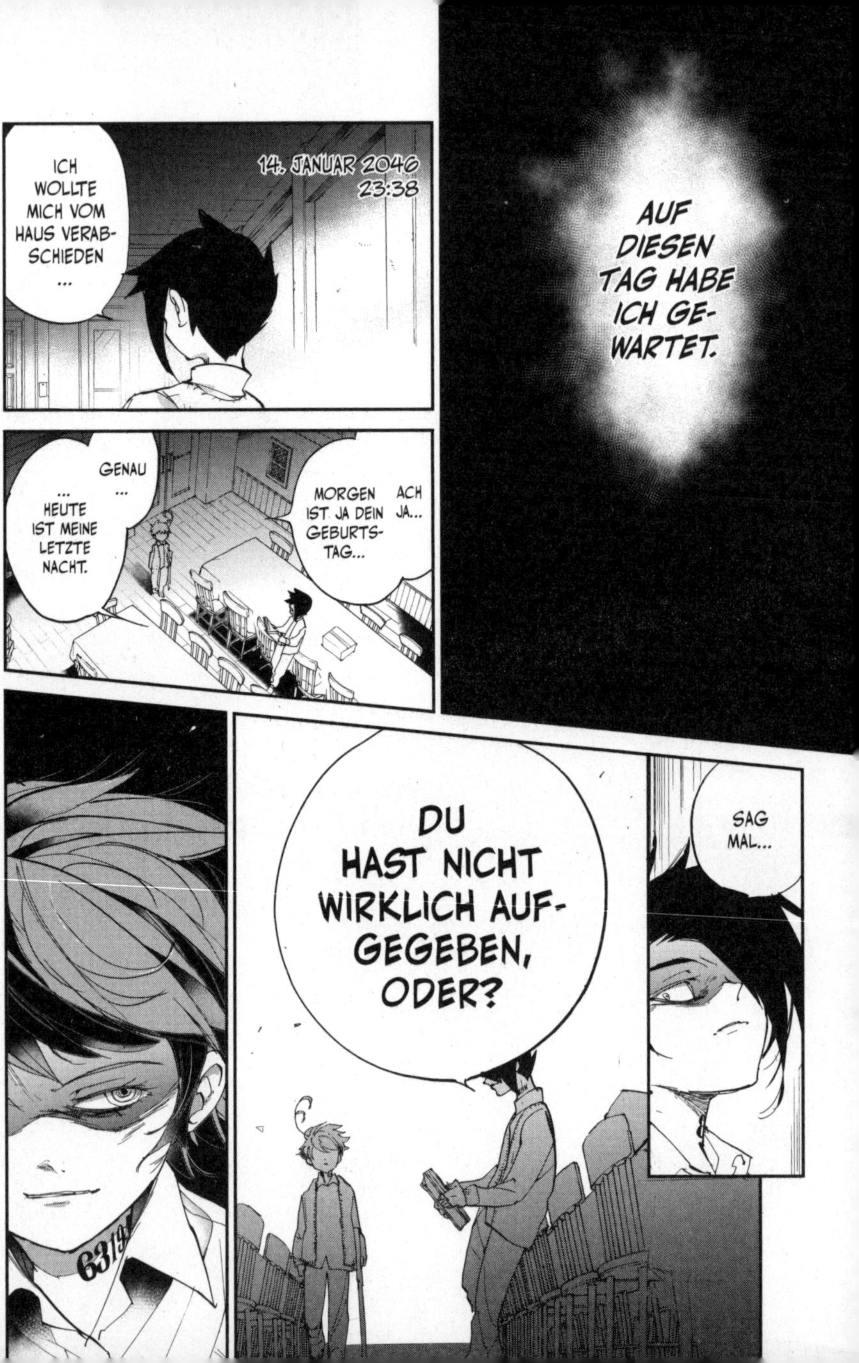
AUF DIESEN TAG HABE ICH GEWARTET.
14. JANUAR 2046 23:38
ICH WOLLTE MICH VOM HAUS VERABSCHIEDEN ...
ACH JA...
MORGEN IST JA DEIN GEBURTSTAG...
GENAU ...
... HEUTE IST MEINE LETZTE NACHT.
SAG MAL...
DU HAST NICHT WIRKLICH AUFGEGEBEN, ODER?

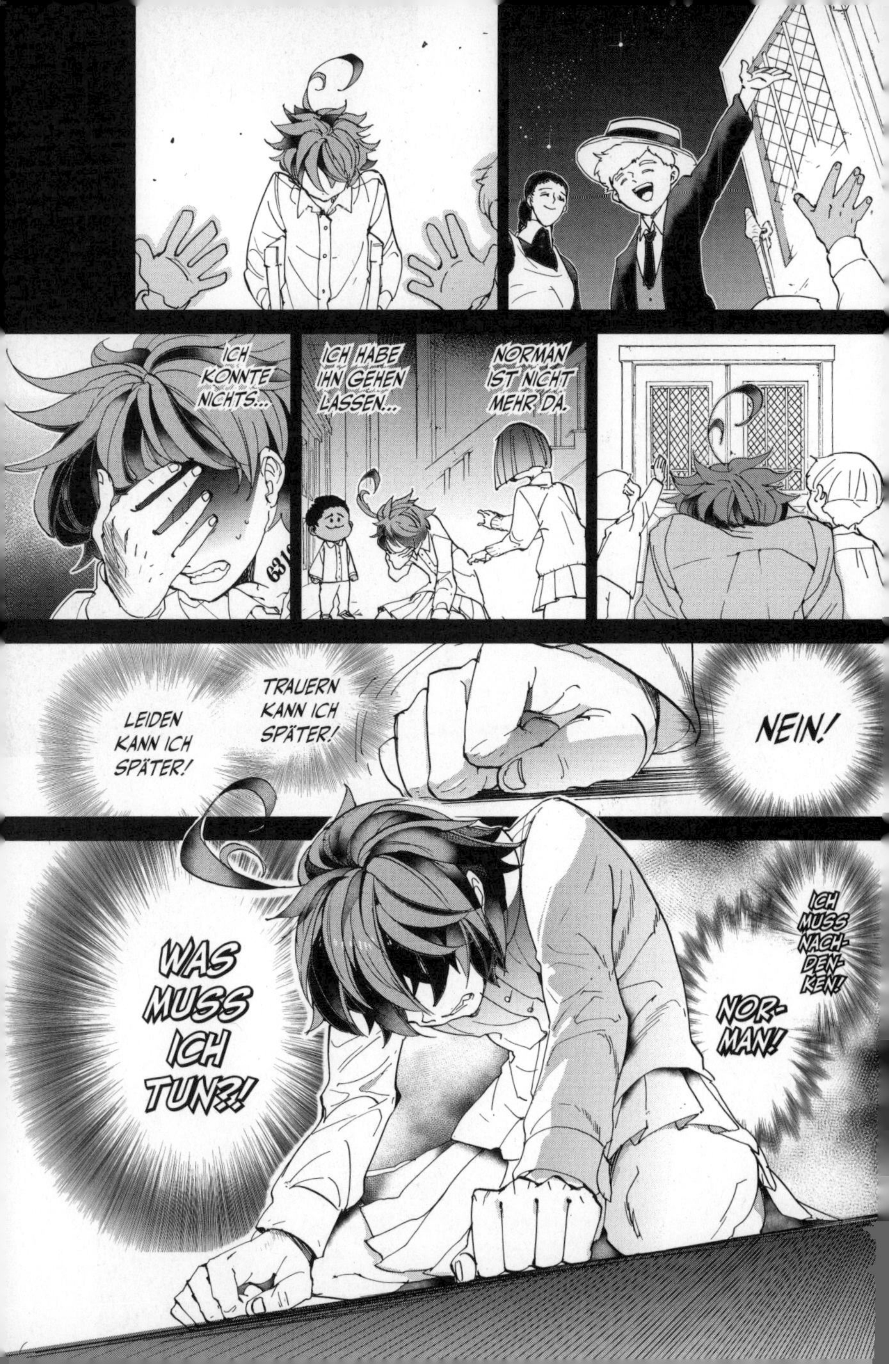

NORMAN IST NICHT MEHR DA.
ICH HABE IHN GEHEN LASSEN...
ICH KONNTE NICHTS...
NEIN!
TRAUERN KANN ICH SPÄTER!
LEIDEN KANN ICH SPÄTER!
ICH MUSS NACHDENKEN!
NORMAN!
WAS MUSS ICH TUN?!

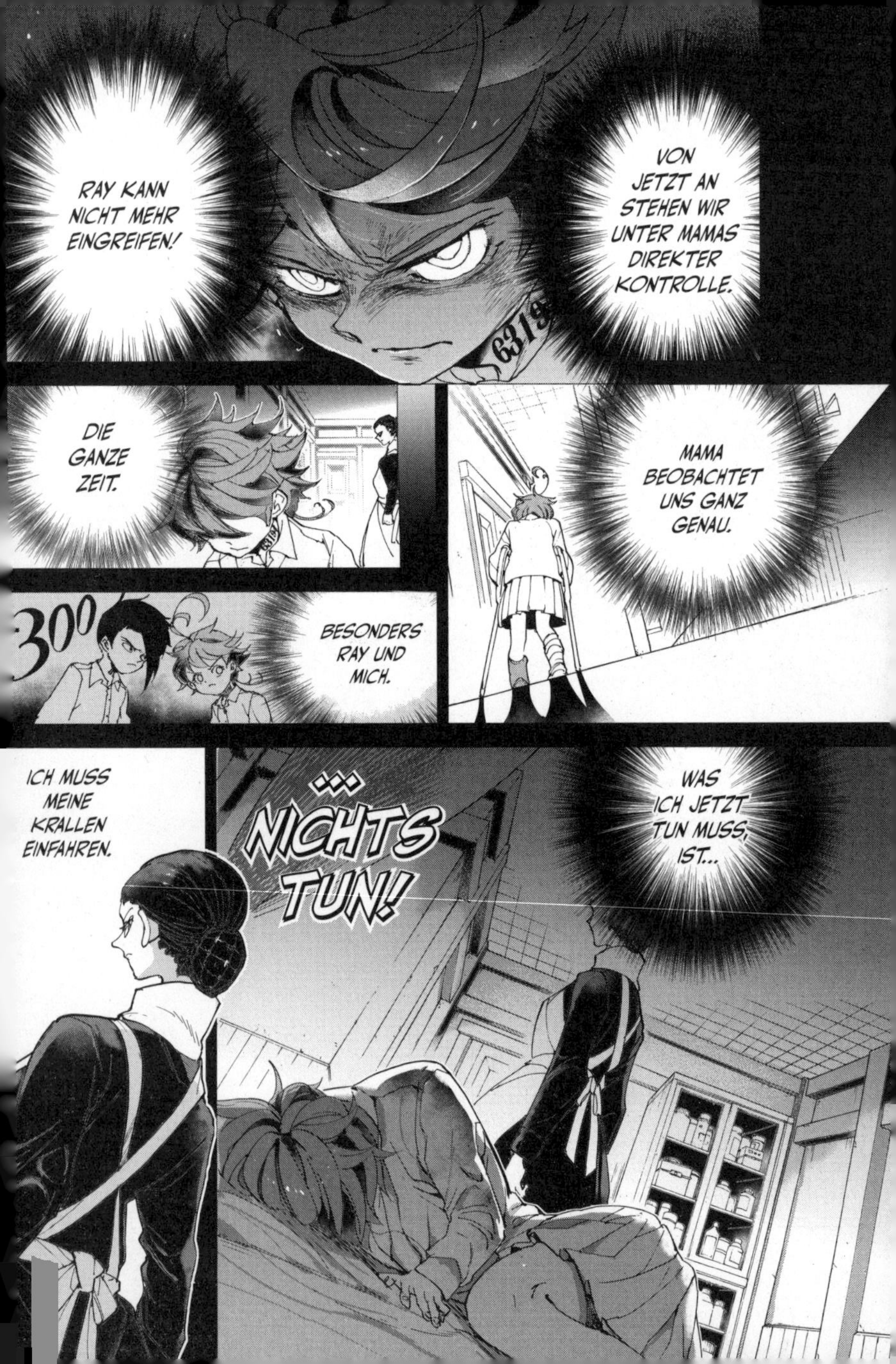

VON JETZT AN STEHEN WIR UNTER MAMAS DIREKTER KONTROLLE.
RAY KANN NICHT MEHR EINGREIFEN!
6319
MAMA BEOBACHTET UNS GANZ GENAU.
DIE GANZE ZEIT.
BESONDERS RAY UND MICH.
300
WAS ICH JETZT TUN MUSS, IST...
...NICHTS TUN!
ICH MUSS MEINE KRALLEN EINFAHREN.

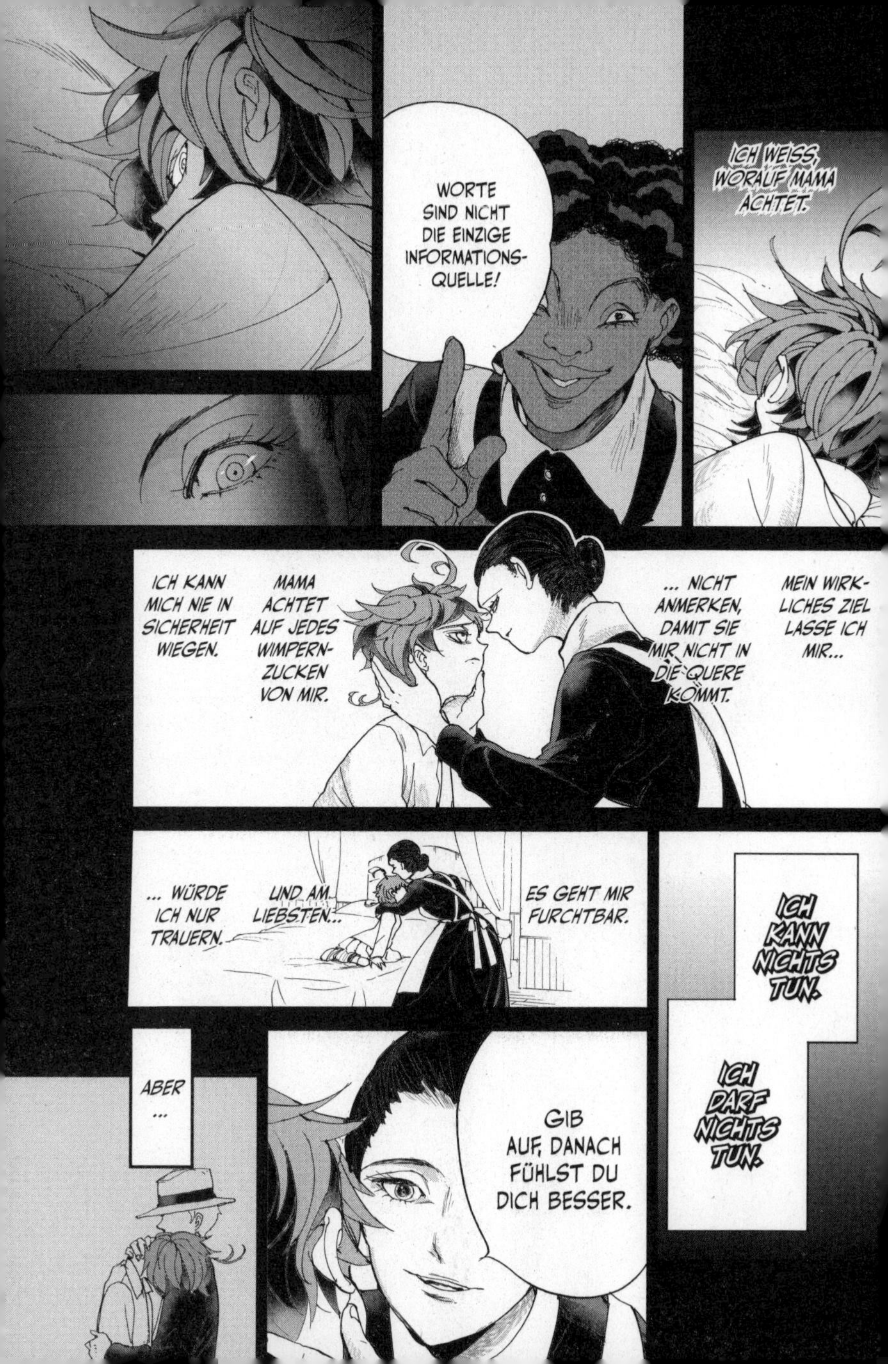
ICH WEISS, WORAUF MAMA ACHTET.
WORTE SIND NICHT DIE EINZIGE INFORMATIONS-QUELLE!
MEIN WIRK-LICHES ZIEL LASSE ICH MIR...
... NICHT ANMERKEN, DAMIT SIE MIR NICHT IN DIE QUERE KOMMT.
MAMA ACHTET AUF JEDES WIMPERN-ZUCKEN VON MIR.
ICH KANN MICH NIE IN SICHERHEIT WIEGEN.
ICH KANN NICHTS TUN.
ES GEHT MIR FURCHTBAR.
UND AM LIEBSTEN...
... WÜRDE ICH NUR TRAUERN.
ICH DARF NICHTS TUN.
GIB AUF, DANACH FÜHLST DU DICH BESSER.
ABER ...

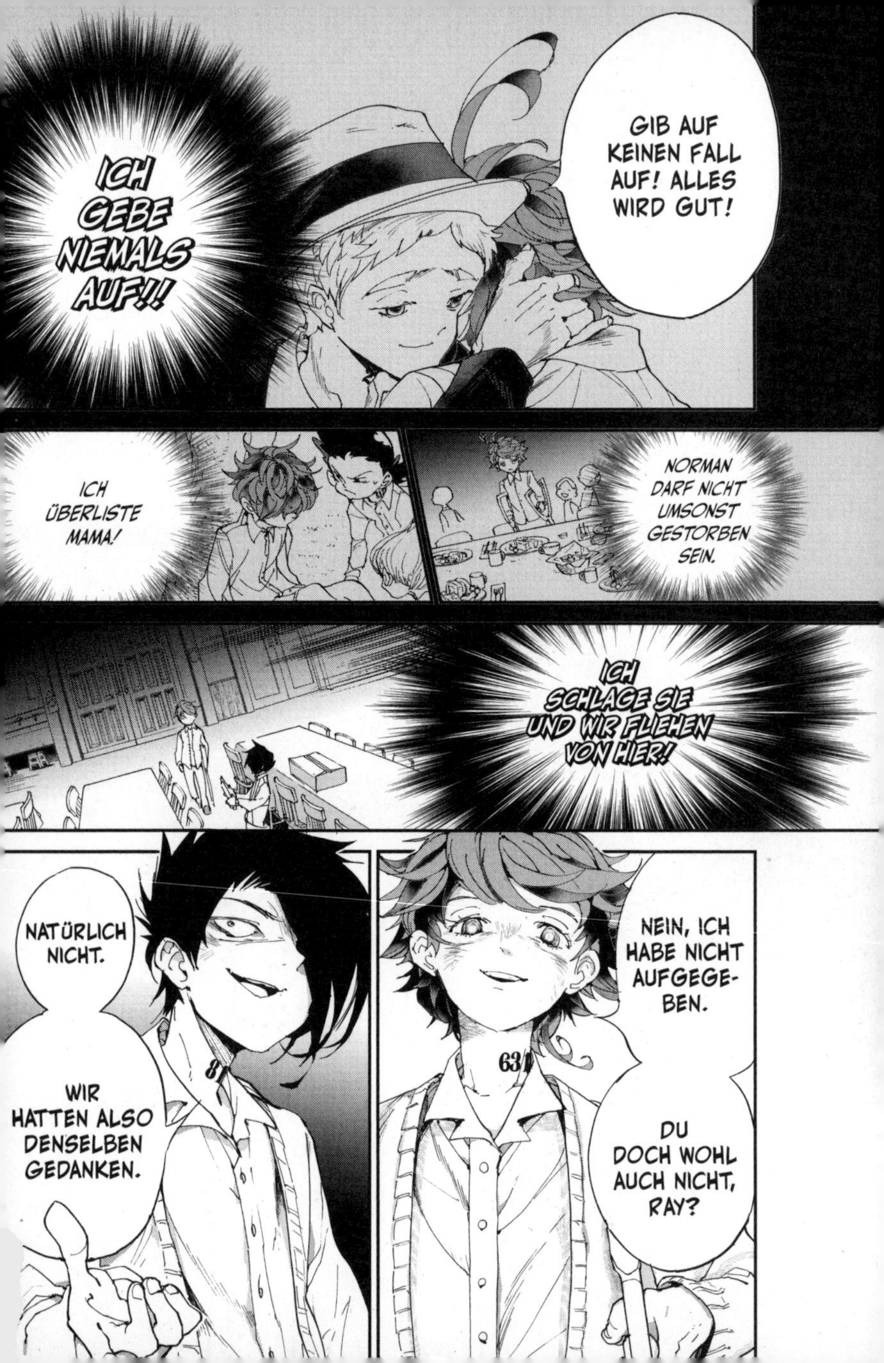
GIB AUF KEINEN FALL AUF! ALLES WIRD GUT!
ICH GEBE NIEMALS AUF!!
NORMAN DARF NICHT UMSONST GESTORBEN SEIN.
ICH ÜBERLISTE MAMA!
ICH SCHLAGE SIE UND WIR FLIEHEN VON HIER!
NEIN, ICH HABE NICHT AUFGEGE-BEN.
DU DOCH WOHL AUCH NICHT, RAY?
NATÜRLICH NICHT.
WIR HATTEN ALSO DENSELBEN GEDANKEN.

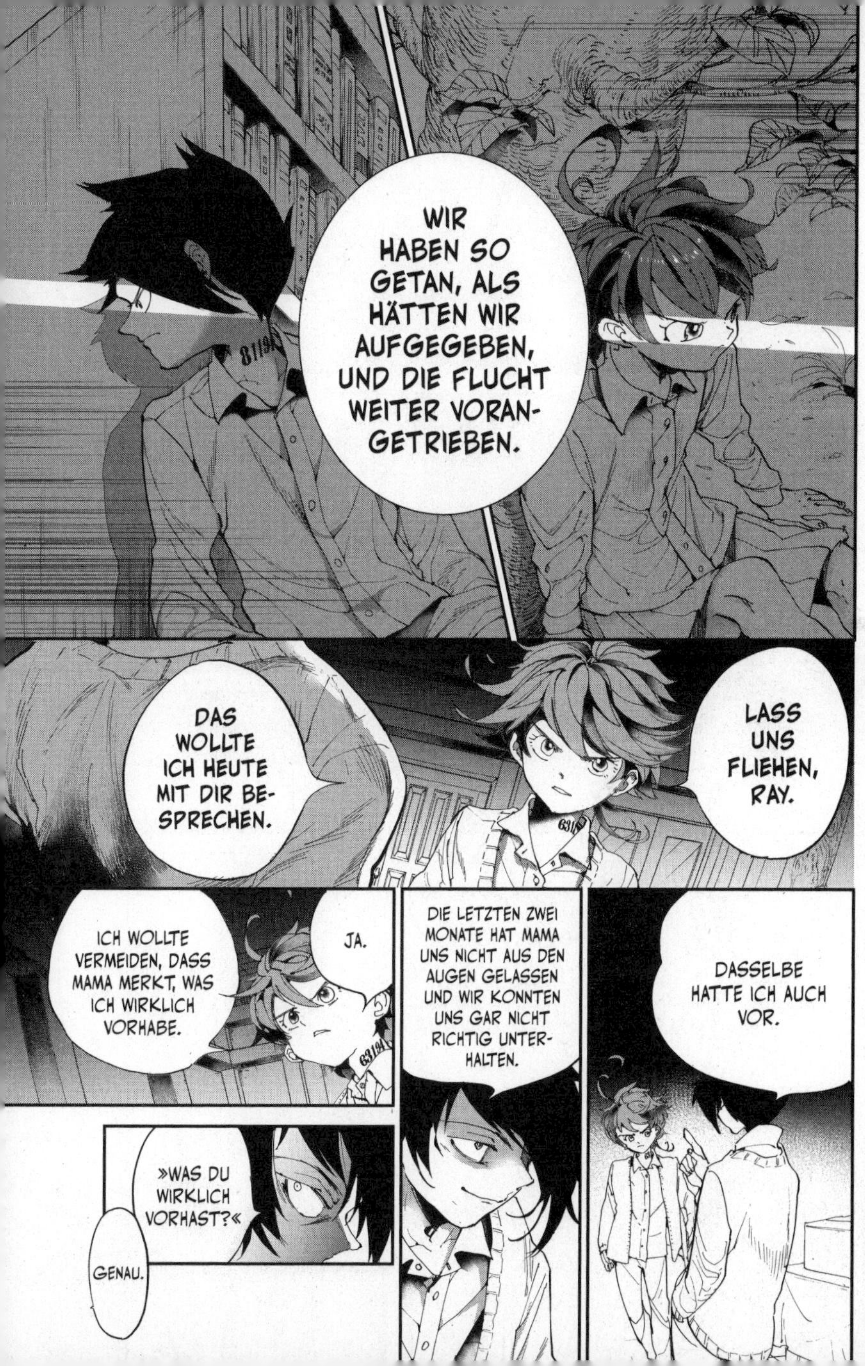

WIR HABEN SO GETAN, ALS HÄTTEN WIR AUFGEGEBEN, UND DIE FLUCHT WEITER VORANGETRIEBEN.
LASS UNS FLIEHEN, RAY.
DAS WOLLTE ICH HEUTE MIT DIR BESPRECHEN.
DASSELBE HATTE ICH AUCH VOR.
DIE LETZTEN ZWEI MONATE HAT MAMA UNS NICHT AUS DEN AUGEN GELASSEN UND WIR KONNTEN UNS GAR NICHT RICHTIG UNTERHALTEN.
JA.
ICH WOLLTE VERMEIDEN, DASS MAMA MERKT, WAS ICH WIRKLICH VORHABE.
»WAS DU WIRKLICH VORHAST?«
GENAU.

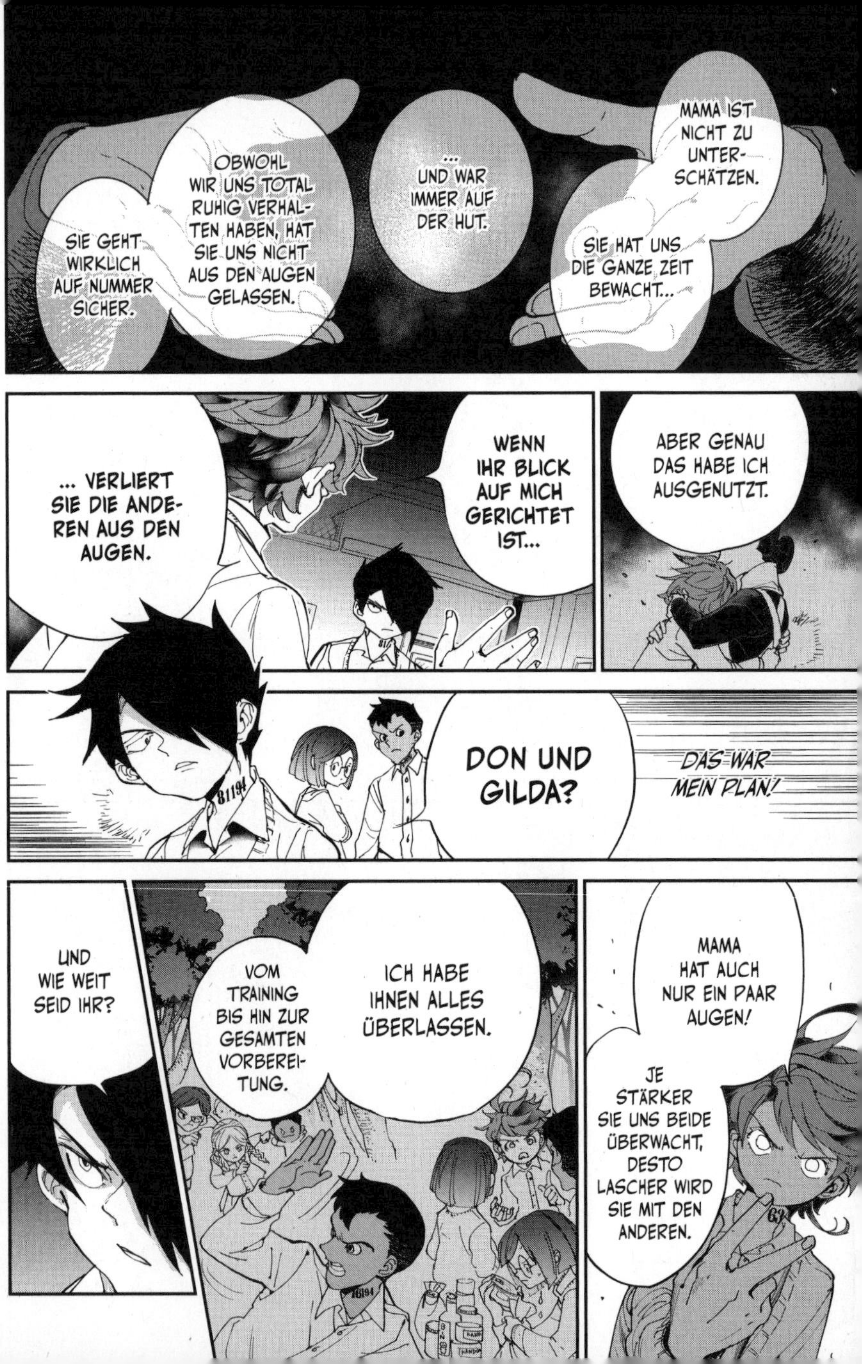
MAMA IST NICHT ZU UNTERSCHÄTZEN.
SIE HAT UNS DIE GANZE ZEIT BEWACHT...
... UND WAR IMMER AUF DER HUT.
OBWOHL WIR UNS TOTAL RUHIG VERHALTEN HABEN, HAT SIE UNS NICHT AUS DEN AUGEN GELASSEN.
SIE GEHT WIRKLICH AUF NUMMER SICHER.
ABER GENAU DAS HABE ICH AUSGENUTZT.
WENN IHR BLICK AUF MICH GERICHTET IST...
... VERLIERT SIE DIE ANDEREN AUS DEN AUGEN.
DAS WAR MEIN PLAN!
DON UND GILDA?
MAMA HAT AUCH NUR EIN PAAR AUGEN!
JE STÄRKER SIE UNS BEIDE ÜBERWACHT, DESTO LASCHER WIRD SIE MIT DEN ANDEREN.
ICH HABE IHNEN ALLES ÜBERLASSEN.
VOM TRAINING BIS HIN ZUR GESAMTEN VORBEREITUNG.
UND WIE WEIT SEID IHR?

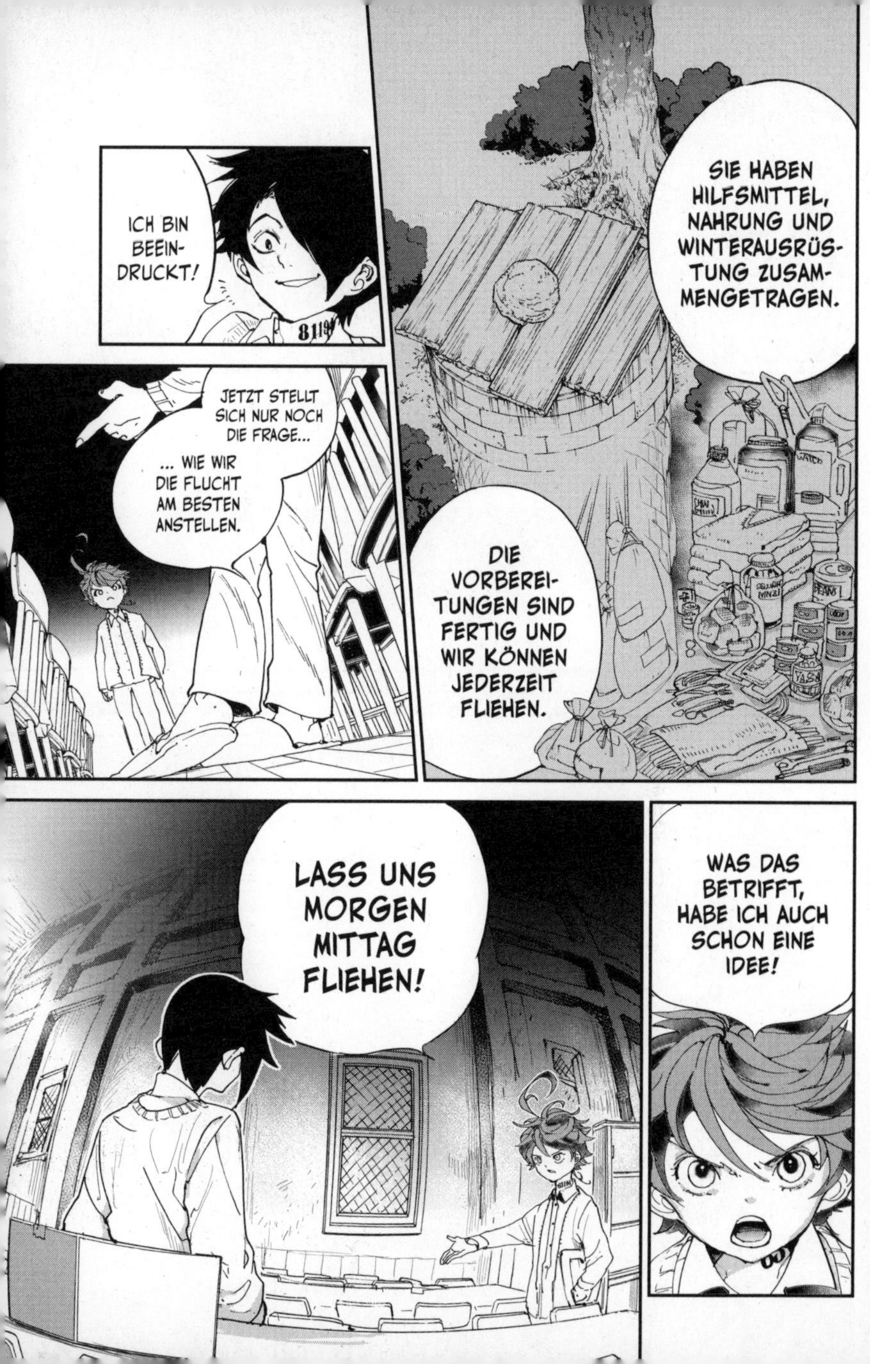

SIE HABEN HILFSMITTEL, NAHRUNG UND WINTERAUSRÜSTUNG ZUSAMMENGETRAGEN.
DIE VORBEREITUNGEN SIND FERTIG UND WIR KÖNNEN JEDERZEIT FLIEHEN.
ICH BIN BEEINDRUCKT!
JETZT STELLT SICH NUR NOCH DIE FRAGE...
... WIE WIR DIE FLUCHT AM BESTEN ANSTELLEN.
WAS DAS BETRIFFT, HABE ICH AUCH SCHON EINE IDEE!
LASS UNS MORGEN MITTAG FLIEHEN!

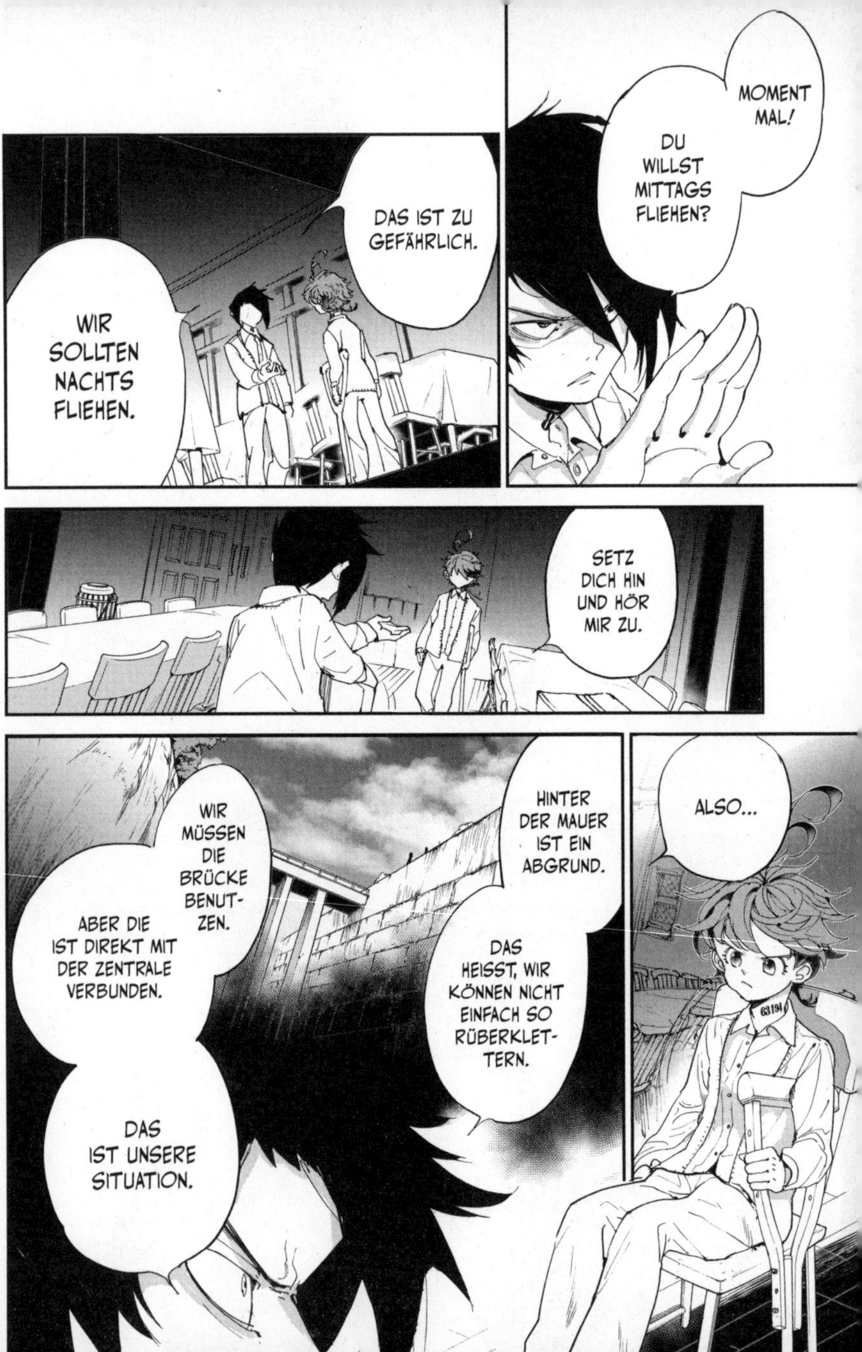
MOMENT MAL!
DU WILLST MITTAGS FLIEHEN?
DAS IST ZU GEFÄHRLICH.
WIR SOLLTEN NACHTS FLIEHEN.
SETZ DICH HIN UND HÖR MIR ZU.
ALSO...
HINTER DER MAUER IST EIN ABGRUND.
DAS HEISST, WIR KÖNNEN NICHT EINFACH SO RÜBERKLET-TERN.
WIR MÜSSEN DIE BRÜCKE BENUT-ZEN.
ABER DIE IST DIREKT MIT DER ZENTRALE VERBUNDEN.
DAS IST UNSERE SITUATION.

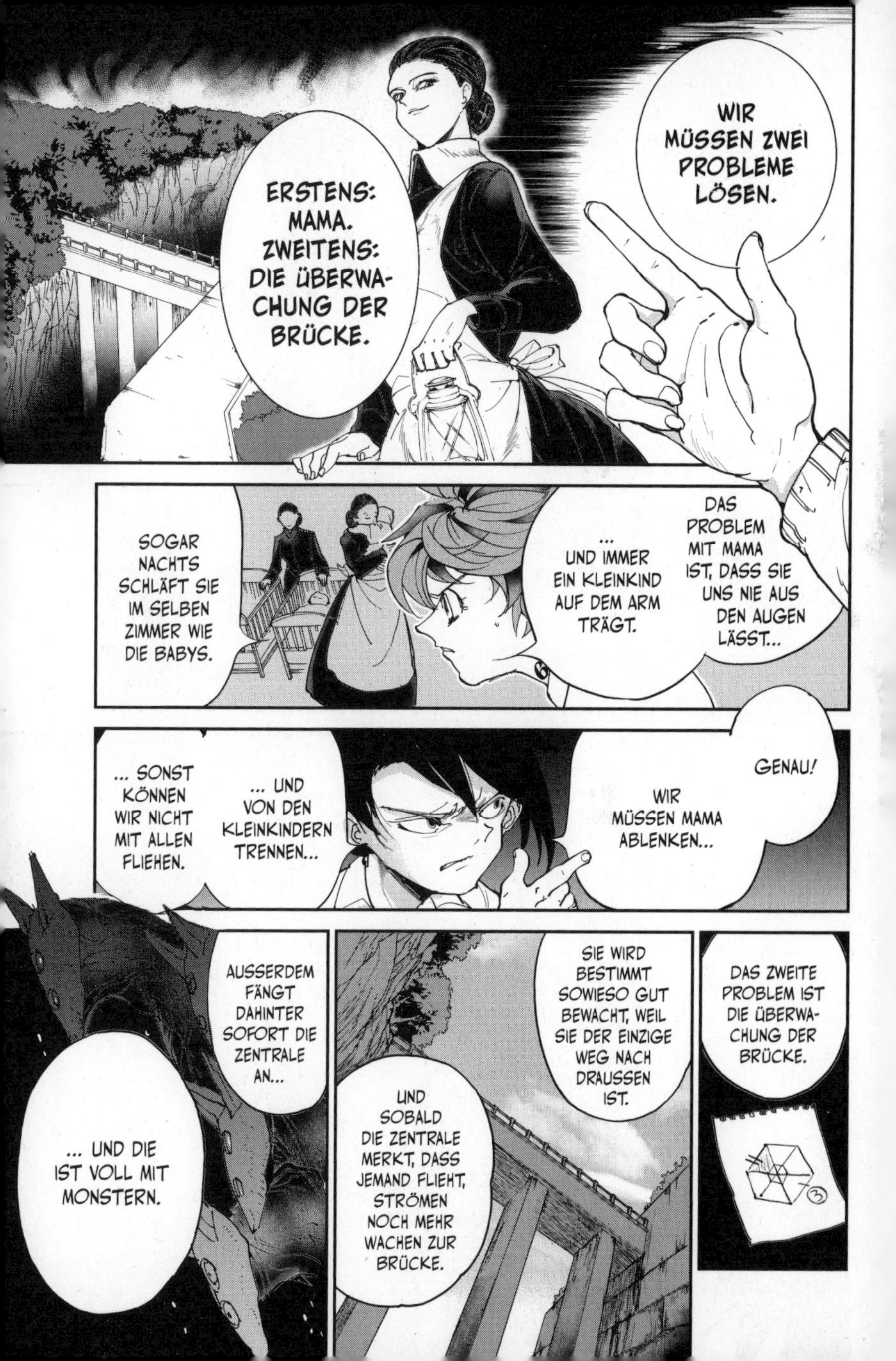
WIR MÜSSEN ZWEI PROBLEME LÖSEN.
ERSTENS: MAMA. ZWEITENS: DIE ÜBERWACHUNG DER BRÜCKE.
DAS PROBLEM MIT MAMA IST, DASS SIE UNS NIE AUS DEN AUGEN LÄSST...
... UND IMMER EIN KLEINKIND AUF DEM ARM TRÄGT.
SOGAR NACHTS SCHLÄFT SIE IM SELBEN ZIMMER WIE DIE BABYS.
GENAU!
WIR MÜSSEN MAMA ABLENKEN...
... UND VON DEN KLEINKINDERN TRENNEN...
... SONST KÖNNEN WIR NICHT MIT ALLEN FLIEHEN.
DAS ZWEITE PROBLEM IST DIE ÜBERWACHUNG DER BRÜCKE.
SIE WIRD BESTIMMT SOWIESO GUT BEWACHT, WEIL SIE DER EINZIGE WEG NACH DRAUSSEN IST.
UND SOBALD DIE ZENTRALE MERKT, DASS JEMAND FLIEHT, STRÖMEN NOCH MEHR WACHEN ZUR BRÜCKE.
AUSSERDEM FÄNGT DAHINTER SOFORT DIE ZENTRALE AN...
... UND DIE IST VOLL MIT MONSTERN.

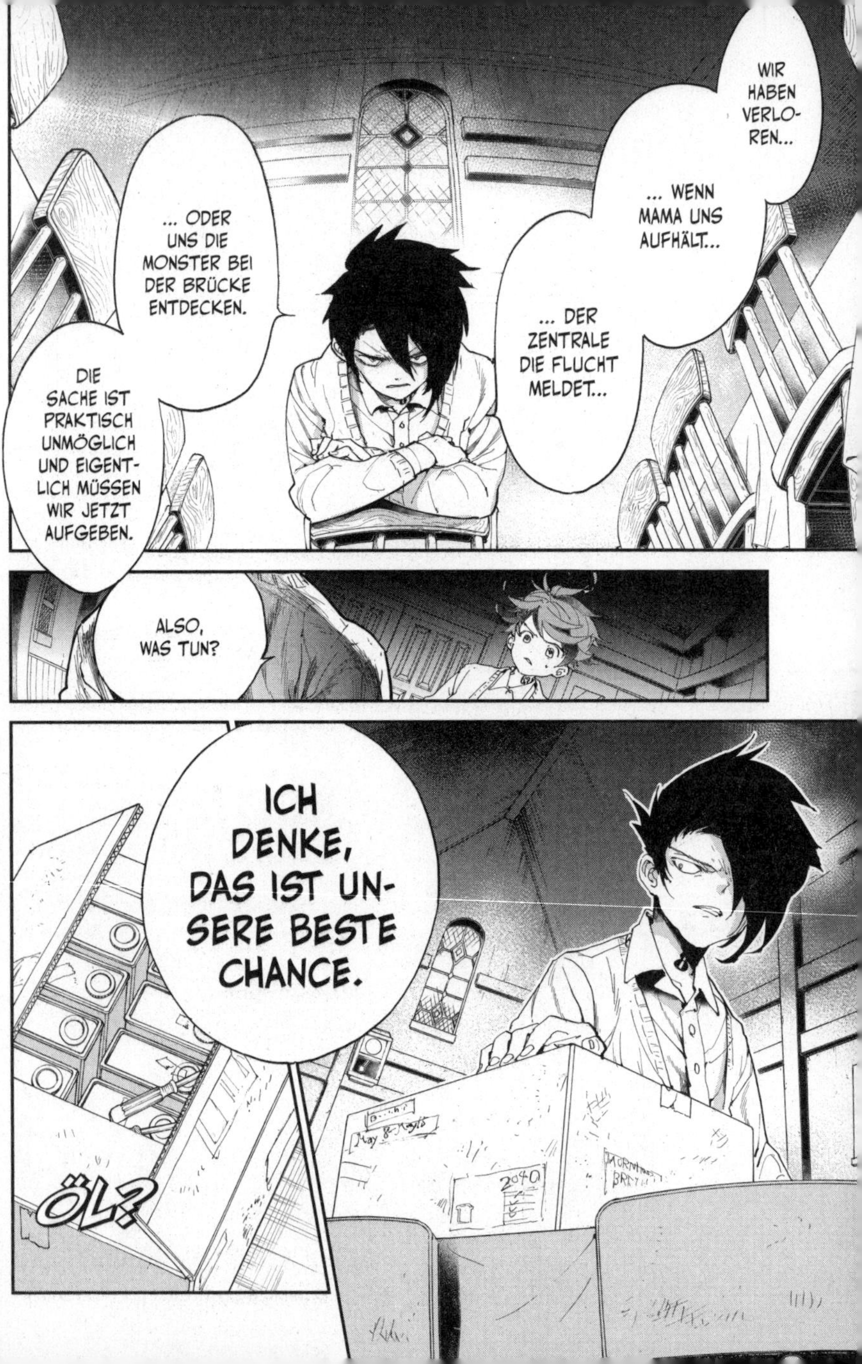
WIR HABEN VERLOREN...
... WENN MAMA UNS AUFHÄLT...
... DER ZENTRALE DIE FLUCHT MELDET...
... ODER UNS DIE MONSTER BEI DER BRÜCKE ENTDECKEN.
DIE SACHE IST PRAKTISCH UNMÖGLICH UND EIGENTLICH MÜSSEN WIR JETZT AUFGEBEN.
ALSO, WAS TUN?
ICH DENKE, DAS IST UNSERE BESTE CHANCE.
ÖL?

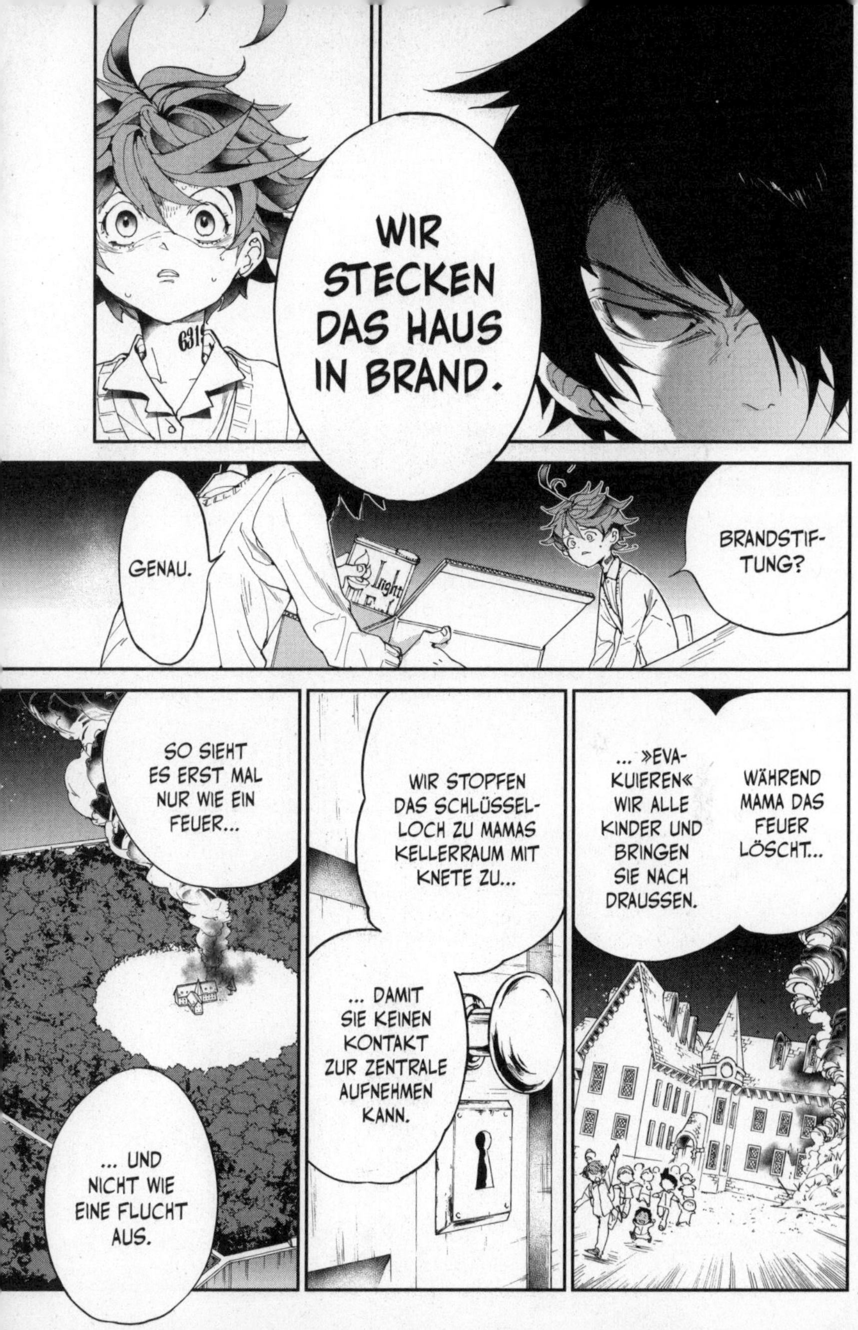
WIR STECKEN DAS HAUS IN BRAND.
BRANDSTIFTUNG?
GENAU.
WÄHREND MAMA DAS FEUER LÖSCHT...
... »EVAKUIEREN« WIR ALLE KINDER UND BRINGEN SIE NACH DRAUSSEN.
WIR STOPFEN DAS SCHLÜSSELLOCH ZU MAMAS KELLERRAUM MIT KNETE ZU...
... DAMIT SIE KEINEN KONTAKT ZUR ZENTRALE AUFNEHMEN KANN.
SO SIEHT ES ERST MAL NUR WIE EIN FEUER...
... UND NICHT WIE EINE FLUCHT AUS.

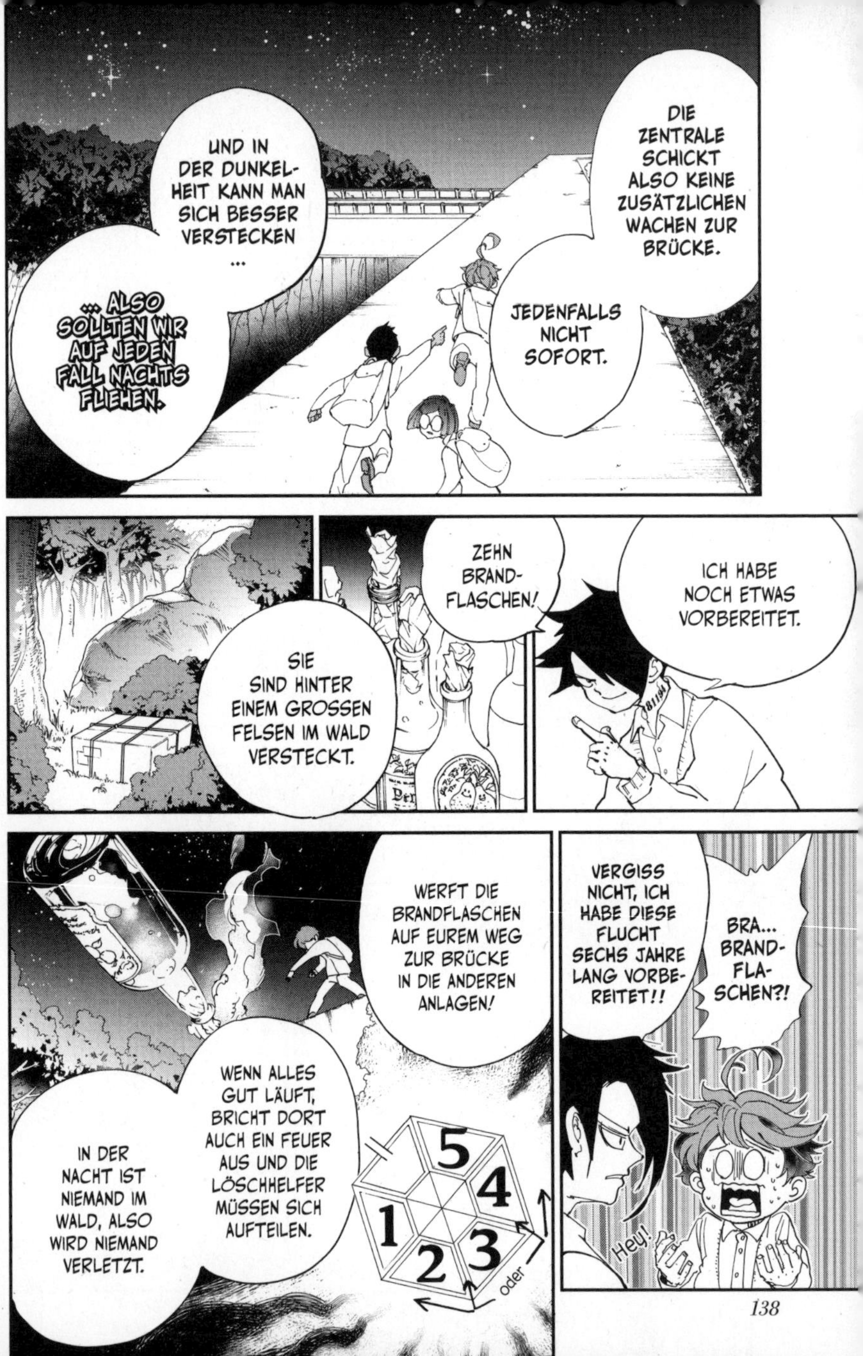
DIE ZENTRALE SCHICKT ALSO KEINE ZUSÄTZLICHEN WACHEN ZUR BRÜCKE.
JEDENFALLS NICHT SOFORT.
UND IN DER DUNKELHEIT KANN MAN SICH BESSER VERSTECKEN ...
... ALSO SOLLTEN WIR AUF JEDEN FALL NACHTS FLIEHEN.
ICH HABE NOCH ETWAS VORBEREITET.
ZEHN BRANDFLASCHEN!
SIE SIND HINTER EINEM GROSSEN FELSEN IM WALD VERSTECKT.
BRA... BRANDFLASCHEN?!
VERGISS NICHT, ICH HABE DIESE FLUCHT SECHS JAHRE LANG VORBEREITET!!
Hey!
WERFT DIE BRANDFLASCHEN AUF EUREM WEG ZUR BRÜCKE IN DIE ANDEREN ANLAGEN!
WENN ALLES GUT LÄUFT, BRICHT DORT AUCH EIN FEUER AUS UND DIE LÖSCHHELFER MÜSSEN SICH AUFTEILEN.
IN DER NACHT IST NIEMAND IM WALD, ALSO WIRD NIEMAND VERLETZT.
5
4
1
2
3
oder

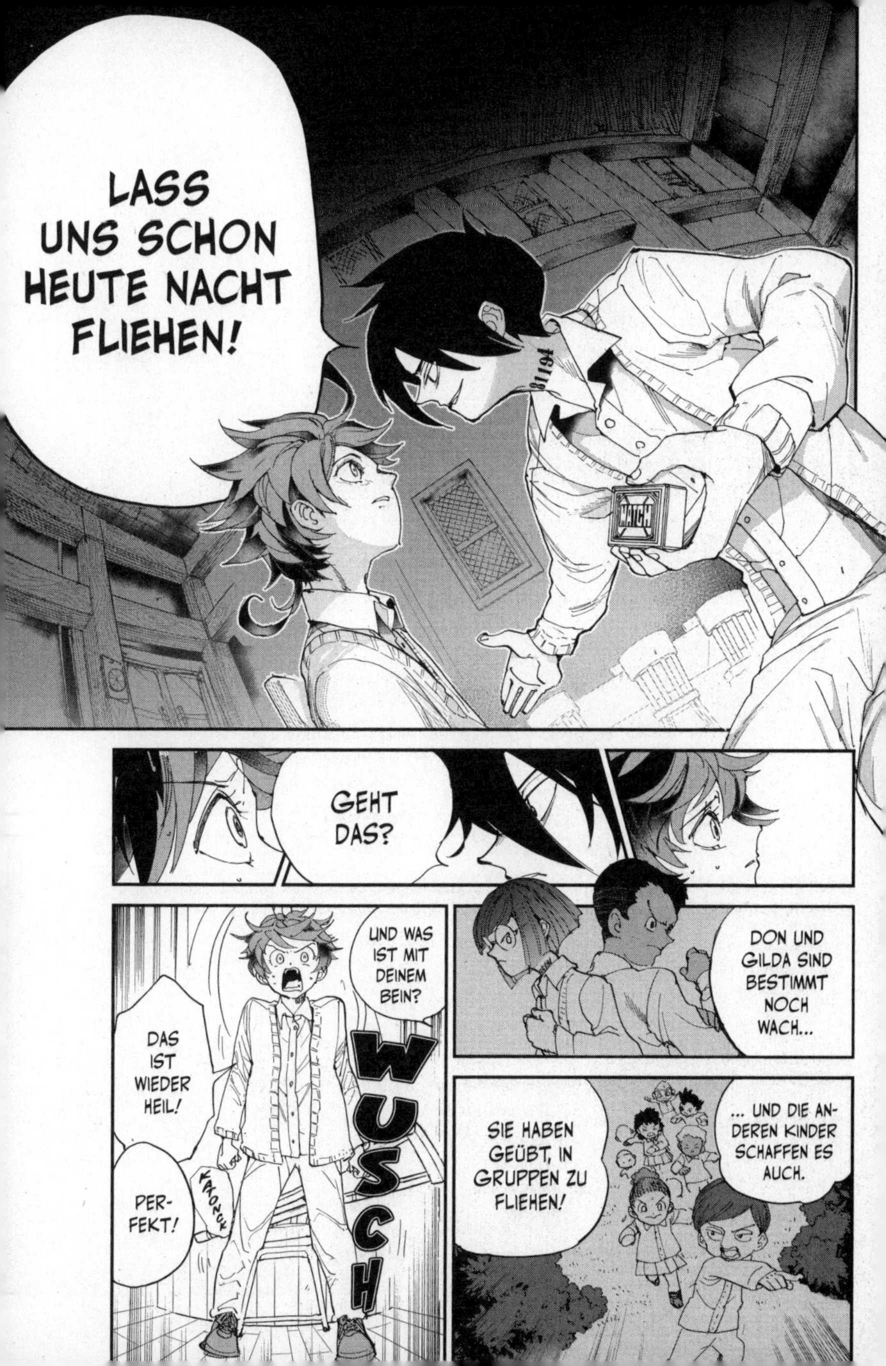
LASS UNS SCHON HEUTE NACHT FLIEHEN!
GEHT DAS?
DON UND GILDA SIND BESTIMMT NOCH WACH...
... UND DIE ANDEREN KINDER SCHAFFEN ES AUCH.
SIE HABEN GEÜBT, IN GRUPPEN ZU FLIEHEN!
UND WAS IST MIT DEINEM BEIN?
WUSCH
DAS IST WIEDER HEIL!
PER-FEKT!

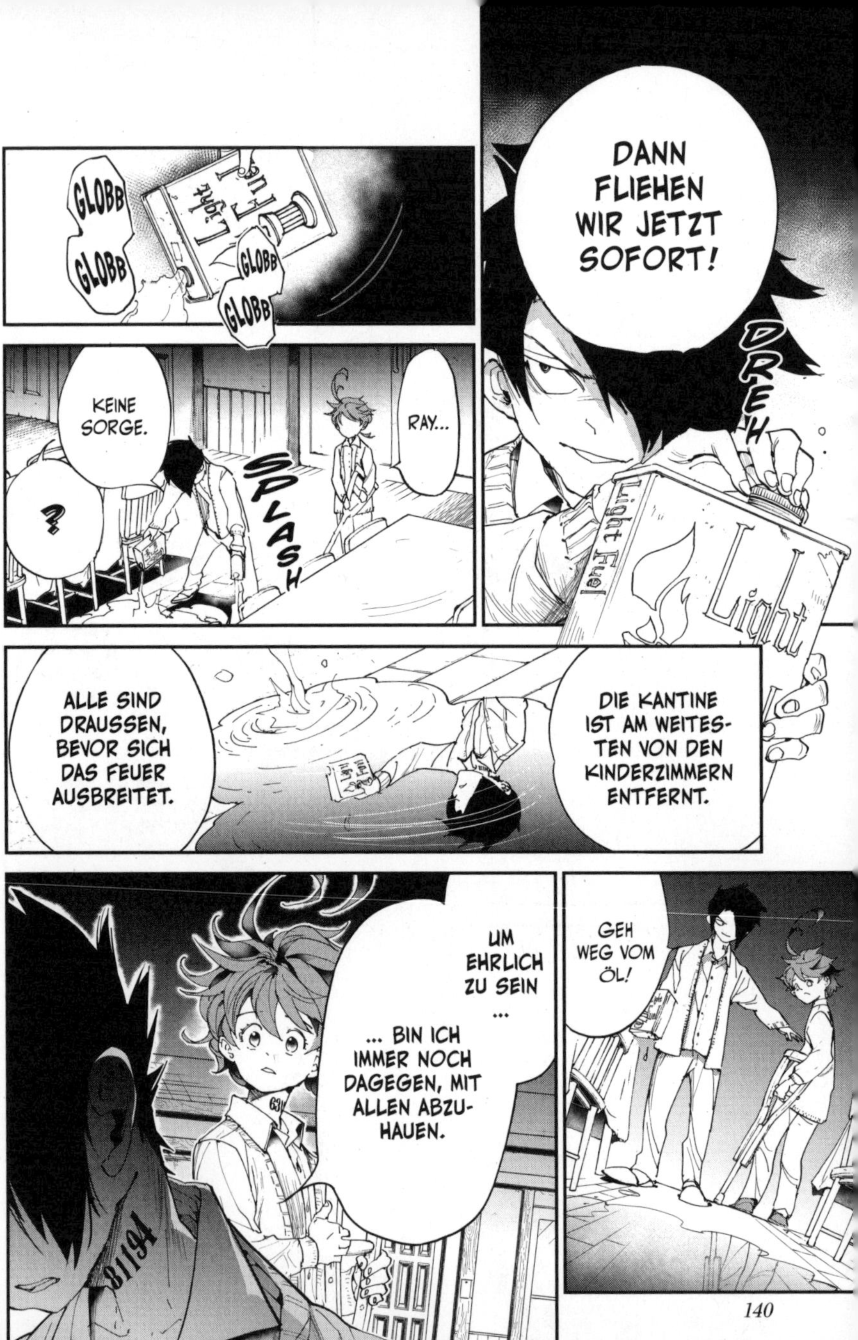
DANN FLIEHEN WIR JETZT SOFORT!
DREH
GLOBB
GLOBB
GLOBB
GLOBB
RAY...
SPLASH
KEINE SORGE.
?
DIE KANTINE IST AM WEITES-TEN VON DEN KINDERZIMMERN ENTFERNT.
ALLE SIND DRAUSSEN, BEVOR SICH DAS FEUER AUSBREITET.
GEH WEG VOM ÖL!
UM EHRLICH ZU SEIN ...
... BIN ICH IMMER NOCH DAGEGEN, MIT ALLEN ABZU-HAUEN.

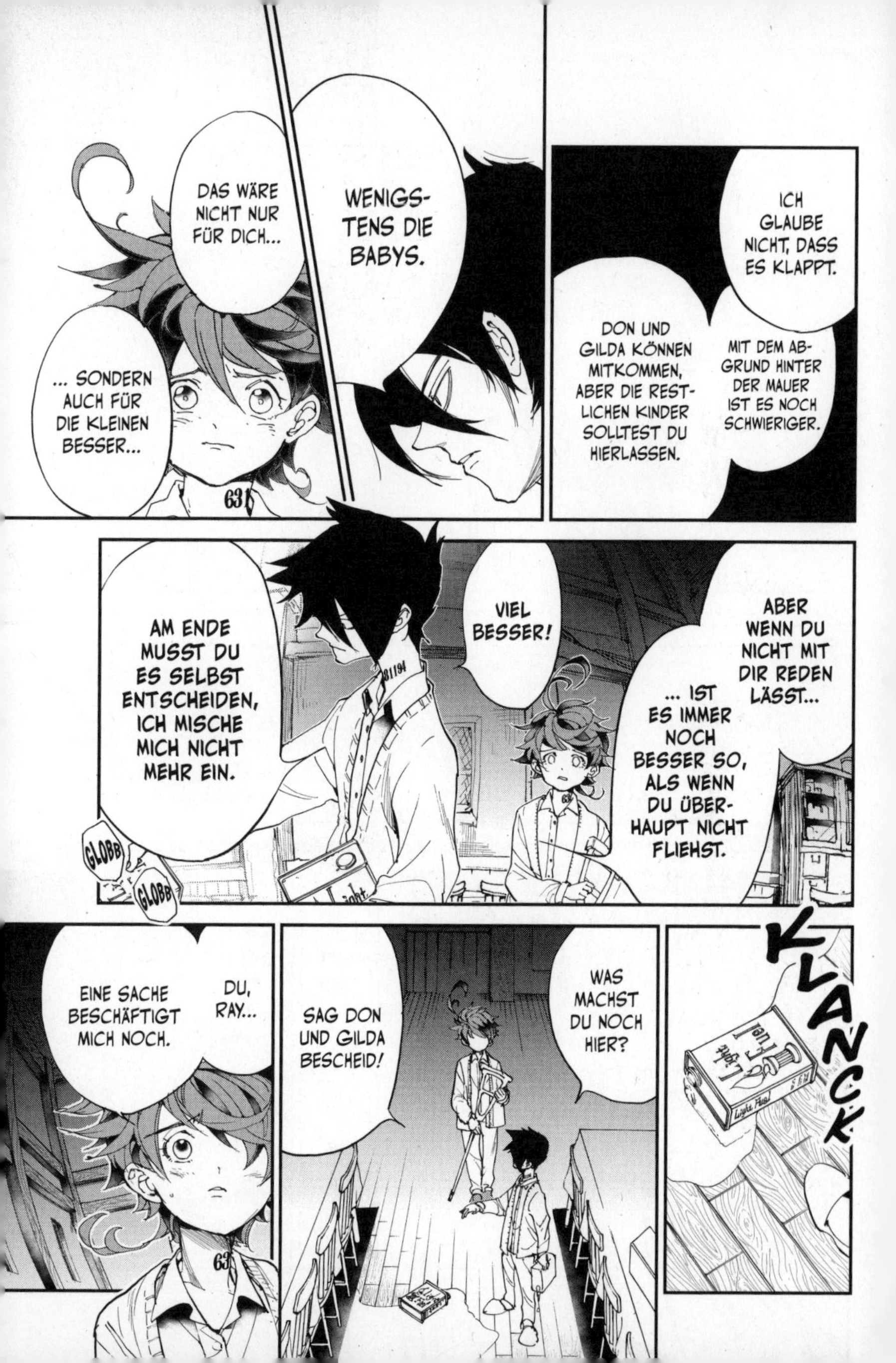

ICH GLAUBE NICHT, DASS ES KLAPPT.
MIT DEM ABGRUND HINTER DER MAUER IST ES NOCH SCHWIERIGER.
DON UND GILDA KÖNNEN MITKOMMEN, ABER DIE RESTLICHEN KINDER SOLLTEST DU HIERLASSEN.
WENIGSTENS DIE BABYS.
DAS WÄRE NICHT NUR FÜR DICH...
... SONDERN AUCH FÜR DIE KLEINEN BESSER...
ABER WENN DU NICHT MIT DIR REDEN LÄSST...
... IST ES IMMER NOCH BESSER SO, ALS WENN DU ÜBERHAUPT NICHT FLIEHST.
VIEL BESSER!
AM ENDE MUSST DU ES SELBST ENTSCHEIDEN, ICH MISCHE MICH NICHT MEHR EIN.
GLOBB
GLOBB
KLANCK
WAS MACHST DU NOCH HIER?
SAG DON UND GILDA BESCHEID!
DU, RAY...
EINE SACHE BESCHÄFTIGT MICH NOCH.

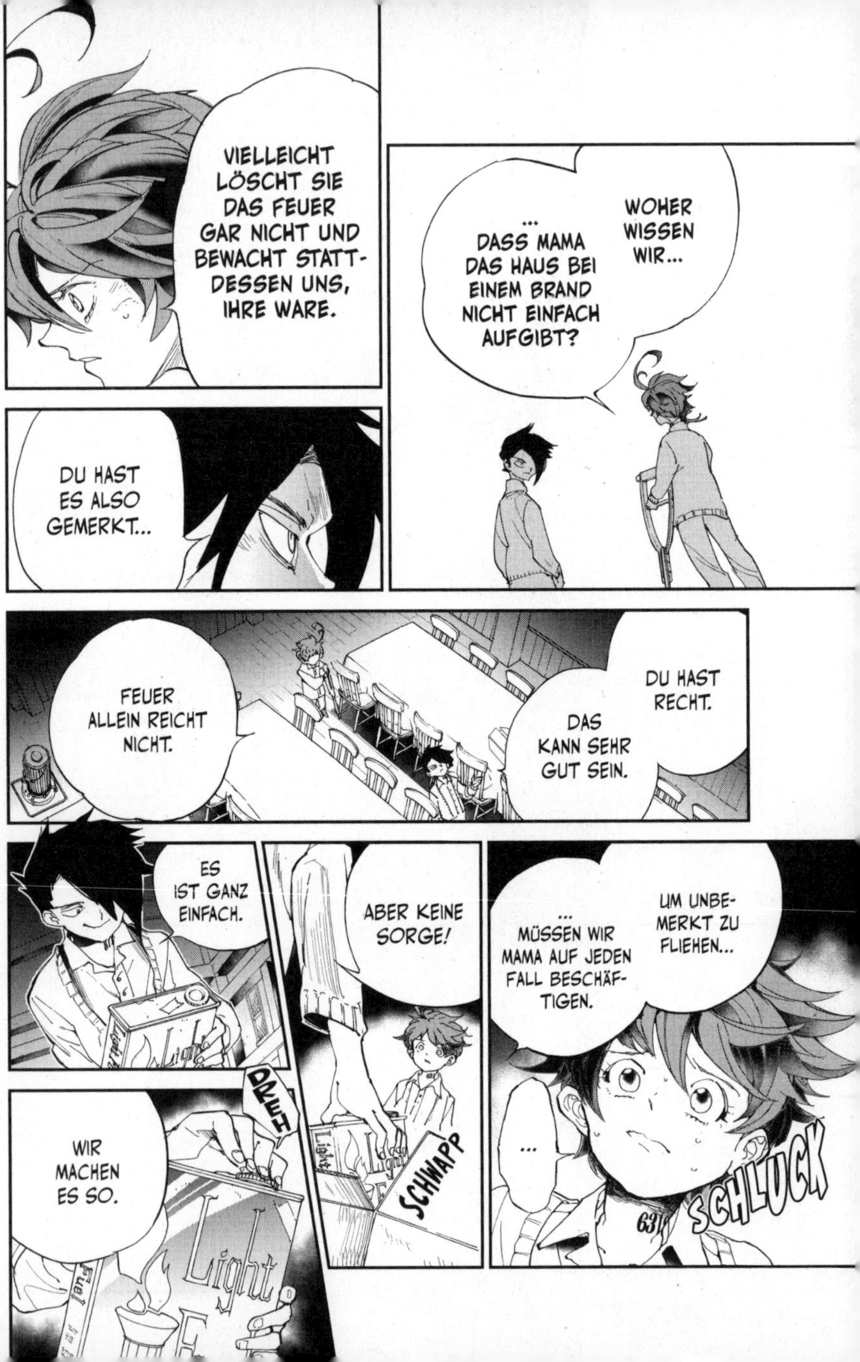
WOHER WISSEN WIR...
... DASS MAMA DAS HAUS BEI EINEM BRAND NICHT EINFACH AUFGIBT?
VIELLEICHT LÖSCHT SIE DAS FEUER GAR NICHT UND BEWACHT STATT-DESSEN UNS, IHRE WARE.
DU HAST ES ALSO GEMERKT...
DU HAST RECHT.
DAS KANN SEHR GUT SEIN.
FEUER ALLEIN REICHT NICHT.
UM UNBE-MERKT ZU FLIEHEN...
... MÜSSEN WIR MAMA AUF JEDEN FALL BESCHÄF-TIGEN.
...
SCHLUCK
ABER KEINE SORGE!
SCHWAPP
ES IST GANZ EINFACH.
DREH
WIR MACHEN ES SO.

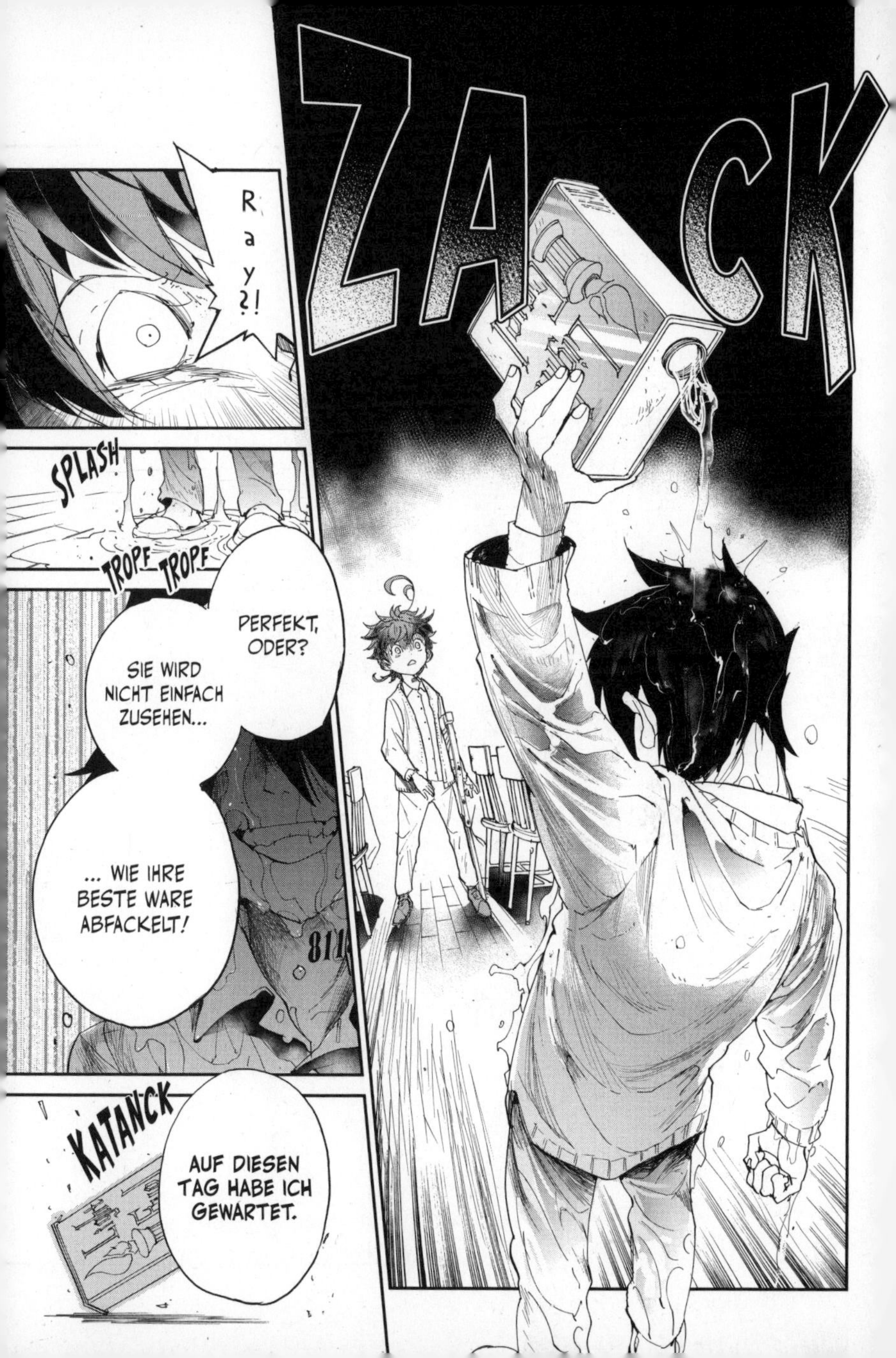
ZACK
Ray?!
SPLASH
TROPF TROPF
PERFEKT, ODER?
SIE WIRD NICHT EINFACH ZUSEHEN...
... WIE IHRE BESTE WARE ABFACKELT!
811
KATANCK
AUF DIESEN TAG HABE ICH GEWARTET.

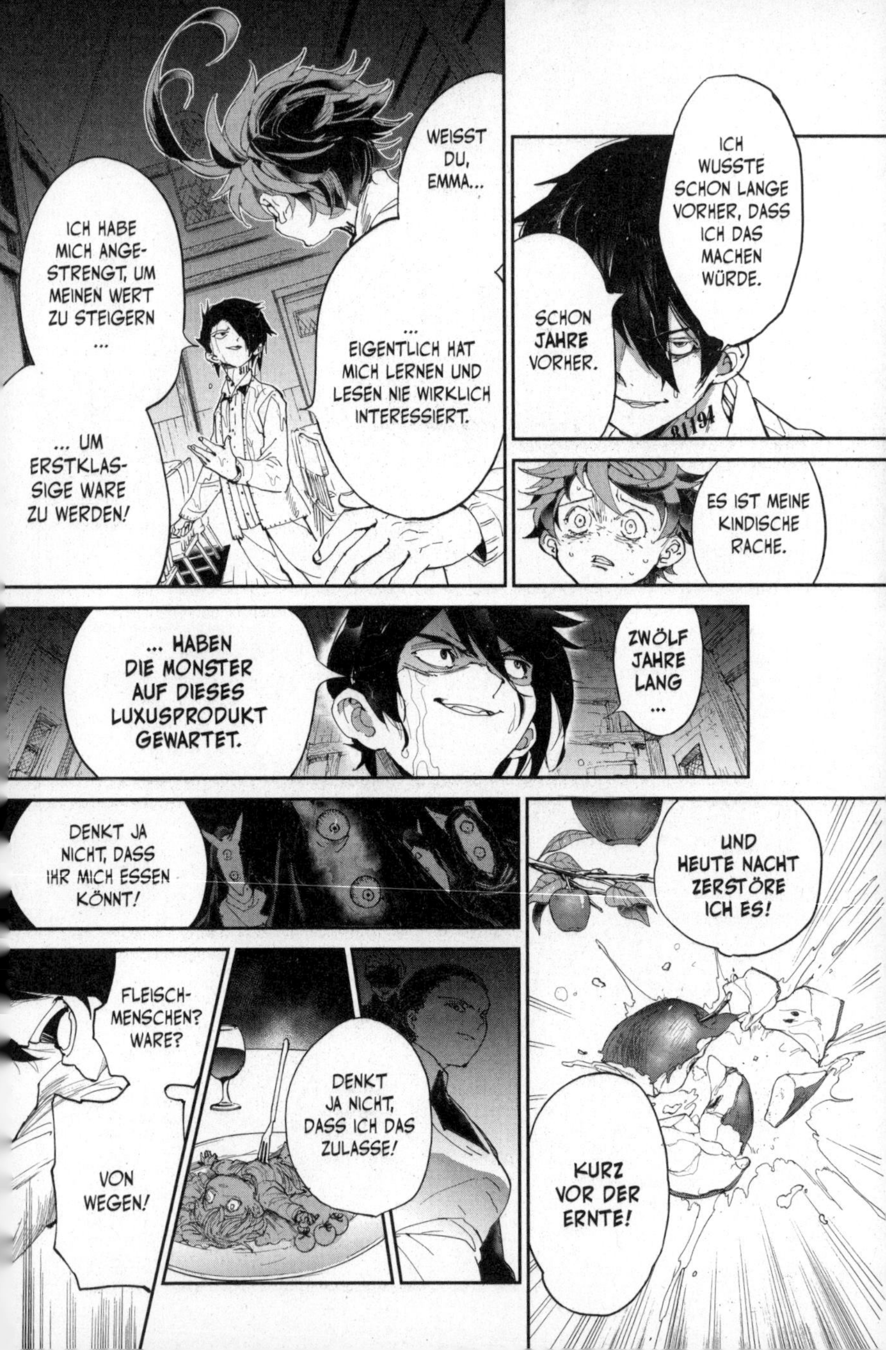
ICH WUSSTE SCHON LANGE VORHER, DASS ICH DAS MACHEN WÜRDE.
SCHON JAHRE VORHER.
ES IST MEINE KINDISCHE RACHE.
WEISST DU, EMMA...
... EIGENTLICH HAT MICH LERNEN UND LESEN NIE WIRKLICH INTERESSIERT.
ICH HABE MICH ANGESTRENGT, UM MEINEN WERT ZU STEIGERN ...
... UM ERSTKLASSIGE WARE ZU WERDEN!
81194
ZWÖLF JAHRE LANG ...
... HABEN DIE MONSTER AUF DIESES LUXUSPRODUKT GEWARTET.
UND HEUTE NACHT ZERSTÖRE ICH ES!
KURZ VOR DER ERNTE!
DENKT JA NICHT, DASS IHR MICH ESSEN KÖNNT!
DENKT JA NICHT, DASS ICH DAS ZULASSE!
FLEISCHMENSCHEN? WARE?
VON WEGEN!

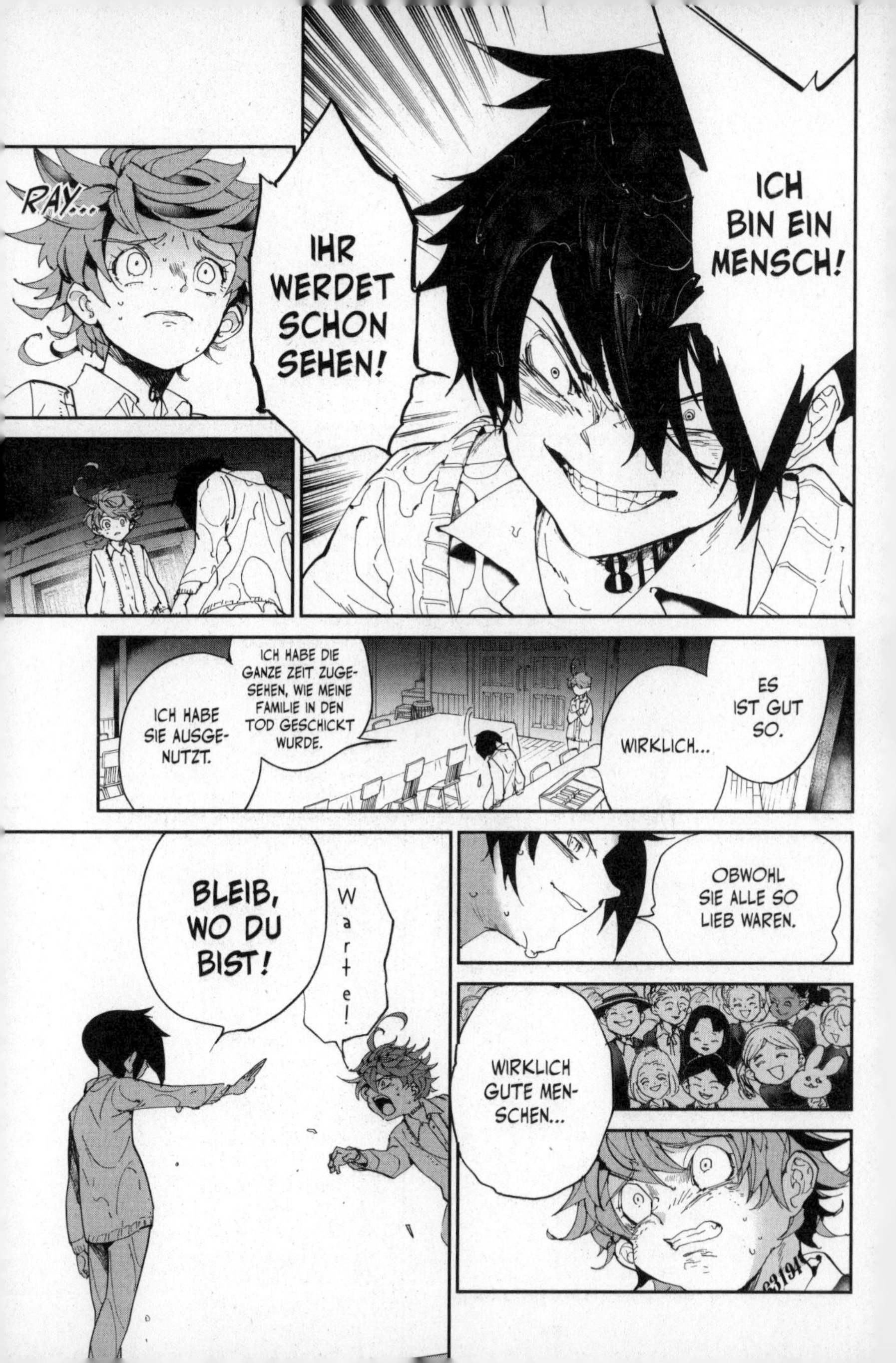
ICH BIN EIN MENSCH!
IHR WERDET SCHON SEHEN!
RAY...
ES IST GUT SO.
WIRKLICH...
ICH HABE DIE GANZE ZEIT ZUGE-SEHEN, WIE MEINE FAMILIE IN DEN TOD GESCHICKT WURDE.
ICH HABE SIE AUSGE-NUTZT.
OBWOHL SIE ALLE SO LIEB WAREN.
WIRKLICH GUTE MEN-SCHEN...
Warte!
BLEIB, WO DU BIST!

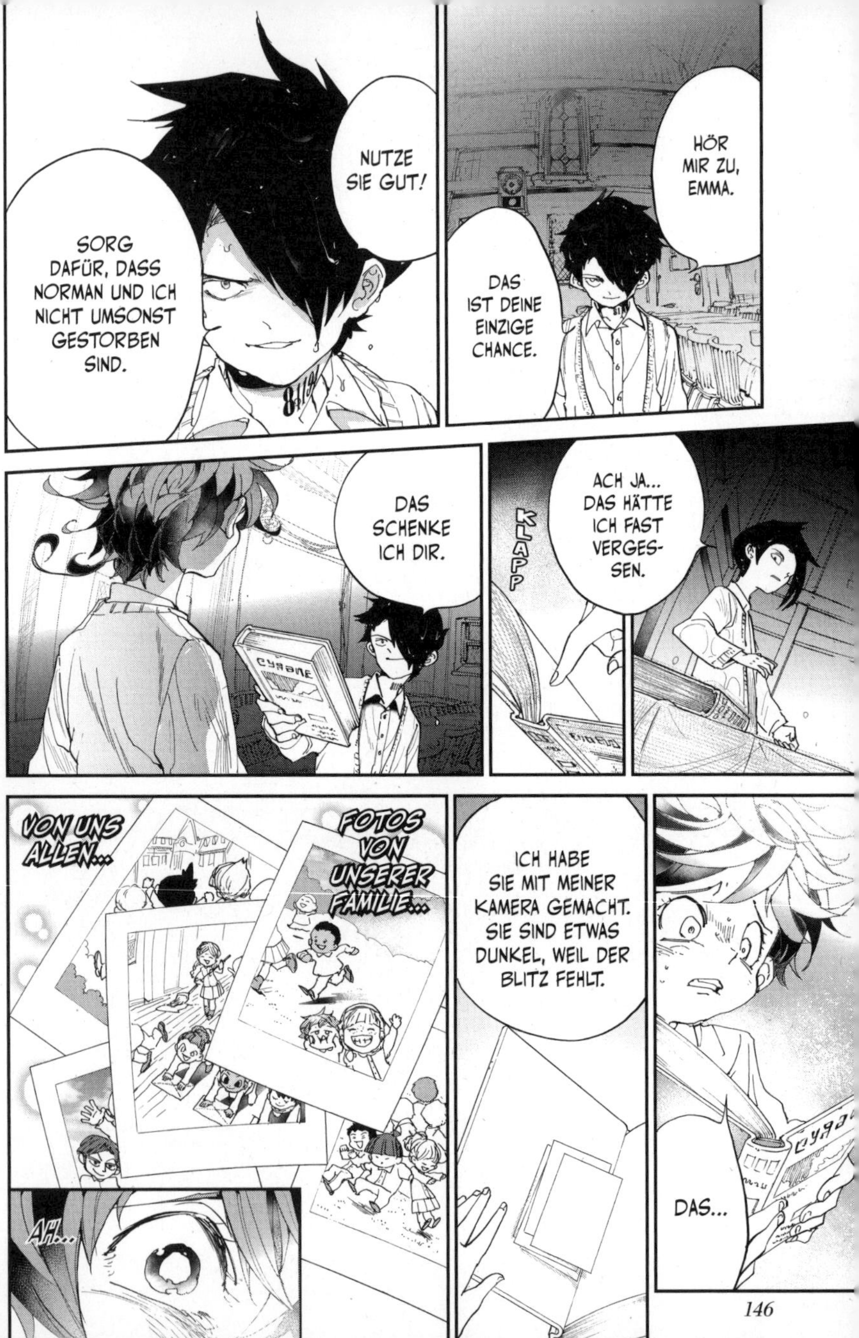
HÖR MIR ZU, EMMA.
DAS IST DEINE EINZIGE CHANCE.
NUTZE SIE GUT!
SORG DAFÜR, DASS NORMAN UND ICH NICHT UMSONST GESTORBEN SIND.
ACH JA... DAS HÄTTE ICH FAST VERGES-SEN.
KLAPP
DAS SCHENKE ICH DIR.
DAS...
ICH HABE SIE MIT MEINER KAMERA GEMACHT. SIE SIND ETWAS DUNKEL, WEIL DER BLITZ FEHLT.
FOTOS VON UNSERER FAMILIE...
VON UNS ALLEN...
AH...

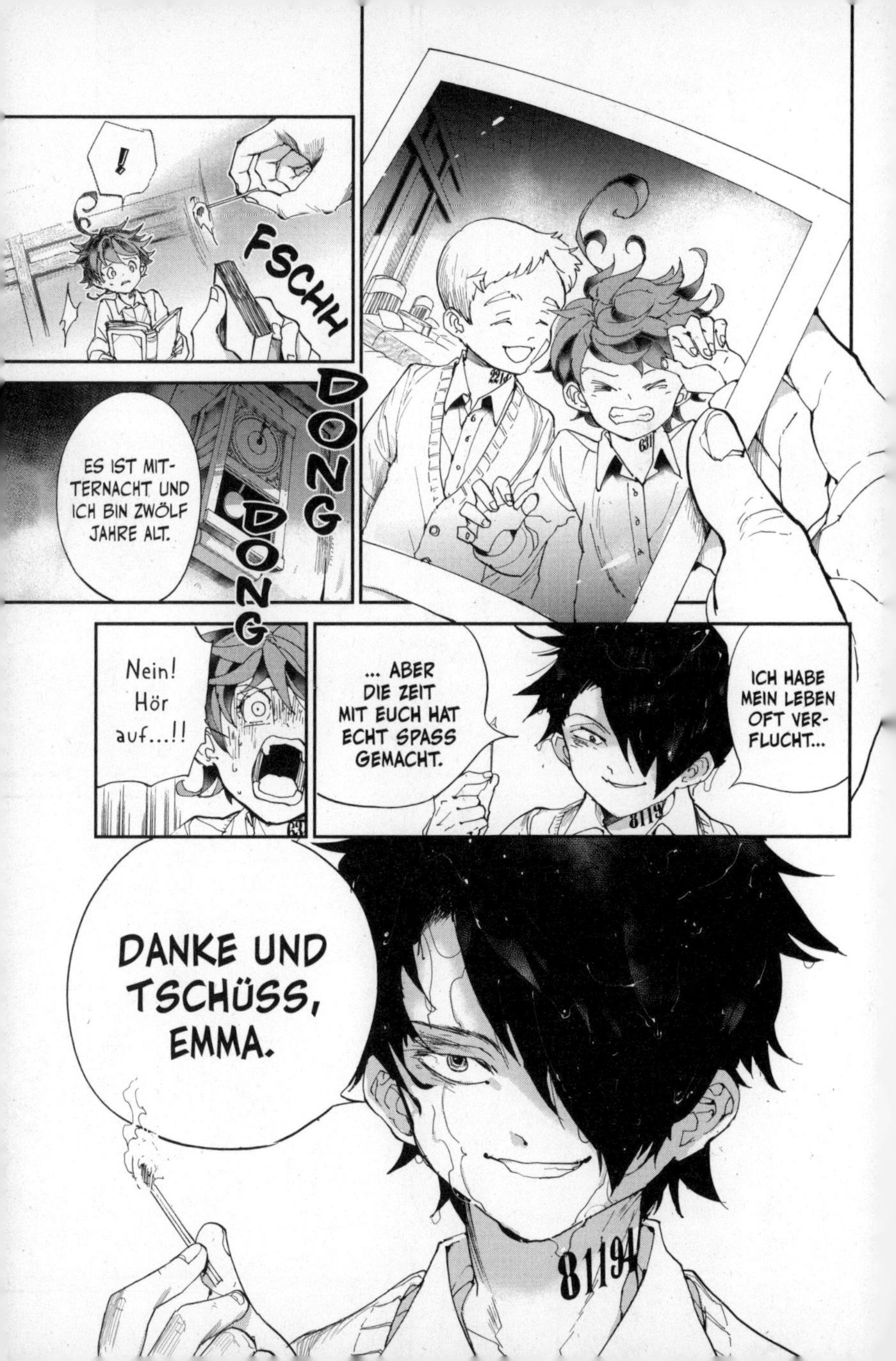
!
FSCHH
DONG
DONG
ES IST MITTERNACHT UND ICH BIN ZWÖLF JAHRE ALT.
ICH HABE MEIN LEBEN OFT VERFLUCHT...
... ABER DIE ZEIT MIT EUCH HAT ECHT SPASS GEMACHT.
Nein! Hör auf...!!
DANKE UND TSCHÜSS, EMMA.

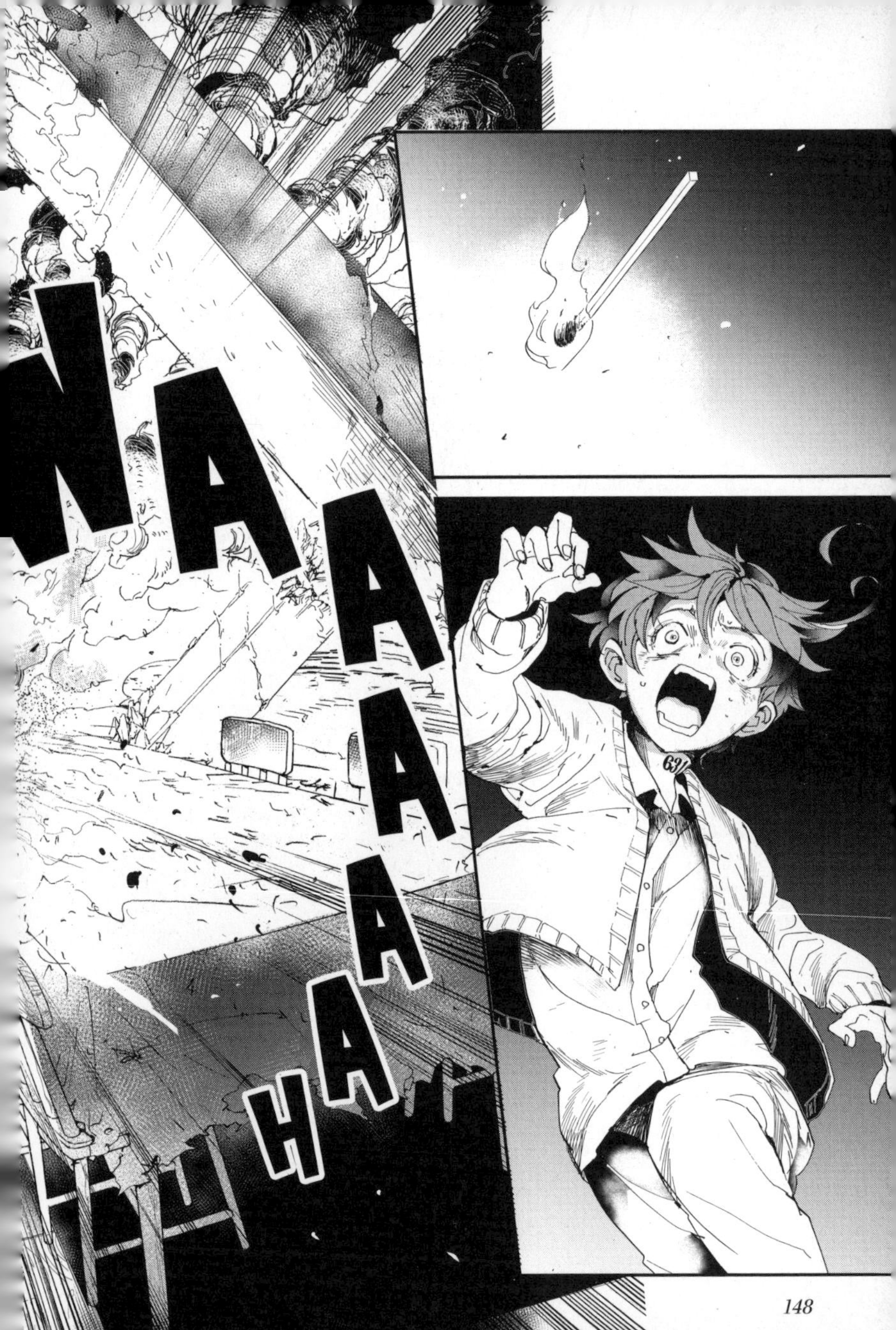
NAAAAAH

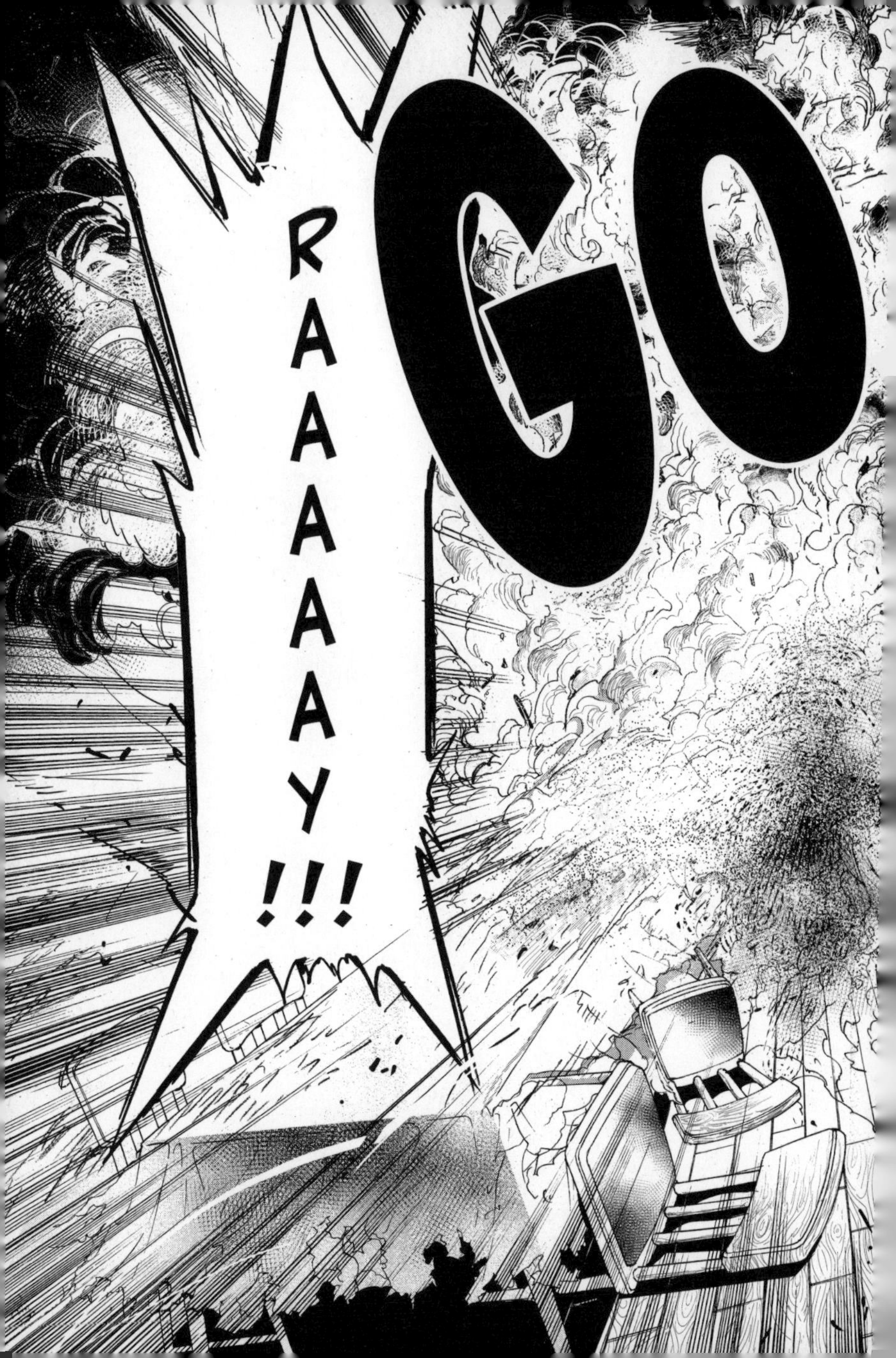
GO
RAAAAAY!!!

Hinter den Kulissen von The Promised Neverland

008

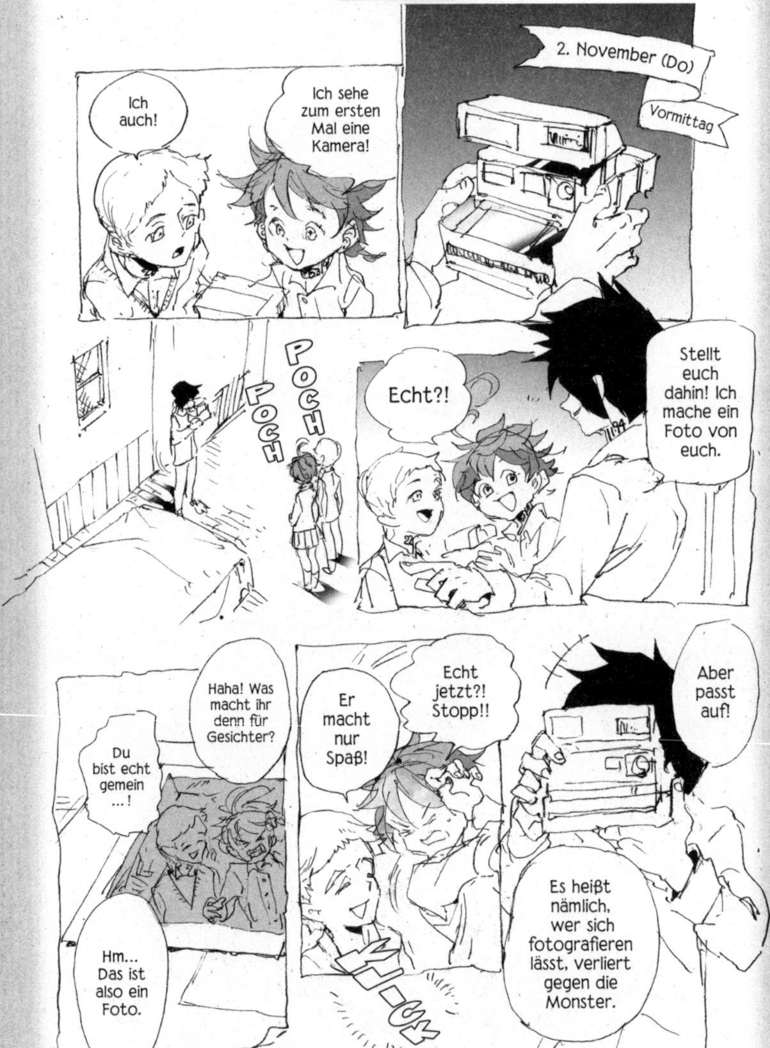

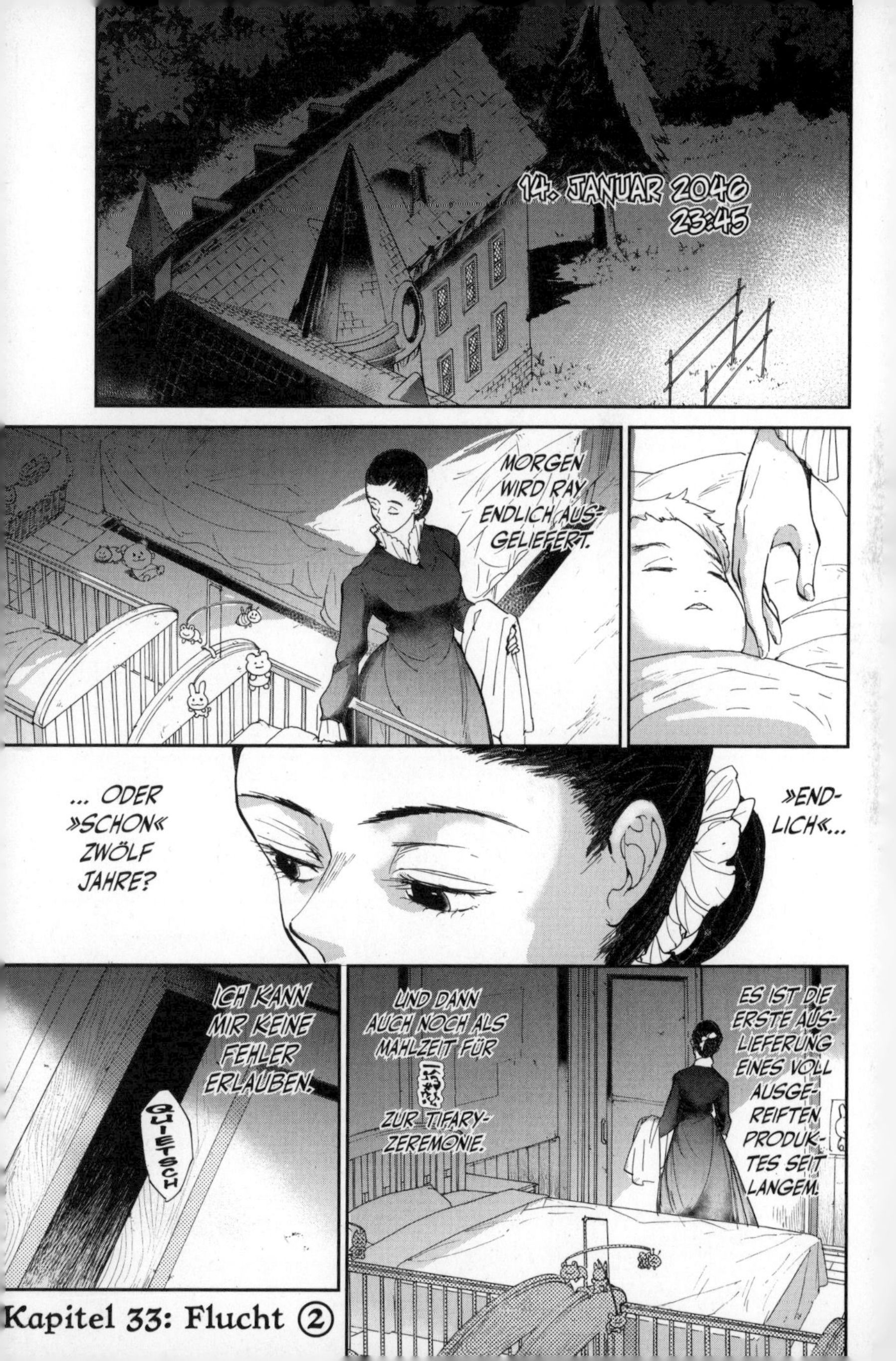

Kapitel 33: Flucht ②

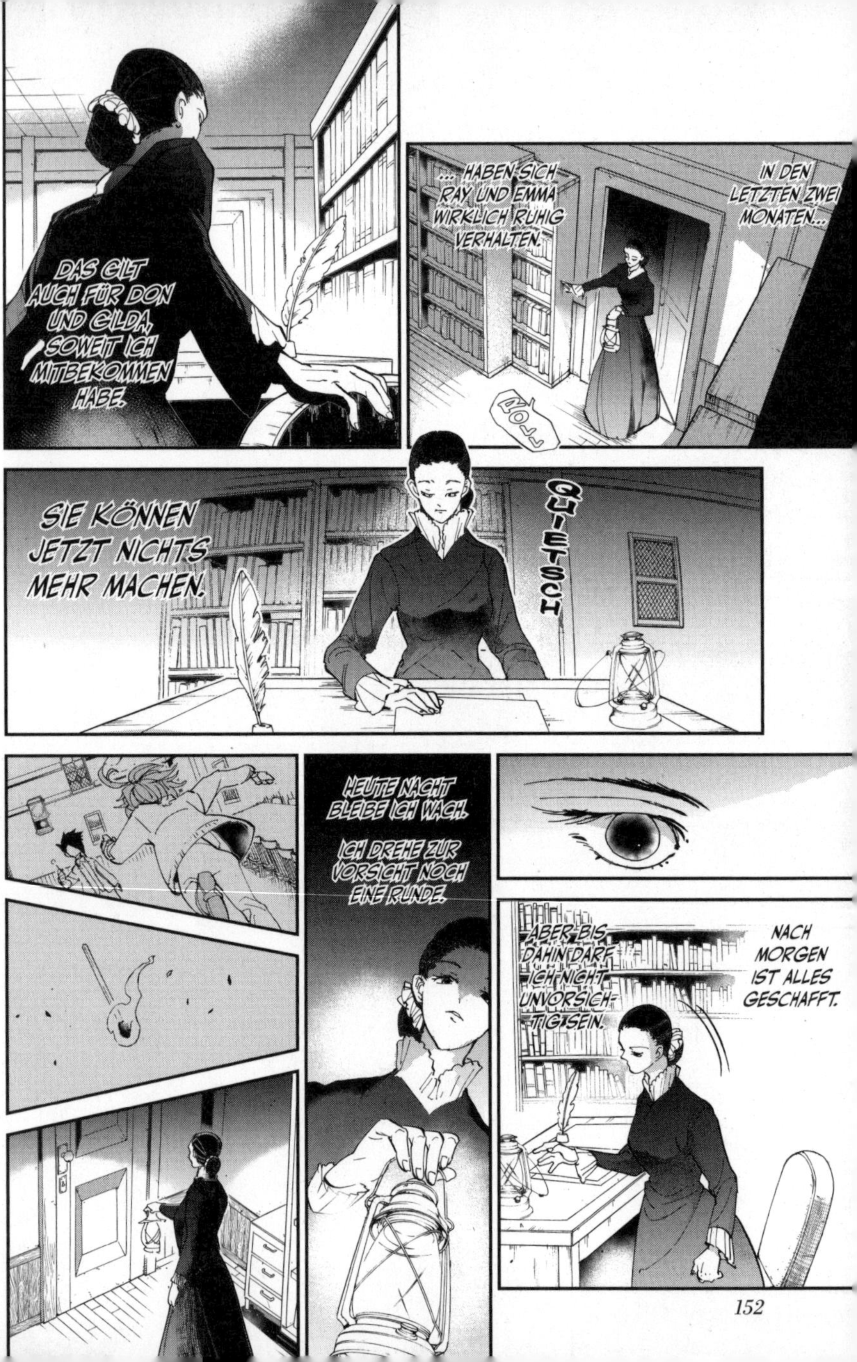
IN DEN LETZTEN ZWEI MONATEN...
... HABEN SICH RAY UND EMMA WIRKLICH RUHIG VERHALTEN.
DAS GILT AUCH FÜR DON UND GILDA, SOWEIT ICH MITBEKOMMEN HABE.
QUIETSCH
SIE KÖNNEN JETZT NICHTS MEHR MACHEN.
NACH MORGEN IST ALLES GESCHAFFT.
ABER BIS DAHIN DARF ICH NICHT UNVORSICH-TIG SEIN.
HEUTE NACHT BLEIBE ICH WACH.
ICH DREHE ZUR VORSICHT NOCH EINE RUNDE.

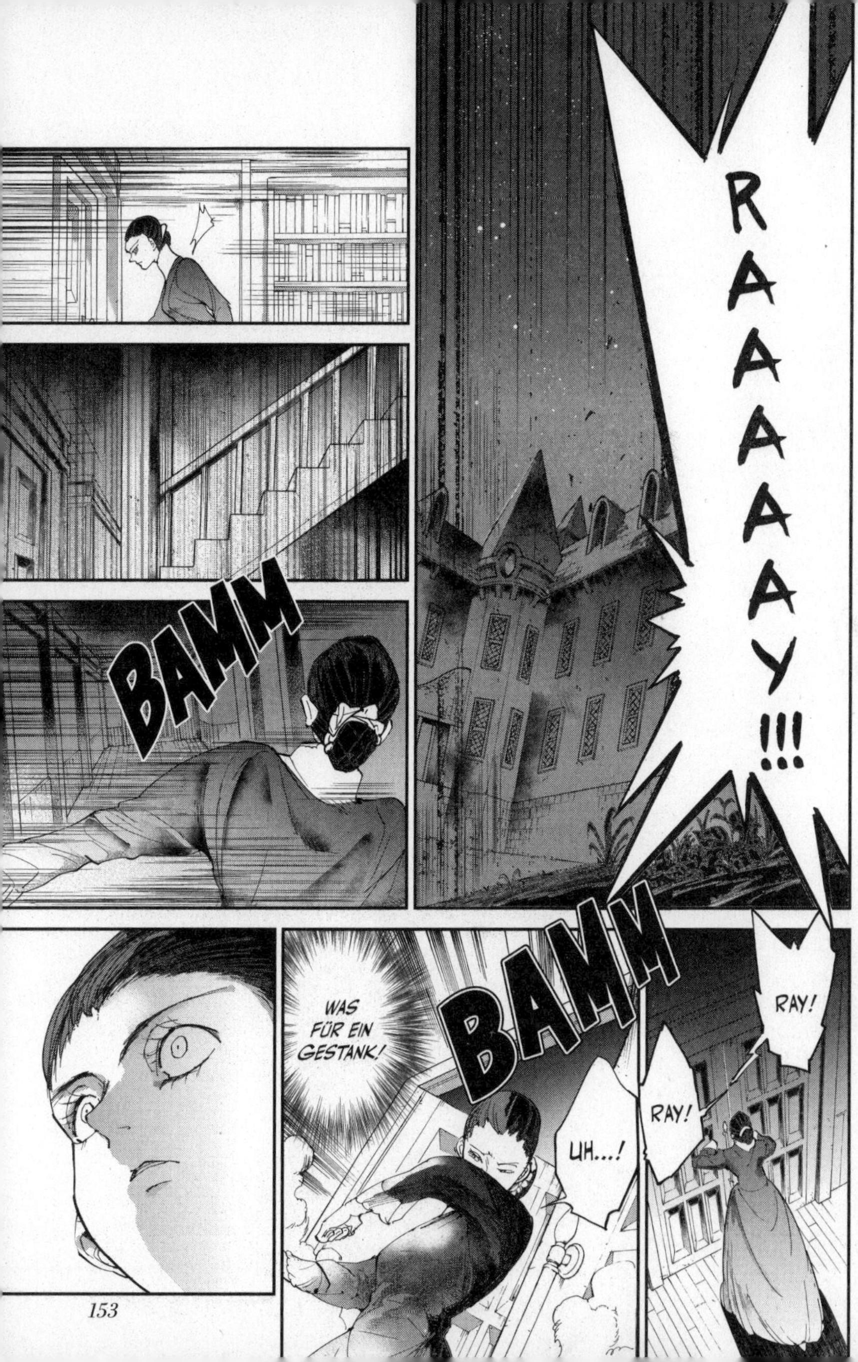
RAAAAAY!!!
BAMM
RAY!
RAY!
UH...!
BAMM
WAS FÜR EIN GESTANK!

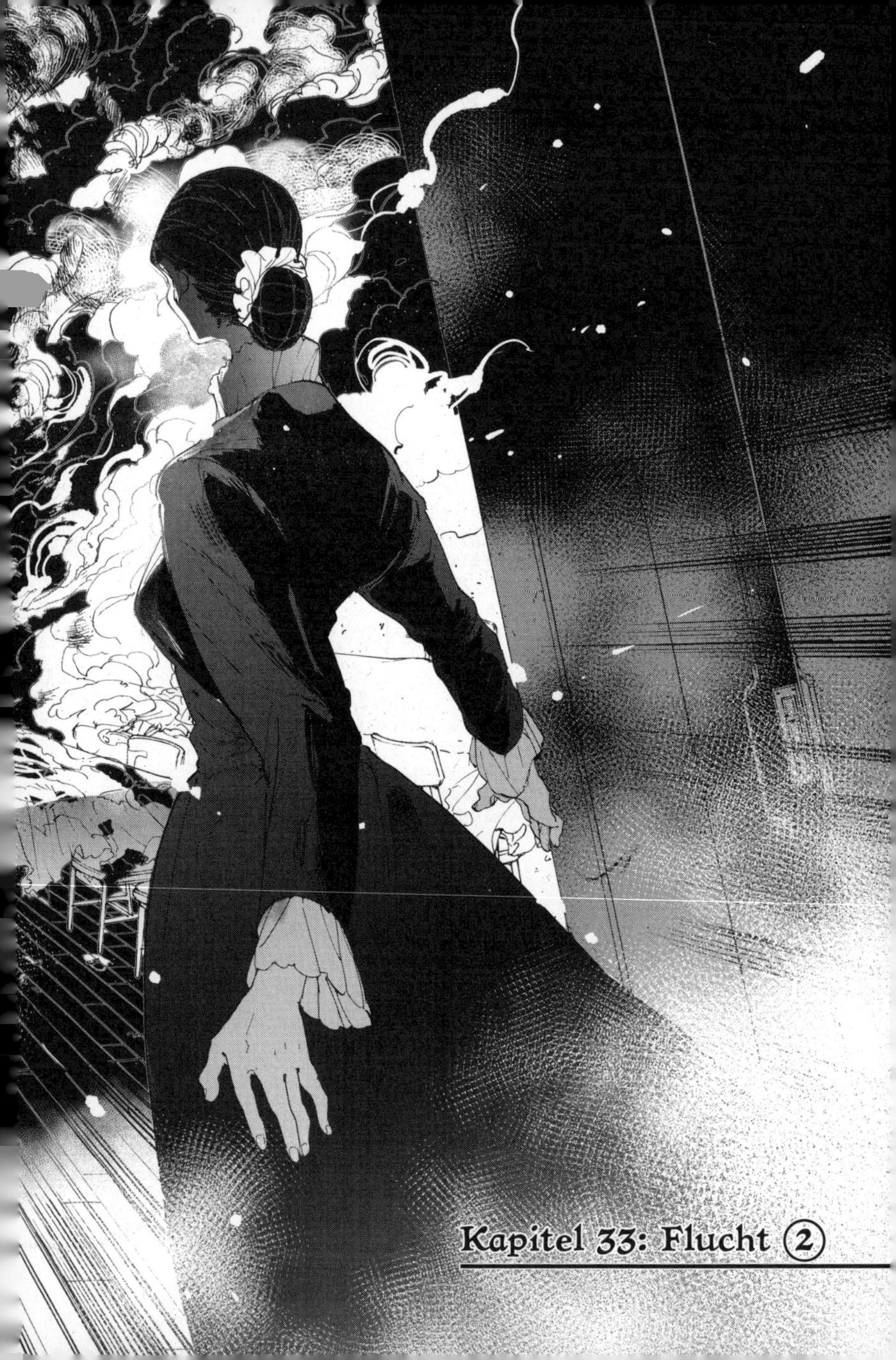

Kapitel 33: Flucht ②

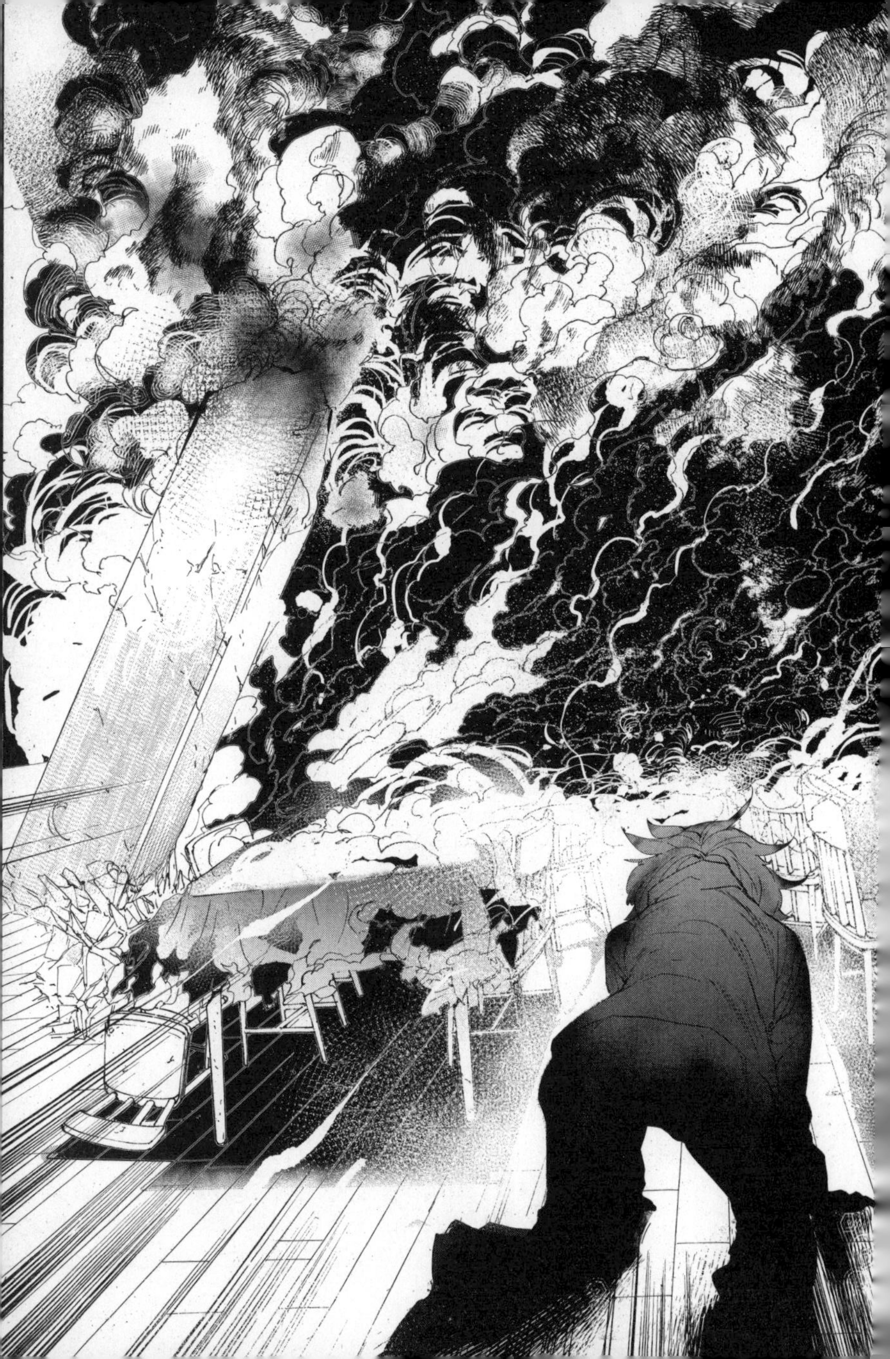

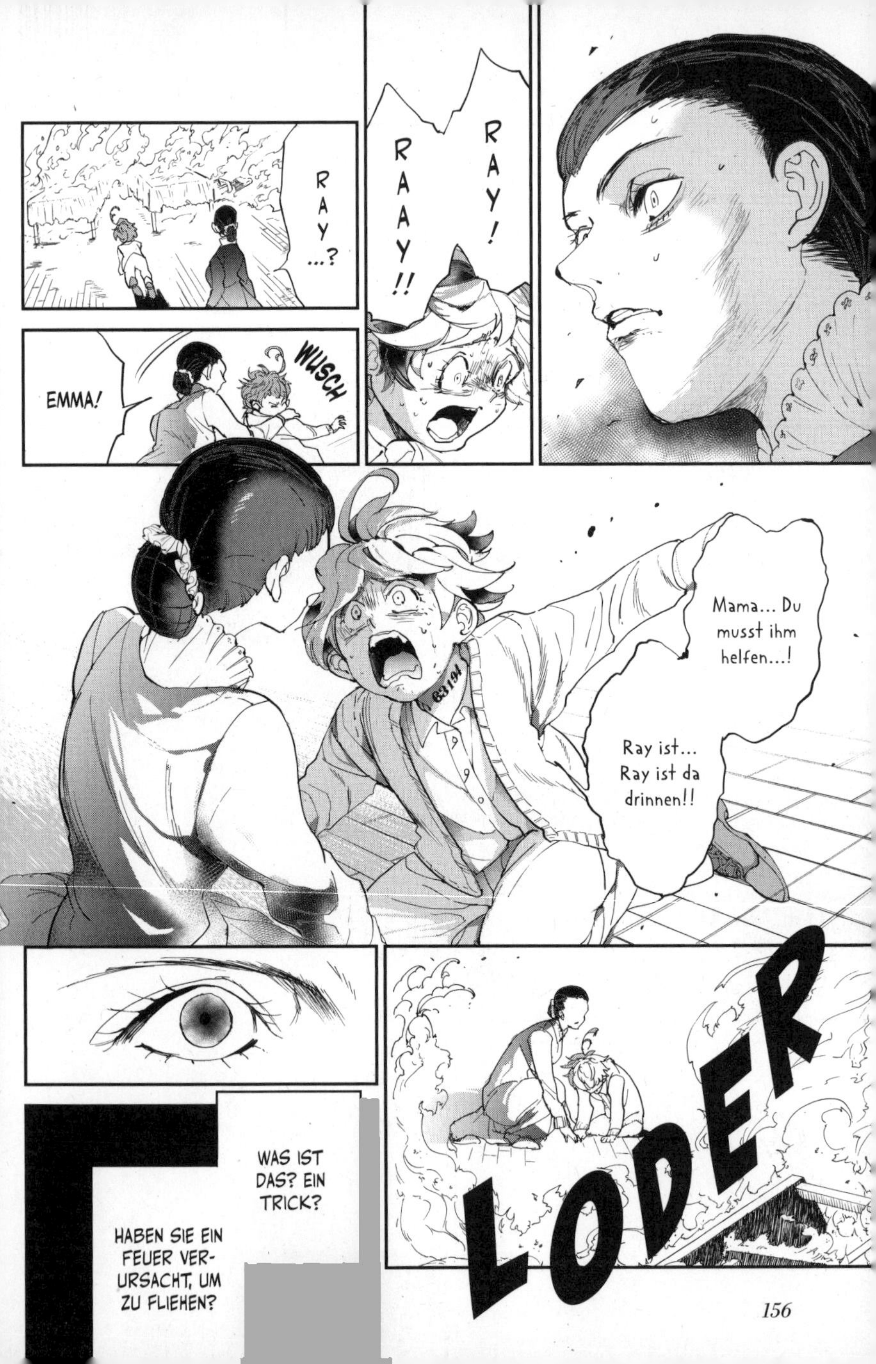
RAY!
RAAY!!
RAY ...?
EMMA!
WUSCH
Mama... Du musst ihm helfen...!
Ray ist... Ray ist da drinnen!!
LODER
WAS IST DAS? EIN TRICK?
HABEN SIE EIN FEUER VERURSACHT, UM ZU FLIEHEN?

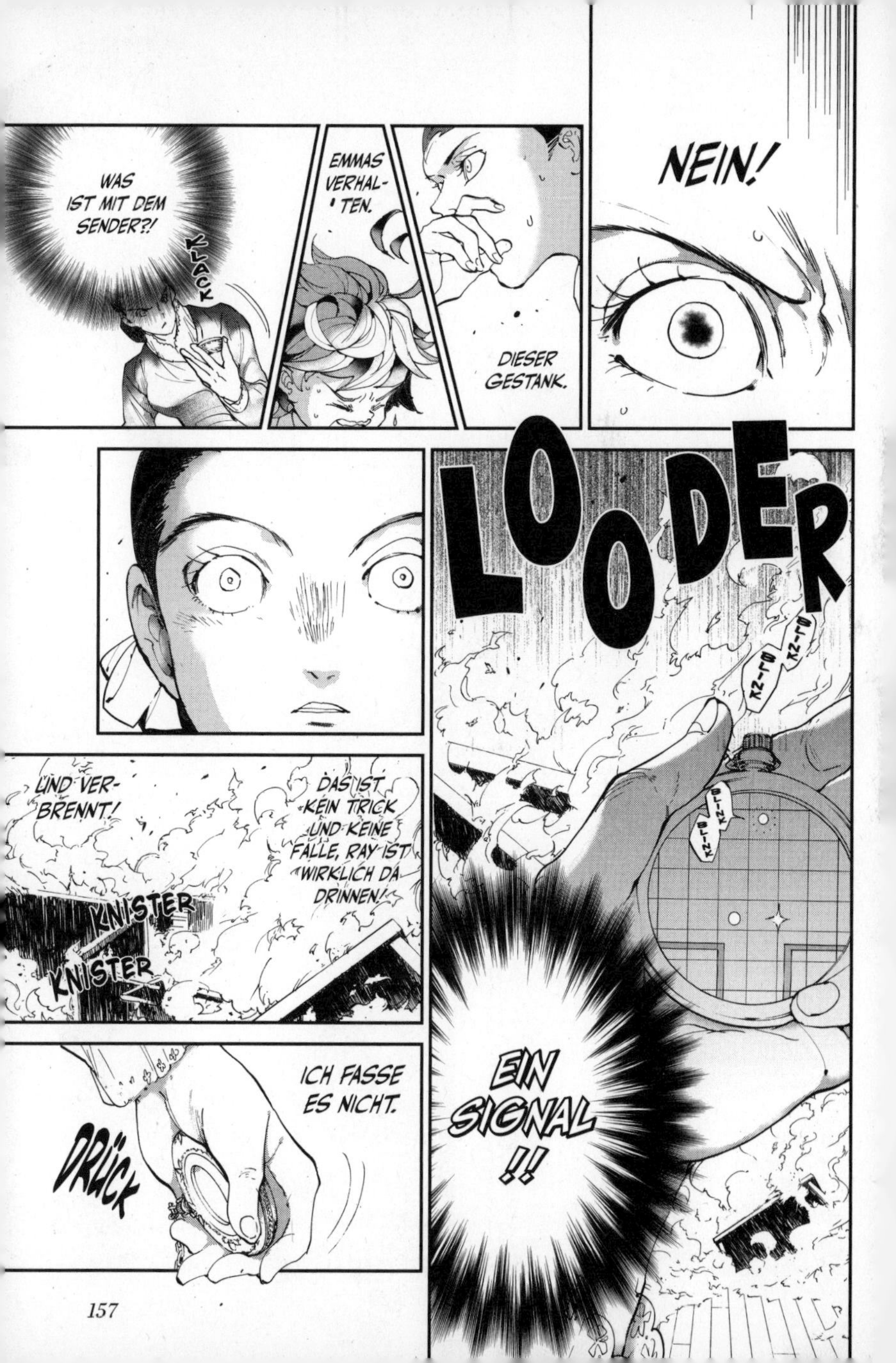
NEIN!
EMMAS VERHAL-TEN.
DIESER GESTANK.
WAS IST MIT DEM SENDER?!
KLACK
LOODER
BLINK
BLINK
BLINK
BLINK
DAS IST KEIN TRICK UND KEINE FALLE, RAY IST WIRKLICH DA DRINNEN!
UND VER-BRENNT!
KNISTER
KNISTER
EIN SIGNAL!!
ICH FASSE ES NICHT.
DRÜCK

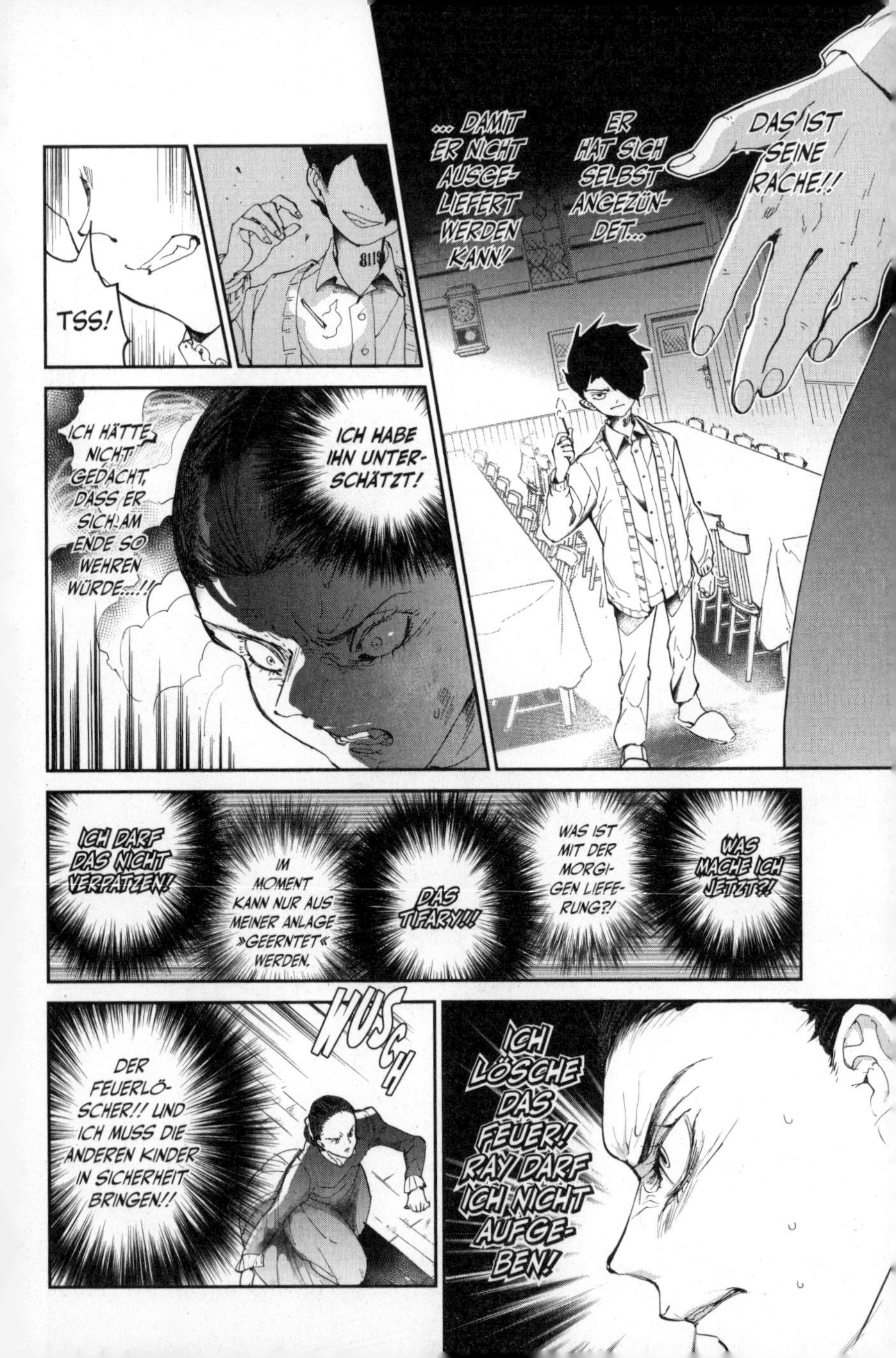

DAS IST SEINE RACHE!!
ER HAT SICH SELBST ANGEZÜNDET...
... DAMIT ER NICHT AUSGELIEFERT WERDEN KANN!
TSS!
ICH HABE IHN UNTERSCHÄTZT!
ICH HÄTTE NICHT GEDACHT, DASS ER SICH AM ENDE SO WEHREN WÜRDE...!!
WAS MACHE ICH JETZT?!
WAS IST MIT DER MORGIGEN LIEFERUNG?!
DAS TIFARY!!
IM MOMENT KANN NUR AUS MEINER ANLAGE »GEERNTET« WERDEN.
ICH DARF DAS NICHT VERPATZEN!
ICH LÖSCHE DAS FEUER! RAY DARF ICH NICHT AUFGEBEN!
WUSCH
DER FEUERLÖSCHER!! UND ICH MUSS DIE ANDEREN KINDER IN SICHERHEIT BRINGEN!!

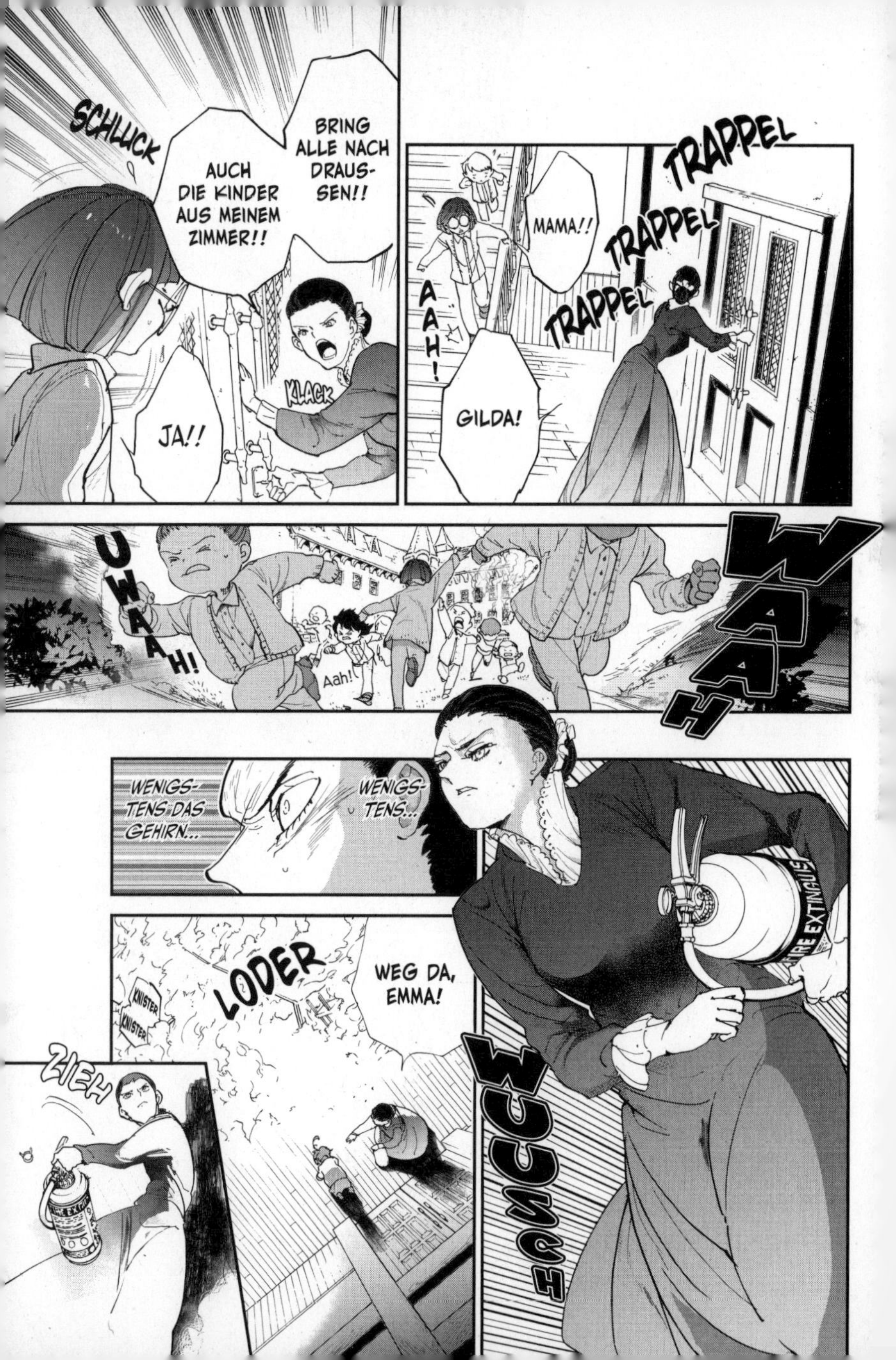

TRAPPEL
TRAPPEL
TRAPPEL
MAMA!!
AAH!
GILDA!
BRING ALLE NACH DRAUS-SEN!!
AUCH DIE KINDER AUS MEINEM ZIMMER!!
SCHLUCK
KLACK
JA!!
WAAAH
UWAAAH!
Aah!
WENIGS-TENS...
WENIGS-TENS DAS GEHIRN...
WEG DA, EMMA!
LODER
KNISTER
KNISTER
WUUSCH
ZIEH

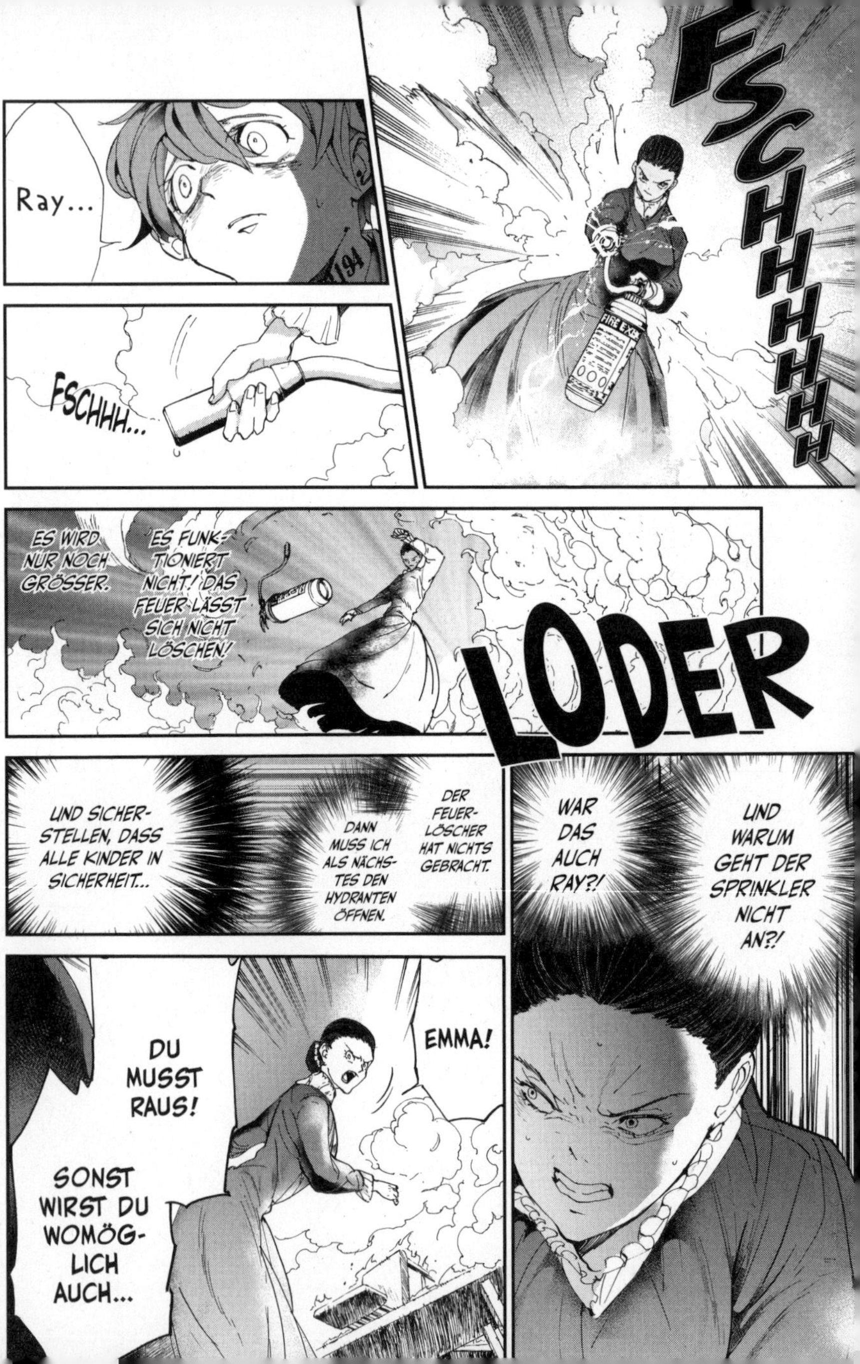
FSCHHHHHHH
Ray...
FSCHHH...
ES FUNKTIONIERT NICHT! DAS FEUER LÄSST SICH NICHT LÖSCHEN!
ES WIRD NUR NOCH GRÖSSER.
LODER
UND WARUM GEHT DER SPRINKLER NICHT AN?!
WAR DAS AUCH RAY?!
DER FEUERLÖSCHER HAT NICHTS GEBRACHT.
DANN MUSS ICH ALS NÄCHSTES DEN HYDRANTEN ÖFFNEN.
UND SICHERSTELLEN, DASS ALLE KINDER IN SICHERHEIT...
EMMA!
DU MUSST RAUS!
SONST WIRST DU WOMÖGLICH AUCH...

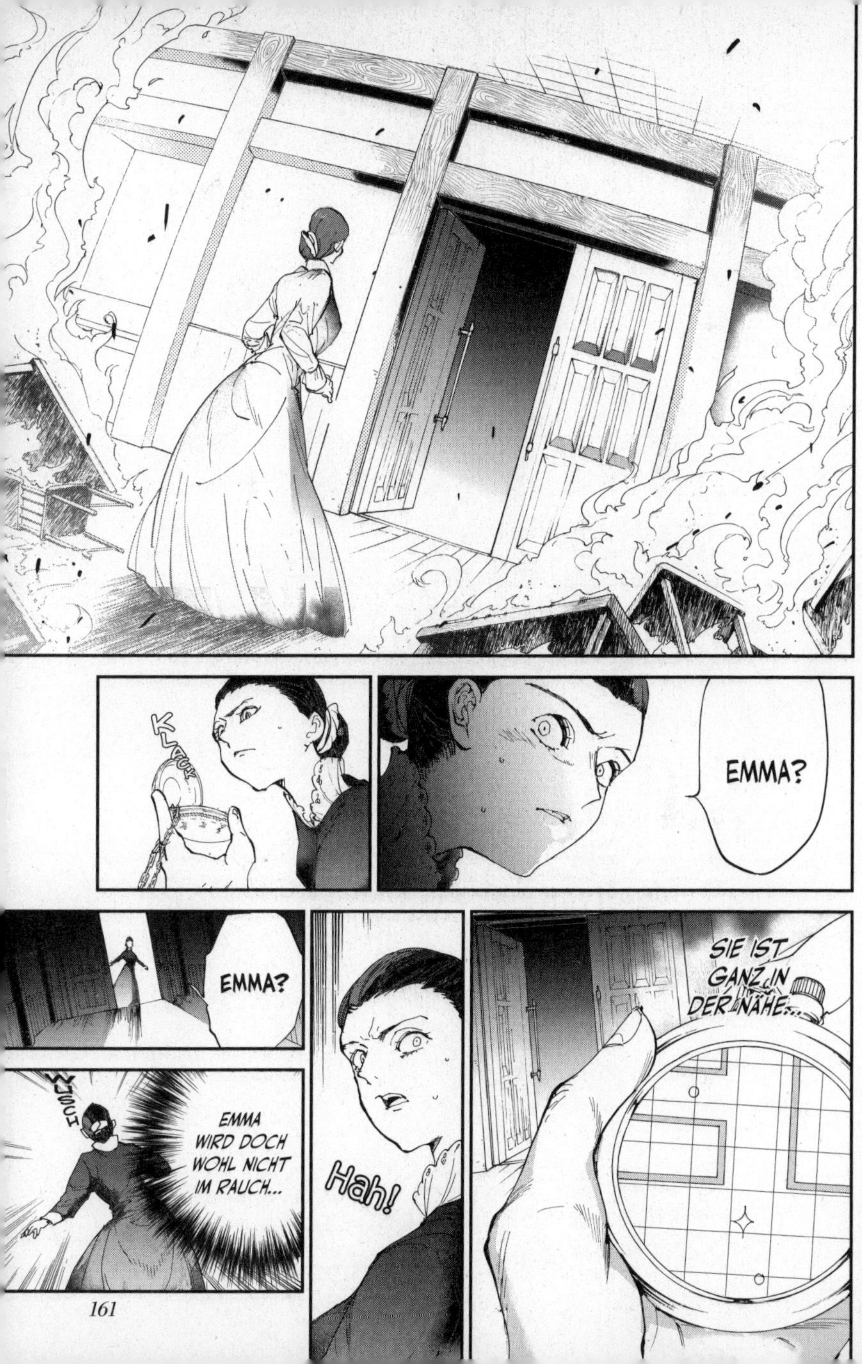
EMMA?
KLACK
SIE IST GANZ IN DER NÄHE...
Hah!
EMMA?
WUSCH
EMMA WIRD DOCH WOHL NICHT IM RAUCH...

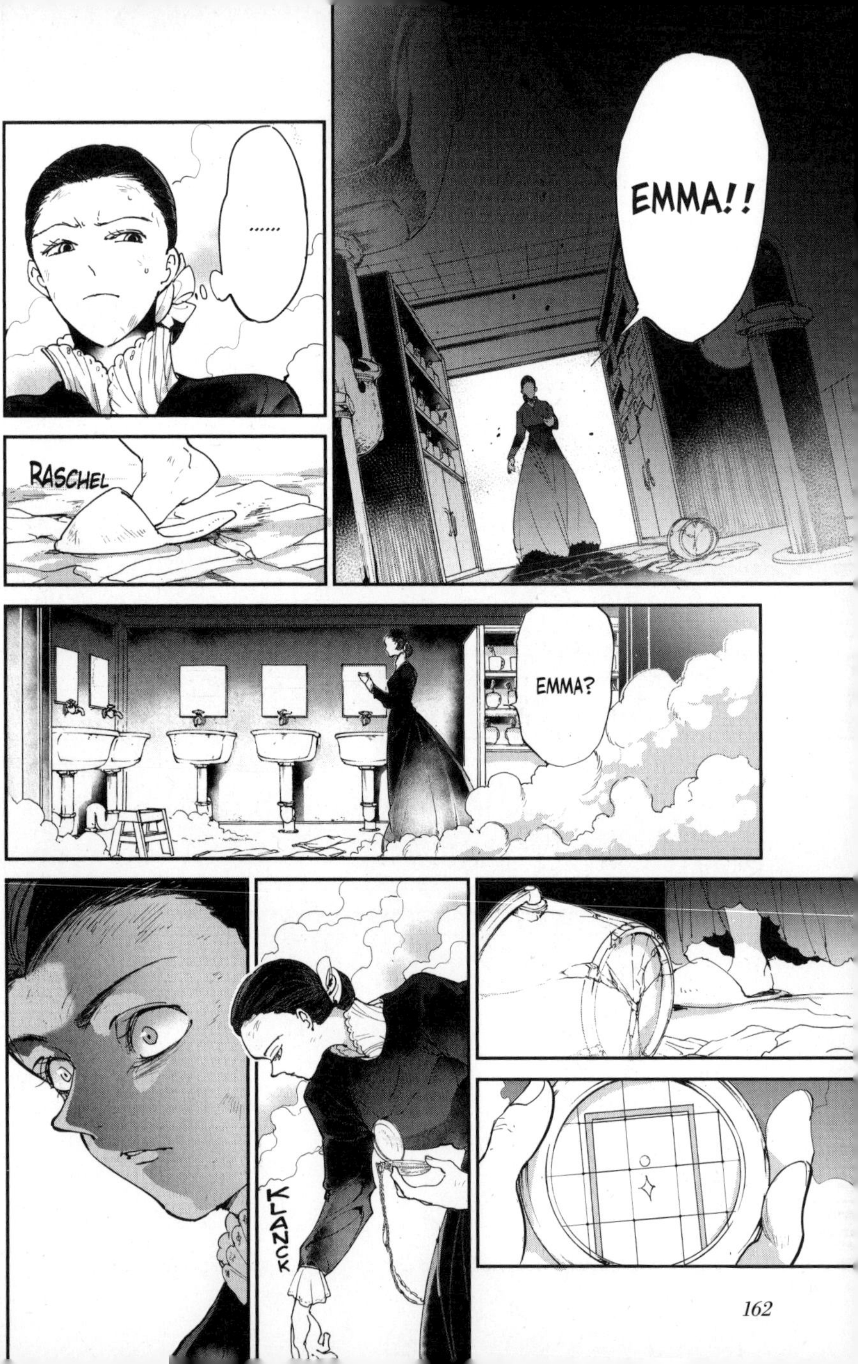
EMMA!!
......
RASCHEL
EMMA?
KLANCK

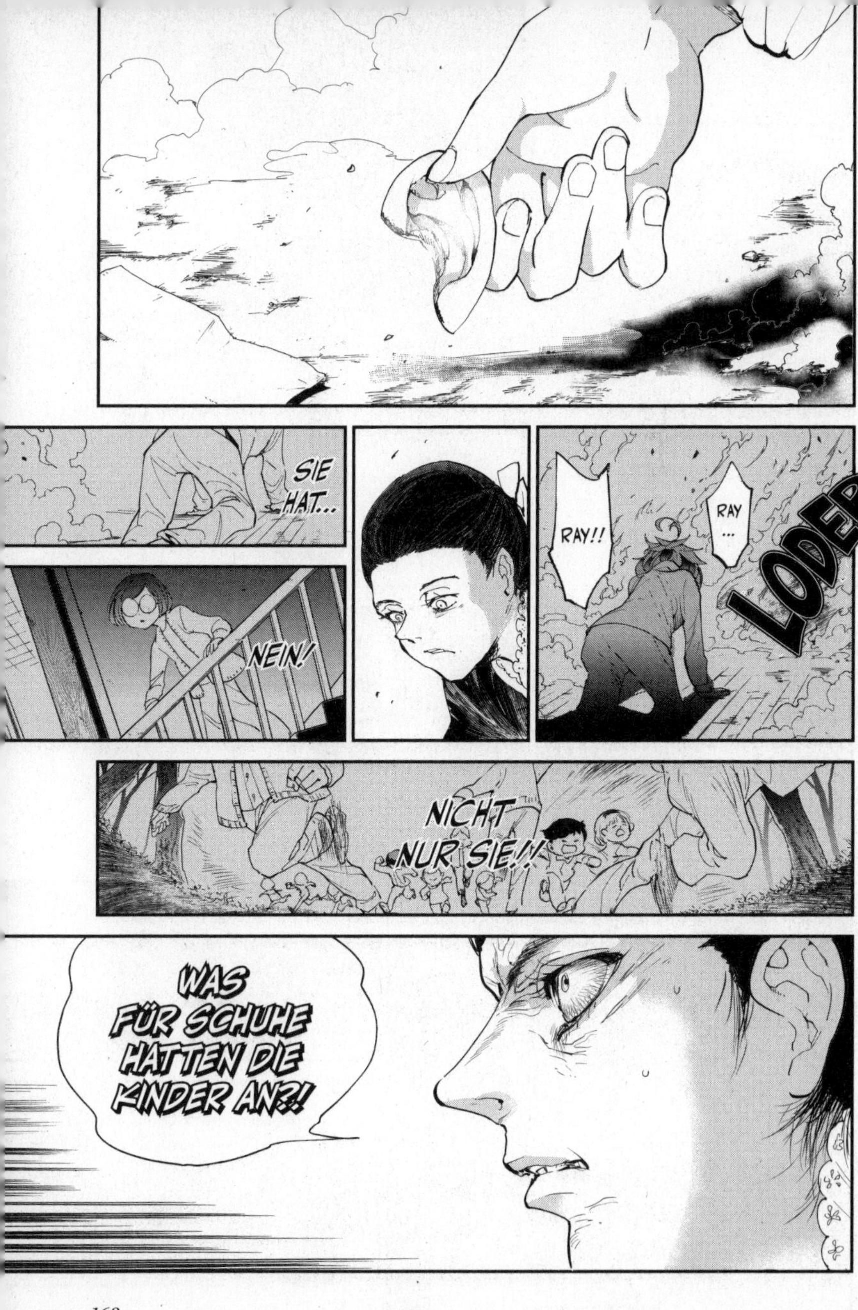
RAY ...
RAY!!
LODER
SIE HAT...
NEIN!
NICHT NUR SIE!!
WAS FÜR SCHUHE HATTEN DIE KINDER AN?!

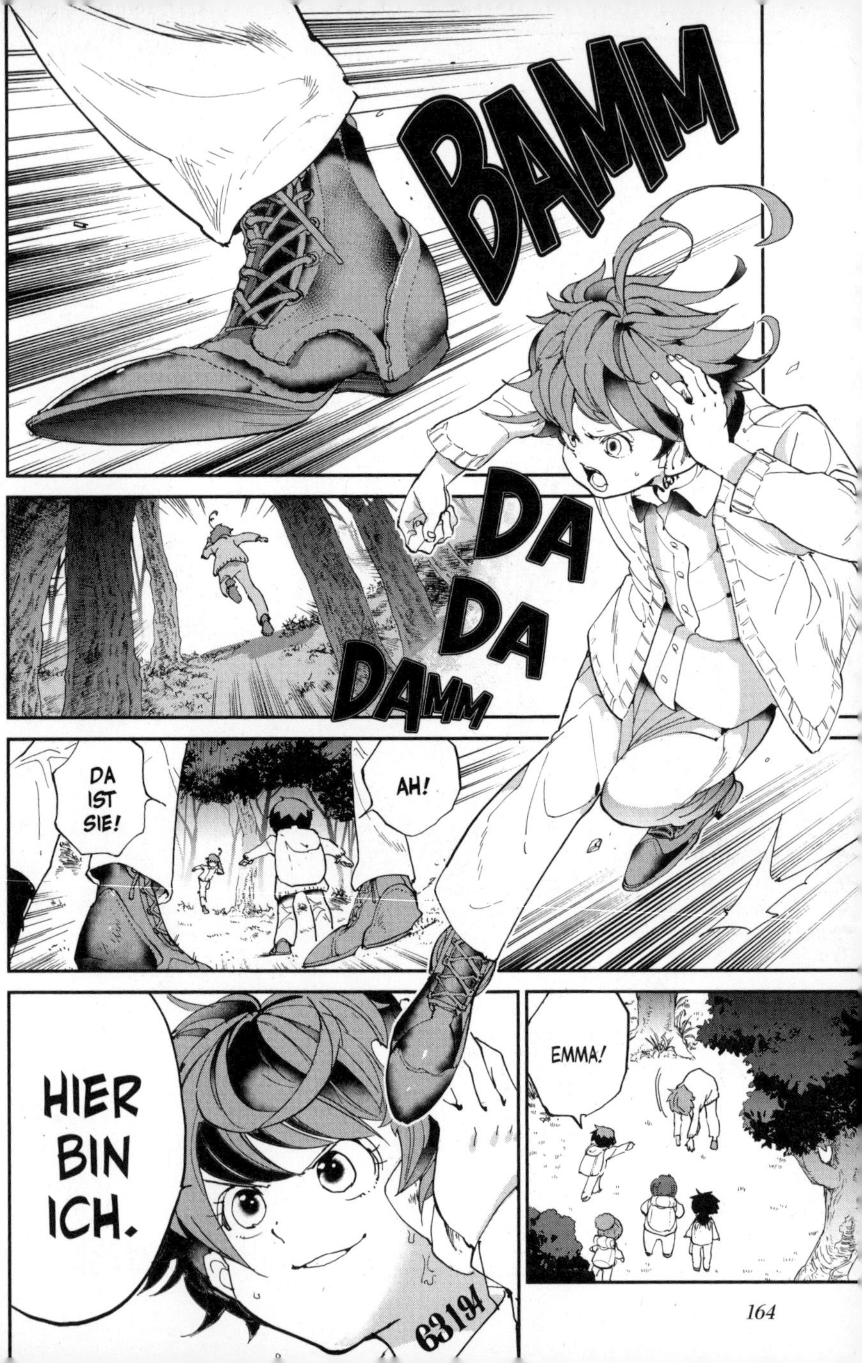
BAMM
DA DA DAMM
AH!
DA IST SIE!
EMMA!
HIER BIN ICH.
63194

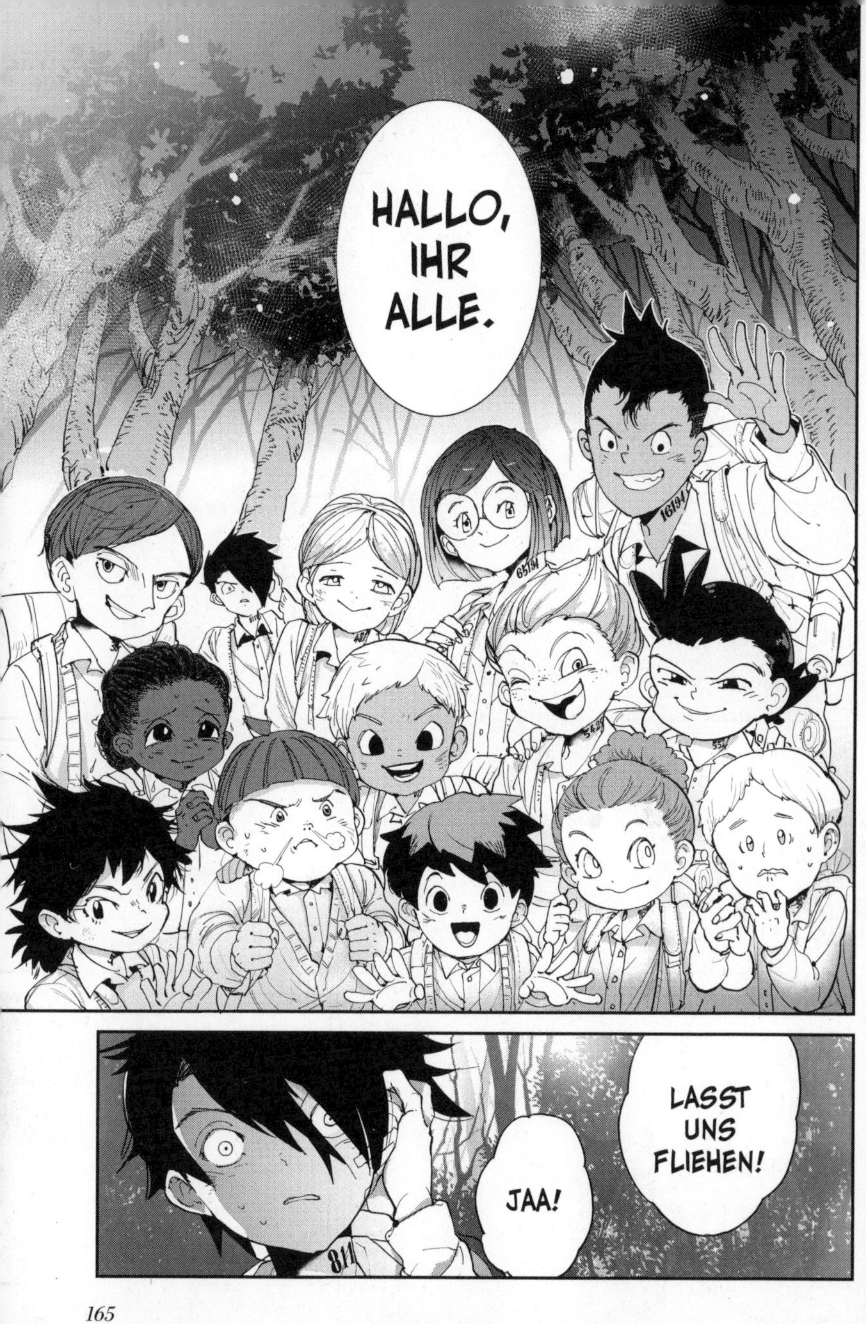
HALLO, IHR ALLE.
LASST UNS FLIEHEN!
JAA!

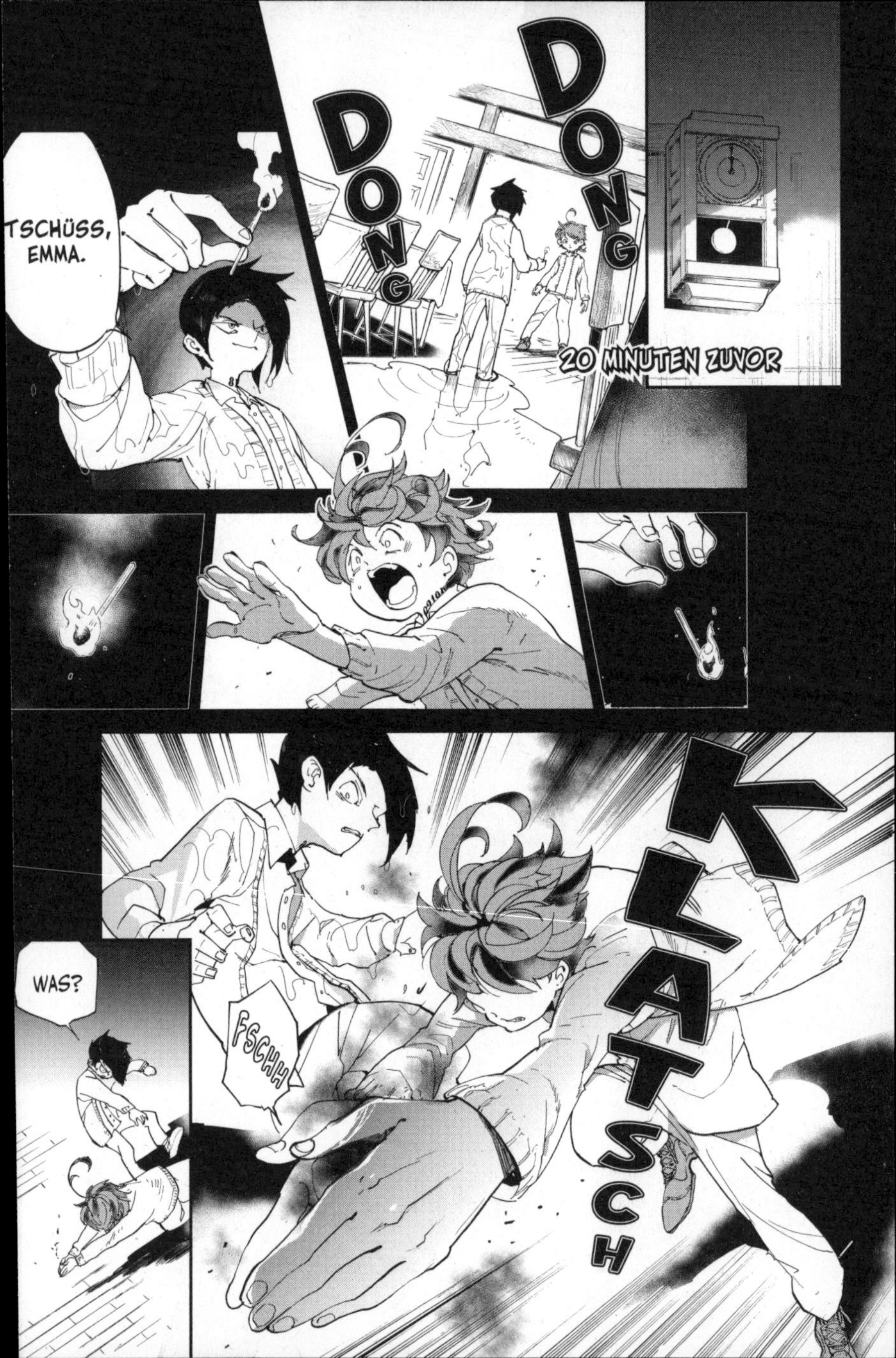
20 MINUTEN ZUVOR
DONG
DONG
DONG
DONG
TSCHÜSS, EMMA.
KLATSCH
FSCHH
WAS?

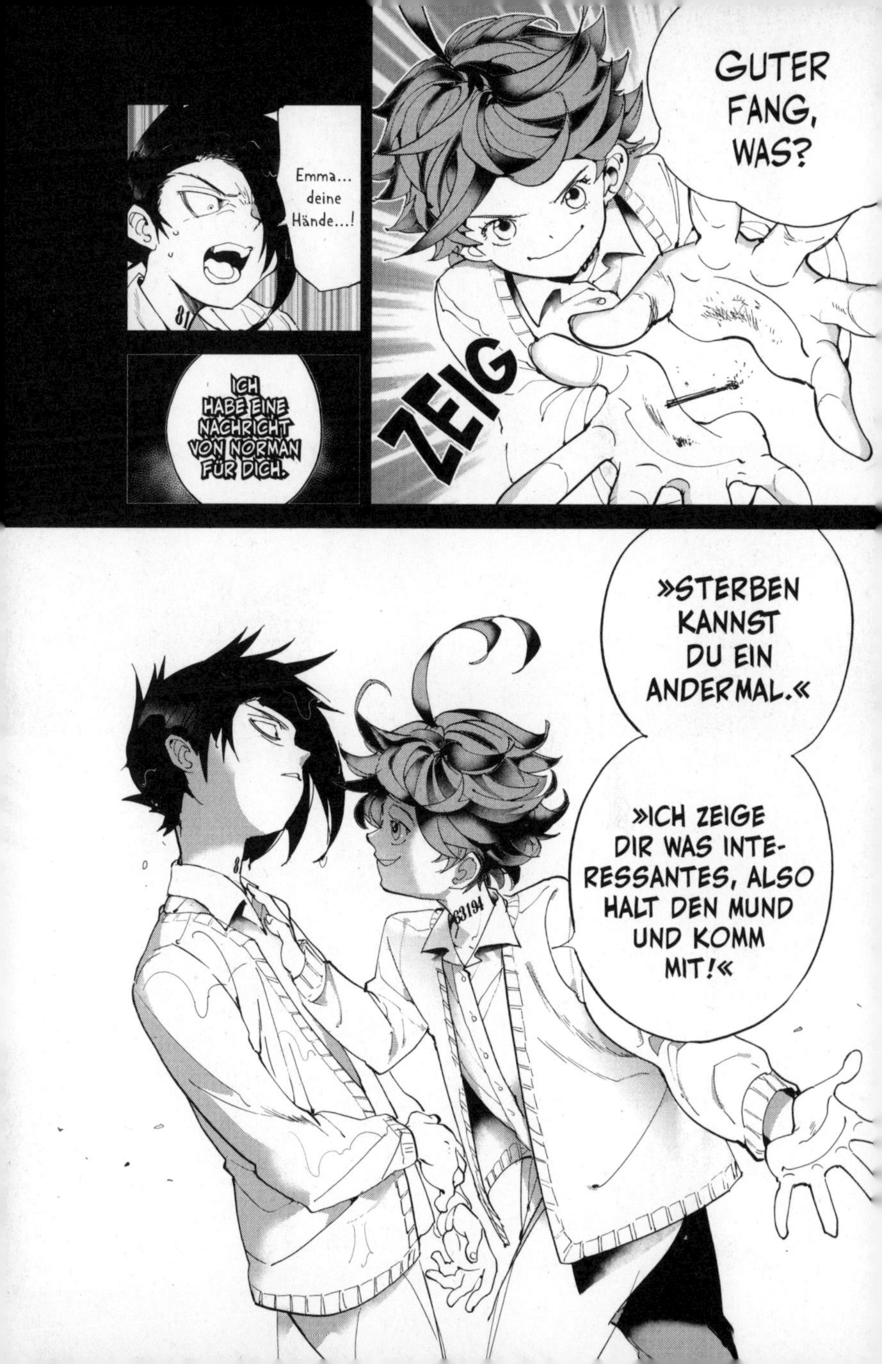
GUTER FANG, WAS?
ZEIG
Emma... deine Hände...!
ICH HABE EINE NACHRICHT VON NORMAN FÜR DICH.
»STERBEN KANNST DU EIN ANDERMAL.«
»ICH ZEIGE DIR WAS INTERESSANTES, ALSO HALT DEN MUND UND KOMM MIT!«

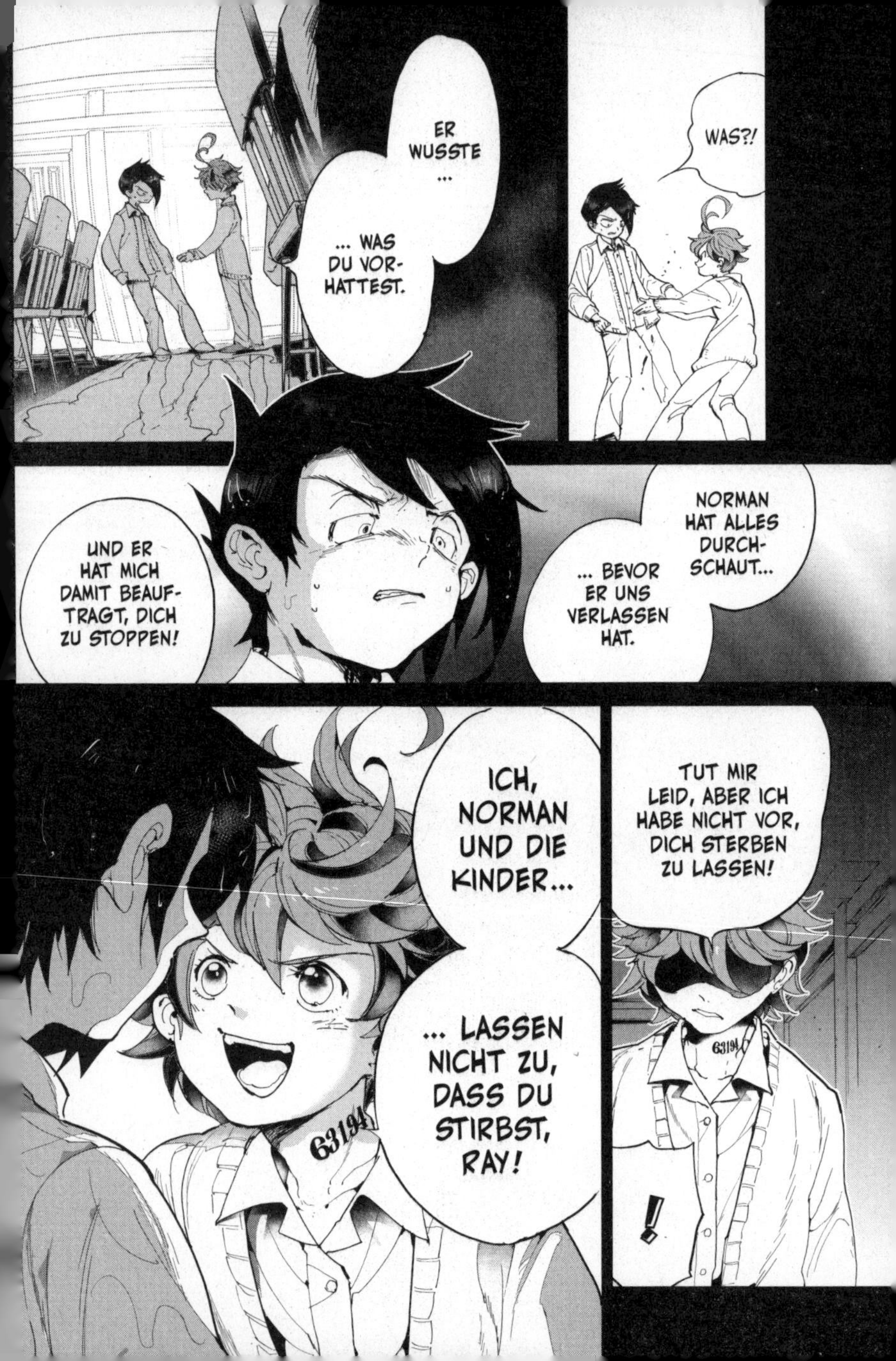
WAS?!
ER WUSSTE ...
... WAS DU VORHATTEST.
NORMAN HAT ALLES DURCHSCHAUT...
... BEVOR ER UNS VERLASSEN HAT.
UND ER HAT MICH DAMIT BEAUFTRAGT, DICH ZU STOPPEN!
TUT MIR LEID, ABER ICH HABE NICHT VOR, DICH STERBEN ZU LASSEN!
63194
!
ICH, NORMAN UND DIE KINDER...
... LASSEN NICHT ZU, DASS DU STIRBST, RAY!
63194

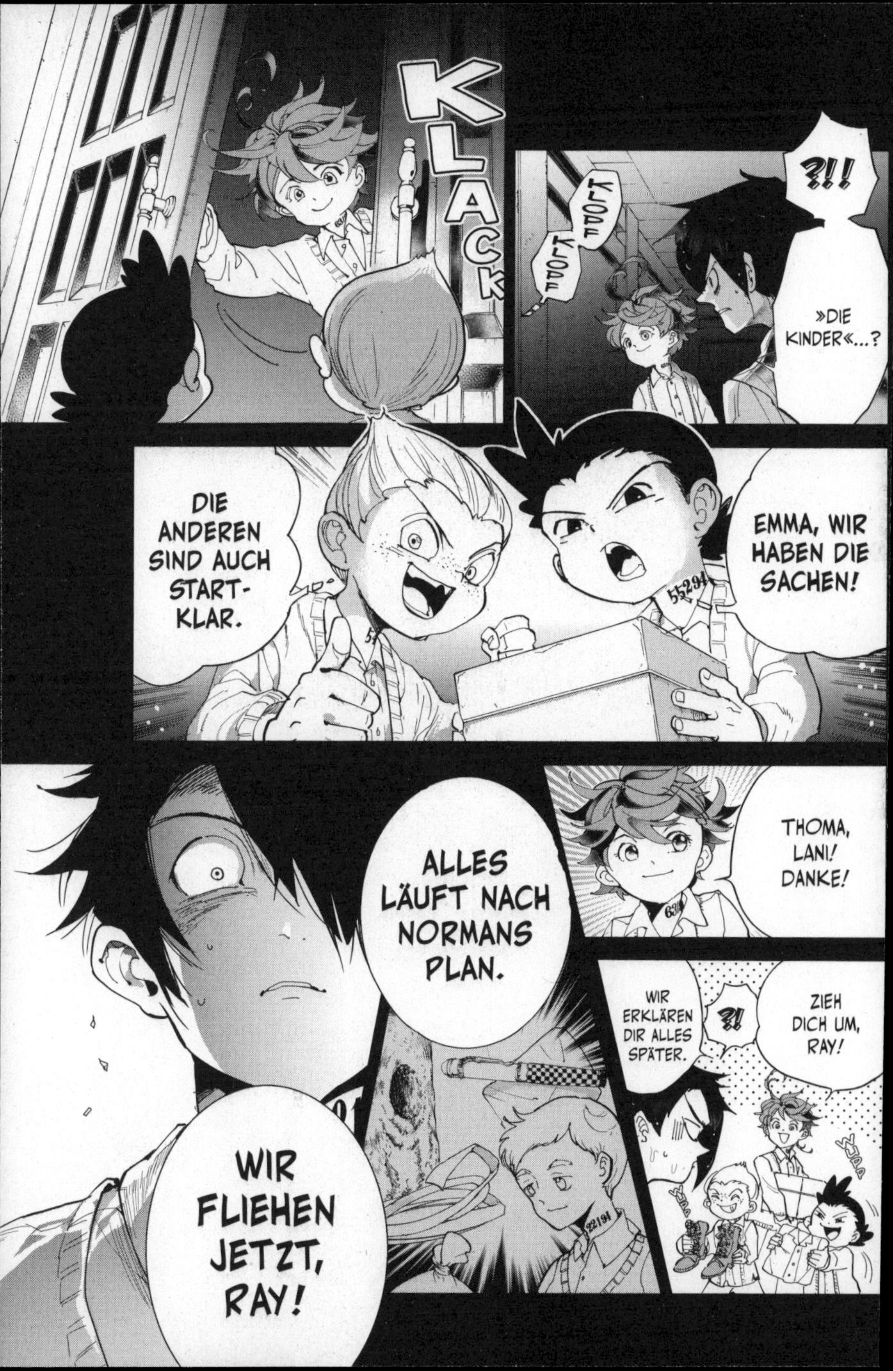
KLACK
?!!
KLOPF KLOPF
»DIE KINDER«…?
EMMA, WIR HABEN DIE SACHEN!
DIE ANDEREN SIND AUCH START-KLAR.
THOMA, LANI! DANKE!
ALLES LÄUFT NACH NORMANS PLAN.
ZIEH DICH UM, RAY!
?!
WIR ERKLÄREN DIR ALLES SPÄTER.
WIR FLIEHEN JETZT, RAY!

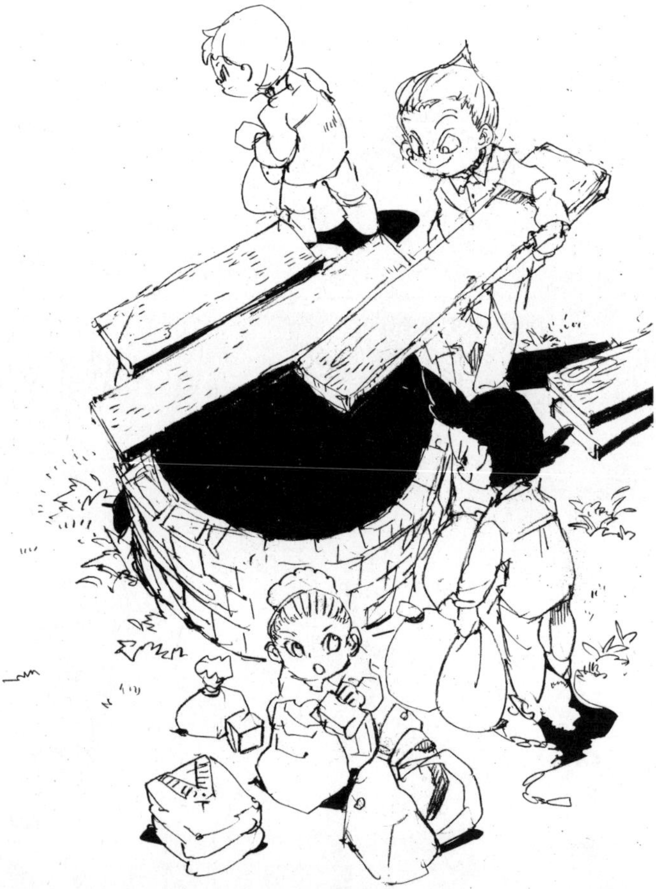

Kapitel 34: Flucht ③

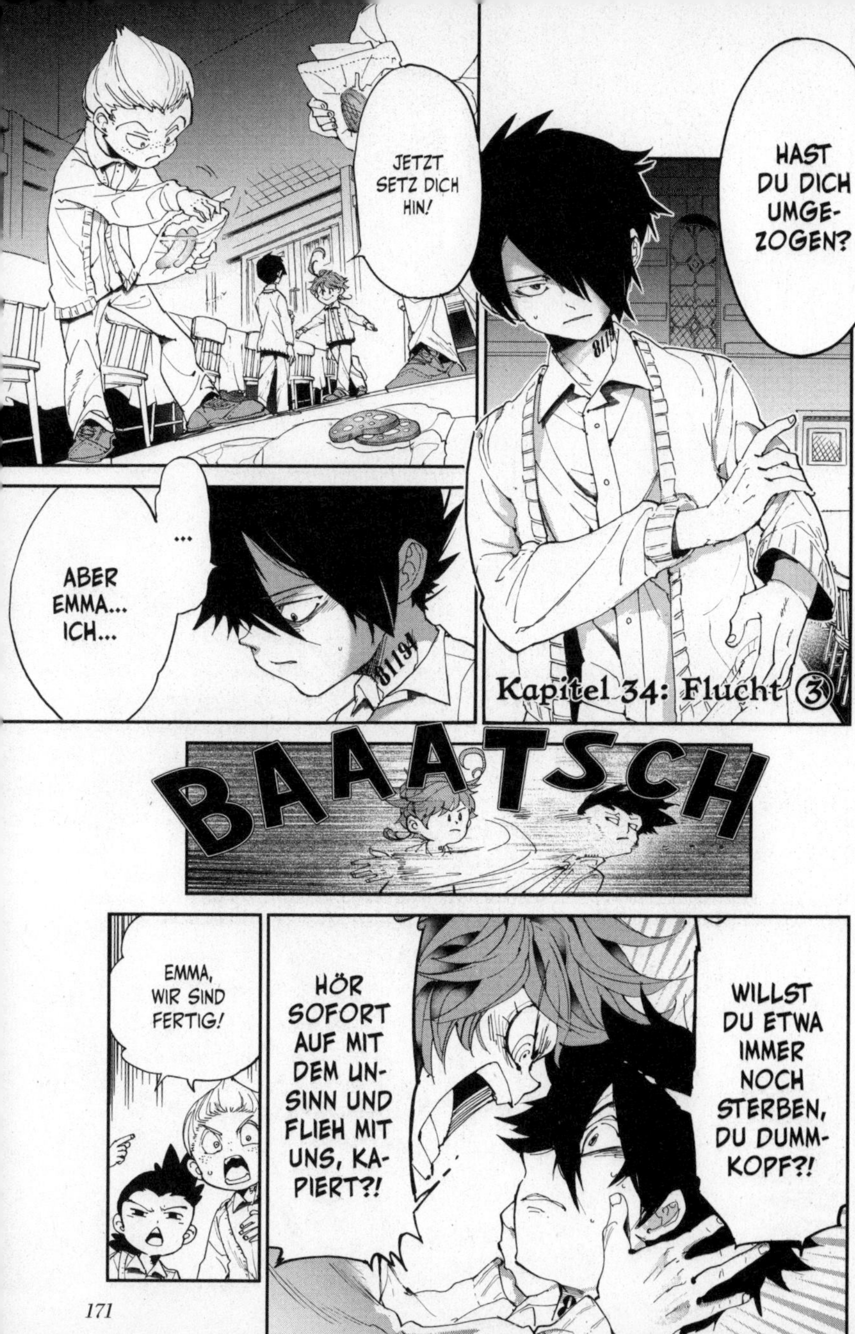

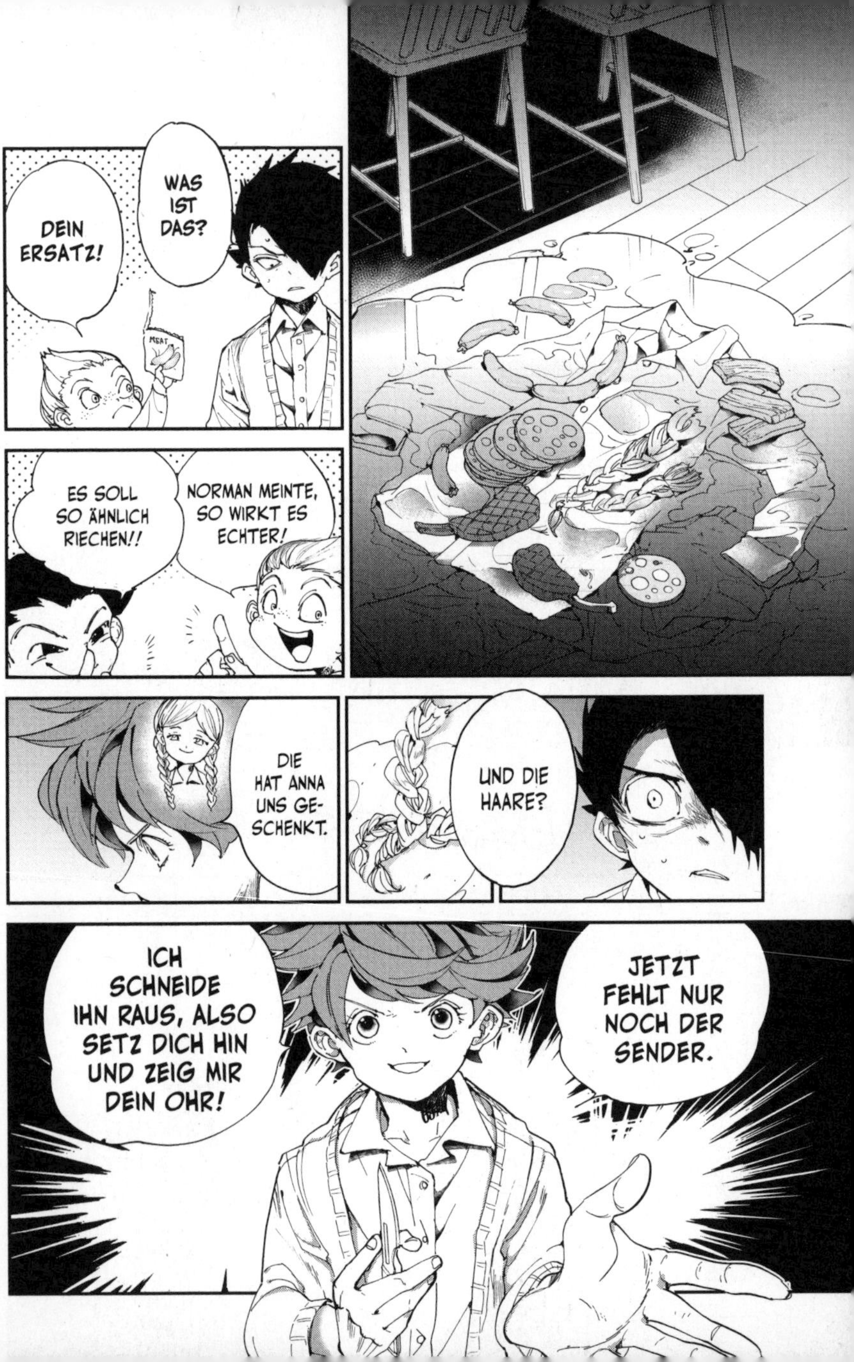
WAS IST DAS?
DEIN ERSATZ!
MEAT
NORMAN MEINTE, SO WIRKT ES ECHTER!
ES SOLL SO ÄHNLICH RIECHEN!!
UND DIE HAARE?
DIE HAT ANNA UNS GE-SCHENKT.
JETZT FEHLT NUR NOCH DER SENDER.
ICH SCHNEIDE IHN RAUS, ALSO SETZ DICH HIN UND ZEIG MIR DEIN OHR!

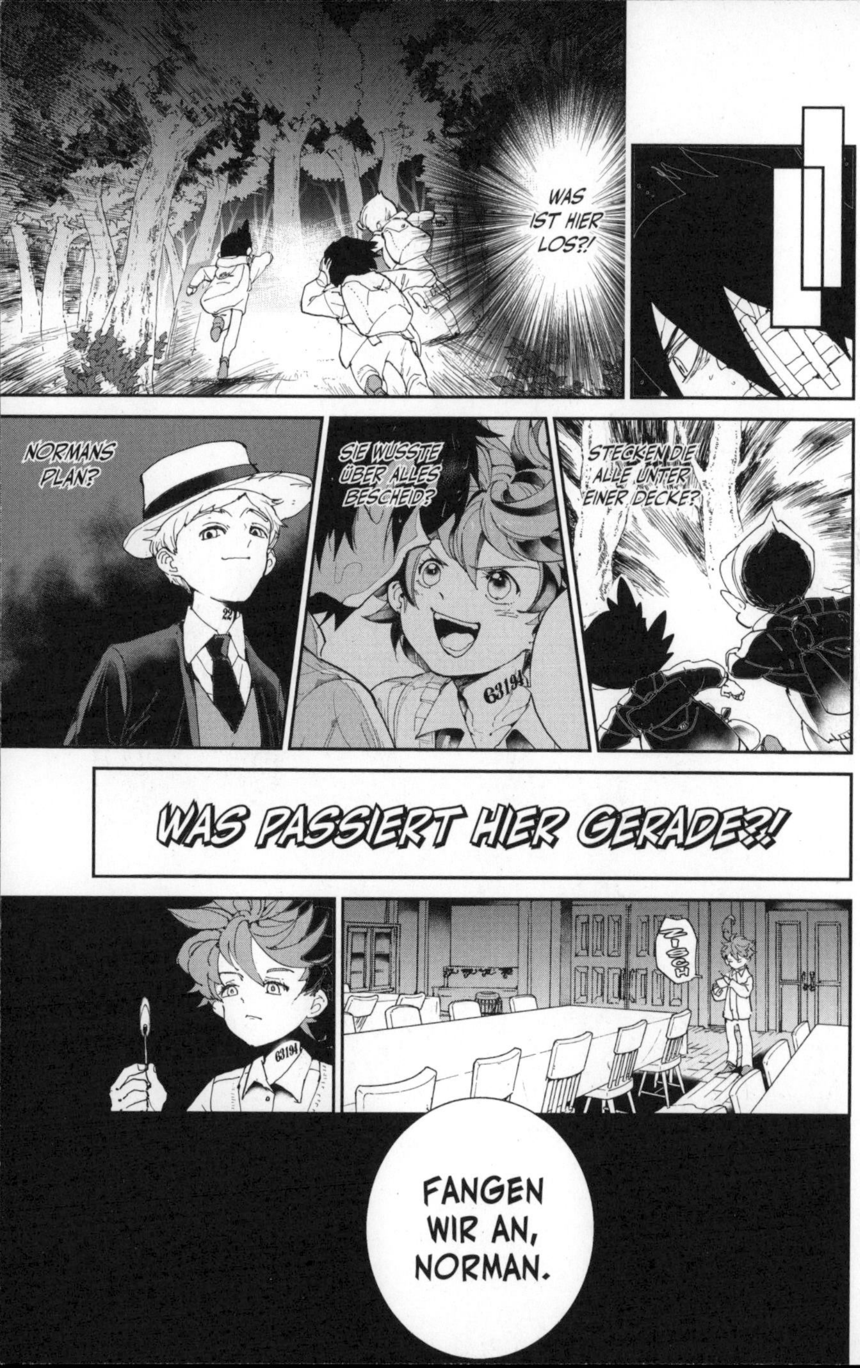
WAS IST HIER LOS?!
STECKEN DIE ALLE UNTER EINER DECKE?
SIE WUSSTE ÜBER ALLES BESCHEID?
NORMANS PLAN?
WAS PASSIERT HIER GERADE?!
ZISCH
FANGEN WIR AN, NORMAN.

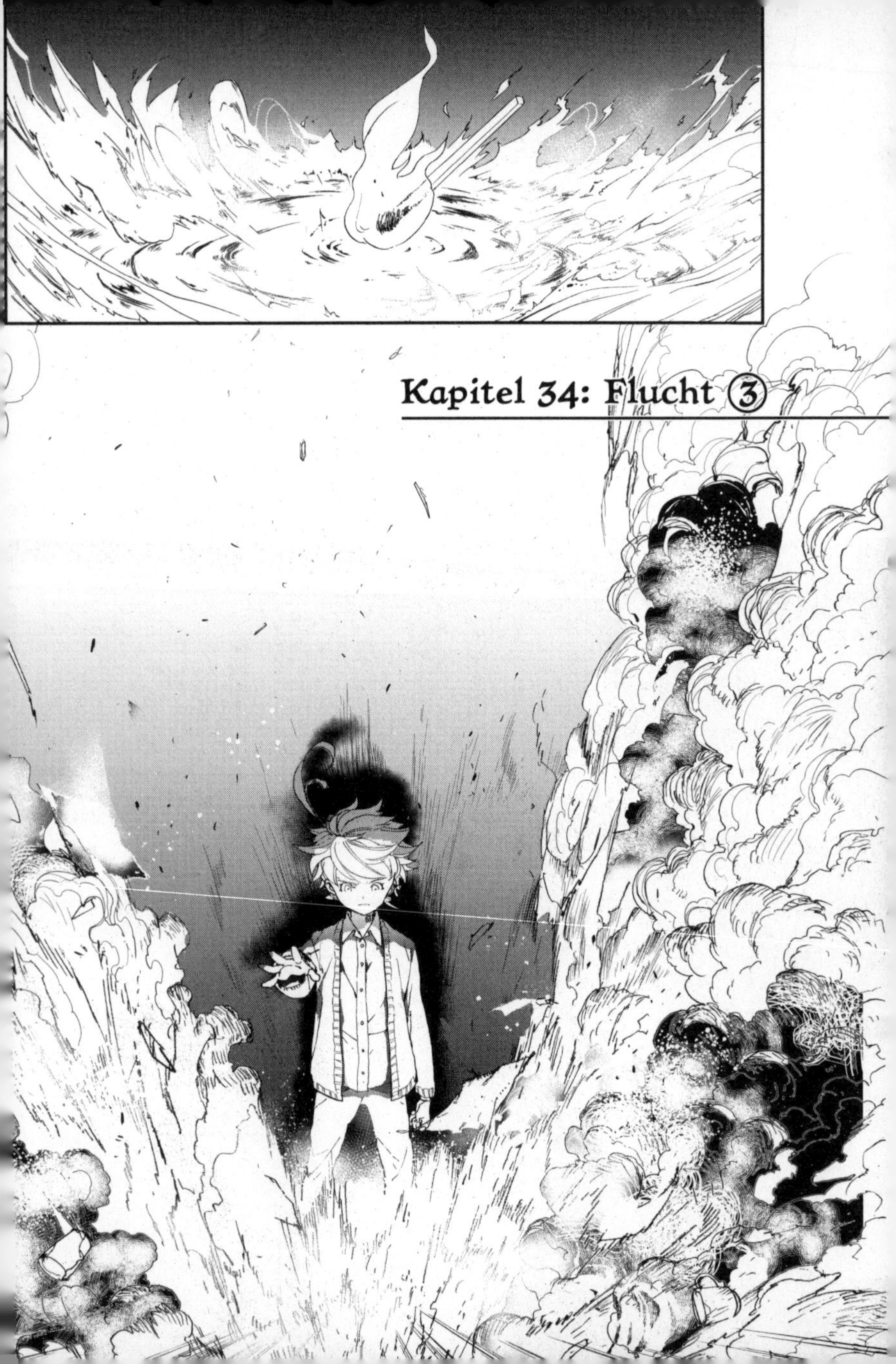
Kapitel 34: Flucht ③

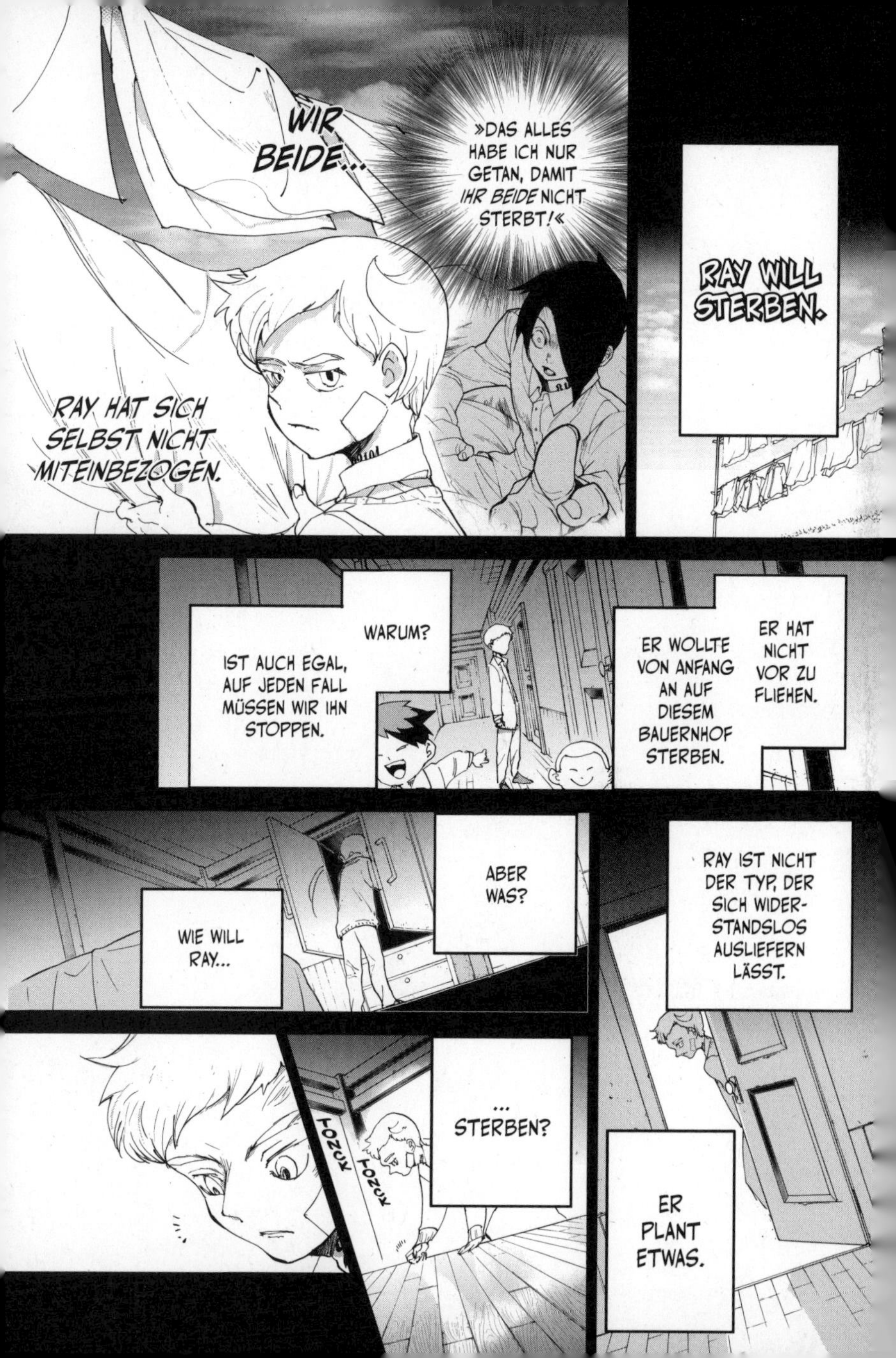
»DAS ALLES HABE ICH NUR GETAN, DAMIT *IHR BEIDE* NICHT STERBT!«
WIR BEIDE...
RAY HAT SICH SELBST NICHT MITEINBEZOGEN.
RAY WILL STERBEN.
ER HAT NICHT VOR ZU FLIEHEN.
ER WOLLTE VON ANFANG AN AUF DIESEM BAUERNHOF STERBEN.
WARUM?
IST AUCH EGAL, AUF JEDEN FALL MÜSSEN WIR IHN STOPPEN.
RAY IST NICHT DER TYP, DER SICH WIDER-STANDSLOS AUSLIEFERN LÄSST.
ER PLANT ETWAS.
ABER WAS?
WIE WILL RAY...
... STERBEN?
TONCK
TONCK

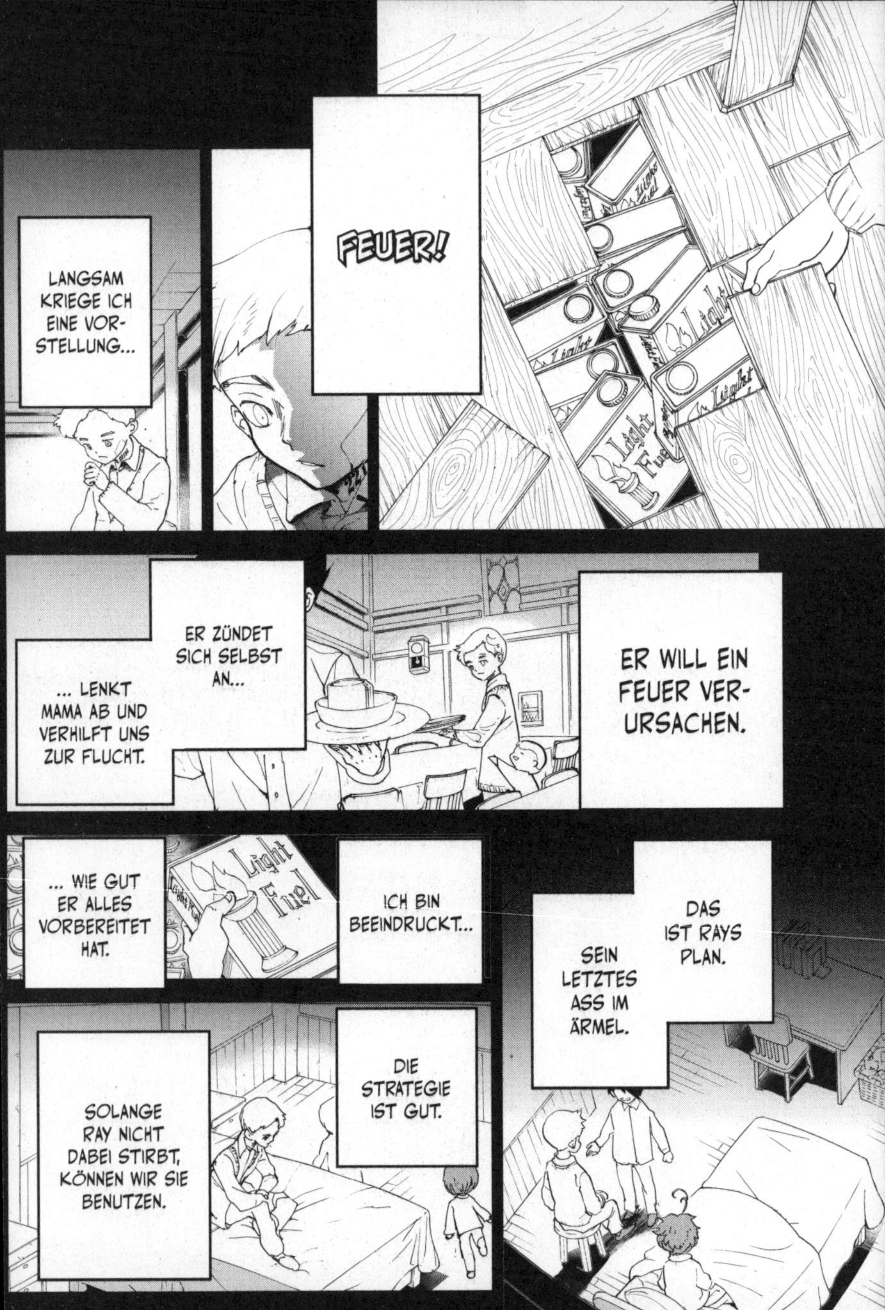
FEUER!
Light Fuel
LANGSAM KRIEGE ICH EINE VORSTELLUNG...
ER WILL EIN FEUER VERURSACHEN.
ER ZÜNDET SICH SELBST AN...
... LENKT MAMA AB UND VERHILFT UNS ZUR FLUCHT.
DAS IST RAYS PLAN.
SEIN LETZTES ASS IM ÄRMEL.
ICH BIN BEEINDRUCKT...
... WIE GUT ER ALLES VORBEREITET HAT.
DIE STRATEGIE IST GUT.
SOLANGE RAY NICHT DABEI STIRBT, KÖNNEN WIR SIE BENUTZEN.

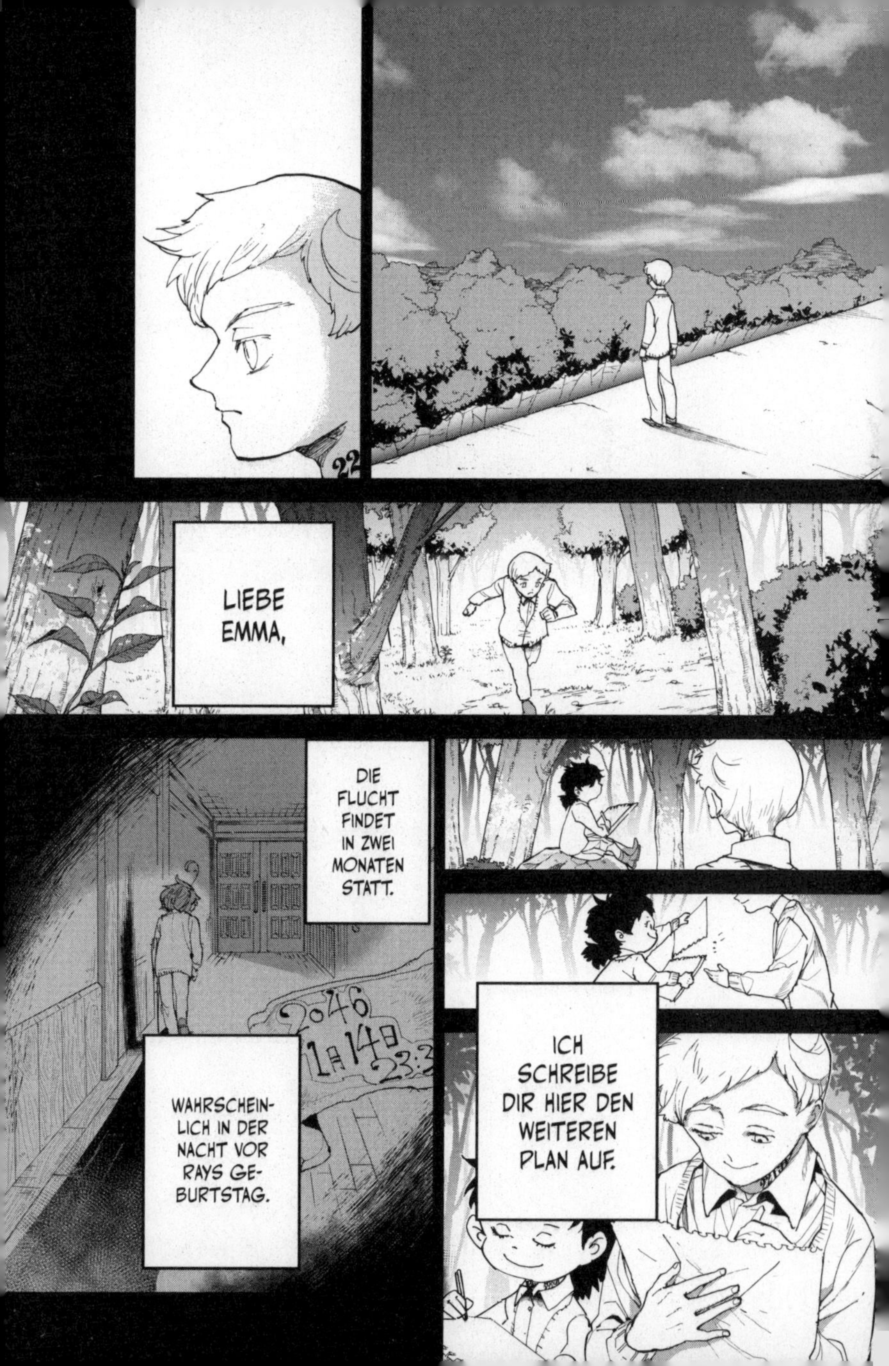

LIEBE EMMA,
ICH SCHREIBE DIR HIER DEN WEITEREN PLAN AUF.
DIE FLUCHT FINDET IN ZWEI MONATEN STATT.
WAHRSCHEIN-LICH IN DER NACHT VOR RAYS GE-BURTSTAG.

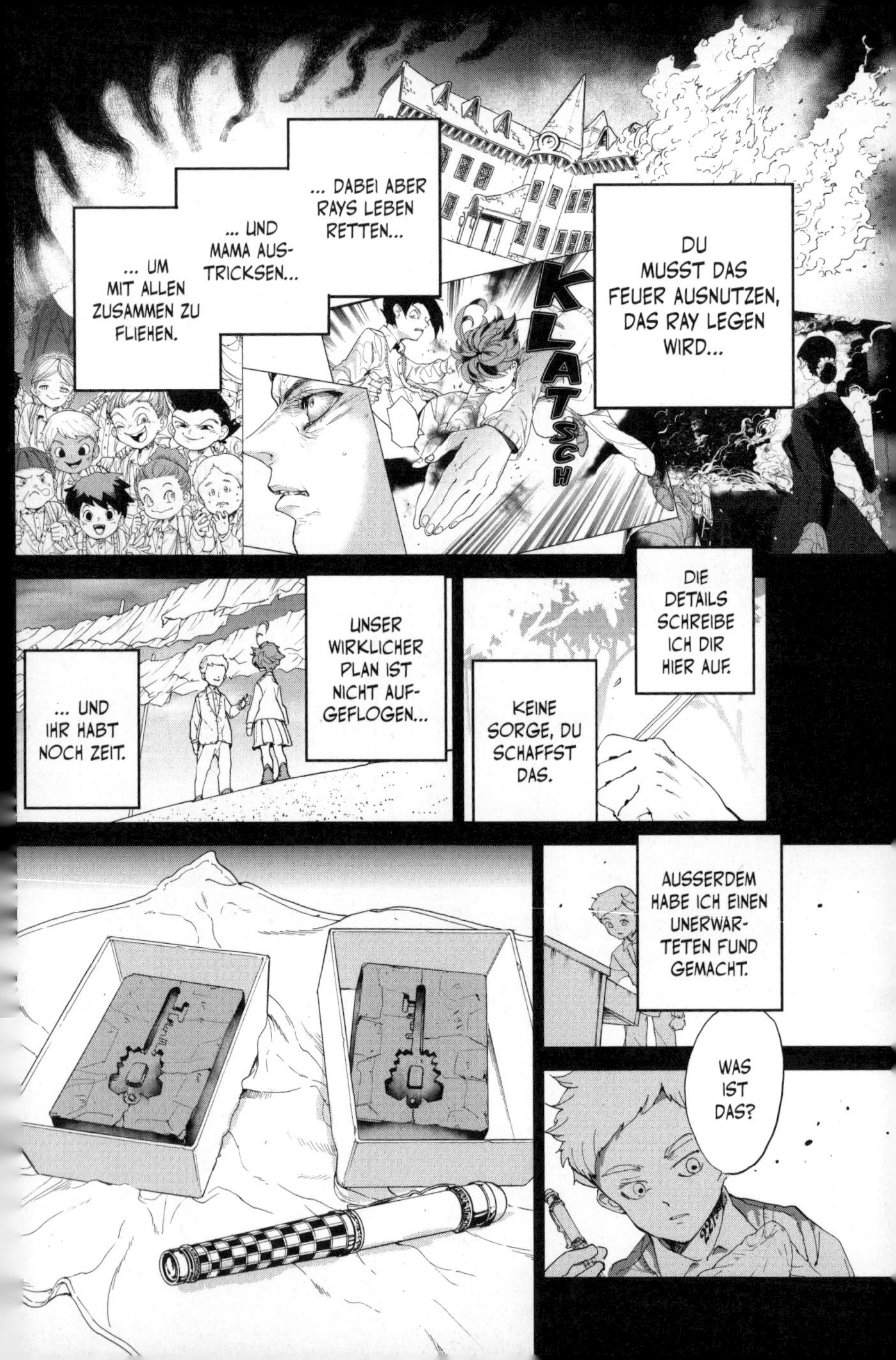
DU MUSST DAS FEUER AUSNUTZEN, DAS RAY LEGEN WIRD...
KLATSCH
... DABEI ABER RAYS LEBEN RETTEN...
... UND MAMA AUSTRICKSEN...
... UM MIT ALLEN ZUSAMMEN ZU FLIEHEN.
DIE DETAILS SCHREIBE ICH DIR HIER AUF.
KEINE SORGE, DU SCHAFFST DAS.
UNSER WIRKLICHER PLAN IST NICHT AUFGEFLOGEN...
... UND IHR HABT NOCH ZEIT.
AUSSERDEM HABE ICH EINEN UNERWARTETEN FUND GEMACHT.
WAS IST DAS?

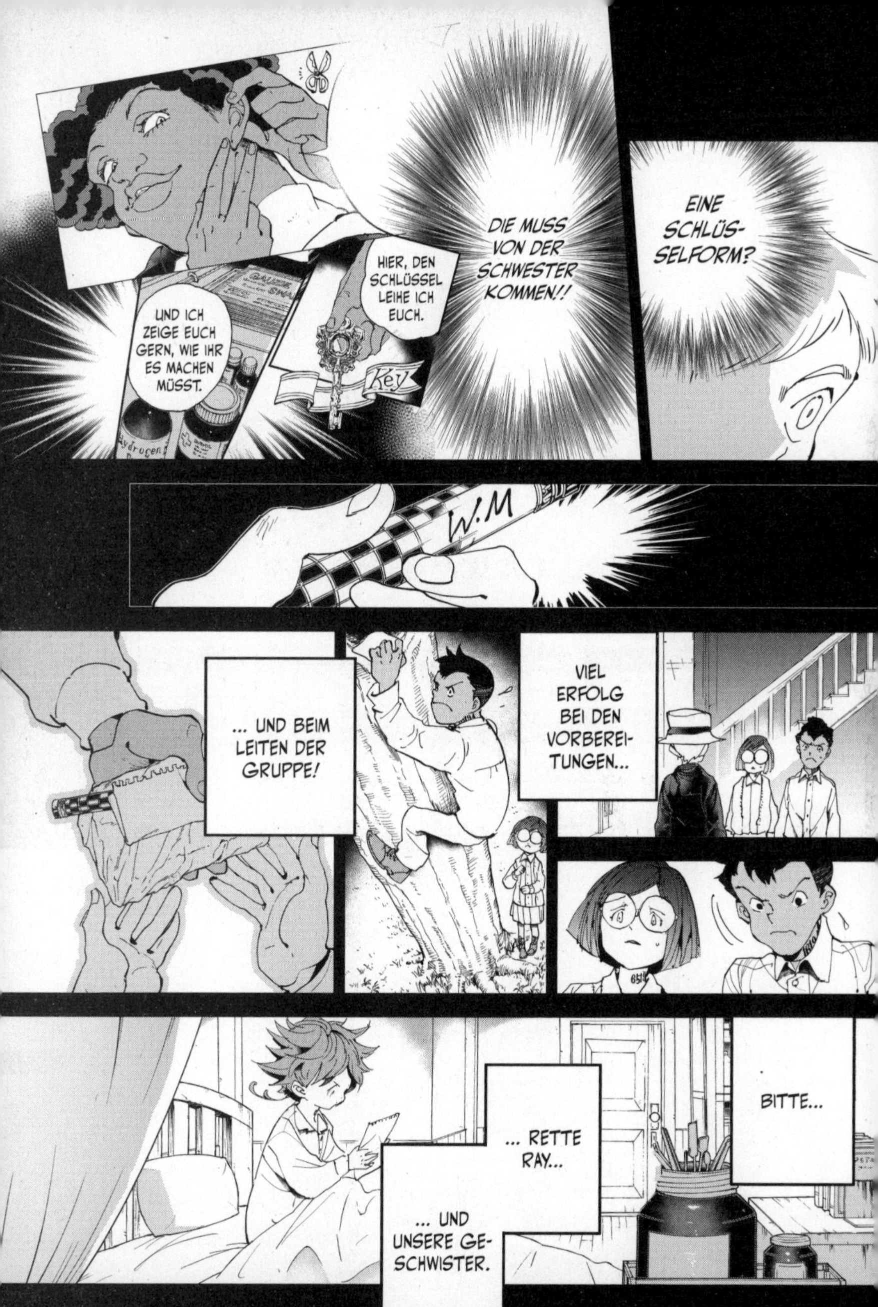
EINE SCHLÜS-SELFORM?
DIE MUSS VON DER SCHWESTER KOMMEN!!
HIER, DEN SCHLÜSSEL LEIHE ICH EUCH.
Key
UND ICH ZEIGE EUCH GERN, WIE IHR ES MACHEN MÜSST.
W.M
VIEL ERFOLG BEI DEN VORBEREI-TUNGEN...
... UND BEIM LEITEN DER GRUPPE!
BITTE...
... RETTE RAY...
... UND UNSERE GE-SCHWISTER.

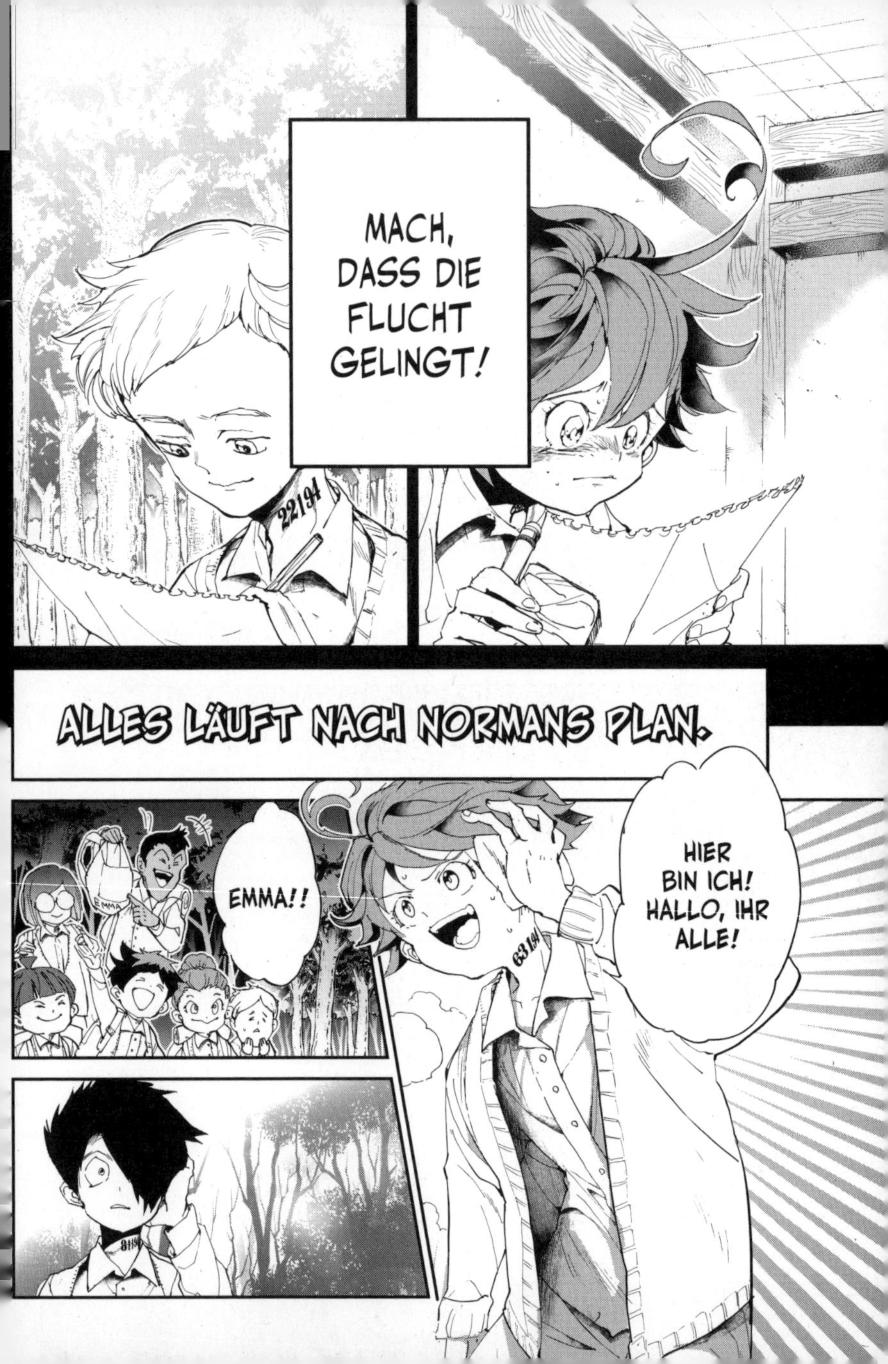
MACH, DASS DIE FLUCHT GELINGT!
ALLES LÄUFT NACH NORMANS PLAN.
HIER BIN ICH! HALLO, IHR ALLE!
EMMA!!

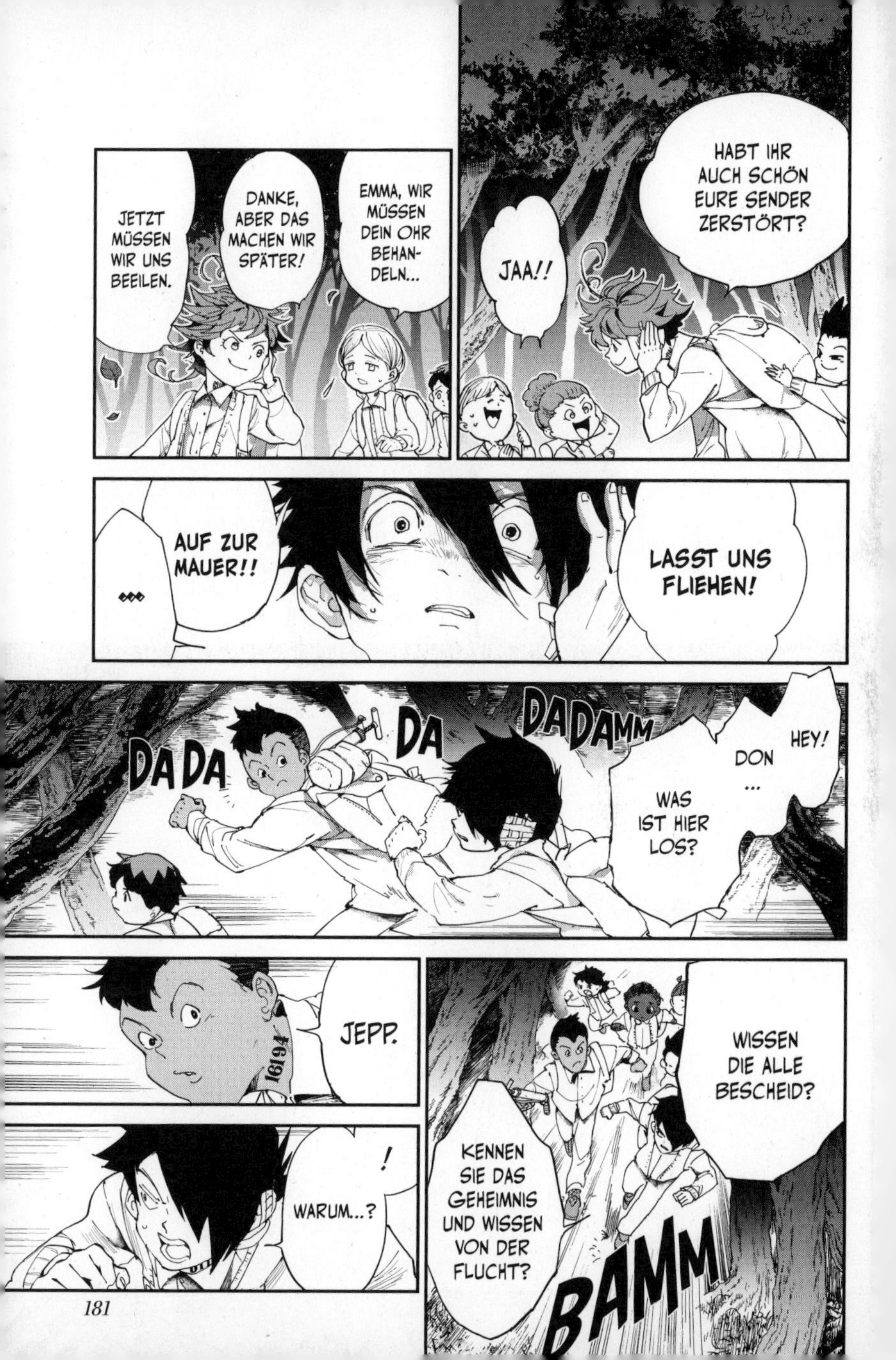

HABT IHR AUCH SCHÖN EURE SENDER ZERSTÖRT?
JAA!!
EMMA, WIR MÜSSEN DEIN OHR BEHAN-DELN...
DANKE, ABER DAS MACHEN WIR SPÄTER!
JETZT MÜSSEN WIR UNS BEEILEN.
LASST UNS FLIEHEN!
AUF ZUR MAUER!!
...
HEY!
DON ...
WAS IST HIER LOS?
DADAMM
DA
DADA
WISSEN DIE ALLE BESCHEID?
JEPP.
KENNEN SIE DAS GEHEIMNIS UND WISSEN VON DER FLUCHT?
!
WARUM...?
BAMM

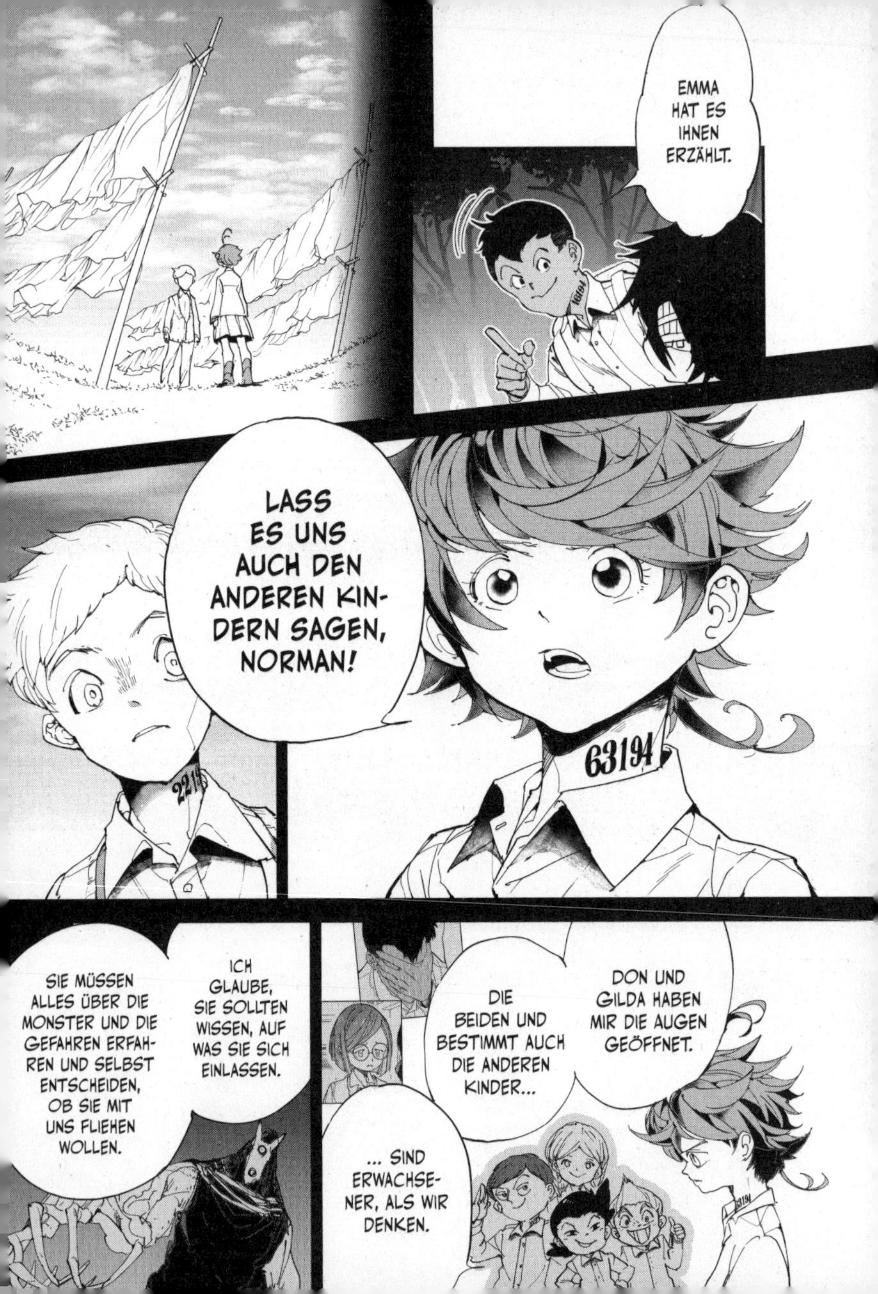

EMMA HAT ES IHNEN ERZÄHLT.
LASS ES UNS AUCH DEN ANDEREN KINDERN SAGEN, NORMAN!
63194
DON UND GILDA HABEN MIR DIE AUGEN GEÖFFNET.
DIE BEIDEN UND BESTIMMT AUCH DIE ANDEREN KINDER...
... SIND ERWACHSENER, ALS WIR DENKEN.
ICH GLAUBE, SIE SOLLTEN WISSEN, AUF WAS SIE SICH EINLASSEN.
SIE MÜSSEN ALLES ÜBER DIE MONSTER UND DIE GEFAHREN ERFAHREN UND SELBST ENTSCHEIDEN, OB SIE MIT UNS FLIEHEN WOLLEN.

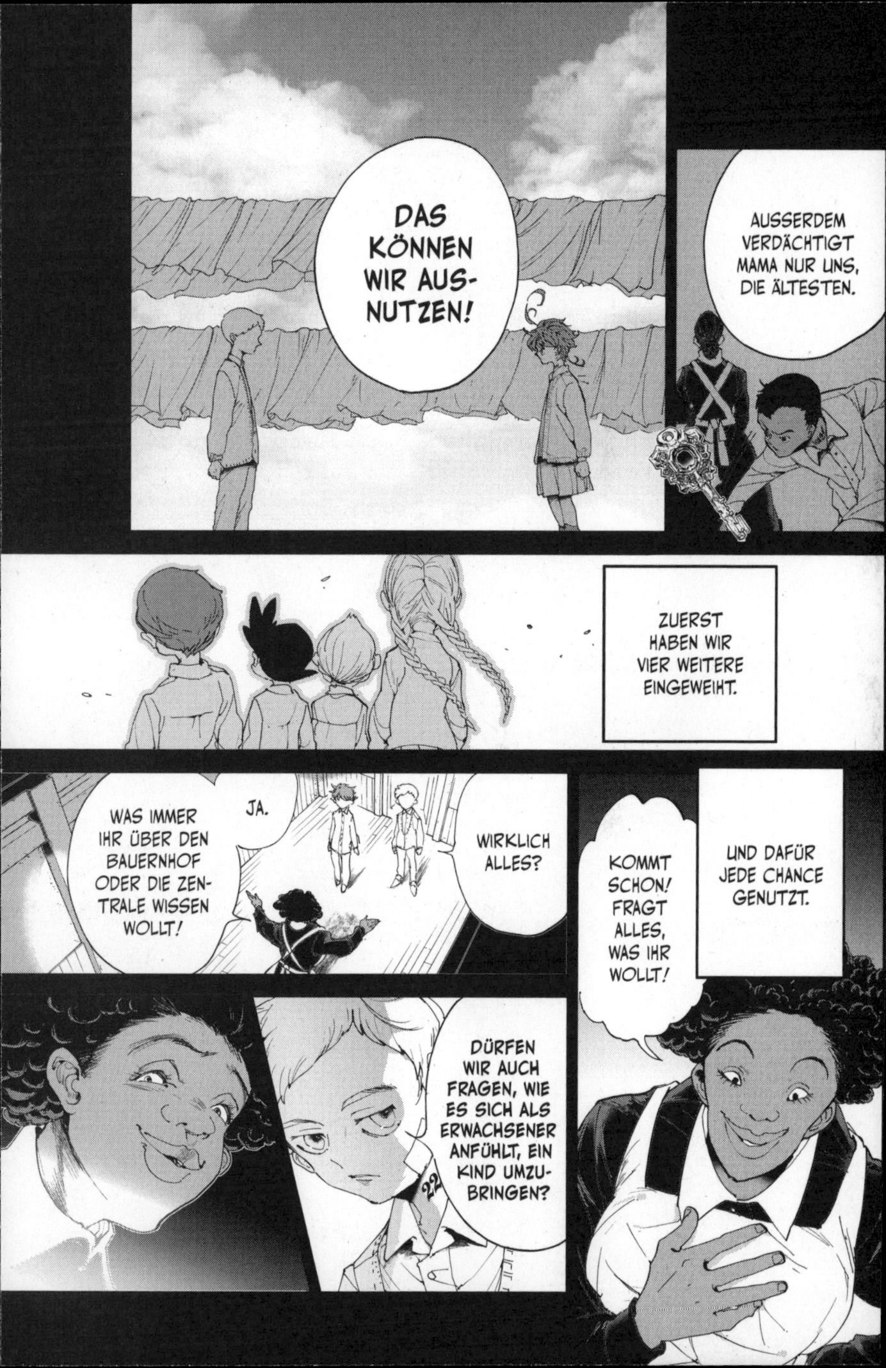
DAS KÖNNEN WIR AUSNUTZEN!
AUSSERDEM VERDÄCHTIGT MAMA NUR UNS, DIE ÄLTESTEN.
ZUERST HABEN WIR VIER WEITERE EINGEWEIHT.
UND DAFÜR JEDE CHANCE GENUTZT.
KOMMT SCHON! FRAGT ALLES, WAS IHR WOLLT!
WIRKLICH ALLES?
JA.
WAS IMMER IHR ÜBER DEN BAUERNHOF ODER DIE ZENTRALE WISSEN WOLLT!
DÜRFEN WIR AUCH FRAGEN, WIE ES SICH ALS ERWACHSENER ANFÜHLT, EIN KIND UMZUBRINGEN?
22

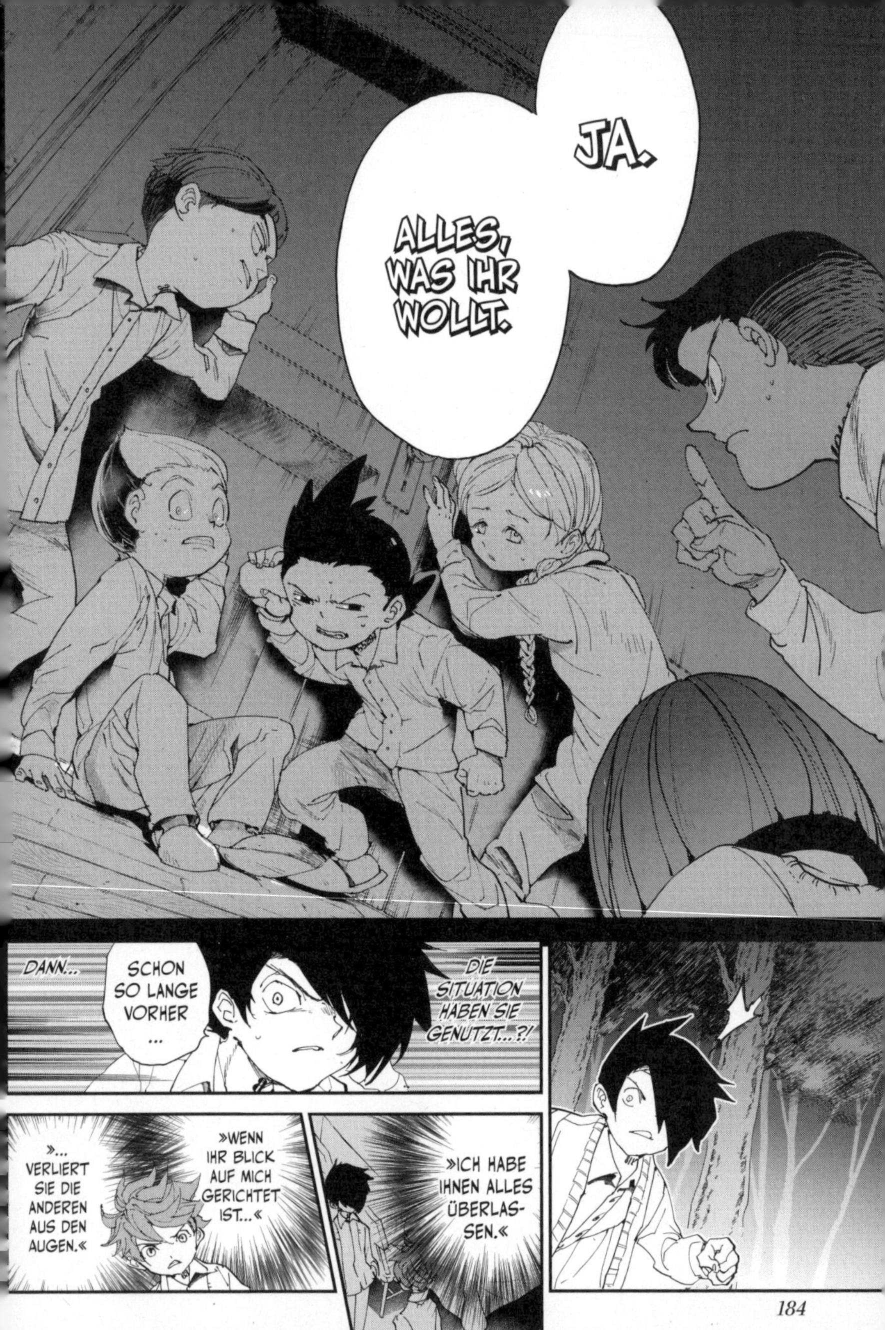
JA.
ALLES, WAS IHR WOLLT.
DIE SITUATION HABEN SIE GENÜTZT...?!
SCHON SO LANGE VORHER ...
DANN...
»ICH HABE IHNEN ALLES ÜBERLAS-SEN.«
»WENN IHR BLICK AUF MICH GERICHTET IST...«
»... VERLIERT SIE DIE ANDEREN AUS DEN AUGEN.«

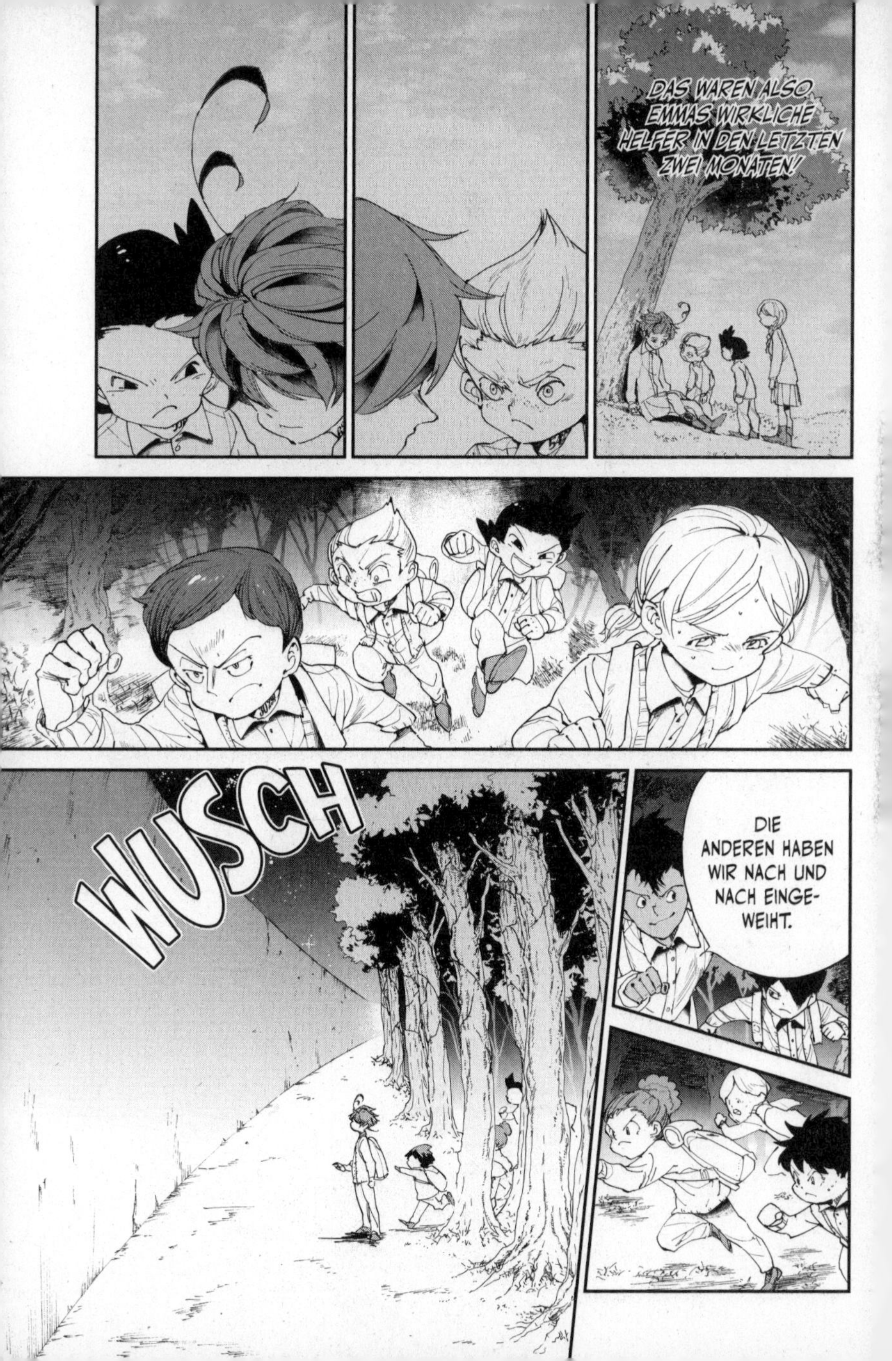
DAS WAREN ALSO EMMAS WIRKLICHE HELFER IN DEN LETZTEN ZWEI MONATEN!
WUSCH
DIE ANDEREN HABEN WIR NACH UND NACH EINGE-WEIHT.

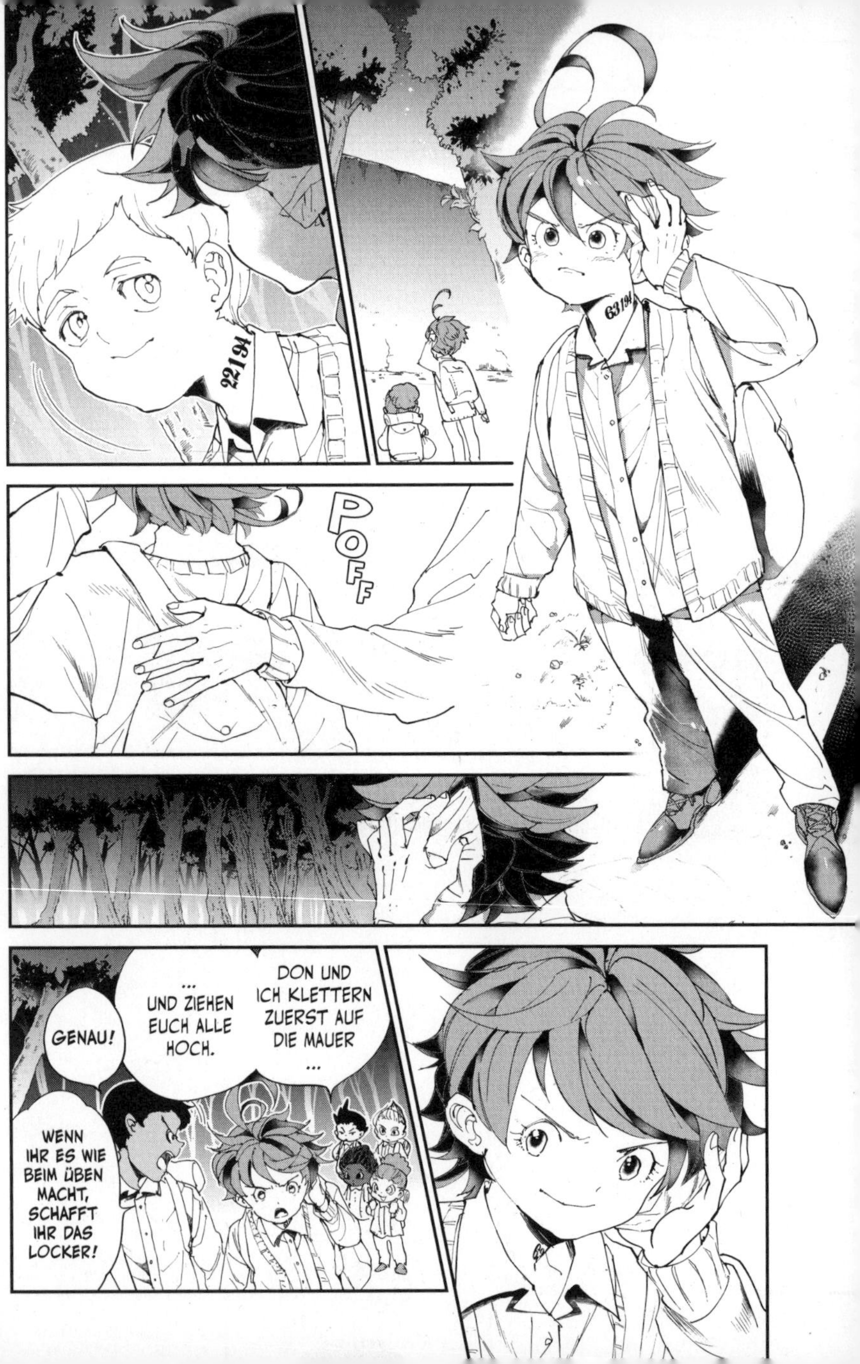
22194
63194
POFF
DON UND ICH KLETTERN ZUERST AUF DIE MAUER ...
... UND ZIEHEN EUCH ALLE HOCH.
GENAU!
WENN IHR ES WIE BEIM ÜBEN MACHT, SCHAFFT IHR DAS LOCKER!

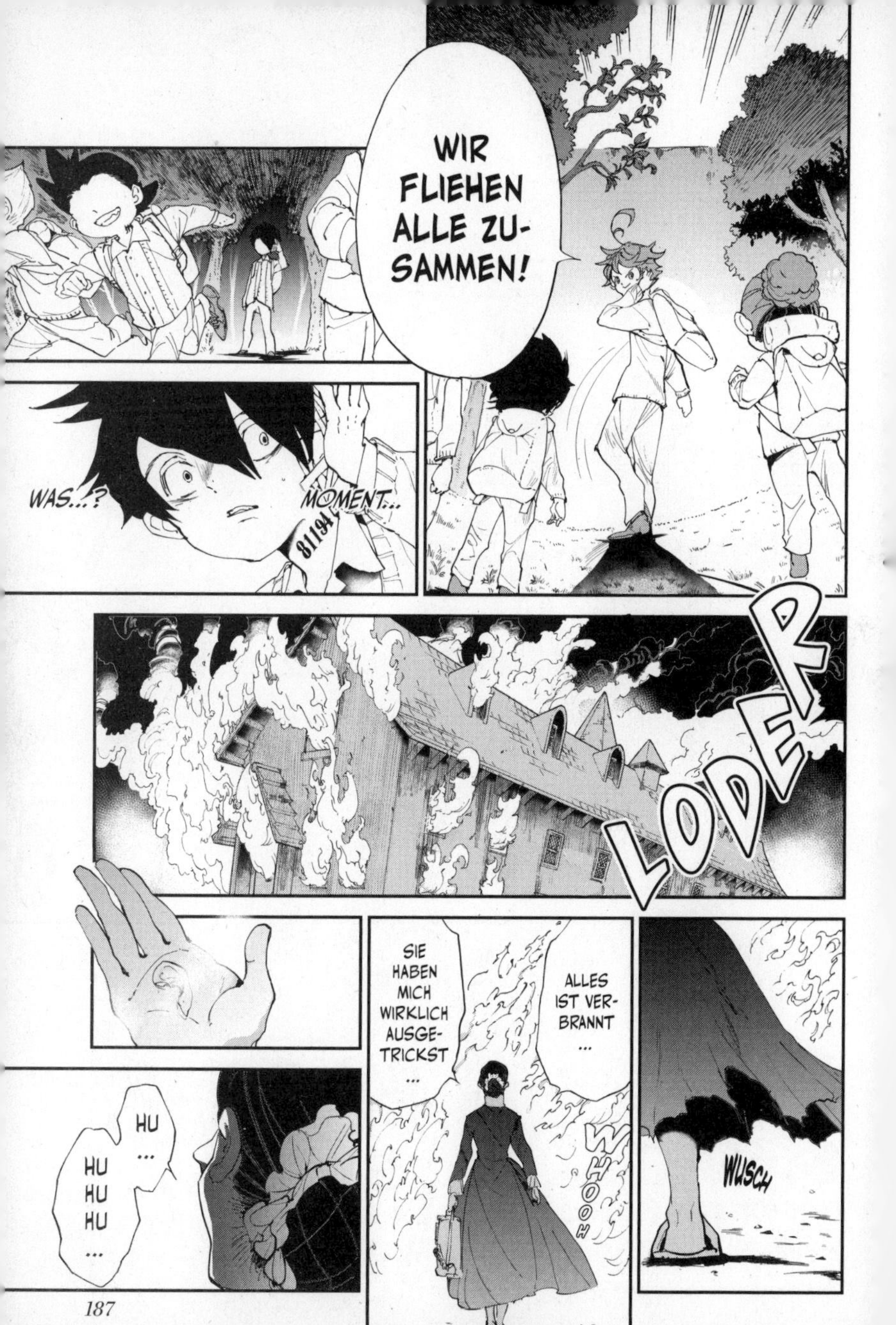
WIR FLIEHEN ALLE ZU-SAMMEN!
MOMENT...
WAS...?
81194
LODER
ALLES IST VER-BRANNT ...
SIE HABEN MICH WIRKLICH AUSGE-TRICKST ...
WUSCH
WHOOOH
HU ...
HU HU HU ...

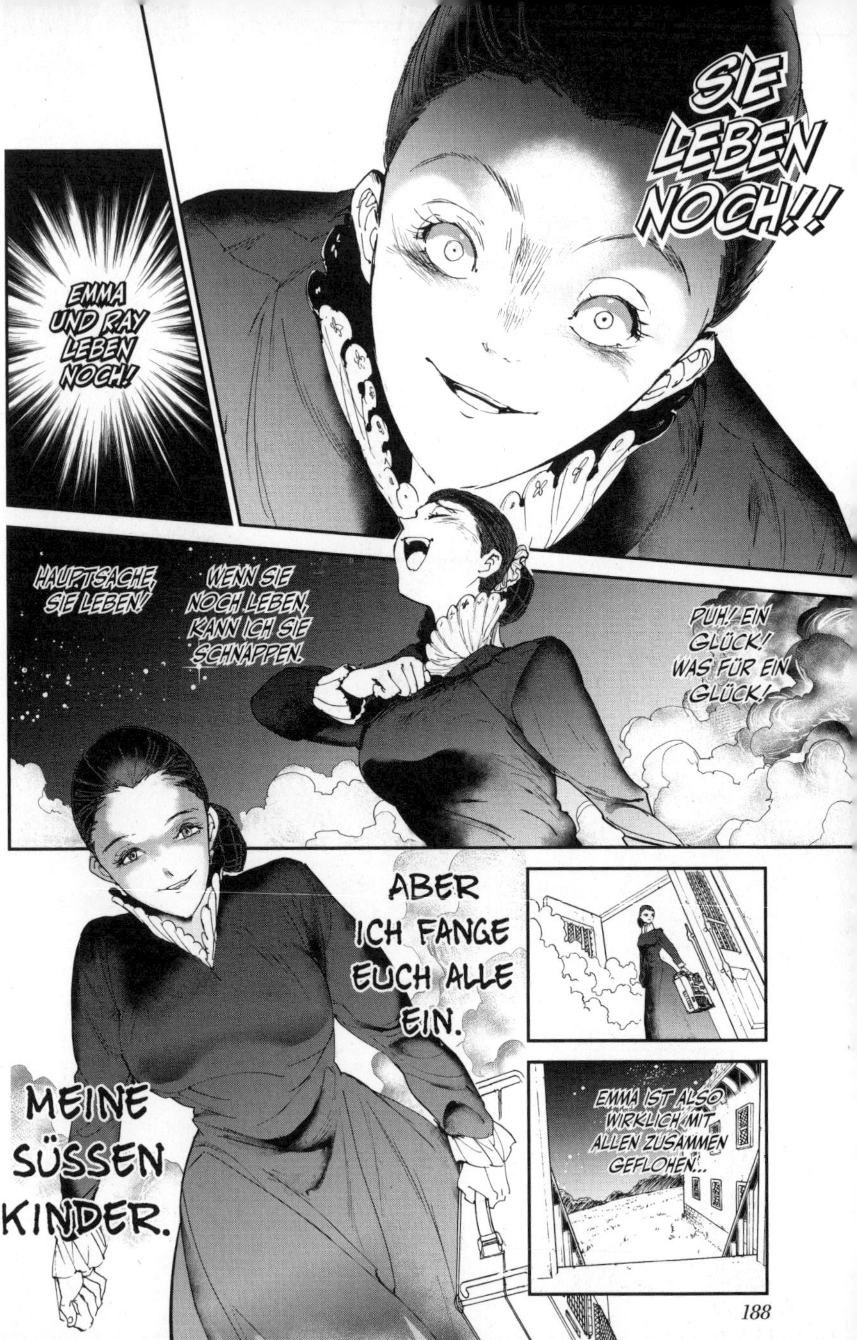
SIE LEBEN NOCH!!
EMMA UND RAY LEBEN NOCH!
PUH! EIN GLÜCK! WAS FÜR EIN GLÜCK!
WENN SIE NOCH LEBEN, KANN ICH SIE SCHNAPPEN.
HAUPTSACHE, SIE LEBEN!
EMMA IST ALSO WIRKLICH MIT ALLEN ZUSAMMEN GEFLOHEN...
ABER ICH FANGE EUCH ALLE EIN.
MEINE SÜSSEN KINDER.

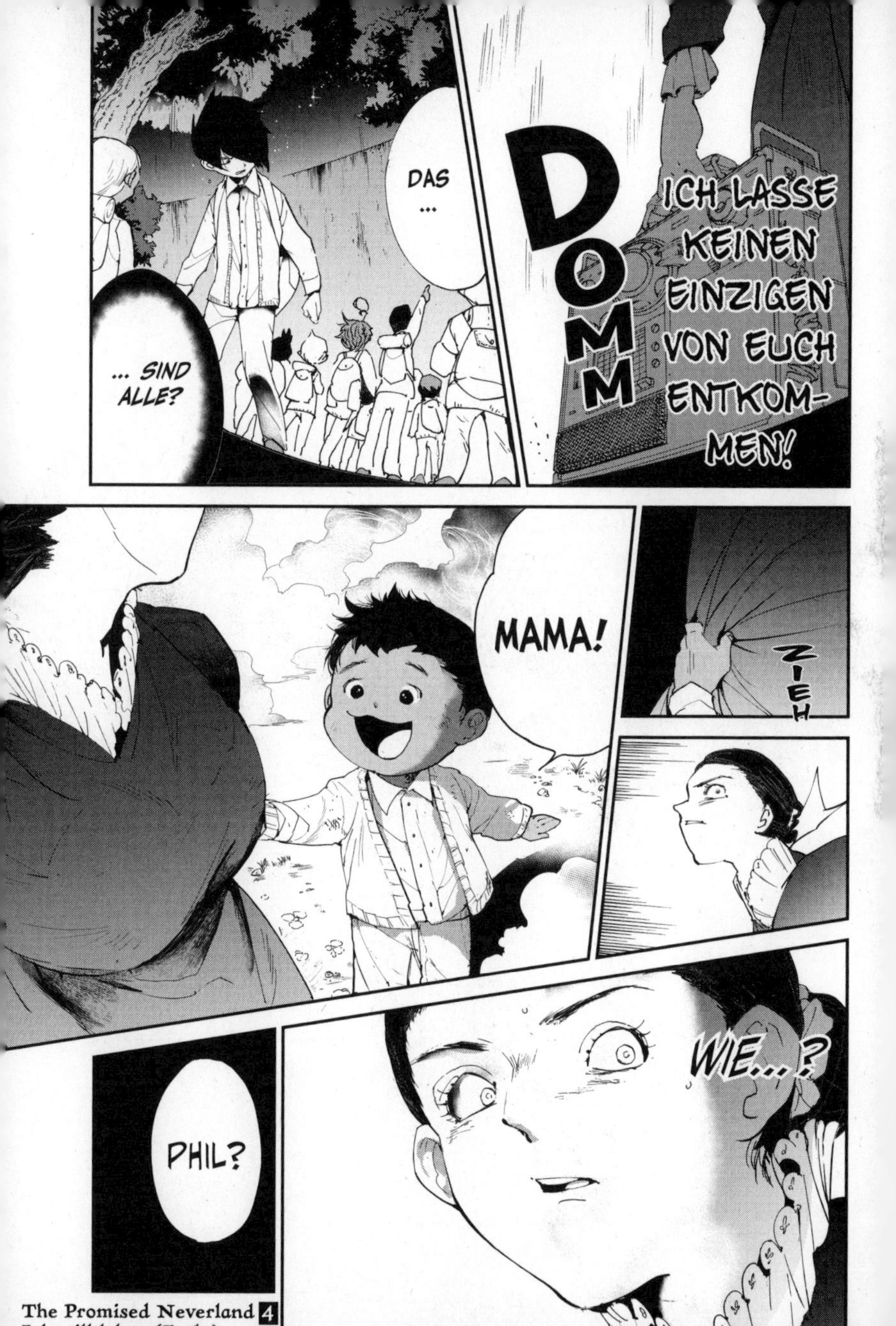

The Promised Neverland 4
Ich will leben (Ende)

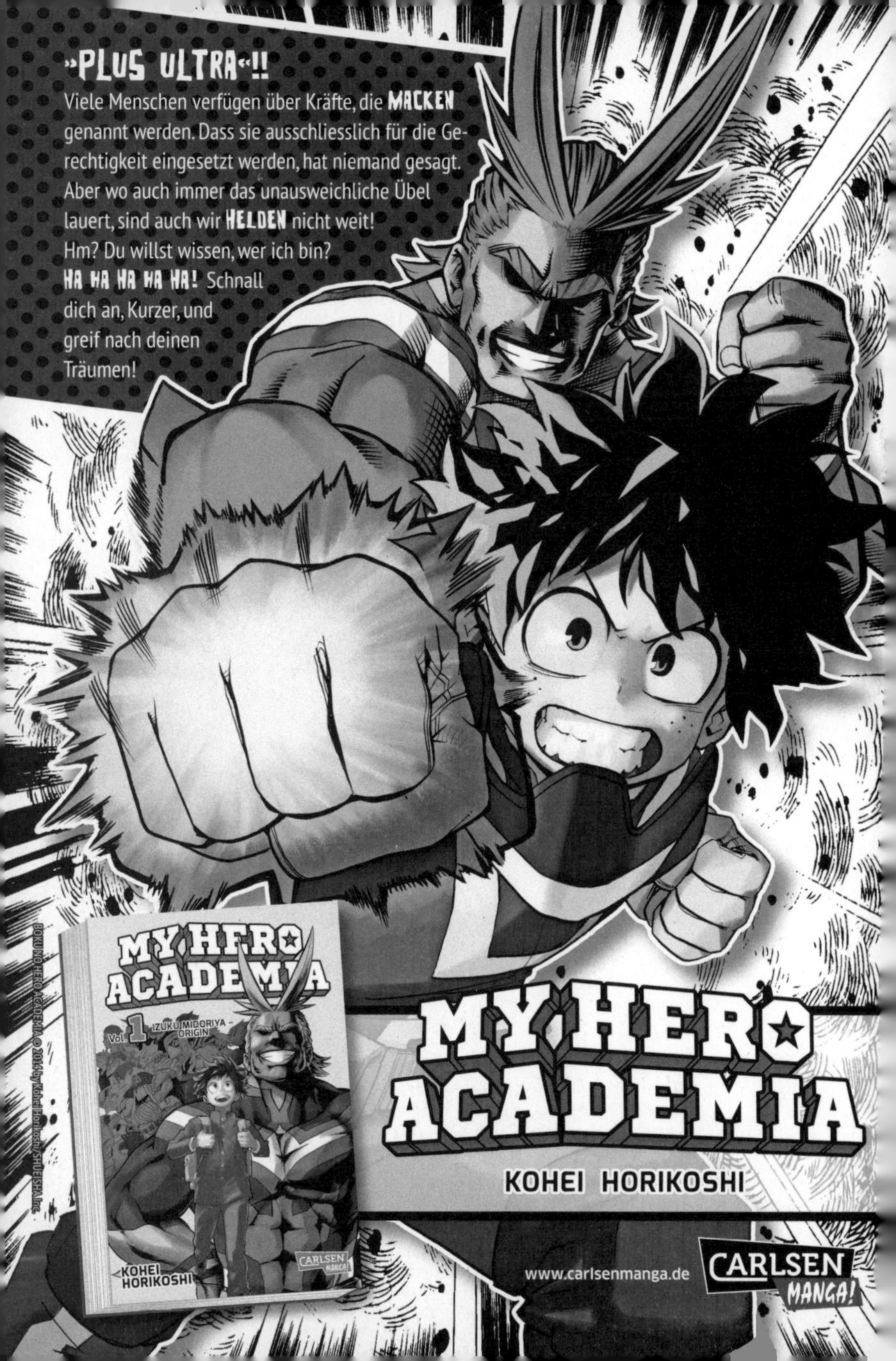
»PLUS ULTRA«!!
Viele Menschen verfügen über Kräfte, die MACKEN genannt werden. Dass sie ausschliesslich für die Gerechtigkeit eingesetzt werden, hat niemand gesagt. Aber wo auch immer das unausweichliche Übel lauert, sind auch wir HELDEN nicht weit! Hm? Du willst wissen, wer ich bin? HA HA HA HA HA! Schnall dich an, Kurzer, und greif nach deinen Träumen!
MY HERO ACADEMIA
Vol. 1 IZUKU MIDORIYA – ORIGIN
KOHEI HORIKOSHI
CARLSEN MANGA!
MY HERO ACADEMIA
KOHEI HORIKOSHI
www.carlsenmanga.de
CARLSEN MANGA!
BOKU NO HERO ACADEMIA © 2014 by Kohei Horikoshi/SHUEISHA Inc.

HALT.

»THE PROMISED NEVERLAND« ist eine japanische Serie, und in Japan wird von »hinten« nach »vorn« und von rechts nach links gelesen. Man muss diesen Manga also »hinten« aufschlagen und Seite für Seite nach »vorn« weiterblättern. Auch die Bilder auf jeder Seite und die Sprechblasen innerhalb der Bilder werden von rechts oben nach links unten gelesen, so wie in der Grafik gezeigt. Viel Spaß mit »THE PROMISED NEVERLAND«!

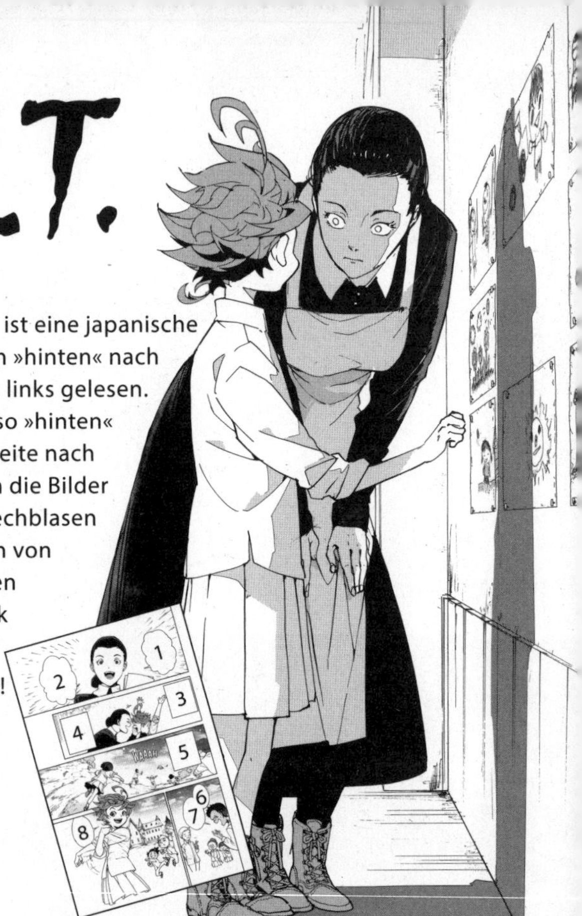

CARLSEN MANGA
Deutsche Ausgabe/German Edition

Aus dem Japanischen von Luise Steggewentz

First published in Japan in 2016 by SHUEISHA Inc., Tokyo.
German translation rights in Germany, Austria, Luxembourg and German-speaking Switzerland arranged by SHUEISHA Inc. through VME PLB SAS, France.
Redaktion: Philipp Nakata
Textbearbeitung: Steffi Korda
Herstellung: Tobias Hametner

ISBN: 978-3-551-73917-9

MIX
Papier | Fördert gute Waldnutzung
FSC® C083411